本丛书得到韬奋基金会资金资助
“十一五”国家重点图书出版规划项目

书林守望丛书

撞进编辑这扇门

郝铭鉴 著

首都师范大学出版社

图书在版编目(CIP)数据

撞进编辑这扇门/郝铭鉴著．—北京：首都师范大学出版社，2016.11
(书林守望丛书/吴道弘主编)
ISBN 978-7-5656-3053-8

Ⅰ．①撞…　Ⅱ．①郝…　Ⅲ．①编辑工作—文集　Ⅳ．①G232-53

中国版本图书馆 CIP 数据核字(2016)第 157041 号

书林守望丛书
ZHUANGJIN BIANJI ZHESHANMEN
撞进编辑这扇门
郝铭鉴　著

项目统筹：楚　润　　　责任编辑：佟　旭
责任设计：张　朋　　　责任校对：李佳艺
首都师范大学出版社出版发行
地　址　北京西三环北路 105 号
邮　编　100048
电　话　68418523(总编室)　68982468(发行部)
网　址　www.cnupn.com.cn
印　刷　北京九州迅驰传媒文化有限公司
经　销　全国新华书店
版　次　2016 年 11 月第 1 版
印　次　2016 年 11 月第 1 次印刷
开　本　710mm×1000mm　1/16
印　张　24.25
字　数　364 千
定　价　52.00 元

做文化的守望者

——《书林守望丛书》总序

文化是每一个民族赖以生存的根基和灵魂，而出版事业和出版物，是民族文化的结晶，是民族精神的物质承载者，是衡量一个国家和民族文明程度的重要标志。从事这项伟大事业的出版人，不仅是出版活动的实践者，而且是人类文化创造、积累、交流、传播的组织者和参与者，是文化产品的生产者、民族精神的护卫者和时代精神的弘扬者。任何时代，治书修史者都肩负着神圣的历史责任、文化责任、社会责任，在我国，这种传统一直延续了几千年。但是，目前受名利诱导和网络快餐文化的影响，出版界跟风炒作、追求市场效应一夜成名而不顾文化品位等现象时有耳闻。在种种浮躁的背后，反映出来的是出版从业者文化品格的缺失。唯其如此，为繁荣学术和民族文化而坚守文化天职、恪守社会责任的职业精神和文化追求，尤其值得在出版界大力弘扬。

出版人是文化薪火的传承者，具有坚守文化自信的历史责任。众所周知，出版是人类文明薪火相传的重要依托，一个国家民族科学文化的传播和传承，有赖于它的出版事业。中华文明之所以历经五千年而一脉不绝，就在于中国历代政治家、著作家、出版家、藏书家接续几千年文明发展进程中形成的尊崇历史、珍惜古籍、编修文献、善待图书、重视典藏的优良传统，他们将中华文化的精髓融入历代出版物之中，一代一代地传之后世，肩负起了将一个时代的科学文化及思想智慧真实地记录下来、传承下去的历史责任，使中华民族的文化根基与时俱丰、愈加巩固。作为新时期文化创新和文化传播的主体，当代出版工作者更加需要继承传统、关注时代，一方面自觉承担起对民族文化传统的保存、整理、

批判、传承的责任，保持中华文化的统一性、延续性；另一方面推动文化创新和发展，弘扬和培育符合时代要求的民族精神，在增强民族的凝聚力、创造力以及同世界其他文明进行对话的文化自信力方面做出贡献，使中华民族独立于世界民族之林的文化根基更加坚韧。

出版人是文化创新的推动者，具有坚守文化本性的特殊责任。作为一种文化生产的基本业态，出版既有产业的属性，又有意识形态的属性，必须通过创新来保持文化的独特品质和内容的先进性。从这个意义上说，创新是出版工作者的不竭动力和显著特征，不仅是文化积累和产品制造的组织者，而且也是文化内容的选择者和把关者，当然应当是新知识领域的开拓者和新成果的发现者、催生者。一方面，知识的保存、生产和应用，文化和技术的传承、生产和原创，都是以出版活动为基础的。历史上重要的思想创新、科学发现和技术进步主要是通过出版物得以传承和发展的。另一方面，从造纸术、印刷术到当代激光照排系统、计算机王码汉字处理系统以及数字技术的应用，出版人率先将新成果引进出版业，引发出版形式和内容的不断创新。在文化传播过程中，出版人通过传承优秀民族文化、吸收外国文化精华、把握时代需要，促进着社会文化的不断进步。而现代出版史上鲁迅发现大批文学青年、叶圣陶对巴金处女作的慧眼识珠、巴金对曹禺作品的琢璞为玉的佳话，也反映了出版人所必备的发现新人新作的创新品质。在当前的创新型时代、创新型国家建设的过程中，人民群众的伟大创造，已然成为文化创新取之不尽、用之不竭的源泉，迫切需要出版工作者发现、认识、扶持、推广，进而铺垫中华民族元气深厚的文化创新的阶石，培育中华民族根深叶茂、神韵独具的文化创新的活力。

出版人是时代思潮的引领者，具有坚守文化领土与文化阵地的社会责任。出版的本质不仅在于积累文化、创造新知，不断推出更优秀的文明成果，而且还在于按照一定的价值目标对社会现实文化做出评价，通过选择、把关实现对社会风气、学术思潮、文化倾向的引导。古代中国知识分子正是借助“竹帛长存”所构成的社会认知体系和社会规范体系，才唤起了“见贤而思齐”的文化自觉和道德自律。“五四”时期以《新青年》为中心凝聚的一大批知识青年的出版传播活动，将“科学”与“民主”汇聚成了思想解放的伟大潮流。在当今政治多极化、经济全球化、文化多元

化、新技术日新月异的国际背景下，在经济社会急剧转型、社会文化事业和文化产业发展不平衡的国内背景下，承担着建构社会主义和谐社会及传播先进文化的神圣使命的出版工作者，其选择、把关进而引导大众的责任更加重大，需要通过对精神生产加以规划与组织，对精神产品进行鉴别与加工，对文化遗产做出选择和整理，对社会信息予以筛选和传递，打造传承主流文化和主流价值观的精品力作，不断巩固主流文化阵地。这就要求当代出版工作者必须深深植根于中国特色社会主义伟大实践，敏锐把握时代变革的风气之先，不随波逐流，不跟风炒作，不断提高辨别真善美和引导大众文化、传播主流文化和主流价值观的能力，致力于弘扬民族精神和时代精神，为中国的改革开放和现代化建设事业提供有力的思想保证、精神动力和智力支持。

历史已经证明，出版业作为文化传承和文化创新的核心，如果没有文化理想和文化追求，便失去了发展的根基。而出版工作者的文化价值取向、人文素养、文化责任、文化运作能力和学术品评能力，又直接影响到出版物的文化含量。从这个意义上说，对于文化的坚守，不仅是一种出版理念，也是一项出版实践。在竞争日益激烈的世界文化市场中，能否坚持文化本位，能否坚守文化责任，对新时期的出版从业者来说，无疑是一种严峻的考验。《书林守望丛书》的问世，为我们提供了一部关于新中国出版人的精神文化启示录。其中反映出的经过沉淀而彰显的文化品格，尤其应该成为新时期出版工作者的精神支柱。这套丛书的作者，是一群深深地钟情于出版事业的文化守望者，他们在“书荒”时代辛勤耕耘，在“书海”时代坚持方向，恪守文化的尊严，组织、规划、策划、编辑、出版过一大批反映时代精神、民族精神及具有学术价值、文化品位的标志性工程，主持、主编过一大批科学、人文、经济、教育等方面为广大读者喜闻乐见的知识读物，为全社会提供优秀的精神食粮做出过重要贡献。在他们身上体现出来的勇于开拓、后启来者的创新精神和坚守精神家园、淡泊名利的文化风骨，堪称典范。希望通过这套丛书的出版，使新时期的出版工作者形成一种更加清醒的文化自觉，在文化与产业协调发展的道路上走得更加坚定，产生更多让世界为之惊喜的拥有自主知识产权的民族文化品牌，再现中华民族宏大的文化气魄。

当前，出版业的发展同政治、经济、社会、文化的发展一样，要在

世界范围内的大对话、大交流、大竞争、大角逐中，把握机遇，迎接挑战，创造新的辉煌，需要一大批具有真才实学且能开阔视野、崇尚科学、追求真理、尊重创造、包容多样的新型复合型出版人才，来担当中国特色社会主义文化建设的推动者。《书林守望丛书》汇集的新中国成立六十年来成长起来的十几位出版家在长期为人作嫁的职业生涯中的思想火花、书坛掌故，集中反映了新时期出版工作者的精神风貌，不仅抓住了时代的新变化，也深刻把握了出版职业的新要求。这套丛书的作者，或者长于出版规划，或者长于鉴赏加工，或者长于经营管理，但都有将丰富的实践经验升华为理论的深沉思考。将这些经过实践检验的理论总结汇集起来，转化为鲜活的历史智慧和生命依托，对于未来的新型出版人才，无疑具有深远的精神哺育作用。我希望这套丛书的出版，能够吸引更多才华横溢、富有创造力的新军投身我们的出版事业，使中国出版人的文化守望薪火相传，为推动社会主义文化大发展大繁荣建功立业。

2009 年 7 月

目　录

下编 咬嚼者的屐痕

序

郑一奇

两年前，我打电话给郝铭鉴先生，商请他为“书林守望”丛书编一本讲自己职业生涯、编辑经验的书。郝先生说，前几年他出过一本文集，再编一本，他有些犹豫。我在电话里给他鼓劲，说了以下几点理由：

一、这几年郝先生在上海的《编辑学刊》卷首开了一个栏目：“开卷有议”，议的多是出版界面临的新问题。娓娓道来，话题好、接地气、观点新、思考深。这些文章可以成书。

二、郝先生的文章在行内广受好评。2013 年我在《中直党建》上读到短文《职业敬畏：心中的那一块“石头”》，作者是中国外文局的张娟，她在 2000 年参加“出版物语言文字规范培训”，听过郝先生的课，还得到先生签名的《心中要有块石头》一书。她记得先生给学员的寄语是：“做编辑出版工作，心中要有一块石头。”“石头”之喻，是出自美国《读者文摘》杂志社院里一块石头上的文字，编辑三问：“它可以被引述吗？”“它实用吗？”“它有恒久的趣味吗？”她悟出做编辑工作“心中要有一块沉甸甸的责任之石”。她为筹备全局的编校比赛，又重读先生的书，感到先生的文章“从生动具体的事例切入，从业务中捕捉敏感的话题，绵柔风趣的笑谈及富有启发的观点依然丝丝入理，平易暖人”。我告诉郝先生，读者对他的美文多有期待，应下决心编本新书，让更多读者赏鉴。

三、郝先生是著名出版家，更是语言文字学家，这是他的特点。他是老编审，自然是“杂家”，但是他创办了《咬文嚼字》杂志，并举办一系列活动，在语文界、传媒界影响巨大。他成为业内公认的语言文字专家。许多领导专家读这本刊物，赞扬这本刊物。我培训新编辑，到大学讲课，多次引用《咬文嚼字》上的案例、试题。一些作者也告诫自己，行文要减

少谬误，以免被“咬”。这本刊物推动了全国语言文字的学习与规范运用，业界的编校质量也在提升。但是当年先生为何要创办这份刊物，又用什么方法让一本小型实用的刊物在全国打响，其中奥秘，也切望能在新书中解答。

四、我是上海人，在北京工作，一直对上海出版界的卓越贡献怀有敬意。企望在“书林守望”从书中看到上海前辈、同行的著作。1993 年，我刚任中国青年出版社副总编，即去上海取经。在张晓敏先生引荐下，访问过上海人民、辞书、古籍、文艺等出版社。那时郝先生是上海文艺出版社副总编辑兼上海文化出版社总编辑，向我介绍过该社的宝贵经验：如在文化生活类图书出版中追求“至尊地位”，要求有一流作者、一流选题、一流策划，推出了文化生活的“五经”：《中国茶经》、《中国食经》、《中国花经》、《中国衣经》、《中国酒经》。在办刊上也追求适应新需求，变革创新。这些经验，我铭记在心，多受启发，今天更应让出版新人知晓。

郝先生在我的劝说下，终于同意新编一本。

2015 年 10 月 29 日，我收到首都师范大学出版社来晓宇编辑寄来的郝先生新书《撞进编辑这扇门》的校样，我非常高兴，从头至尾翻看一遍。初读印象是：这是一部非常吸引人，写得很精彩，又有实用价值的好书。精彩，首先是内容，书中披露了郝先生从事编辑出版活动的丰富经历，广阔视野，领导艺术，故事趣闻。创新、严谨、活络、有为，这是先生的编辑风格，也是取得巨大成功的原因。书中也反映了上海出版界同行的成功经验、文人风貌，读来兴味盎然，备感亲切。精彩，在于解惑答疑，让人读后感到解渴、满足。如上海业界往往异军突起、占领高峰，其中奥秘，书中多有披露，其战略眼光、过硬素质，让人感佩。精彩，更在于书的文风优雅，知识丰富，事例生动，绵柔风趣，让人受益。

郝先生说他已有 46 年编龄。他 1966 年大学毕业，1968 年分配到出版社。他经历了出版业“从荒芜到复苏，从改革到辉煌”，他编了许多好书，主编过许多刊物，面临新的挑战仍在不断探求。他屡领出版风气之先，许多成功经验、丰富案例、哲思妙悟在书中一一道来，这对后学者自是入门的向导，成功的指南。

《撞进编辑这扇门》收入郝先生 65 篇精彩文章。全书分上下编。上

编：出版人的思绪，内有探求、修炼、怀人、咀嚼四篇；下编：咬嚼者的屐痕，内有回眸、观语、识小、测试四篇。

先说上编，反映了一位老出版人，在追随中国出版前进的步伐时，是如何思索出版的命运与前途的。这些思索有宏观的，如：出版人的文化追求，编辑的站位意识，纸质媒体面临的挑战和使命，期刊的生存之道，出版的动态管理。可谓极重要之话题。也有中观的，如：编辑的责任，编辑应用文写作，编校人员文字优势之建立，文学编辑加工书稿，编辑的知识结构、思维方式、职业敏感、谈话艺术等。可谓老师传道之话题。这些思索有历史风范的追忆，如“怀人篇”，其中《想起了三位老局长》、《华君武和〈咬文嚼字〉》、《“范老板”是一座高山》、《我心中的美学老人》等让人沉思。也有对编辑经验的系统总结，如“咀嚼篇”中《话说易中天“初出茅庐”——〈《文心雕龙》美学思想论稿〉出版纪实》、《中国特色和文化内涵——关于〈中国食经〉的总体构思》、《编辑贵在“沟通”——〈一个总编辑的手记〉序》等，多为经典案例，值得反复领悟。

再说下编，是一位老编刊人对他所编的最小的一本刊物，也是取得巨大成功的刊物《咬文嚼字》的回顾、总结。这本刊物 1995 年 1 月创刊，从 1995—2012 年，郝先生做了 18 年主编，可谓“投入大量心血”，甚至让他改变了兴趣，“从文学转向语言”。当时全国约有 8000 种刊物，郝先生如何思谋：不求第一，但求唯一。以小搏大，异军突起。这些文章好精彩，好有味：讲办刊思路，刊名考虑，超常管控，确保质量，遍“咬”名家，广受好评……这些经历不仅让人感佩，也让人醒悟：什么是出版人的成功之道！“观语篇”，观的是语言生活，探讨实际生活中遇到的语言、文字、标点应用问题。“识小篇”是作者历年回答同行提问，就语言、文字、标点答疑解惑、纠缪订正，是实用的语言文字学问。虽涉微观，但小中见大，是学了马上可用的实务。“测试篇”收入《书市散记》、《胸中蛙鼓》、《西山抒情》三篇试卷，读者可以用此卷自测，引发学习运用语文知识的兴趣。下编内容丰富、具体，最为实用，但要细心、耐心、仔细阅读。

郝铭鉴先生已年过七十，他在 2014 年 1 月 24 日来信中说，他为编这本书四处寻找自己“不刻意留存，随写随丢”的文章，真是“绞尽脑汁”，实在是辛苦了。如今读到这部书稿，感到郝先生确为行家高手，选编时

主旨明确，取舍精到，心顾读者，有趣实用。掩卷之后，先生的许多创见仍在头脑中回放，如：出版的动态管理；编辑的站位意识；社会需要与书态平衡；做书如下棋，高手要下一步，多看几步；要静下来做、沉下去做；编辑是社会文化结构的重要设计者、自觉改造者；要使文化生产和社会需求达到高度默契……先生关于咬文嚼字的诸多纠缪订正，也不断在提醒我，搞不清时要多查查字典，行文造句千万别想当然，自以为是。

这本书对初入编辑之门者，可谓是必读之书。对入门已久，并担任领导责任的各级主管也可作进修之用。当然，也为登上出版高峰的郝铭鉴先生留下一座新的里程碑，为研究学习先生的出版经验、编辑思想留下宝贵资料。

当下，新一代的出版人面临许多新的困难和挑战，需要新的方略去应对。但“温故知新”。当我们读完这本书，看到老一辈出版人在面对困难与挑战时，从未松劲懈怠，怨天尤人，消极应付，而是奋起一搏，智慧应对。用辛劳，用创造活力，开拓出版的天地！新一代的出版人只要虚心问学，勤于思考，完全是应该后来居上的。我们对新一代出版人寄予厚望，这也是出版“书林守望”丛书的根本目的！

我对为著述这本书付出辛劳的郝铭鉴先生致以深深的敬意！也希望读者能喜欢这本书，学好、用好这本书。谨此为序。

2015 年 11 月 4 日

上编

出版人的思绪

一

探求篇

[题记]

我1966年大学毕业，1968年分配到出版社，屈指算来，已有46年的编龄。在这46年中，中国出版从荒芜到复苏，从改革到辉煌，风生水起，波澜壮阔。历史赋予我们机遇，也在不断提出挑战。作为一个老出版人，我在努力追随中国出版前进的步伐，也在认真思索出版的命运和前途。本辑收录的文字便是不同时期思索的结果。

出版人的文化追求

中国出版源远流长。严格意义的出版，需要三个条件：一是成熟的符号系统，二是适合传播的载体材料，三是可以大量复制产品的印刷技术。这三条至迟在唐代已经齐备。19 世纪末，中国出版进入了一个全新的阶段——现代新闻出版业在我国兴起。然而，翻遍古代典籍，却找不到“出版”二字。这是为什么呢？原来“出版”是一个外来词。

据出版学家张志强先生考证，“出版”一词最初出现在清末思想家、外交家黄遵宪《日本国志》一书中，黄曾做过驻日参赞，书中用的是日语词。1899 年 8 月，梁启超先生在《自由书》序中，又一次用到了“出版”：“西儒约翰·弥勒说过：‘人群之进化，莫要于思想自由、言论自由、出版自由。’”当时正是新旧交替的历史转折时期，大量的新思想、新观念涌进中国。“五四”运动爆发后，前辈文化人更是高举提倡新文化、反对旧文化的旗帜，“出版”成了新文化的一个元素，迅速被中国文化人所接受。从此以后，在座各位包括我自己在内，便成了“出版人”。

(1)出版的历史使命

出版到底是干什么的呢？不管是大小词典还是百科全书，都有着大同小异的解释。大致可概括为：对稿件做选择判断加工，通过复制技术，对公众进行广泛传播的社会文化活动。这当然是严谨的学术语言。不过，这里只想结合个人的经历，用三个小故事，谈谈对出版的认识。

第一个故事发生在五年前，我曾应山西出版界朋友邀请，到山西做一个讲座。我是晚上到的，书海出版社总编到机场接我，直接驱车到讲座地点——离太原一百多公里的一个温泉疗养院。车子一路风驰电掣，就在快到目的地时，由公路拐向乡间小路，突然之间大面积停电，四周一片漆黑，伸手不见五指。司机对路况不熟悉，打足了大光灯，还是辨不清方向，一会儿开到河边，一会儿开进丛林，不到一刻钟的车程，开了整整两个小时。

我坐在车里浮想联翩。我想到了我编辑的《巴金论创作》一书中，巴金老人反复提到过的高尔基的作品《燃烧的心》。一个农民起义的领袖，为了带领自己的队伍走出漆黑的山洞，他剖开了自己的胸膛，用一颗燃烧的心引导队伍前进。我想到了另一位作者刘再复说的禅宗故事。两位出家人晚上出门，一人点亮了灯笼，另一人“噗”一口，把灯笼吹灭了。这位出家人说：“心里有灯，何须手上提灯?”这个故事当时听时，就觉得有“棒喝”的味道。我还想到了朱光潜先生打过的一个比方：“从孔夫子到孙中山，从柏拉图到黑格尔，没有这些大师用思想的灯火，照亮我们前行的道路，也许直到今天，人类还在黑暗中摸索。”朱先生曾对我说：“思想的灯火就是靠图书保存下来的。没有一代又一代出版人的努力，再深刻的思想也会消失在历史的长河中。”宋人曾说过：“天不生仲尼，万古如长夜。”听了朱先生的话，我觉得后面还要加上一句：“人间无出版，何人识仲尼?”出版的使命就是传承人类思想的灯火。

第二个故事和一位作家有关。这位作家叫王蕤，她在我们社出版了一本长篇小说，书名叫《俗不可耐》，反映的是海归生活，后来香港版改名为《欲望俱乐部》。有一次我问她：“你是搞时尚的，怎么会想到写小说呢?”她谈到了自己在美国的生活经历，说有一次参观印第安人文化遗址，受到了很大的震撼。在她的印象中，印第安人是美洲的土著居民，他们的生活形态肯定是粗糙甚至是原始的。但事实并非如此。印第安人最初生活在亚洲，到美洲后创造了很多人类文明，比如玉米、马铃薯、番茄、向日葵等等，都是他们首先种植的。他们的绘画和雕刻达到了很高的境界。但自从16世纪西班牙殖民者侵入以后，他们被迫迁徙，曾经创造的辉煌轰然倒塌。站在印第安人文化遗址前，你会有一种文化被强行割断的恐惧感。王蕤们认识到出版能保留一个民族的历史、一个民族的智慧，

于是她们拿起了笔。我国在改革开放初期，大批年轻人从中国到海外，这段经历是有特殊意义的。她们想用自己的文字，留下一个民族的精神档案。

第三个故事发生在国外。三年前总社社长杨益萍带队去俄罗斯，本人也忝列其中。一次在一家俄罗斯餐厅用餐，离开前我去了趟洗手间，出来便不见团队的影子。情急之中想到了一个俄语单词：Китай(中国)。我问餐厅的一个服务员："Китай？Китай？"她立刻把我带到后门，大家正站在那儿等我呢。Китай这个单词，据说是从"契丹"的读音来的。契丹是个十分强悍的游牧民族，在历史上曾建立辽国，横亘在俄罗斯和唐之间。俄罗斯人只知道契丹，不知道在契丹的南面还有更辽阔的唐，他们以为契丹就是中国，所以称呼中国为Китай。这样一个强悍的游牧民族，为什么后来无声无息了呢？既不是因为战争被消灭，也不是因为瘟疫被拖垮，而是因为在不知不觉中放弃了自己的文化！契丹人和汉族人、蒙古人、女真人混合居住，没有坚持发展自己的文化，结果渐渐失去了作为契丹人的民族特征。由此可见保留民族文化元素的重要性。没有科技会亡国，没有文化则会亡种。韩国人吃泡菜，日本人穿和服，中国人过春节，都和文化有关。法国前总统希拉克曾收养一个越南孤儿，对她的照顾无微不至。希拉克经常让这个孩子吃越南菜，他说："我要让她记住祖国的味道。"这句话是耐人寻味的。

以上三个故事，我只想说明一个道理：出版承担着传承文化的使命。印第安人文化被割断，这是可怕的；契丹人文化遭放弃，这是可悲的。我们庆幸中国出版源远流长，正是出版让我们认识了春秋时代便有孔夫子这样伟大的思想家，认识了记录孔夫子及其弟子言行的《论语》这样不朽的著作。

(2)出版人的四种角色

作为一个出版人，在社会文化生活中，我们扮演了什么角色呢？我想概括为四个方面：

第一，文化生产的组织者。鲁迅曾经说过，诗人要写诗，就像植物要开花一样，这是一种发自内心的冲动。马斯洛的心理学有五个层次的

理论，表现欲望便是其中的一个层次。出版人的责任，就是要让这种欲望由自发变为自觉，由无序变为有序。不仅大型的丛书、套书，大型的百科全书、工具书，要精心做好工作，个人写作同样有个组织问题。特别是在作者还没有进入写作状态时，出版人要激发作者的写作热情，点燃作者的写作欲望。

鲁迅曾在《呐喊》自序中，谈过自己的创作经历。他本是一个热血青年，社会却让他处处碰壁，终于堕入颓唐。他曾经在北京的绍兴会馆里，终日以抄古碑打发时间。正当他百无聊赖时，会馆里来了一个人——《新青年》的编辑钱玄同。钱问鲁迅："你抄这个古碑有什么用呢?"鲁迅回答"没用"。"那为什么不写点东西呢?"鲁迅反问："难道写点东西就有用吗?"接下来便是关于"铁屋子"的著名比喻。鲁迅认为现实中国就像一个铁屋子，没有门也没有窗，所有人都在里面昏昏欲睡，把少数人先惊醒过来，只会让他们感到更痛苦。钱玄同说，把少数人惊醒过来，他们就会寻找出路，谁说铁屋子没有打破的可能呢？在钱玄同的激励下，鲁迅终于拿起了笔，写下了他的第一篇白话小说《狂人日记》，而且"从此一发而不可收"。我们很难想象，如果没有钱玄同的组稿，在"五四"的新文坛上，会不会有鲁迅这样一位"直面人生"的勇士。

再举一个例子。汪曾祺因参加京剧《沙家浜》创作被反复审查，1979年春"说清楚"以后，万念俱灰，决心封笔。他每天到单位应个卯，然后晃荡晃荡回家，不是闷头睡觉，就是提篮买菜。有时干脆在外面喝酒解闷。一天傍晚他喝得醉醺醺地回家，二女儿告诉他说，有人等了他两个小时。"谁?""王扶。""哪个王扶?""《人民文学》的。""干吗?""约稿!"听到"约稿"二字，汪曾祺顿时酒意全无，露出难以置信的表情，拿着王扶留下的便条，读了一遍又一遍。他仰天长叹说："居然有人还记得我啊!"可以说，是一次约稿让一个作家起死回生。如果没有这次约稿，也许汪曾祺真的会变成一个整天忙着给家人做饭的老头儿，读者无缘再看到《受戒》、《大淖记事》这些当代小说史上的杰作。

第二，文化产品的鉴定者。说到"鉴定"二字，不由联想到电视台的"鉴宝"节目，那些"老法师"真是目光如炬，洞幽察微，抓住一些小细节、小特征，便能断定"宝物"的真伪和价值。出版社编辑所从事的，何尝不是"鉴宝"工作？他们应该像文物商店的"老法师"一样，掂得出文稿的分

量。这种“鉴定”是社会文化评价系统的组成部分，对社会文化生产起着调节和引领的作用。一旦缺乏这种眼光，则会伤害作者的创作热情，甚至可能扼杀作者的创作生命。

各位一定知道法国作家儒勒·凡尔纳。这位作家本是学法律的，后来专门从事科幻创作。他的作品风靡全世界，在我们那个时代，几乎无人不读，《八十天环游地球》、《格兰特船长的儿女》，成了年轻人见面时的话题。凡尔纳的作品不仅影响了文学阅读，而且影响了科学研究，当年的幻想不少已成了今天的现实。但凡尔纳的作品并不是一开始便被人认识的。他的《八十天环游地球》，前后投过十五家出版社，都遭到退稿处理。凡尔纳一气之下，曾准备把原稿投入炉中，付之一炬，幸亏他夫人眼明手快又抢了出来，劝他再投一次。第十六次终于有一家出版社接受出版。面对出版史上的这个经典案例，出版人应该扪心自问：我到底是前面十五家出版社的编辑呢，还是第十六家出版社的编辑？

眼光不是与生俱来的，更不是职业固有的，而是出版人自我修炼的结果。“五四”时期，宗白华曾编过《时事新报》的副刊《学灯》，当他第一次读到留学日本的郭沫若投寄来的《鹭鸶》和《抱和儿浴博多湾中》两首新诗时，便断定郭诗具有特殊价值，鼓励他继续惠稿。郭沫若在此之前，给国内不少报刊投稿，不是泥牛入海，便是“恕不录用”。自从遇到宗白华后，他的诗歌创作激情如火山一般爆发出来，半年之内在《学灯》上发表了几十首诗，后来集成了《女神》一书，不仅奠定了他在中国新诗史上的地位，而且开启了一代诗风。郭沫若称宗白华为“我的钟子期”。为什么宗白华能慧眼识珠呢？看了《三叶集》中那些通信你便明白，当时宗白华虽然只有二十多岁，但他已有深厚的文学修养和美学修养，对中国诗歌传统了然于心，对“五四”新文学更是充满热情，这样的出版人，自然会有异于常人的眼光的。

第三，人类智慧的传播者。英国哲学家培根对出版曾做出高度评价，他认为出版就像一艘航船，把人类的智慧运向一代又一代。传播，是出版的一个基本特征。看过电视里播放的《动物世界》，我们知道动物也可以通过肢体动作，向下一代传播生存技能。人为万物之灵长，人和动物最大的不同是，人可以通过语言，传播自己的生存经验，传播自己对这个世界的认识和体会。然而，个体和个体之间的传播，其范围毕竟是有

限的。自从文字出现以后，人类的智慧便可以得到有效的记录和保存；而自从出版出现以后，人类智慧的传播便出现了翻天覆地的变化。一个人的思考，有可能成为全人类的思想；一个人的发明，有可能成为全世界的财富。出版，使人类的智慧实现了超时空的传播。

每一本书，都积累着人类的智慧。早在春秋时代，书已经是“汗牛充栋”。随着一代又一代出版人的贡献，今天的书早已是浩如烟海。面对巨大的文化遗产，每一代出版人为了完成自己的传播任务，都要放出眼光进行选择，选本的流行便与此有关。孔夫子编《诗经》，萧统编《昭明文选》，清人编《古文观止》、《唐诗三百首》，都是为了让作品得到更好的传播。在编《中国新文学大系》期间，我曾几次拜访周扬先生。一次谈到选本问题，他就认为选本体现了传播的智慧。他说：不同时代有不同的选本。这既是为了让作品经典化，也是为了让作品当代化。通过经典化，提升作品的文化积累价值；通过当代化，使作品更容易被今天的读者接受，强化传播效果。为此，周扬曾建议说：中国应建立一门“选学”。

传播，既是纵向的，也是横向的。每一代出版人，都必须立足于为当代人服务。为此，图书必须具有市场的号召力和文化的渗透力。一本书的价值，当然不能简单地由印数来决定；但如果书出版以后，在目标读者中激不起半点涟漪，那肯定不能算是成功的。今天，我们不仅要努力扩大国内市场的覆盖面，而且还要实现“走出去”的目标。中国出版承担着文化交流的任务。传播，要自觉地站上一个新台阶。

第四，精神气候的营造者。人总在一定的气候下生活。自然界有自然界的气候，精神界有精神界的气候。“精神气候”这个概念，出自 19 世纪法国的美学家、史学家丹纳。这位在中国美学界极具影响的人物，曾在他的《艺术哲学》中说：自然界气候的变化，决定了这种植物或那种植物的出现；精神界气候的变化，则决定了这种艺术或那种艺术的出现。他是讨论艺术的，所以重点谈的是精神气候对艺术的影响；实际上精神气候何止影响艺术，它还关系到每一个人的精神状态，关系到一个民族的心理结构，关系到一个社会的文化环境。精神气候和自然气候一样，无时无刻不在发挥着潜移默化的作用。

构成精神气候的元素是多方面的，广播、电视、网络、手机、街头广告，包括语言，而其中必不可少的则是出版物。它们是精神界的花草

树木。龙应台曾经说过，看一个城市是不是先进，不要看其他的，连续下两个小时的雨就足够了。如果这个城市的交通没有停止，供应没有匮乏，人们的情绪没有恐慌，那说明这个城市是先进的；否则，便还处在发展之中。我们也可以说，看一个城市是不是文明，不要看其他的，只要看一看这个城市的读书生活就够了。如果这个城市里还有书展，在书店里还陈列着学术图书，图书馆里的经典著作经常有人借阅，电视里还能看到读书节目，那这个城市便是有文化的，否则便可能正处于文化滑坡之中。

回顾一下上一世纪70年代末的出版工作，作为一个出版人，我觉得是值得自豪的。当时，我们国家刚走出“十年浩劫”，眼前一片狼藉，但民心思治，百废待举。一套“青年自学丛书”，修补了因高考停止而断裂的学习传统，掀起了一代人的学习热潮；一套“走向世界丛书”，砸向闭关自守的精神枷锁，中国人睁开眼睛看世界，迎来了改革开放的时代大潮；一本高屋建瓴的《读书》，不但打开了读书的禁区，更打开了思想的禁区，多少人因此发出了“还我头来”的呐喊；一本接地气的《文化与生活》，让生活恢复了应有的色彩和活力，政治上的解放带来了生活上的觉醒，人们恍然大悟：活着并不等于生活……正是这些书、这些刊，构成了特定的精神气候，让国人经受了一场精神洗礼。中国出版的这一复兴期，写下了出版人的光荣与梦想。

(3)出版人要念好“三自经”

下面简单说一下“三自经”。它包括文化自觉、文化自信和文化自律。

文化自觉体现的是一种使命感。出版人要为民族文化的发展、民族精神的打造，自觉地承担自己的责任。有了文化自觉，你才会在出版实践中充满激情，充满向往；你才会在历史发展的关键时刻，做时代的“弄潮儿”，运用文化的力量，推动社会健康发展。上海世纪出版集团提出的口号是：做中国文化的脊梁。这个口号便有着文化自觉的深刻内涵。

前一阶段，多家出版社重印民国时期的老课本。比如商务版的《国语教科书》、开明版的《国语课本》、世界版的《国语读本》。这不禁让我们想起了当年教科书出版的热闹景象。张元济进入商务以后，抓的第一件事便是组织编写教科书，他说：“吾辈当以扶助教育为己任。”陆费逵自立门

1998年上海文艺出版总社挂牌时，社领导班子合影。从左至右为：
徐保卫、本书作者郝铭鉴、何承伟、陈保平、郏宗培、陈鸣华、费维耀

户创办中华书局后，同样把教科书作为当务之急，他说："立国之本在于教育，教育之本在于教科书。"开明的叶圣陶和丰子恺两位大家，更是亲自合作编写语文课本。这是出版人的一时心血来潮吗？不是。19世纪末20世纪初，清王朝风雨飘摇，科举考试命悬一线，新学堂如雨后春笋般涌现出来。现代出版机构不约而同地选择编写出版教科书，这体现了前辈出版人的文化自觉。编写出版教材是中华民族赋予出版业的神圣使命。这些老课本不仅对今天的教育改革具有启迪意义，更代表着一个时代的文化高度和精神高度。

文化自信体现的是一种判断力。它不是自我安慰，更不是盲目乐观，而是对文化价值的准确判断，是对自身文化生命力、文化创造力的充分肯定。对于我们这一代出版人来说，首先要对中华民族的文化传统充满信心，再不能重蹈"打倒孔家店"的覆辙，重演"革命大批判"的闹剧。毛泽东早就说过，从孔夫子到孙中山，我们都要继承。不能自惭形秽，不能长他人志气，灭自已威风。我们要把传播中华文化的担子，自觉地担当起来。其次，要对先进文化的感召力、影响力充满信心。我们相信人心是向善的，社会是向上的。先进文化代表着历史的前进方向，一定能

够影响世道人心。出版要坚持宣传真善美，抨击假恶丑，不能为了吸引眼球，为了增加码洋，不惜搔首弄姿，让斯文扫地。在任何情况下，出版人都要坚持把社会效益放在首位。再次，在当前泛娱乐的大背景下，我们还要对阅读充满信心。阅读是一种精神现象，只要人类存在，阅读便不会消亡。人均阅读率的波动，只是阶段性的现象。阅读的形式可能改变，但阅读本身不会改变。出版仍然是万古长青的事业。即使在网络时代，纸质图书仍然有发展的机会。一代伟人毛泽东 9 月 9 日逝世，但他 9 月 8 日仍在读书。比尔·盖茨曾自称是纸质图书的掘墓人，但 2008 年退休以后，他的办公室里却放满了纸质书，他说每周至少要读一本。我们相信未来是一个多元阅读的时代，纸质图书仍有着独特的魅力。

文化自律体现的是一种自制力。出版人要有所为，有所不为。为了民族文化的振兴和发展，出版人要该出手时就出手，像作家谌容说的那样，龙门敢跳，狗洞能钻，虽九死而不悔；但决不能为了一己之私利、一社之小利，放弃操守，放弃原则，被金钱牵着鼻子走。所谓文化自律，说得明白一点，就是人要有人格，社要有社格，不为五斗米折腰。中国版协曾编过一本《我与开明》的书，开明书店便是一家懂得自律的出版社。作家丁玲称开明书店是一个“严肃的书店”，“负责编辑的先生们是有思想的，对读者是负责任的。他们不趋时，不务利，只是要为祖国的文化事业贡献力量”。社会上皮包出版社、野鸡出版社为了赚钱，在书的内容上竭尽挑逗之能事，“开明”却目不斜视，不改初衷，叶圣陶曾有诗曰：“开明夙有风，思不出其位。”作家秦牧用八个字评价“开明”出版的书：“严严正正，踏踏实实”。在能觅到的一千五百多种书中，你找不到一本不该出的书。今天，我们应该更高地举起“文化自律”的旗帜，像当年的开明人那样，做一个“俯仰两无愧”的新时代的出版人。

本文据上海社会科学联合会 2010 年“学术活动月”演讲整理，原载《编辑学刊》2013 年第 6 期

编辑要有“站位”意识

——以《谈美书简》为例

屈指算来，朱光潜先生的《谈美书简》出版快三十年了。这虽然是本不足八万字的小册子，但它不仅在朱先生的学术生涯中具有重要的意义，是作者对自己美学思想的一次认真的梳理和总结；而且在20世纪80年代的“美学热”中产生了特殊的影响，是一代美学大家点燃的一支火炬，照亮了年轻人探究美学的道路。如今，它已经有多个版本，成了美学研究的入门读物，并被教育部列入《普通高中语文课程标准》推荐书目，启迪着一代人的爱美之心。在中国美学发展史上，《谈美书简》留下了自己的足印。作为本书的责任编辑，回想当年的编辑历程，不禁心潮起伏。

编辑《谈美书简》时，我刚到出版社不久。我1966年大学毕业，那是一个风雨交加的特殊年代，毕业以后两年留校搞“文化大革命”，四年在工宣队打杂，六年借调到市级机关。十二年人生浮沉，往事不堪回首。1978年经过重新分配，终于进了上海文艺出版社。《谈美书简》便是我最初担任责任编辑的图书之一。通过这本书，我和朱先生成了忘年交，为以后编辑《朱光潜美学文集》打下了基础；同时，也对编辑工作有了一些感性认识。我最大的体会是：一个合格的编辑，一定要有自觉的“站位”意识。

(1)作者进入写作过程前，编辑要站在作者的前面，激发作者的写作欲望

朱先生一开始并没有想到要写《谈美书简》。1978 年，中国社科院外文所在广州召开工作规划会议。就在这次会上，上海文艺出版社的副总编辑郑锽同志碰到了朱先生。老郑是一位学者型的领导，读书面广，思维活跃，而且有着很强的职业敏感。他年轻时曾读过朱先生的早期著作《谈美》，留下了深刻的印象。所以在见到朱先生后，立即萌生了一个想法——请朱先生在《谈美》出版半世纪后，再写一本新时期的《谈美》。这一建议让朱先生怦然心动。

我曾长时期咀嚼这一组稿过程，发觉至少在三个方面给了我启发。第一，当时社会上的“美学热”，正风起于青蘋之末，老郑显然敏锐地感觉到了这一社会需求。第二，在作者的选择上，老郑表现出了独到的眼光。无论是社会声望、知识结构还是文字功力，朱光潜先生都是当之无愧的第一人选。第三，最难能可贵的，是帮助作者寻找到了一个极佳的写作角度。五十年前《谈美》风行一时，五十年后再写《谈美》，旧题新作，一呼一应，作者和读者都会感到分外亲切。

朱光潜著《谈美书简》书影

老郑回到上海以后，让我联系落实这个选题。我一口答应了下来，但心里并没有底。我虽然有着中文系的学科背景，却根本不知道“美学”是怎么回事。蔡元培曾提倡“以美育代宗教”。我就读的大学里有一位副校长叫宋兰舟，公开提出要在学校里开展美育，让学生德智体美全面发展，结果在“文革”中遭到批斗，说是反对毛主席的教育路线。我之所以没有推辞，相当程度上是朱光潜这

个名字有吸引力。

为了做好责任编辑，我做了两件事。首先是疯狂地寻找美学图书。既有朱先生解放前出版的《文艺心理学》、《变态心理学》，又有解放后编选的《美学问题讨论集》。几乎是见到一本读一本，狼吞虎咽地补课。终于，我见到了心仪已久的《谈美》，1932 年开明书店的初版本。在我心中，“美学”本是一个深奥的概念，没想到朱先生竟把它解释得如此透彻，如此清晰。《谈美》一开篇便谈到对一棵古松的三种态度：木商只看到古松能做什么东西能卖什么价钱，这是实用的态度；植物学家想到古松是“叶为针状、果为球状、四季常青的显花植物”，这是科学的态度；画家拉开距离，观赏古松苍翠的颜色、盘曲的虬枝和昂然的气概，这才是美学的态度。阅读让我对美学有了朦胧的印象，对编辑《谈美书简》产生了美好的期待。

其次，是迅速和作者建立联系。1978 年年底，我给朱先生发出了第一封信，继郑锽副总编口头约稿以后，再一次书面约稿。在社会文化生产中，编辑绝不是一个简单的二传手，而应是生产任务的策划者和组织者。约稿便是一个有效的组织手段。我在信中反复强调社里对书稿的重视和年轻人对书稿的渴望，希望作者早日进入写作过程。就在和朱先生通信初期，偶然听到一条消息，说是一批外国文学研究专家集中在上海衡山饭店开会，朱光潜先生也是会议代表之一。这真是天赐良机！我渴望和朱先生见面，于是当即决定，直奔衡山饭店。

说来也巧，那天下午会议组织看内部电影。我赶到宾馆时，代表正准备出发。我从没见过朱先生，在我想象中，这样一位在欧洲读过几所大学、精通几门外语的美学家，一定是很潇洒、很洋气的。我凭着自己的猜测，一连问了几位，谁知都不是；后来才知道，我问的是卞之琳、杨周翰、王佐良等人，都是外国文学界的一流大师。在王佐良先生的指点下，我走进了朱先生的房间。我见到了一位老人坐在沙发里，准确地说，是陷在沙发里。矮小，瘦削，中山装，叼着一根烟斗，一双眼睛睿光四射。这就是朱先生给我留下的第一印象。

朱先生见到我很意外，也很高兴。“你就是铭鉴同志啊？”桐城口音十分浓重。他说这天放映的电影是《可尊敬的妓女》，他在别处已经看过，不打算再去看。于是，我也陷到了沙发里，零距离地凝视着这位美学老人。朱先生问了一个问题：“妓女是社会的丑恶现象，怎么是可尊敬的

呢?”围绕着“妓女”这一话题，他从电影中的妓女谈到了小仲马的茶花女、莫泊桑的羊脂球，又谈到了伦勃朗的绘画、罗丹的雕塑……为了能和朱先生“对话”，我挖空心思想到了两个妓女形象，一个是《今古奇观》中的杜十娘，一个是托尔斯泰笔下的玛丝洛娃。一老一少，无拘无束，古今中外，一路慢慢讲来，最后他做了归纳：妓女在生活中是丑的，但在艺术上却可能是美的。中外艺术中都有表现妓女题材的不朽杰作。这一堂美学启蒙课，讲了两个多小时。

回到北京不久，朱先生终于欣然命笔，寄来了几篇样稿。

(2)作者进入写作过程后，编辑要站在作者的后面，做作者的精神后盾

写作是一项艰苦的思想劳动。朱光潜这样的学术大家，同样也会碰到各种各样的障碍。一个尽职的编辑，不能只是等着作者交稿，而应该跟踪作者的写作过程，随时提供热情的服务，做作者的精神后盾和后勤保障，分享作者的酸甜苦辣。

回首这段经历，大致可谈的有三个方面。一是帮助作者了解自己的读者对象。当时，我和朱先生保持着频繁的通信联系，只要到北京出差，一定去拜访朱先生，有时就住在先生家里。我曾多次陪他在北大校园里散步。一开始总是我搀着他走，但是过了一会儿，他会走到我的前面，变成了他拉着我走。来来往往的北大学子看到朱先生，都会流露出一种既景仰又亲切的目光。无论是在燕南园的家里，还是在未名湖边的小道上，我们谈得最多的，便是年轻人想了解哪一方面的美学问题。为了让朱先生的写作更具有针对性，我每次到北京前，都会有意识地从这方面搜集一些材料。

二是坚定作者的写作信心。朱先生一开始便定下目标，要让《谈美书简》体现自己晚年的美学思想。因此，这本小册子既是对“来信未复的朋友们”的一次总的答复，更是其学术理论上的一次新的冲刺。他曾告诉我说，要在书中就人性论、人道主义等一些学术禁区，公开表示自己的态度。今天看来，这些问题几乎已成共识，但当时“文革”刚结束不久，很多人还心有余悸，在这些敏感问题上噤若寒蝉。朱先生说他自己不是“心

有余悸”，而是“心有余恨”。他决心要把被“四人帮”搅乱的问题重新纠正过来。可真的要动笔时，还是觉得有一股看不见的阻力。有一次他突然问我：“你们出版社是什么态度?”

在和朱先生交往的过程中，我觉得他的探索精神是难能可贵的。先生遭受到了那么多的磨难，却是九死而不悔，以八十多岁的高龄，依旧在美学研究的第一线冲锋陷阵，表现出了惊人的学术勇气和文化良知。这是一种壮美的人生境界。我坦率地谈了自己的感受，同时还告诉他，社里认为突破禁区是时代的需要，《谈美书简》有这方面的内容，正体现了这本书的独特的价值。如果有什么风险的话，出版社愿意和朱先生共同承担。我特意介绍了社里的一个选题——《重放的鲜花》。当时很多“右派分子”的问题还没有解决，但社里在思想解放运动的鼓舞下，已经决定选编出版他们的作品，其中包括流沙河的《草木篇》。朱先生听了很受触动。后来，终于完成了这本书中的第六封信：《冲破文艺创作和美学中的一些禁区》。他让我们看到了一个尊重规律、敢于挑战的勇者的形象。

三是鼓励作者保持《谈美》的文字风格。为了和当年的著作相区别，新写的这本著作取名“谈美书简”，但我还是希望它像《谈美》那样生动可读。朱先生在给我的第一封信中表示有难度，他说自己已经年过八十，心境不比当年；社会活动又比较多，在时间上不能保证。但我表示，相信作者炉火纯青的文字功力。

在读第一批样稿时，还是发觉写得有些艰深，其中谈马克思的《经济学—哲学手稿》一篇，问题尤为突出。朱先生曾一再强调，这一文献对研究美学至关重要，能够读通这篇文章，机械唯物论的美学观和主观唯心论的美学观便能不攻自破。可是，朱先生的这篇样稿，完全是在学术层面上展开的，非常严谨，非常扎实，但缺少书信的亲和力，没有一定研究背景的人很难读懂。我在犹豫了几天之后，还是大着胆子，把稿子退给了朱先生。

朱先生的谦逊，有点出乎我的意料。他完全接受我们的意见，还在回信中说：“这并不是私人之间的事，它关系到学术文化的发展，我感谢你们。”他也没有在退回的原稿上修补，而是重新调整了全书的结构，将写成的稿子推倒重写。为了让书稿更能体现书信的特点，他在介绍美学知识之外，还经常穿插一些人生感悟，让人读来有一种温馨感。比如在

写作《谈美》时，他说人生十八般武器，掌握一样就已足够；但在写作《谈美书简》时，他纠正了自己的看法，提出要真正掌握一样人生武器，必须有广泛的生活和学习阅历。就文字论文字，《谈美书简》也许不像《谈美》那样挥洒自如，但它做到了“风行水上，自然成文”，而且态度真诚、恳切，蕴含丰富、厚实，在娓娓而谈中闪烁着大智慧。

(3)作者完成写作以后，编辑要站在作者的对面，用批判的眼光帮助作者把关

一个作者把稿子投给出版社，是对出版社的信任。面对作者的稿件，编辑应该全神贯注，洞幽察微，横挑鼻子竖挑眼，不放过任何一个疑点，以弥补作者可能存在的疏漏。这才是一个“把关人”应有的态度。有些编辑以信任名家为理由，让审稿流于形式，其实是对名家不负责任。

朱光潜先生自己当过编辑，深知编辑工作的甘苦。在《谈美书简》的整个写作过程中，他始终非常配合，不但主动提供提纲和样稿，而且虚心听取出版社的意见，没有一点大师的架子。特别是在全部书稿完成以后，他十分认真地对我说：“你们千万不要客气，有问题一定要提出来。我和你们都要对得起读者。”

也许是受到了朱先生的鼓励吧，在审稿过程中，我们大胆质疑，有时近乎苛求。结果确实也发现了一些误记或误写。1980 年 2 月 27 日朱先生在来信中说：“二月二十二日手教已收到，首先应感谢你校阅拙稿的谨严态度，因此避免了两大错误。”他所说的“两大错误”，其实是两个小疏漏：一是把一段俄文资料，说成是出自《神圣家族》；一是把英国的美学家考德威尔，误记为伊肖伍德。在我印象中，凡是我们提出的问题，朱先生都会认真复查，绝不敷衍。

更多的意见是关于文字的。朱先生曾写过题为《咬文嚼字》的名篇，这篇文章已收进中学语文教材。我曾多次当面听他谈过文字问题。比如，他说“造形艺术”不宜写作“造型艺术”。“造形”是充满创造性的，艺术形象千姿百态，怎么能用模型的“型”呢？我在读他的稿子时，力求像他一样字斟句酌，但一般不随意改动。记得原稿中有一处提到达尔文的“生长相关律”，朱先生十分郑重地改为“生长联规律”，读来不太通顺。为慎重

起见，我查找了相关资料，请教了搞生物的专家，后来把问题提给了朱先生。他说这是自己的笔误，正确的写法是“生长关联律”。

名家一般不看校样，但朱先生是看校样的，而且看得十分认真。他在给我的一封信中说：“古人有一句话：‘校书如扫落叶。’对我这样的年老健忘的人尤其如此。”对待工作、对待学问，朱先生总是充满虔诚之心、敬畏之心。

在编辑生涯中，能够结识朱先生这样的作者，我是幸运的。

本文原载《编辑学刊》2008 年第 5 期

纸质媒体面临的挑战和使命

(1)我读科普刊物

在人的知识结构当中，自然科学知识是不可或缺的，它关系到一个人的思维能力，甚至关系到一个人的生活态度。像我这样的人，有着长期的文科背景，自然科学知识存在着严重缺陷，按照通俗的说法，我的一只脚是跛脚。所以我一直很关注自然科学特别是科普方面的期刊，为的是让自己不至于成为“科盲”。

“文革”中我读的是《化石》；后来到了出版界，我一直在看《科学画报》；现在除了《新发现》，还有我们的《自然与科技》。《自然与科技》我不是每篇必看，但每期必看。每看一期，都会有让我意想不到的收获。我想先汇报一下自己的读后感。

我上次给卞毓麟老师写了一封信，因为看了他那篇《天文望远镜的400年》，有一种满足感。我在中学里曾经做过“天文梦”，高考时曾打算报考天文专业，直到现在一提到天文，内心还是非常激动，但是我没有系统读过这方面的著作。那天看到卞老师用那么通俗的语言，将天文望远镜400年的历史，做了如此生动的介绍，读了觉得非常过瘾，勾起我很多美好的回忆。

上海文艺出版社出了一本小说，是张贤亮的《一亿六》。“一亿六”是个年轻小伙子的名字，他的精液中有一亿六成活精子，超过常人几倍，因此成了各方争夺的对象。打开最近一期的《自然与科技》，突然看到有谈“一亿六”现象的文章，从医学角度谈人类的“精子危机”。这让我喜出

望外。看了那部小说之后，再来读这篇文章，对小说有了更深的理解。科学知识提升了我的文学鉴赏能力。

再来举一个例子。前一段时间，迈克尔·杰克逊突然逝世。杰克逊在世的时候，人们对他的负面评价很多，他死后全世界突然良心发现，大家意识到我们没有真正了解杰克逊。杰克逊到底是怎么死的？《自然与科技》上及时发表了文章，提到杰克逊曾经做过长寿实验，他说自己能活到 150 岁。为了达到这个目标，他让自己睡高压氧舱，接受低压电击，像苦行僧一样专吃蔬菜和水果，不吃荤菜。可是他偏偏 50 岁就死了！怎么会死的呢？我读了这篇文章给出的答案之后，又把很多材料综合起来思考，发现杰克逊的根本死因不是药物过量，而是他不善于交际，不善于沟通，他的语言能力太弱。他在很长的时间里面背负着沉重的精神负担。他只上过一次电视台，是为了给自己辩解，但那是一次非常失败的努力。长期的沉重的精神压力，超过了他的心脏的承受能力，终于导致了一代歌星的陨落。为此我在上海图书馆做了一个讲座，题目叫《语言是一种生存能力》，其中就举了杰克逊的例子。我认为如果缺乏语言沟通能力，就可能像杰克逊一样，让生命受到伤害。这都是阅读《自然与科技》之后得到的一些启发。为此我非常喜欢这本杂志。

(2)难忘两次会议

今天开会，《自然与科技》的周保春主编让我做一个发言。他给我定的题目是“纸质媒体面临的挑战和使命”。老实说，对于这个题目我是没有发言权的。但我很想利用这个机会，对《自然与科技》创刊 30 周年表示祝贺，对自己能不断从中获取科学知识表示感谢。所以，尽管没有这方面的发言权，还是答应就这个题目，来谈一点自己的想法。

当前，传统的媒体——纸质媒体在网络冲击下，还有没有生存的空间？这不仅仅是《自然与科技》所面临的问题，也是所有的传统出版物都面临的问题。大家都在思考。上次一看到这个题目，我的脑海里就出现了两次会议的情景。

一次是在 1984 年，出版界的老前辈、北京商务印书馆的老领导陈原先生到上海来做过一次报告，参加的都是上海出版界的同仁。当时，陈

原先生刚刚参加完世界第22届出版工作会议，他在报告一开始便介绍了会议的情况。那次会议的主题叫“纸张还有什么用?”，在会上做主题发言的是日本索尼公司的董事长。这位董事长非常幽默、非常风趣，他在发言的开场白中说：“请在座的注意，我是你们的敌人！你们的读者正在成为我的观众和听众，我要破坏你们的工作，而且还要不断地破坏下去。所以你们要注意。”听到陈原先生的传达，全场哄堂大笑。我们觉得这个董事长太幽默了，也太夸大其词了，因为在我们看来，我们这些搞出版的人、出书的人，社会地位是不可动摇的；书与人类的连接是不可隔断的，只要有人在，就一定有书在。所以我们充满了自信。会场里的笑声，既是对他幽默感的回应，同时也是我们出版人自信的展示。

主持“以书会友”读者日活动。现场有越剧表演艺术家徐玉兰，作家赵丽宏、刘观德，电视节目主持人曹可凡等

可是20年以后，2004年我在武汉参加了一次国际出版工作会议，会上有一位日本出版家发言。他介绍了一部外国电影，在那部电影中有一个贯穿始终的情节，就是书是一种违禁品，是不能存在的，就好像我们要禁毒一样。哪里出现图书，哪里就要举报，警察就要去搜查。全社会都在搜书查书，要把图书彻底消灭掉，可是偏偏有一些人舍不得书，这群人被称为“书人”，他们东躲西藏就是要把书藏起来。这是一部情节紧张甚至有点恐怖的片子。最后这群“书人”带着书逃到很遥远的深山老林里，在那里保存着书，想把书传至后世。在听这个故事的时候，台下

鸦雀无声——当年我们哄堂大笑，20 年后是一片沉默。我当时的感觉是，出版人感受到了一种压力。我们是不是“书人”呢？

就在这次会议前后，我看到了比尔·盖茨在西班牙的一次演讲，其中有一句话让我感到震惊。他说：“不消灭图书和纸张死不瞑目。”这句话让西班牙朝野震动，全世界都在议论。比尔·盖茨的话有没有道理呢？他曾列举了纸张的“罪状”，比如检索的效率很低、浪费自然资源、破坏地球环境，等等。在这种背景下，纸质媒体还能不能生存？

(3)纸媒同样有春天

现在，我把自己的思考和大家做个交流。我想到的是以下三点：

第一，我们回顾历史，发现纸质媒体受到挑战不是从今天开始的。十多年前我看过一本书，是谈世界出版大势的，里面引用了全英书籍联盟会长莫巴戈的一段话。他说：“迄今为止，我曾五次听到图书即将寿终正寝的话，……即使这样，图书依旧生存下来了。”其实，早在 150 年前，法国有一个叫约翰·路易·布朗的人就预言图书时代结束了，新闻时代开始了，那时新闻刚刚在全世界兴盛起来。现在又有比尔·盖茨的豪言。可是我们看到现在世界上图书依旧在大量生产，纸质阅读依然是人类社会一种主要的精神消费方式。总之，回顾历史，我们看到的是预言的破产，并没有看到图书到了气数已尽的地步。

第二，我们从现状来看，至少到现在为止，和网络传媒相比，纸质媒体还是占有优势的。这不仅仅是因为纸质媒体有一两千年的积累，按照曾任联合国图书馆馆长的列夫·乌拉基米诺夫的话来说，纸媒就像储油罐一样，有着极为丰富的储藏。尽管网络传媒容量很大，但还不足以完全囊括纸质媒体的内容。除此之外，更重要的一点是，我们人类与纸质媒体的情感的联系、心灵的联系，不是轻易能割断的。我听很多人说，灯下翻书的感觉与上网阅读的感觉是不一样的。何况现在的电子阅读还处在一个相对粗糙的阶段，人们的眼睛还不能完全适应现在的屏幕。网上阅读是观看而不是欣赏，是了解而不是思考，它要达到和读书一样的境界，还需要一段时间。

第三，即使纸质媒体不占有优势了，网络已经绝对超过纸质媒体了，我认为纸质媒体仍然有它生存的权利。为什么？人类的社会生活应该是

多元的，选择也应该是多元的。咖啡滴滴香浓，但我们的茶有悠悠余韵，为什么不能同时存在呢？为什么只能喝咖啡，不能喝茶呢？多一种选择，生活就多一种乐趣，多一种感觉。人类的精神追求是无限的，不可能让它只有这一条路好走。所以即使到了网络无比发达的时候，书仍旧有它的存在价值。这是精神世界的特点决定的，不是谁想消灭图书就能消灭得了的。纸质媒体何时消灭的预言，只是反映了某些人的一种阅读取向，而不是事物发展的客观规律。

想到以上这三点，我认为我们搞传统出版物的人，包括搞《自然与科技》杂志的各位同仁，完全可以理直气壮，坚守本职，可以气定神闲，从容不迫。过去我一听到网络时代到了，总感觉有点恐怖，现在想通以后，觉得大可不必恐慌，不必紧张，没有必要自乱阵脚。该来的尽管来吧，我仍旧是我，我们可以与数字共舞、与网络共存，开辟新的生存空间。我们应该做的，不是把网络视为自己的敌人，而是作为朋友，大家发挥各自的优势。我们既然做传统媒体，做纸质媒体，就把我们的工作做到极致，做到完美。比如说，网络可以以时间为优势，非常及时，非常迅速，纸质媒体则可以以质量为优势，做得非常严谨，非常权威。我现在也上网查一点东西，但没有一次是完全相信它的，所有的东西我都要根据线索重新核对。网络上的东西太粗糙，完全信它是要出错的。《解放日报》为什么出那么大一个笑话，把“卧草泥马”刊登在报纸上面？就是太轻信网络惹的祸。做学问是不能这么做的。

打个不恰当的比方：网络传媒是全景镜头，以海量信息显示自己的优势；而我们纸质媒体则是特写镜头，要以严谨来展示自己的魅力。有时我上网去查东西，一打开网页就很烦，汪洋大海，无边无际。数量有时会压垮人们的耐心和信心。阅读纸质媒体时，目标性却很强，能一下子直奔主题，这就是我们的优势，完全可以从这方面发展我们的优势。网络媒体有它的链接功能，一会儿到这儿一会儿到那儿，而我们纸质媒体经过人的整理，充分体现出它的秩序性，它的那种系统性与网络是不一样的。尽管网络来势凶猛，纸质媒体照样有它的优势。所以我认为，网络是小荷初绽，春光明媚；我们是老树新花，枝繁叶茂，同样可以迎来春天。

本文是作者在《自然与科技》创刊30周年座谈会上的发言记录，原载《上海科技馆》2010年第2卷第2期

期刊的生存之道

毫无疑问，我国的期刊业空前繁荣；实施“社刊工程”以后，在政策上得到扶持，将会更上一层楼。然而，同样毫无疑问，当前有相当一部分期刊正挣扎在死亡线上，他们或者印数少得可怜，或者影响弱得可怜，不过是苟延残喘而已。因此，我觉得有必要研究一下期刊的生存之道。

(1)认清环境才能保持清醒

一个期刊要生存，首先要认清生存环境。环境呼唤期刊的诞生，同时又会制约期刊的发展。只有认清生存环境，才能保持清醒，从容应对，始终处于主动的地位。当前特别要注意以下几个方面：

一是出版空间的拥挤。

且不说 WTO 对我国出版的挑战，数字化技术对传统出版的威胁，也不说出版以外的媒体对出版的挤压、蚕食，就期刊论期刊，同样出现了合理碰撞和不合理碰撞并存的局面。建国以后的十七年中，期刊最多的一年是 1959 年，达 851 种；“文革”中百花凋零，1967 年仅剩 27 种；1978 年开始复苏，四年以后已超过了 3000 种，最近几年更是直线上升，早已超过了 8000 种。在读书人口没有明显增加、购书欲望没有明显强化的情况下，品种的膨胀只会导致“空气稀薄”。结果，降低格调向读者献媚的有之，采取行政手段实行地方保护主义的有之，不靠刊物自身的魅力而靠刊外功夫的有之……面对这种局面，聪明的期刊人应该从原来的

“走向空白”、开垦处女地转为走向超越，要靠编辑智慧，靠出类拔萃来赢得生存的权利。

二是阅读心理的疲劳。

阅读是一种精神现象。当一种刊物刚刚创办时，因为保持着一种神秘感，读者会因为好奇而走近你；办了几年之后，读者对你了如指掌，而你又不能激发读者新的期待，读者慢慢便会厌倦。这是一种很正常的心理现象。本人曾参加过《文化与生活》的编辑工作，1978 年创刊时简直是洛阳纸贵，在书店里要凭票供应，本社同仁也只能限购四本，印数高达 280 万。但是几年之后便风光不再。原因当然很多，其中很重要的一点，便是刊物失去了新鲜感。类此，前辈出版人曾说刊物办了五六年便是一个“关口”，要么自我突破，进入一个新的境界；要么便淘汰出局。环顾当今 8000 多种刊物，其中不少是老牌，雄风犹在的不多，而老态龙钟的不少；即使称不上老的，刊龄其实也不短，同样面临着阅读疲劳的考验。这就要求我们要学会“变法”，办刊的宗旨可以不变，办刊的招数却要不断创新，要像创造文学典型一样，让刊物在读者的心目中始终是一个“熟悉的陌生人”。“熟悉”产生亲和力，“陌生”才能保持吸引力。

三是传播渠道的阻塞。

20 世纪 80 年代，本书作者发起召开全国第一届文化综合类刊物研讨会

这也是一个不容忽视的问题。编辑的生命在刊物之中，刊物的生命则在读者之中。只有经过读者阅读之后，刊物才能成其为刊物，否则，则如英国谚语所说是一块石头，如布莱希特所说是一堆印刷符号。但任何一

种出版物，和读者之间总是存在距离的。先进如网络刊物，不激发读者点击的欲望，也会咫尺天涯，何况传统期刊！这就要靠传播。令人遗憾的是，我们面临的传播渠道是并不通畅的。邮局系统当然有一个强有力的网络，问题是存在着明显的“马太效应”，知名刊物、畅销刊物备受青睐，让你锦上添花；无名刊物、新办刊物则可能遭到白眼，任其自生自灭。书店系统虽然也可供选择，但期刊的时效性和运输的“牛步化”始终是一个矛盾，期刊望书店而生畏。于是，只能自办发行。我不否认自办发行也有办得好的，但对多数期刊社来说，却是充满着无奈，增加成本且不说，还严重影响了规模效应。要改变这种状况，当然首先要考虑传播渠道的改革，而作为期刊人，则要君子求诸己。要通过强化营销意识，树立期刊的品牌形象，增加期刊的渗透能力，来赢得立足之地。

(2)不断提高自身生存价值

除了认识环境以外，一个期刊要生存，还要不断提高自身的生存价值。中国有多少种期刊？一位当代作家的答复是：三种。一种是为作者办的刊物，作者可以通过它证明自己的存在；一种是为领导办的刊物，领导可以通过它炫耀自己的政绩；还有一种便是为编辑办的刊物，编辑可以通过它保住自己的饭碗。这当然是一种调侃，但不能不承认它的真实。然而，这样的刊物是没有生存价值的。它既不能推动社会的文化建设，又不能满足读者的阅读需求，不过是徒具刊物形式的印刷垃圾。

一个期刊要生存，一定要和社会保持一种内在的精神联系，要证明自己是文化养料的一个重要来源，是社会精神气候构成的一个重要元素，是维护社会文化生态平衡的一个重要方面。这就是它的生存价值。为此，我觉得每个刊物都要经常问自己三个问题。这里，我想结合自己办的《咬文嚼字》做些分析。

一是“我是谁”。

在生活中忘记“我是谁”，这是常有的事。鲁迅在杂文中写过，有人看见别人在墙上乱写，便也跟着写上一句“谁在此乱写是乌龟”，显然他忘了自己。我国大小饭店，有段时间都挂一幅“迎客松”，画家黄永玉便以“迎客松”为题写道：“你像上帝一样无处不在!”幽默，辛辣，讽刺的也

是有些人不知自己是谁。这种事在出版界更是早已有之，于今为烈。30年代，作家阿英说过，中国出版界有一通病，便是喜欢咬住同一的书籍不放，你搞小品我也搞小品，你印古籍我也印古籍。这些年来，出版界一会儿一个“热”，不少人盲目趋附，随人俯仰，没有自己的主见，不用自己的脑袋思考问题。结果，我们出书虽然超过了十万种，但在结构上留下了严重的缺陷，出现了“书涝”和“书荒”并存的怪现象。

所谓“我是谁”，其实便是一个刊物定位问题。刊物要有自己的立足点。《咬文嚼字》的创办，在某种程度上是受了吕叔湘先生的启发。吕先生说，我国有一百多种语文刊物，大致上可以分为两类：一类是配合科研的，属学术刊物；一类是配合教学的，属教辅刊物。但当前社会语文生活十分混乱，却没有一种相应的刊物。他呼吁出版界能有人挺身而出。于是，《咬文嚼字》便决定以向社会传播语文知识，纠正社会语文生活中的差错为办刊宗旨。我是谁？——我是针对社会语文应用的语文知识刊物。明确了这点以后，便咬定青山不放松，既不为别人说我们缺少学术含量而惭愧，也不为别人说我们不靠拢教学不懂得赚钱而动摇。

二是“谁读这个”。

“谁读这个”是启蒙思想家狄德罗引用的柏尔修讽刺诗中的一句。狄德罗说，每当他撰写哲学论文时，总要首先想一想“谁读这个”。他认为没有人读是可悲的，因为自己的思想无人理解；而太多的人读则是可憎的，说明他的思想庸俗化了，作为一个先进思想的代表者，这是不能忍受的。狄德罗谈的是哲学写作，是思想家如何把他的思想传播给他的追随者。而这句既通俗又深刻的话，同样可以移用到期刊编辑工作中来。因为期刊的价值正是通过这个“谁”来体现的。

“谁读这个”，其实是一个读者选择问题。刊物的读者可以分三个层次：核心读者、边缘读者、潜在读者。首先确定了核心读者，另外两个层次的读者才能随之确定。核心读者是期刊的根据地。一个刊物如果以“广大读者”为读者，貌似覆盖面广，实际却是没有明确的读者群，成为无根的浮萍。这是“聪明反被聪明误”。《咬文嚼字》的核心读者，是编辑、记者、校对、广告制作人、节目主持人，后来又加上了语文教师和文秘人员。为了让刊物适应核心读者的需要，编辑部认真分析了这些读者的特点：他们整天和语言文字打交道，但大多数人缺乏语言文字的系统知

识准备，而他们工作节奏又很紧张，无法抽出大块的学习时间。于是《咬文嚼字》便针对这些特点，文章力求短小精悍，尽可能扫除专用名词术语之类阅读障碍，让读者能利用最少的时间来接近刊物，获取知识，帮助工作。

在编辑工作中，编辑和作者打交道多，但一定要坚持读者本位而不是作者本位。当年许广平先生曾把刊物比作船，她认为不能让随便什么人都上船，否则船是要翻的。三四十年代，有些刊物公开发布启事：谢绝荐稿。这些刊物认为，如果稿件能用，荐稿是对刊物的污辱，怀疑刊物的取稿眼光；如果稿件不能用，荐稿则是对刊物的要挟，是强奸刊物的意志。这些话虽然是极而言之，但表明了刊物坚持取稿标准的决心。也有些刊物公开表示用稿要反对官的成分、钱的成分、情的成分、肉的成分……前辈出版家的做法是耐人寻味的。事实证明，一旦迁就作者，读者的利益就会受到损失，刊物的价值就会从根本上发生动摇。

三是“卖点在哪儿”。

“卖点”一词是从香港传入的，因为它体现了市场经济的特点，所以也得到了我们的认同。所谓“卖点”，这是刊物价值的一种个性显示，是对核心读者做出的一种价值承诺，是根据市场规律所采取的一种营销策略。一个刊物不能明确提出自己的“卖点”，只能说明编辑工作还处在一种盲目状态，对自己刊物的价值还缺乏基本的认识。

《咬文嚼字》一开始便反复宣传自己的“卖点”，这就是针对性、知识性和可读性。因为有针对性，所以我们对读者说：不读是你的错，不再读是我的错；因为有知识性，所以我们对读者说：读一本《咬文嚼字》，胜过请一打家庭教师；因为有可读性，所以我们对读者说：你们可以咬得有声有色，嚼得有滋有味，轻轻松松读书，嘻嘻哈哈纠错。经过六年的实践，这些“卖点”已得到了读者的认同，成了一种品牌特色。

(3)生存智慧不可或缺

最后一点，一个刊物要生存，生存智慧是不可或缺的。在办刊实践中，要不断总结这种智慧，并让它激发出新的火花，进一步运用于办刊实践，增加刊物的智慧含量。这也可以说是一种编辑悟性。

比如，就刊物形象来说，既要树立风格，又要敢于突破风格。风格意味着成熟，没有风格便显得稚嫩，但风格也有可能导致僵化，导致拘泥。前面说到的阅读疲劳，便和这种僵化有关。我开始编《文化与生活》时，这本刊物的基本风格是一个“实”字：实用、实在、实惠。每一期都有大师教你裁剪，名厨教你烧菜，你跟着学就行。但是，随着社会生活的日益丰富多彩，读者的个性化追求日趋强烈，这种风格未免有点滞后，于是便改教师式的传授方式为知友式的谈心方式，在潜移默化中，交流生活观念，陶冶审美情趣，提高审美能力。刊物逐渐形成了新的风格，这就是一个“亲”字：亲近、亲切、亲和。到了90年代，期刊来了一场“形式革命”，读者的阅读趣味再次发生变化，《文化与生活》也在1994年改成了《HOW》，虽然同为生活刊物，但后者在风格上突出了国际化、时尚化、观赏化。从《文化与生活》的风格沿革中，我得到的体会是：刊物不能没有风格，但也不能固守风格，一旦客观情况变化，应该审时度势，顺应潮流。固守风格和没有风格，其危险性是一样的，都会使刊物缺乏吸引力。

又如，就编辑能力来说，既要积累经验，又要敢于扬弃经验。经验是财富，但经验也可能成为包袱。有则禅宗故事说：老和尚在讲经以前当着小和尚的面倒茶，茶杯满了还继续倒，小和尚忍不住告诉师父“满了”。老和尚说，你观察得很对，杯子满了就倒不进了，如果你心里的杯子满了，我讲的你也听不进了，先把你自己的杯子倒空。确实如此，一个人如果自恃有经验，就有可能拒绝另外的经验。“经验主义”就是这样形成的。我认识一位资深编辑，每到发稿时，都能根据主编的要求交出相应的稿件，可谓驾轻就熟，但刊物越编越平，越编越少生气。原因何在？就在于吃了编辑经验的亏。不能否认，经验是宝贵的；但也不能因为有经验便把自己封闭起来，墨守成规，率由旧章。编辑要始终保持一种张力，要眼观六路，耳听八方，要不断吸收新的东西，对已有的经验进行梳理整合。我在社里提倡要把每一期刊物当作创刊号来办。编辑自己有新鲜感，读者才会有新鲜感。刊物说到底是人办的。编辑的状态决定了刊物的面貌。作家茹志鹃说过她在两种情况下不写，一是绞尽脑汁还不知如何落笔，一是思路如行云流水顺流而下一气呵成。前一种情况说明还没有进入写作状态，后一种情况说明很可能自己在重复自己。编

辑期刊是充满创造性的劳动，同样是不能自己重复自己的。

再如，就编辑艺术来说，既要走向读者，又要离开读者。这句话本是苏联作家瓦西里耶夫说的，他认为一个作家要走两步路，第一步是走向读者，第二步是离开读者。走向读者是为了让读者了解你，接受你，离开读者则是为了引导读者前进。期刊编辑同样要走这两步路。首先要走向读者，要贴近读者的实际，从读者的视角出发，适应读者的阅读口味，让读者喜闻乐见，爱不释手。但如果仅仅停留在这一步，只能算是媚俗；更重要的，是继续往前走一步，而这一步又要掌握得恰到好处，不能让读者看不到背影，失去与你同行的信心。刊物和读者就应该在若即若离之间。这里确实有艺术，有辩证法，有大智慧。为什么有些刊物周围有一批打不散的读者，就和这种编辑艺术有关。对他们来说，阅读这种刊物，成了一种生活方式。

还如，就期刊市场来说，既要有直面的勇气，又要有驾驭的方法。面对市场，首先要有信心。有一则外国故事，说两个鞋厂推销员，到了一个城市，当地的人全赤脚不穿鞋。一个推销员说，这里没有市场，没有一个人想到买鞋；另一个推销员却说这里市场广阔，所有人都会是我的用户。我欣赏后一个推销员，因为他表现出了预见性。在这一点上，不妨学学美国总统克林顿，美国人说他是能把冰箱卖给爱斯基摩人的人。市场是需要人去开拓的。当然，光有信心是不够的，还要懂得分析市场、预测市场、追踪市场。最近，我社《HOW》做了一次市场调查，从大量数据中，掌握了自己读者的年龄状况、文化构成、职业分布、生活追求，这就为下一阶段的内容调整提供了科学的依据。事实证明，不会做案头工作的编辑不是一个好编辑，但仅仅会做案头工作的编辑同样不是一个好编辑。编辑的生存智慧，既要体现于刊物之内，也要体现于刊物之外。时代需要这样的期刊编辑。

本文原载《出版广角》2001年第6期

出版动态管理浅说

我们正处于一个旋转的世界，一切都在加速运行。当年哥伦布发现新大陆，直到八个月以后，才传到西班牙女王的耳中；而今天的美国“挑战者”号爆炸，在一点三秒之内，便通过电视实况转播，传遍了世界的每一个角落。这便从根本上改变了我们的思维方式和工作方式。美国管理学家、卡内基-梅隆大学的教授赫伯特·西蒙，正是基于这样的现实，提出了自己的现代决策理论，并因此获得了 1978 年度的诺贝尔经济学奖。“动态管理”便是这一理论的有机组成部分之一。

出版界曾经是一块宁静的“圣地”。中国大陆各出版社之间有着严格的地域分工和专业分工，秩序井然。编辑也习惯在袅袅升腾的茶香中，一点一横地进行“案头工作”。然而，随着计划经济走向市场经济，随着图书走向市场，这里正在发生急剧的变化。打个不恰当的比喻，如果说过去的出版工作是用大炮打碉堡的话，那么，今天则是用导弹打飞机。我们的目标本身便是一个动态系统。因此，实行动态管理，不仅在理论上是必须的，而且在实践上是紧迫的。

一

所谓动态管理，就其实质来说，是使企业的外部环境、内部条件和企业目标三者实现动态平衡的一种努力。这就首先要求管理者熟悉和把握外部环境。对于出版社来说，也就是要了解中华民族的文化传统，分

析当前所处的出版形势，研究图书市场的现状和走向。这是实施动态管理的前提和基础。然而，令人遗憾的是，在这方面却存在着种种误区。

误区之一，思维惯性。其表现是无视市场的变化，沿袭传统的出书思路，结果不是受到读者的冷落，便是忽略了市场的多元需求。比如，五六十年代，青年修养读物曾风行一时，起过积极的作用；但今天的青年一代，其精神状态、认知方式、情感特征都发生了显著的变化，有人却以不变应万变，重复当年的“修养模式”，结果自是不言而喻的。又如，现代医学已从生物医学模型发展为生物社会心理医学模型。以二次大战为界，威胁人类生命的十大病种，战前主要是传染病，战后则变成了与精神因素密切相关的心血管病、脑血管病、癌症等等。为此，联合国世界卫生组织关于“健康”的定义是：“不但是没有身体残疾，还要有完整的生理、心理状态和社会适应能力。”我们不少出版社却没有充分意识到这一变化，在相当长一段时间里，只注意生理健康读物而忽视了心理健康读物。这方面的出书工作，倒是港台同行们先走了一步。

误区之二，胸无全局。图书市场是一个有机的整体。它是由写作者、出版者、发行者、阅读者共同构成的。任何一方的变化，都会引起连锁反应，影响市场的格局。就出版者来说，全国现有五百多家出版社，在出书机会面前人人平等，哪一家也不享有专利权。因此，我们不仅要审时度势，还要推己及人；不仅要想想自己该怎么办，还要想想别人会怎么办。如果“目中无人”，把市场视为一家驰骋的天下，就很可能陷入盲目操作。名为从市场出发，其实并不真正了解市场。这方面的例子并不鲜见。比如，随着中国大陆改革开放的深入，经济生活日趋活跃，证券、期货、房地产类图书蜂拥上市。期货类的图书以前一本也找不到，现在一年不到，竟一下子出了三十六种之多；但令人遗憾的是，其中相当一部分书，内容大同小异，甚至连书名也如出一辙。《房地产估价》、《房地产经济学》、《期货交易 ABC》、《期货交易实务》等书名，每种至少已重复三次以上。在市场经济条件下，出书有一点重复，就像足球场上的合理冲撞一样，并不奇怪；然而在同一层次上如此高密度地重复，只能说明一点，就是相当一批出版社只考虑“抢跑道”、“占地盘”，并没有对所出的图书进行严格的个性化处理。这正是对图书市场的全局缺少分析造成的。

误区之三，追逐“热点”。作为一种文化现象，图书市场上的热点是有其深刻的政治、经济和文化根源的。因此，凡是热点，都值得关注、值得研究。无视热点的存在，不是清醒的态度；而盲目追逐热点，同样也不是清醒的态度。不同的出版社有不同的出书条件、不同的出书风格，怎么能见“热”就上，见“哄”就跟呢？环顾中国出版界，“一窝蜂”的出书现象似乎已成了一种顽症。早在 30 年代，便有人“咬住同一个题目不放”；今天，更是一会儿赶这个浪头，一会儿赶那个浪头。由于缺少“主体意识”，热点成了一种“挡不住的诱惑”。据有关部门统计，全国每年出书已超过九万种，但是进书店一看，总是那么几个门类。数量的增加和品种的单调成了鲜明的对比。造成这种局面，显然是和盲目追逐热点有关的。这与其说是适应外部环境，还不如说被市场牵着鼻子走。

怎样才能走出误区呢？关键是要建立自己的情报系统。出版社的决策者，一定要做到“心中有数”，而且能预测这个“数”的变化。春秋末年的范蠡，称得上是一位经商的“大腕”人物。他曾做过这样的总结：“夏则资皮，冬则资絺，旱则资舟，水则资车。”无疑，这套“生意经”，是建立在市场预测的基础上的。只有及时掌握可靠的情报，认真搞好市场预测，才能为动态管理提供科学依据。

二

实行动态管理，有一个基本条件，就是出版社要有应变能力。外部环境变化，出版社的工作也要相应变化。“天不变，道亦不变”是不可能的。如果把动态管理过程记录下来，那便是一条不断接近企业目标的波状曲线。每一次线条起伏，都是一次管理实践。为了使管理达到预期的效果，以下三个问题是应该注意的。

第一，目标必须分解。长期目标分解为中期目标，中期目标分解为短期目标，这样在实行管理时才具有可操作性。围绕目标问题，可能会出现两种截然不同的倾向：一种是缺乏战略眼光，在组稿、审读、加工等一系列出版行为中，没有体现出自己的文化追求。比如在制订选题时，过去我们习惯采用拼凑的方法。编辑手中的选题拼凑起来，成了编辑室的选题；编辑室的选题拼凑起来，成了出版社的选题。这样“制订”出来

的选题计划，必然缺少整体感，看上去洋洋洒洒，其实却是零零落落，选题和选题之间无法呼应。选题选题，贵在一个“选”字。这类计划恰恰违背了“选”的原则，若强行付诸实施，便很难实现自己的目标。另一种是忽视战术手段。路要一步步走，仗要一个个打，有人却急于一步到位，包打天下。比如出版丛书，有人动不动宣布要出一百种、两百种，甚至更多。一旦上马以后，却往往力不从心，结果，旷日持久，不绝如缕，外部环境一旦变化，只好以不了了之。这类有头无尾的丛书，在当今出版界可谓比比皆是。这同样也很难实现自己的目标。这两种倾向都是和动态管理原则背道而驰的。事实证明，只有把目标科学地分解开来，才能提高管理成功的概率；即使一时出现失误，也可及时得到纠正。

第二，计划要有弹性。没有计划便没有秩序。市场经济同样也需要计划，而且必须是周密的计划。但为了和市场接轨，计划一定要有弹性。大陆出版社是有重视计划的传统的。比如选题，不但有一年计划，还有三年计划、五年计划。笔者所在的出版社，每年十月制订下一年度的选题计划。届时所有编辑都要把自己准备发稿的书名、作者、字数、发稿时间填得一清二楚。计划讨论通过以后，社里便要求编辑“按图施工”。

1993 年 9 月，在第四届沪港出版年会上发言。右为上海新闻出版局局长孙颙，左为后任香港联合出版集团总裁的陈万雄

然而，事实证明，这种计划是明显地带有计划经济的烙印的。它分散了编辑对市场的注意力，束缚了编辑出书的创造性。在一年的时间里，尤其是在竞争日趋激烈的今天，市场将会发生怎样的变化！即使再富有预见性的计划，也不可能完全适应新的情况。如果把计划订得很满，限得很死，结果只能是作茧自缚。为此，我社从去年开始做了调整，明确规定计划留有四分之一的余地。计划通过之后，编辑仍应密切注视市场，验证计划的可行性，并随时进行必要的调整。日本著名经营管理家、曾任东芝电气公司总经理的土光敏夫有一句名言："余力即活力。"计划具有适度的弹性，无疑可以大大提高企业的应变能力。

第三，编辑要有潜力。在整个出版过程中，编辑处于核心地位。动态管理，归根到底是人的管理。一切管理措施，最后都要由人来落实。编辑工作是很艰苦的脑力劳动。一本书的编辑质量的高低，不仅取决于编辑学识的高低，还取决于编辑投入劳动的多少。一个编辑如果把弦绷得很紧，整日疲于奔命，那么，面对市场万花筒，必然会力不从心。从心理学的角度来说，编辑的"注意力分配"总是有限度的，不可能"来者不拒"。英国管理学家厄威克曾提出过适用于一切组织的八项管理原则，其中之一便是管理幅度原则。他认为，一个上级管辖的具有直接工作联系的下级不宜超过六人，否则，难免会顾此失彼或者降低管理质量。我觉得这一原则也可供编辑工作参考。大量资深编辑的工作经历证明，一个编辑正式联系的书稿，一般也以六到八部为宜：一部在手头审读或者加工；两部重点联系，及时解决作者写作过程中碰到的问题；三到五部密切注视进展情况。这样，编辑仍拥有潜力，遇事还可从容处置，而不至于捉襟见肘。如果凡是好的书稿，都想抓住不放，便很可能重复柳宗元笔下"蝜蝂"的悲剧；原来好的题目也会因为长期搁置而失去新鲜度，甚至成为包袱。

三

管理的核心是决策。动态管理的过程也就是"序贯决策"的过程，通过分阶段的决策，保证取得整体最佳效果。出版社要保持稳定的工作秩序，不断提高出版物的竞争能力，关键还在于提高决策水平。以下几点

是值得决策者思考的：

一是灵敏度问题。市场变幻莫测，机会稍纵即逝。为了在竞争中掌握主动权，日本丰田公司的副总经理大野耐一在《丰田生产方式》中甚至提出，企业要有“自主神经”即“反射神经”，对外界的某种变化，“不必一一传到大脑，在反射神经中枢就能反射回去，一瞬间就要做出反应”。作为决策部门，一定要当断则断，善于捕捉机会，而不是犹豫不决。80年代初期，英国经济不景气，失业人口急剧增加，为了获得重新就业的机会，全国有二百多万人口自学各种技艺。麦克米伦出版公司掌握这一情报后，迅速针对社会需要推出一套“精通丛书”，结果一下子引起了“轰动效应”。我国图书市场也不乏这方面的成功实例，但也存在大量决策迟钝现象。比如在出书时间的选择上，往往表现出随意性，不是什么时候需要什么时候出书，而是什么时候出书什么时候上市，置社会需求于不顾。有些丛书套书，第一辑问世时很有声势，决策者却没有把握机会，注意出书节奏，第二辑、第三辑迟迟不出，结果造成读者“记忆中断”，错过发行的黄金时间。这都是很可惜的。

二是有效性问题。在管理学中，决策有各种类型。根据决策重复的程度，可以分为程序性决策和非程序性决策。前者是指已有决策经验、原则和程序的反复出现的决策，一般由基层和中层负责；后者是指暂时还缺乏经验、必须依靠决策者的智慧来进行判断的第一次出现或偶然出现的决策，一般由企业高层领导承担。程序性决策的有效性较高，而非程序性决策的风险性则较大。为此，作为决策部门，则应根据管理实践情况，及时把已积累一定经验的非程序性决策转化为程序性决策，以提高它的有效性。比如，由于大陆图书发行体制正处于重大变革阶段，前一阶段，图书印数的确定在相当多的出版社成了一项非程序性决策。笔者所在的出版社，不少书的印数都要由社长室拍板。经过一段实践以后，我们终于摸索出了一套确定图书印数的原则和方法，使之成为出版部门的日常工作。这不仅保证了出书速度，也减少了决策风险。

三是取舍标准问题。决策即选择。所谓决策，是指根据一定的目标，制订出多种可供选择的方案，然后进行分析、比较、评估，最后选定一种合适的方案并加以实施。那么，取舍标准是什么呢？传统决策理论信奉的是最优化原则，然而，由于种种原因，时间仓促、情报缺乏、经验

不足……往往很难实现这一原则，有时反而贻误决策时机。现代决策理论创始人赫伯特·西蒙则提出了“满意原则”，只要是在现有条件下最令人满意的方案便是可以接受的方案。在管理实践中采取这一原则，是有助于提高决策效率的。比如，这两年散文图书出版很热。上海文艺出版社作为文艺类出版社，理应承担这类图书的出版任务。但以什么形式出书，却是一个颇费踌躇的问题。在选编、全编、精编、类编种种方案中，我们最后选择了类编，因为它既有一定的新鲜感，又不和兄弟出版社重复，因而是一个令人“满意”的方案。事实后来也证明了这一选择是正确的。

中国大陆出版社正在完成由生产型向生产经营型的转变。一切都还在发展之中。我相信随着管理实践经验的增加，我国出版工作一定会进入一个新的境界。

本文为1993年在香港举办的第四届沪港出版年会上的发言，原载《编辑学刊》1993年第4期

健全图书的社会评价系统

我国是世界十大出版国之一。全国出版社已突破五百家，年出书量逐年攀高。面对着茫茫书海，如何健全图书的社会评价系统，便成了文化建设中的一项重要课题。这一评价系统的建立和健全，不仅能够帮助读者顺利地接近自己的阅读目标，更重要的是，它可以规范、引导出版行为，提高社会的读书品位，保证民族文化积累的质量。在当今图书走向市场的时候，完成这一课题尤其显得迫切。

图书评价系统当然并不是至今还没有建立，相反，它早已在发挥作用，只是这一“系统”还不够健全。某些评价行为往往缺少规则、缺少权威甚至缺少公正，结果产生负面的影响。书市上平庸书为什么越出越多？出版界的“撞车行为”为什么愈演愈烈？“擦边球”打成“豁边球”的事为什么屡见不鲜？……原因种种，一言难尽，但显然和图书评价系统不够健全有关。

要健全图书评价系统，应对以下几个方面予以特别关注：

第一，树立图书评奖的权威。目前图书评奖虽不及电影、戏剧那么热闹，但也是一个接着一个，令人目不暇接。其中既有民间的，也有官方的。发挥两个积极性，这本是好事一桩，问题是民间评奖往往带有相当的随意性。有些名为全国性图书奖，参评的单位其实屈指可数，结果“矬子里拔将军”，获奖图书的代表性可想而知。也有的是把评奖“异化”成了分奖，几家出版社凑在一起，协商于酒桌，公布于报刊，一番忙忙碌碌后以皆大欢喜收场。出发点也许是好的，公平性则令人生疑。更有

等而下之者，名为评奖，实为买奖。主其事者把评奖当成了“创收”手段，谁出钱就让谁得奖，出大钱就得大奖。“优秀图书”的花环，说穿了竟是铜钱的光晕。官方评奖呢？似乎也没有产生应有的激励效应。有的奖据说已评了四五届，但究竟由哪些人士担任评委，每年评出了哪些图书，这些图书取得了哪些成就，连圈子里的人也不甚了了，社会影响自然大大地打了折扣。

奖，是一种荣誉，更是一种评价。一本书获奖，不仅意味着作者和编辑的智慧得到肯定，而且还意味着这本书代表着某一门类图书的方向，具有“导向”的作用。成功的评奖活动，其过程应为万众瞩目，其结果更应是众望所归。为了达到这种效果，奖不能不评，更不能滥评。图书不评奖，会使读者陷入混沌之中；图书如不能公正地评奖，则会使读者陷入更大的混沌之中。

第二，选准读书活动推荐书目。由上海发轫而影响全国的读书活动，已经有了十年以上的历史。公布读书活动推荐书目，有利于组织交流读书经验，提高读书效率和读书质量，保证读书活动沿着健康的方向开展。事实证明，一批优秀图书通过推荐，扩大了社会影响。这自是功不可没的。但推荐和评奖一样，同样也是一种社会评价行为。因此，一定要在“准”字上下功夫。

书目推荐不准确出自两种情况：一是读书活动的组织者们，有时受到某种观念的束缚，视野不够开阔，“推荐书目”品种和形式都比较单一，强行把生动活泼的读书活动纳入狭窄的轨道之中，读书活动成了“政治学习”；二是确定书目的程序不够科学、不够规范，缺少一定的推荐和审定的组织形式，有时甚至只是根据书名做出判断，并不真正了解图书的内容，或者被出版社牵着鼻子走，某些图书是通过“走关节”而榜上有名的，“书目”成了出版社的促销广告。

读书活动具有广泛的群众性。凡是推荐的书目，都会成为众人按图索骥的对象，具有特殊的辐射力。为了不致误导读者，读书活动的组织者们应有高度的责任感，入选图书都应组织专家充分评估其可能产生的思想和文化影响，而不是拿到篮里就是菜。

第三，书评家要有独立评格。这几年，社会不断在呼唤书评家，书评家却依然是“多乎哉，不多也”。究其原因，除了缺少书评园地之外，

主要是书评界没有真正重视独立评格。作为一名社会文化成果的鉴定品评者，书评家应有自己的“风骨”，不能随人俯仰，拾人牙慧。早在30年代，文坛前辈便疾呼书评要扫除“名的成分”、“权的成分”、“情的成分”、“肉的成分”。鲁迅先生有句名言，评论要“坏处说坏，好处说好”。阳翰笙长篇小说《地泉》，由瞿秋白、茅盾、郑伯奇、钱杏邨和作者自己五人作序，五篇序言或褒或贬，各执一词，成了体现“独立评格”的典范。台湾龙应台的小说评论风靡一时，她谈过一条体会，是平素不和小说家往来，目的便是防止评论为人情所左右。

说到独立评格，不能不说到《纽约时报》的书评专栏。这个专栏在读者中声誉卓著，图书一旦得到它的好评，便会立刻登上畅销书的“排行榜”。为了保持立论的独立不倚，专栏的编者对作家和出版社的请求、暗示一概置之不理。他们是通过自己大量读书、广泛听取读者意见来选择评论对象的。这一“操作程序”保证了他们的评论能够自成一格。这也正是《纽约时报》书评专栏的魅力所在。

和《纽约时报》相比，我们的书评也有直言谈相者，但从总体上来看，广告书评、人情书评、“遵命书评”或者从需要出发而不是从图书出发的书评，似乎也还占有相当的比例，书评还不能摆脱种种纠缠。这类书评往往夹杂着违心之论、溢美之词，有哗众取宠之意，而无实事求是之心，不能掌握科学评价的“度”。结果，非但不能发挥舆论的引导作用，还会导致读者产生逆反心理，损害书评界的形象。

图书的社会评价系统是一个整体概念，包括政策评价、组织评价、舆论评价以及种种“不成文法”。上面所谈偏重于舆论评价，但就此也不难看出健全这一评价系统的必要性和重要性。

本文原载1993年1月1日《上海文化艺术报》

迎接挑战和调整心态

（1）出版环境鸟瞰

当前出版环境，我想用一句俗语来概括，这就是：前有埋伏，后有追兵，中间杀出个程咬金。

所谓“前有埋伏”，一是指同行竞争激烈，而且竞争进入了一个新的层次，“闲庭信步”的时代早已结束，选题的生命周期大大缩短。跑进书店，看不到自己的书会心惊肉跳，担心自己的书没有竞争能力，连上架资格也不具备；看到自己的书同样会心惊肉跳，担心它们上架有期，离柜无日，成了被读者遗忘的角落。二是指“工作室”之类，正在悄悄地改变出版结构。民营出版社虽未出现，工作室已足够耐人寻味。一批“轰动”图书，由工作室策划、经营，这已是不争的事实。某些工作室的眼光之准、效率之高、手法之活，令出版社为之瞠目。工作室是敌是友，一时还颇难逆料。三是指图书以外的媒体正在空前发展，报纸杂志化，杂志图书化，电视更是不断改版、花样翻新，挤占出版空间，争夺图书读者，读书人口进一步分流。据不久前主管部门公布的资料：1999 年全国图书销售 73.29 亿册，比上年减少 4.8%。这不能不说是一个信号。

所谓“后有追兵”，主要是指两个方面。一是网络。全国网站已超过 15 万家，数字技术正在改变人们的生活方式和学习方式。人们接受信息，掌握知识，除了传统出版物外，已经有了更多的选择。这必将对出

版工作产生极为深刻的影响。二是 WTO。“入世”在即，山雨欲来。中国出版界正在准备迎接一场大风暴的洗礼。“祸兮福所倚，福兮祸所伏。”国外出版力量到底是激活整个水桶的鲇鱼还是践踏草地的狼？恐怕时间才能说明一切。

“中间杀出个程咬金”指的是盗版。由于市场发育的不成熟、法制建设的不健全，反盗版口号一年比一年响，盗版活动却日见猖獗。这严重干扰了图书市场秩序，影响了出版事业的良性发展。《辞海》被盗，《十万个为什么》被盗，连《咬文嚼字》也被盗版“咬”得体无完肤，合订本推出不到一星期，盗版书便在正规书市出笼。我曾“剥”诗一首：“报海书山枉自多，《咬》刊无奈盗版何。编辑欲问书贼事，一样悲欢逐逝波。”

(2)表现失常种种

这样的出版环境，是一个多元的存在。它既有催人奋发的一面，也有令人困惑的一面；既有突破的契机，也有迷路的陷阱。总之，是挑战和机遇并存，风险和希望同在。因此，我们要从总体上来认识和把握，否则就很容易失去平常心，在技术上发挥失常。而当前这种“失常”的情况是存在的，其表现有下列种种：

一是缺乏主体意识，随人俯仰，亦步亦趋。早在 30 年代，作家阿英就曾指出，中国出版界有个通病，喜欢咬住同一的书籍不放，你搞标点我也搞标点，你印小品我也印小品。而今这种病症依然存在。《学习的革命》轰动，于是到处打出“革命”的旗号；《绝对隐私》走红，于是“隐私”漫山遍野。制订选题时总是神不守舍，东张西望，赶浪头，搭便车，哪里热往哪里靠，结果选题撞车，出书重复，中国图书出现了结构性的缺陷。我国每年出书已超过 13 万种，其中新书超过 8 万种，但据《中国图书商报》调查，至今仍有百分之四十左右的读者反映买书难。这除了销售方面的原因外，主要是图书有效供应不足，“书态平衡”没有真正建立，图书品种和阅读需求之间存有缺口。

二是凡事急于求成，以致方寸大乱，守不住底线。出书唯恐赶不上趟儿，没有“十年磨一剑”的毅力，喜欢走“短平快”的路子，结果“泡沫图书”泛滥。为了拉住一些有实力的作者，一味迁就、屈从，提高稿酬标

准，降低取稿标准，不该接受的接受，该修改的不修改，助长了文坛、学坛的一些不正之风。在引进版权时同样如此，盲目决策，恶意竞争，哄抬市价，外商气定神闲，我们自己却是气急败坏，一让再让。去年年底，本社打算从日本引进一部传记作品，版税已经谈妥，合同也在草拟，正在这节骨眼儿上，国内几家同行出高价争夺，结果出现了类似拍卖的局面，外商坐收渔利，版税一路飙升，本社不得不宣布退出。最后不管哪家得手，实际上已大大增加了投入成本，损害了读者利益。

三是为了争取市场份额，不惜以降低出书格调为代价，被市场牵着鼻子走。图书是精神产品，如鲁迅先生所说，是引导国民前进的精神灯火。作家和编辑都应该具有文化良知，恪守社会道德。遗憾的是，有人有意迎合世俗的读书趣味，在选题方面打“擦边球”；在书名方面挖空心思追求商业效果，“骚土”、“浮情”、“浪女”、“野欲”之类任其泛滥；在宣传方面则极尽挑逗之能事，用什么“半自传体”之类，刺激读者的想象力。

四是缺乏精品意识，不能坚持图书质量标准，粗编滥印，敷衍塞责。图书的内容和形式应是一个整体，文字质量是图书质量的重要组成部分。我国历来重视图书编校质量，早在汉代，便提出了“善书”的概念。然而，在商业大潮的冲击下，传统受到了挑战。有些社重视策划活动却不重视编辑审读，重视装帧效果却不重视文字加工，重视出书进度却不重视校对程序，结果有些书乍一看气度非凡，认真读下来却是千疮百孔。图书编校质量下降已经成为图书质量滑坡的一个明显标志。编校质量标准其实已经一降再降，万分之一以内的差错率便算合格，但能达标者却是凤毛麟角。不久前上海市编辑学会检查一批“明星图书”，据公布的材料，十本图书中初查合格的仅一本，差错率最高的竟在万分之三十以上，属于严重的不合格品！透过这一事实，我们看到的是心态的浮躁。

五是刻意追求形式，走上了形式主义的路子，有哗众取宠之心，无实事求是之意。毋庸讳言，在现代出版中，中国图书形式上曾长期处于滞后状态，材料简陋，设计单调，印制粗糙，没有“卖相”。为此，我们社曾喊出了“形式革命”的口号。在特定的阶段，这一口号是有积极意义的。但是，有人矫枉过正，以至于出现了另一倾向：形式第一，甚至形式唯一，只在形式上面下功夫，“椟”的价值超过了“珠”的价值。我曾就

“书品”问题论述过自己的意见：书的品质要真、品位要高、品相要美。这三者是统一的。丢掉前两点，只在品相上做文章，形式大于内容，这是不可取的。图书形式是图书市场定位的一个重要方面。不问图书性质，不看读者情况，一味在形式上争奇斗艳，一个比一个豪华，一个比一个怪异，实在是出版竞争中的下策。

(3)把心态调整一下

列举以上情况，只是想说明一点，在新世纪来临的时候，在中国出版面临新的挑战的关键时刻，出版人首先要把心态调整一下，不要急不择路，不要听到风就是雨，不要忙中出错下随手棋，不要自己乱了阵脚。今年年初，我曾根据社里情况，给自己提过四点要求，现在说出来与各位同行共勉：

一、重新审视自己：我是谁？这永远是一个充满哲学意味的话题。“文革”结束，陈虞孙先生曾经写过一篇很有影响的杂文：《还我头来》。在“文革”那个特殊的年代里，几乎人人成了“无头骑士”，不知道“我是谁”，当然就无法用自己的脑袋思考。这是时代的悲剧。今天，历史早已翻开了新的一页。但是，在激烈的竞争中，也许由于惯性加惰性的作用，“自我”失落的现象依然存在，因此，这种“审视”也就仍然重要而且必要。只有知道“我是谁”，才能明确自己的责任，树立自己的目标；只有知道“我是谁”，才能保持一份清醒，懂得扬长避短，择善而从；只有知道“我是谁”，才能不断增强自信，在面临挑战的时候喊出一声：“舍我其谁!”总之，“我是谁”是一种自我意识，是我们思考问题的依据和起点。

二、要培养“定力”。电影《少林寺》中老和尚问小和尚：“汝心能持否?”“能持”是“定力”的表现。的确，“外面的世界很精彩”。图书市场一会儿一个热点，对出版人具有极大的感染力或者说是诱惑力。但作为一个已经明白了“我是谁”的出版人，应该坚持走自己的路，耕自己的田，不能见异思迁。出版即选择，而选择的同时意味着放弃，走A路就不能走B路。出版个性要求我们：宁开专卖店，不开百货公司；宁做“焦点访谈”，不做“新闻联播”。培养“定力”还有另外一层考虑：选择是一种价值判断，这是需要眼光的，而眼光同样会受到干扰，名家光环、人情纽带、

舆论炒作，都会成为干扰的因素。一个成熟的出版人，不仅要有抗诱惑能力，也要有抗干扰能力。这都是“定力”的题中应有之义。

三、要耐得住寂寞，不计一日之短长。没有市场意识是不行的，但也不要被市场搅得心烦意乱，惶惶不可终日。不要总是在“急急风”的锣鼓点中运作，一会儿赶书市，一会儿赶订货，年年疲于奔命。图书往往是多年生植物，有些更是几代人的接力工程，要静下来做，沉下去做。一本书打得响也许是容易的，但要站得住就不容易。从历史角度看，绝大部分书都是过眼烟云。出版人不要图一时花团锦簇、风光八面，而要更多考虑一下文化人的时代责任。评价一个出版社的工作，说到底并不看出书数量的多少，而是看它所达到的高度，也许一本书就能奠定一个社的历史地位。因此，我们要认准自己的目标，少做应景文章，要沉得住气。这是真正的前瞻性。

最后一点，强化优势积累。面对挑战，保持镇静，这是一个方面，但并不是说可以无动于衷，以不变应万变；相反，要未雨绸缪，从精神上到措施上，都要处于备战状态。当前特别要抓的是两点。一是实施品牌战略。品牌是无形资产，这已成为共识。无论是海外出版巨头，还是国内的大社名社，说到底都是靠品牌在塑造形象。品牌代表着文化眼光、经营智慧和经济实力。对已有的品牌要珍惜、扶持，扩大影响，同时还要积极创立新的品牌。这是参与未来竞争的资本。二是重视人才培养。未来的竞争是人才的竞争，这同样也已成为共识。有人才就有品牌，有人才才能保证可持续发展。中国出版的前途，取决于我们是否能培养出一批具有全新出版理念、懂得现代经营机制并且掌握高新出版技术的人才。从现在起，人才培养应该成为一项首要工作。要给现有的中青年提供学习的机会，鼓励他们脱颖而出，同时重视人才引进。总之，一手抓品牌，一手抓人才，有了这两方面的优势，不论是国内竞争，还是国际竞争，我们都可以立于不败之地。

本文为上海出版战略研讨会上的发言，原载《编辑学刊》2000 年第 4 期

社会需要与“书态平衡”

斯大林说过这样一句话：“跟社会需要脱节的生产，最终是会衰退和灭亡的。”这里的“生产”，既指物质产品的生产，也指精神产品的生产。在座的都是从事编辑工作的，怎样才能使我们的出版物受到读者的欢迎呢？显然就有一个研究社会需要的问题。

什么叫作“需要”？说得通俗一点，是一种不满足的感觉；说得理论化一点，就是某种必需在人脑中的反映。正是在需要的基础上，人们才能产生相应的动机和兴趣，最终转化为行为。人们体验到的需要感越强烈，行为的原动力就越充足。当一种需要在比较广阔的社会范围里表现出来时，便成了社会需要。凡是社会需要，都不是偶然形成的，而有其深刻的社会历史原因，它总是在某种程度上，反映了这个社会的政治、经济、文化现状，而且预示着这个社会的发展趋势。社会需要和我们的出书方针、选题计划等等，是有着密切联系的。

从心理学的角度来说，人的需要可以分作两类：作为生物实体，人有生理上的需要；作为社会实体，人又有精神上的需要。前者如饿了要吃饭，渴了要喝水，人的机体需要活动、需要休息等等。心理学家做过一个实验，让一些大学生躺在床上，蒙着眼睛，塞着耳朵，不受外界刺激，除了吃饭和大小便之外，整天就是睡觉。尽管每天给予高额报酬，一般人都坚持不过三天，极有耐力的人，也没有超过六天。为什么呢？因为人有活动的需要。后者如人要读书，欣赏艺术，思想需要交流，情绪需要发泄等等。医务界有所谓“精神疗法”，这是符合人的心理特点的。

中国有句俗话："笑一笑，十年少。"西方也有句俗话："一个小丑进城，胜过一打医生。"都是说情绪的发泄有利于心理的健康。著名美学家朱光潜还曾说过，中国有些词语是很能体现心理学的规律的。他举了两个例子："苦闷"和"畅快"。因为"闷"，情绪郁积在内，所以就感到"苦"；因为"畅"，情绪得到了正常发泄，所以就感到"快"。

无论是生理需要，还是精神需要，对于人类社会都是非常重要的。作为编辑来说，主要是研究后一种需要。事实证明：前一种需要得不到满足，人会感到痛苦；后一种需要得不到满足，则会变得愚昧。在座各位都经历过"十年浩劫"，对文化专制主义一定记忆犹新。在历史上，中国有过秦始皇的"焚书坑儒"，外国有过希特勒的焚书，有过阿拉伯人烧毁亚历山大城的图书馆，但和"十年浩劫"相比，还是小巫见大巫。在那昏天黑地的日子里，不仅停止了出版工作，而且疯狂地查抄、封存、销毁图书刊物，在全国范围里开展所谓"大批判"，结果造成了一个前所未有的书荒时代，文明古国成了文化沙漠。

历史是无情的。由于精神需要得不到满足，人们在心理上受到了严重伤害。社会在畸形发展，生活失去了应有的平衡。作家刘心武笔下的宋宝琦、谢惠敏，便是这个病态时代的产儿。这两个人物，外形不同，个性不同，但都是愚民政策的受害者，在精神愚昧这一点上却是相同的。他们谁也没看过《牛虻》，却认定这是一本"黄色书"。从文学角度分析，谢惠敏具有更大的典型性。作者通过这个人物，对现实生活做了非常深刻、非常精辟、非常严肃的概括。今天，"文革"虽已结束，但"十年浩劫"的影响依然存在。前不久，有关部门组织放映一部德国电影：席勒的《阴谋与爱情》。当剧场、时间都定下后，某大学中文系有些学生提出抗议。他们认为"阴谋"是反动的，"爱情"是黄色的，《阴谋与爱情》是反动加黄色，怎么还能让它自由泛滥？大家知道，席勒的这部作品，曾经得到恩格斯的肯定，认为它是德国的第一部有政治倾向的戏剧，到了70年代的大学生眼中，竟然成了一株"毒草"，这种无知的程度，是令人震惊的。可见，宋宝琦、谢惠敏的精神创伤，并不是随着"文革"的结束而自然痊愈的；而医治他们的精神创伤，正是今天的出版工作者必须承担的一项历史任务。

上面说的是第一点，研究社会需要的重要性。接下来想和大家一起

讨论一下：衡量图书符合社会需要的标准到底是什么？经常听到一种说法，某某书是畅销书。有人认为：凡是畅销的，便是符合社会需要的；相反，便是不符合社会需要的。对于这种标准，本人不敢苟同。在图书发行中，应该说是存在“畅销”这种现象的。问题在于，畅销既不能必然和图书质量成正比，也不能必然和社会需要成正比。为什么呢？因为读者的购书动机和读书目的还存在相当的复杂性。只看畅销与否，是一种形而上学的观点，容易被现象所迷惑。一本图书问世以后，长期无人问津，当然很难说是好书；而不胫而走，洛阳纸贵，虽然一般说来是好事，但也不是绝对的。

我所以不敢苟同，还因为一本书畅销不畅销，缺少可比性。不同图书有不同的读者群。学术理论著作和通俗文艺读物，两者怎么比呢？即使同为小说，有中国的，有外国的，有现代的，有古典的，也不能单纯地从印数上去比。何况目前采取的是书店包销制，印了十万也许只销了两万，印数并不等于销数，凭印数判断畅销不畅销是不科学的。还有一个销售时间问题。两本同类书同时销一年，或许勉强可以比一下，但这在实际发行工作中是做不到的。所以，我认为畅销书是个模糊概念，有一定的参考价值，但说明不了多少实质性的问题。

那么，究竟以什么作为符合社会需要的标准呢？我想在这里提出一个总的原则：凡是能适合社会需要的书，总会使社会心理得到某种程度的满足，在群众的实际生活中产生某种积极的反响。这种满足和反响，看来似乎是抽象的，其实是会以各种方式、通过各条渠道反映出来的。比如“文革”结束以后，国家出版局抓了一件大事：组织全国出版力量，在短时间里，赶印了一批中外文学名著。这个决定是很有眼力、很有魄力的。由于时间仓促，图书印制质量不高，但群众还是奔走相告，排队购买。这些图书，对于当时处于精神极度饥渴中的群众来说，无疑是一批“救灾物资”。它宣布了中世纪式的文化专制时代的结束，迎来了新时期的思想解放运动的曙光。群众通过购书、读书，表明了自己正当的精神文化生活的要求，也表明了鲜明的政治态度。他们蔑视“文革”中的所谓“批判”，尽情地发泄自己长期遭到压抑的情绪。通过这批图书的印行，他们在心理上得到了慰藉，看到正义终于战胜了邪恶，人类的文化遗产终于又重新闪烁出光芒。在现代出版史上，这次重印工作将会因为十分

切合社会需要而被大书一笔的。

这里不妨再举一个例子。上海科技出版社的“数理化自学丛书”推出以后，形成了一股冲击波，所有在出版发行部门工作的同志，不管你是不是和科技书籍有关，几乎都受到了邻居亲友的包围，要求代购这套丛书。这便很好地说明了这套丛书切合社会需要的程度。我们不妨考察一下当时的社会背景：那时，一方面“知识越多越反动”的谬论已被驳得体无完肤，科学文化知识开始重新得到尊重；一方面高校改革了招生制度，恢复了入学考试。这一切唤醒了青年一代的求知欲。“数理化自学丛书”正在这时重印发行，对于被“文革”耽误了的一代青年来说，无疑是“雪中送炭”。国外也有这种情况。英国的麦克米伦出版公司，去年出了一套“精通丛书”，受到了广泛的欢迎。由于市场的不景气，英国失业人口不断增加，据调查，全国有二百多万人在自学各种技艺，因为掌握了某种技艺就会为就业带来很大的便利。“精通丛书”正是适应这种需要而问世的，它能帮助读者熟悉和掌握某种技艺。这两套丛书在出书目的上，不能说是一致的，但就适应社会需要这点来说，却有共同之处。

一本图书，只要能适应社会需要，总会达到最好的宣传效果，有时甚至能超出这本图书本身所涉及的范围。比如丁玲的《母亲》，作者开始是在楼适夷主办的《大陆新闻》上连载的，后来应良友图书公司的赵家璧之约，列入“良友文学丛书”。丁玲计划写三册，每册十万多字。1933 年 5 月，上册刚写到八万字时，丁玲被捕了。就在作者被捕后的第三天，鲁迅通过郑伯奇向赵家璧提出：把丁玲这部未完成的长篇尽快付排，出得越快越好，出版时要在报上大做广告，大事宣传。为什么呢？因为社会需要这本书。由于鲁迅亲自过问，《母亲》的出版速度是惊人的，5 月 20 日发排，6 月 27 日便出书了。它成了“良友文学丛书”中销售量最大的一本。群众以踊跃购书，表示了对作者的支持，对国民党反动派的抗议。看起来只是出版了一本书，实际上是组织了一次和国民党的斗争。群众同仇敌忾的情绪，得到了一次爆发的机会，这都是适应了社会的某种特殊需要的结果。

下面再谈一点：社会需要的复杂性。读者的构成是多层次的，就是同一层次的读者，他们的读书需要也是多侧面的。所以，首先应该看到，社会需要不是单一的、孤立的，而是丰富的、相互联系的。研究社会需

要，应该有全局观点，有战略眼光。在自然界，有所谓“生态平衡”的问题，恩格斯在《自然辩证法》中，曾发出过深刻的警告：“不要过分陶醉于我们对自然界的胜利。”而在出版界，我认为也有“书态平衡”的问题。这就是说，在全局范围里，出书的品种、数量和社会需要，应该是大体相平衡的。不能建立这种平衡，出书工作便会出现盲目性。就一家出版社来说，可能只出某一方面的书，满足某一方面的读者的需要，但在全局范围里，这一方面应该是不可或缺的。为什么当前买书难卖书也难呢？这里有发行方面的问题，也有出版方面的问题。某些需要的书，各家都不出，或者出得很少，结果供不应求；而某些所谓热门选题，一拥而上，一哄而起，你出我也出，超过了饱和点，造成滞销积压。可见，卖书难是因为出书滥。出现这种现象，说明我们还没有建立“书态平衡”。

建立“书态平衡”并不是一件容易的事情。我觉得，作为国家出版局、省市出版局，应该多从战略上考虑问题，帮助各家出版社在分工协作的前提下制订选题计划，必要时还要做好协调工作；而作为出版社来说，则应审时度势，从研究社会需要出发，来确定自己的出书方针。而且还应看到，社会需要是发展的、变化的。一种需要得到了满足，新的需要又产生了，或者这种需要又提出了更高的要求。作为编辑，要像高明的棋手一样，学会多看几步，不但看到今天的需要，还能预见到明天的需要。出版工作要随着社会需要的发展而发展，变化而变化，这样才能维护“书态平衡”，不断在新的基础上达到新的平衡。一劳永逸，故步自封，选题僵化，出书老套，是不会为读者满意的。

认识到社会需要发展的特点，可以掌握出书工作的主动权，体现出一种预见性。以我所在的文艺理论编辑室来说，我们的美学出书工作，是抓得比较早的。这些年来，出了全国第一本美学普及读物、全国第一种《美学》大型丛刊，出了著名美学家的文集，也出了美学界新人的专著，大体上形成了一个比较整齐的美学读物的“建筑群”，受到了美学界和广大读者的好评。在我们刚开始出书时，虽然还不能明确意识到将会出现“美学热”，但相信美学图书是有发展前途的。当时主要想到的有三点：第一，“十年浩劫”是一场社会大动荡。“真善美”和“假恶丑”进行了殊死的搏斗，胜败虽已见分晓，但战斗并未完全结束。面对着现实生活中的不正之风，人们憧憬着美的理想、美的生活。这必然会激起对美学的兴

趣。第二，“文革”以后，青年一代正从迷惘走向探索。他们要通过自己的思考，寻找历史上出现这场大动乱的答案。凡是探索的民族，都会从理论上提出要求。今天的青年，肯定也会到美学中来选取理论武器的。第三，当前文学创作出现了空前的繁荣，也提出了各种新的问题。这就需要美学理论的指导。从古希腊以来，文学史证明，没有美学理论的突破，就不可能有文学创作的突破。因此，继文学创作的高潮以后，应该会出现美学研究的高潮。由于思想认识比较明确，出书工作就比较能做到有的放矢、有条不紊，形成一定的优势。

最后，还应该指出，我们所说的社会需要，是健康的需要、积极的需要。只有满足这种需要，才能推动社会前进。出版工作要尊重读者，但也不能迁就读者，而是必须以高尚的审美理想引导读者前进。不能以为随便出什么书，只要有读者，有市场，就是适合社会需要的。这个问题也是造成社会需要复杂性的一个原因。比如法国出了名为《怎样自杀》的书，据说有些自杀者的枕旁，就放着这样一本指导读物。这就根本不是什么适应社会需要，而是见利忘义已经到了惨无人道的地步。

本文根据上海市新闻出版局1983年青年编辑业务讲座整理，原载《上海出版工作》1983年第6期

我们还能回到“河东”吗？

——旧作重温有感

(1)有感于买书热

三十年前，新华书店门前排队购书的景象，让我深受触动。我曾写下一篇《有感于买书热》的短文，发表于1978年6月25日的《文汇报》，拿到了四元钱的稿费。当时稿酬制度刚恢复，一篇杂文的稿酬是四元人民币。如今出版人的幸福时代已经过去，重刊这篇短文，是想和同行们一起重温当年的良辰美景。

凌晨，忽听得远处传来一阵阵的喧嚷声，起来一看，只见新华书店的门前，人头攒动，声浪腾空，原来是人们正在等着购买最近重印发行的中外文学著作。

此情此景，不觉使我心头一热。“四人帮”横行时期，人们的精神文化生活，是多么荒凉、寂寞啊！具有灿烂的古代文化的中华民族，在书店里竟连一本唐诗宋词也看不到。我曾经见过一幅漫画，题目叫《读者》，画的是图书馆的藏书室，门上是赫然在目的五个大字：“封资修毒草”。室内尘封矢积，霉气蒸人，老鼠正襟危坐地读着巴尔扎克的《高老头》；蟑螂戴着金丝边眼镜，端详着托尔斯泰的《安娜·卡列尼娜》的封面；蜘蛛躺在“席梦思”床上，悠然自得地在翻《唐诗三百首》呢。这难道是童话作品里的插图吗？否！简直是没有经过艺术夸张的现实。有位搞戏剧创

作的同志，就曾经忿忿然对我说，他想借一本郭沫若的《蔡文姬》，经过几级领导的签字，才算勉强到了手。专业创作人员尚且如此，一般群众可想而知了。

在“四人帮”的文化专制主义下，不知出现了多少“天方夜谭”式的奇闻，说来真是令人心痛。某音乐学院的学生，不知聂耳、冼星海为何人，听到了《黄河大合唱》，竟然不胜诧异地说：“怎么，钢琴协奏曲《黄河》给填上词了吗?”某大学中文系的学生，认为《阴谋与爱情》这部作品，“阴谋”是反动的，“爱情”也不免是黄色的，单凭这个剧名，就把恩格斯曾经肯定过的“德国第一部有政治倾向的戏剧”打入十八层地狱了。这些是“笑话”吗？但我怎么也笑不出来。短篇小说《班主任》里，班干部谢惠敏和小流氓宋宝琦，连《牛虻》看都没看过，却不约而同地认定这是一部坏书。我们不是可以从中看到“四人帮”的文化专制主义，在整整一代人身上造成的恶劣后果吗?

假左，目的是为了掩盖真右。愚民政策，历来就是驭民政策。“四人帮”声称对中外文化要“彻底批判并与之彻底决裂”，一连两个“彻底”，真是“左”得可爱，其实骨子里藏着极右的反革命目的。他们犹如假洋鬼子到尼姑庵里“革命”一样，把棍子、斧子挥舞一通，目的是在鬼脸上涂一层雪花膏，为篡党夺权捞取更多的政治资本。他们凭着这两个“彻底”，把中外文化横扫一空，对广大群众实行禁锢政策、精神封锁，而趁机抛售出来的，却是法西斯的“阴谋文艺”，强迫人们接受。真是图穷匕见，真相毕露。然而，人民是不可侮的，新华书店门前的队伍就是证明。这只是简单意义的购书吗？不，这是对“四人帮”的文化专制主义进行控诉！

营业时间终于到了，人们的心情是这样的急切，队伍秩序却始终很好，这又是粉碎“四人帮”后社会风气大变的一个事实。我家里原来有一点书，但在“四人帮”的“扫荡”下，现在已所剩无几，便也赶快站到队伍里边。忽然听到已经买到书的两个青年，正在谈论莫泊桑和契诃夫的作品评价问题。我不禁又想到，重印发行这些书籍，自是一项重要的工作，按照马列主义的观点，按照毛泽东制定的批判继承的方针，帮助人们正确读懂这些书籍，更是一项重要的工作。这里可以借用鲁迅《二心集》里一篇文章的标题：“我们要批评家”。我想，新闻、出版部门的同志，一定会重视这项工作的吧。

(2)信口活剥崔颢诗

十五年前，电视里的一个镜头让我深受触动：在偌大的图书馆阅览室里，竟然只有一位读者。我曾写下一篇《信口活剥崔颢诗》的短文，发表在1993年3月30日的《文汇报》上。当时还没有“世界读书节”，但韩国把1993年定为“读书年”。重刊这篇短文，是想和同行们一起来寻觅国民阅读心理的演变轨迹。

家住徐家汇。离住处不远，有家证券所。每天一早，便见人头攒动，比小菜场还要闹猛。其中，既有“下海”的，也有“观海”的，表情一式的亢奋。这已成为徐家汇地区的一大景观。当我在人缝中艰难穿行时，脑子里常会冒出一个问题：这批股民、准股民究竟是从哪里来的？

一条电视新闻提供了答案。我很敬佩这位记者的新闻胆识，他把镜头对准了图书馆，空荡荡的阅览室里，只有孤零零的一位读者。这种凄清、沉寂，和证券所门前的喧嚣、躁动，形成了强烈的对比。我顿时悟到了一点：社会已经发生了一次精神大迁徙。当年在图书馆里排队等座位的读者，如今正在证券所里仰头看价位表哩。晚上躺在床上，不觉辗转难眠，信口活剥了崔颢的《黄鹤楼》一首：“昔人已经‘下海’去，此地空余图书楼。‘下海’一去不思返，书香千载空悠悠。人头济济证券所，酒香阵阵宴会楼。梦中‘四化’何处是，阅览室里使人愁。”

当然，证券所的活跃也是一件好事。这是市场经济的产物，它给社会经济生活带来了新气象，我们应该表示欢迎。但不管怎么说，证券所的“热”是不能以图书馆的“冷”为代价的。令人感到沉重的是，当证券所门前人声鼎沸时，图书馆却在出现全国性的萧条。据报上披露，连藏书高达一千四百多万册的北京图书馆，如今也是“门庭冷落车马稀”，馆内最大的一间阅览厅，因为无人光顾不得不暂时关闭。一叶落而知天下秋。从图书馆的沧桑变化，人们不难看出社会心理的畸形倾斜。

然而，对于一个健全的社会来说，既不能没有证券所，同样也不能没有图书馆。前者代表着经济，后者代表着文化。任何一方的萎缩退化，

都可能使社会的支撑点产生动摇。试想一下，如果教授都去“练摊儿”，学者都去“炒股”，岂不是对科学社会分工的一种嘲弄？既然没有人再去摘取“哥德巴赫猜想”这类“皇冠上的钻石”，那还谈什么科学技术的现代化！记得去年有幅获奖漫画，画面上一支火箭正待升空，主事者大声问：“谁会发射火箭？”一群人手持无线话筒，操着港腔齐声道：“我们只会唱流行歌曲。谢谢！”——回答干脆利落。我想，这幅漫画之所以能够获奖，恐怕正在于它巧妙地批判了一种非理性的价值取向吧。面对着寂寞的图书馆，我感受到了这幅作品的“可怕的真实”。

走笔至此，想介绍一则来自韩国的消息。1993 年，韩国定其为“读书年”。二十年来，韩国经济高速发展，国民收入大幅度提高，可社会的文化水准、道德水准却在下降，有识之士于是提倡读书。韩国是亚洲的“四小龙”之一。韩国的经济建设，有不少经验值得我们借鉴；他们掀起的“读书热”，是否也可给我们一点启迪？

(3)寄厚望于“十分钟”

偶然读到自己在三十年前、十五年前写的文章，不觉想起一句俗语：“三十年河东，三十年河西。”三十年前书店人头攒动，三十年后却是门庭冷落。我们还能从“河西”返回“河东”吗？我从外孙读书受到了一点启迪，写成了一篇《寄厚望于“十分钟”》的短文，现刊载于下，与同行们一起继续思考。

2004 年 10 月，本人去武汉开会。那是一次国际出版研讨会议，除了中国的出版人以外，还有日本、韩国等国家的同行参加。关于当前的出版形势，多数代表认为，在网络的凌厉攻势面前，传统出版正在节节败退。这就好像美国一位书评家所说：“出版的天空没有坍下来，但已经是阴霾满天。”它的一个突出标志是，读书人口在世界范围里迅速流失。

就在这次会上，有人忧心忡忡地提了这样一个问题：“作为传统出版，我们的最后防线在哪里？”会议没有做出明确的答复，但在主题演讲中，传递了一条令人振奋的消息：为了保卫人类的读书习惯，有些国家

正在开展以学生为主体的读书运动——每天阅读十分钟。会上曾披露了一个数字，当时已有五万多所学校积极响应。英国的伊丽莎白女王、当时的法国总统希拉克，都以自己的特殊影响，推动这场运动的深入开展。这不啻是全球出版人的福音。

去年夏天到日本探亲，我有了一次近距离考察读书运动的机会。我的外孙在日本读小学三年级。一到晚饭过后，他都会捧出一本书来，当着爸爸或妈妈的面高声朗读，然后记下读的是什么书，从第几页读到第几页，让家长在上面签名。几乎天天如此，在我们探亲期间，没有一次间断。外孙知道我们不懂日文，他还会把阅读过的内容，用中文给我们翻译一遍。

外孙就读的学校，每天在正式讲课前，有一个几分钟的微型报告会，报告的主题是：我读到了什么？每个班级都会有一名学生向全班同学报告自己的读书收获：或者是一个故事，或者是一条知识，或者是一段妙语。轮到我外孙报告的前一天，他专门在家里做了彩排。第二天放学回家，他大谈报告如何轰动，脸上有掩饰不住的成就感。

说来惭愧，为了帮助外孙学习中文，我们曾让他在国内读了两年书；可在那段日子里，他每天忙于功课，除了偶尔翻翻动漫以外，没认真看过什么书，更没买过一本书。而回到日本以后，“每天阅读十分钟”激发了他的阅读兴趣，提高了他的阅读能力。他不但到图书馆借书，还到书店买书，每个月都要买一两本。书籍大大拓宽了他的知识面。他能辨认不同国家的国旗，讲述天体的构造和演变，描述几十种动物的特征……简直已可以做我的科普老师。

十分钟，只是短暂的瞬间。接一个电话，会花去十分钟；看一眼风景，会花去十分钟；有时，电视里播一次广告，都会用掉你十分钟时间。然而，“每天阅读十分钟”，却会改变一个人的素质，塑造一个民族的形象。有了这十分钟，日本的出版是不会“崩溃”的；有了这十分钟，即使出版物的形态发生变化，人类的阅读习惯也是不会中断的。十分钟是出版得到的强大声援，也是人类的一次文化自救。

我寄厚望于“十分钟”。

本文原载《编辑学刊》2008年第5期

二

修炼篇

[题记]

刚参加编辑工作时，听到有人说，编辑是“剪刀加糨糊”。甚至有人说，只要有初中生的阅读水平，就能做编辑工作。这显然是对编辑的误解。从编46年来，本人深感编辑工作是一项充满智慧的精神劳动，它要有足够的想象力、判断力和创造力。我们不否认编辑含有技术的成分，但更含有艺术的成分。一本精心出版的图书，必然会留下编辑的烙印。编辑要加强自我修炼，首先要明确自己是干什么的。

编辑是干什么的?

"编辑"一词，早在唐代以前已出现。《魏书·李琰之传》："前后再居史职，无所编辑。"当时主要指对现有作品的整理和校勘，且多为奉命进行，如汉代刘向等人奉成帝命整理经书。在现代汉语中，"编辑"一词为多义词，可以指一项活动，即对文化产品进行组织、挑选和加工，并通过传播工具广为发布；也可以指从事这项活动的人。书籍是人类社会最早出现的传播工具，因此编辑也首先产生于出版业中。

(1)编辑的作用

考察现代出版工作，编辑的作用大致可以概括为以下三个方面：

①文化生产中的组织作用。文字是记录语言的符号，是语言的书面形式，也是文化生产的工具。人类社会的大量的文化遗产，是以文字的形式保存下来的。在历史上，宫廷曾参与组织文字作品，如修撰国史、编纂文集；但文字写作基本上处于自发状态。从《诗经》到《红楼梦》，没有一部作品是应编辑约稿问世的。孔子在当鲁国司寇时，广泛收集各国的文献史料，"删诗述书，定礼理乐，制作春秋，赞明易道"，最后编定了六部著作，作为给学生授课的教材。孔子是否是我国历史上最早的编辑，目前尚有争议，但孔子所从事的活动，显然含有编辑的成分。自孔子之后，从事这类编书活动的人历代都有，所编书籍更有大型类书、总集，如唐代的《艺文类聚》、宋代的《太平御览》、明代的《永乐大典》、清

代的《四库全书》。他们对社会文化生产产生了显著影响，不过还未达到直接干预的程度。

在现代出版活动中，编辑具有自觉的组织意识。他们根据自己的调查，发现社会的需求并制订相应的计划，组织作者写作，从而使文化生产和社会需求达到高度的默契。没有编辑的组织工作，文化生产很可能处于一种无序状态，某些文化产品甚至无法顺利问世。比如《辞海》是一部大型的、百科类的工具书，其涉及的学科门类之广，是任何个人无力独自完成的。如果没有当年中华书局的倡议和组织，没有上海辞书出版社的重编和修订，就不可能有今日之《辞海》。《不列颠百科全书》、《美国百科全书》、《中国大百科全书》，更是学人和编辑通力合作的产物。为了做好组织工作，我国专门成立了大百科全书出版社。

编辑的组织作用，不仅体现于大型文化产品，学者、作家的个人写作，同样会得到编辑的推动，中外都不乏其例，如果没有老史密斯公司的热情邀约，也许就不会有夏绿蒂·勃朗特的《简·爱》；没有出版社编辑的坚决反对，柯南道尔笔下的福尔摩斯早于1893年就“寿终正寝”了。郭沫若的《女神》是五四时代精神的产物，但和《学灯》编辑宗白华的鼓励是分不开的。宗白华让郭沫若源源不断地寄诗：“你的诗是我所最爱读的。你诗中的境界是我心中的境界。”于是郭沫若“诗的生产便愈加旺盛起来”，“几乎每天都在诗的陶醉里”。鲁迅的《阿Q正传》已经成为现代文学中的经典，这篇作品同样也是在《申报·自由谈》的编辑孙伏园“笑嬉嬉”的催稿声中完成的。

②文化传播中的导向作用。人类社会的发展，离不开文化传播。《易·系辞下》：“上古结绳而治，后世圣人易之以书契。”无论是开始的结绳，还是后来的书契，现在看来都是一种传播手段，只是十分原始、十分简单而已。随着现代传播工具的诞生，文化传播便日益渗透到生活的各个领域，各种传播工具构成一个强大的网络，没有一个人能置身“网”外。

出版是以传播为己任的。这种传播既是横向的，一本新书问世，通过发行渠道，可以迅速传遍全国各地甚至跨越国界；同时又是纵向的，“纸墨更寿于金石”，培根曾把书籍比喻为在时代波涛中破浪前进的航船，“它满载贵重的货物，运送给一代又一代”，因此直到今天，我们仍可以

读到两千多年前的孔孟老庄，读到一千多年前的唐诗宋词。通过传播，人们成为文化产品的消费者，在精神上获得满足，同时又会在潜移默化中受到感染、受到熏陶，如法国社会学家埃米尔·杜尔干所说：文化“存在于个体之外，而又对个体施加着强制力量”。

书籍是文化载体，也是传播工具。书籍以其悠久的历史、丰富的内涵和成功的传播，成为社会文化环境的重要组成部分。在书籍的出版过程中，编辑是拥有选择权的。这种选择不仅可能直接决定一部作品的命运，而且还会对社会文化生活产生显著的影响，比如改变读者的阅读口味、调整作者的写作计划、催生某种文学体裁、推动某种写作风格，等等。仔细研究一下便会发现，社会上涌现的各种阅读热点以至文化思潮，几乎都和编辑有着内在联系。在我国近现代出版史上，五四时期选择白话作品，出版成了新文化运动的重要阵地；上个世纪 30 年代选择以鲁迅为代表的左翼文学，促进了新文学的发展和繁荣；改革开放时期十分重视出版邓小平理论研究著作、反映当代生活的文学作品和传播科学文化知识的读物，在两个文明建设中做出了自己的贡献。由此可见，编辑是社会文化结构的重要的设计者和自觉的改造者。编辑的立场、观点和眼光，在文化传播中会产生重大影响。

③文化创造中的优化作用。编辑是以原稿为劳动对象的。编辑的责任是把稿件转化为出版物，把作者个人的智慧成果转化为社会文化产品。写作作为文化创造过程，它的主体无疑是作者而不是编辑；然而，编辑对推动这一过程的顺利进行和保证最后产品的质量，是有着不可忽视的作用的。

作者进入写作过程之前，编辑可通过信息的收集和分析，对读者的需求和图书市场的走向做出自己的判断，并及时传达给作者，帮助作者寻找写作的角度。作者当然也可以根据自己的判断写作，但编辑的介入有利于缩短作者和读者的距离，提高写作的针对性和作品的成活率。

作者进入写作过程之后，编辑要继续与作者保持联系，了解写作进度、分析写作情况，配合作者解决碰到的问题。写作是一项艰苦的思想劳动，而编辑自始至终不应是旁观者，他们要和作者一起开展观点的探讨，协助资料的搜集，研究稿件的结构，在文学创作中甚至还包括生活积累的提供，成为作者写作的强有力的后盾。

作者交稿，意味着写作告一段落；对于编辑来说，却是一个新的工作阶段的开始。成熟的稿件，编辑要通过认真的加工，弥补作者可能存在的疏漏，做到精益求精；不成熟的稿件，编辑要提出修改方案，有时甚至要帮助作者做脱胎换骨的改动。自传体作品《高玉宝》、长篇小说《红岩》、知青小说《岩鹰》……哪一部作品不凝聚着编辑的心血？《红岩》原稿其实只是一堆素材，没有编辑的精心修改，别说成为当代文学代表作，恐怕连出版都会有困难的。

以上各个阶段，编辑都是配角，但编辑智慧的投入，可以使作者的写作得到推动、启迪和提升。除此之外，编辑的优化作用还体现于作品的设计和图书结构的设计。同一部作品，不同的编辑会做出不同的处理。新颖的封面、别致的书名、巧妙的宣传语，能大大增强图书的市场竞争力。单个的作品也许是优秀的，但只能产生个体的影响；编辑可以通过文集、丛书、文库的形式，把这部作品和那部作品组合起来，这批作品和那批作品组合起来，从而产生“团队效应”。

(2)编辑的素质

出版是一门文化产业。图书和其他商品一样，要走向市场、参与竞争。但出版同时又是重要的思想文化阵地，承担着宣传先进思想、传播科学知识和积累优秀文化的任务。在当前商品经济的大背景下，怎样才能坚持出版工作的正确方向呢？关键是要建立一支高素质的编辑队伍。一个称职的编辑，应该具备以下几方面的素质。

①政治素质。这是由社会主义出版工作的性质所决定的。不论是编书还是编刊，是文科编辑还是理科编辑，首先要懂政治、讲政治。编辑要通过学习，坚持正确的政治方向，站稳正确的政治立场；要学习党的方针政策，保持旺盛的政治热情，在出版工作中自觉地和党中央保持一致；要熟悉、研究出版工作的各项政策规定，严格遵守政治纪律，该送审的稿件坚决送审，涉及民族、宗教、边界、外交等敏感问题时，要有政治头脑、政治眼光，不能就事论事。

其次，编辑要有基本的理论素养，能掌握正确的政治观点，分得清什么是社会主义什么是资本主义，什么是唯物史观什么是唯心史观，什

么是科学什么是迷信，而且要能联系编辑实际，做好政治把关工作。凡是涉及政治原则的问题，编辑“守土有责”，要保持政治警觉，注意一些值得注意的倾向。

②思想素质。书是靠人编的，人的品位往往决定了书的品位。某些内容荒诞、情趣庸俗、文字浅薄的书稿，为什么有些编辑嗤之以鼻，有些编辑却趋之若鹜？为作者改拟书名、编写提要，为什么有些编辑追求的是准确、得体、艺术，有些编辑却把书名拟得暧昧、香艳，充满挑逗意味，把提要写得让人心惊肉跳？这里显然不是编辑水平问题，而是思想素质问题。不同的编辑和不同的书稿发生共鸣。大量出版实践证明，要提高出书的境界，先要提高编辑人的境界。

社会主义出版工作代表着先进文化的前进方向。编辑和教师一样，应是人类灵魂的工程师，应该具有文化的追求、科学的信仰、高尚的道德和美好的情操。然而现实中我们看到，同为编辑，有的人爱岗敬业，无私奉献，一身正气；有的人却敷衍塞责，心不在焉，一脸冷漠；更有甚者，自恃掌握稿件的生杀大权，把商品交换的原则引入到编辑工作之中，牟取个人的私利、损害出版工作者的形象。这里同样不是编辑能力问题，而是思想素质问题。

我国的编辑队伍，是一支高素质的队伍。在这支队伍中，曾出现过像鲁迅这样为年轻作者呕心沥血、“俯首甘为孺子牛”的编辑家；出现过像邹韬奋这样全心全意为大众、发愤提高出版质量的编辑家；出现过像叶圣陶这样一心耕耘、“俯仰两无愧”的编辑家……他们都在编辑工作中，展示出自己的高风亮节。今天我们强调编辑的思想素质，便要以这些前辈为楷模，继承他们的优良传统，解决怎样做人的问题。

③文化素质。这是编辑从事本职工作的专业基础。编辑工作是文化工作，编辑劳动是精神劳动，不具备一定的文化素质是不可想象的。编辑文化素质的构成，除了基本的理论修养、扎实的专业训练、开阔的知识视野外，还应包括良好的思维习惯、广泛的阅读兴趣和科学的学习方法。没有后者，编辑的文化素质也许会处于一种停滞甚至老化的状态。

知识结构是文化素质的具体反映。关于编辑的知识结构，前辈编辑家根据自己的体验，有过很形象的描述。开明书店傅彬然先生曾把编辑比喻为跑龙套的，今天围绕着这位主角转，明天围绕着那位主角转，这

就要求编辑具有很强的适应性。罗竹风先生称编辑是“兼儒墨，合名法”的杂家，因为出版社不可能像高校那样有专业性很强的分工，编辑要面对各种各样的来稿，不“杂”是不行的。据有关统计材料，《鲁迅全集》中引证过的中外古今的图书有五百多种，涉及的人物有一千多个。别说整个中国文学，也别说现代文学史，单是一个鲁迅，就对编辑的知识结构提出了多么高的要求。

编辑的文化素质，要求编辑有“博”的一面，同时又要有“专”的一面，要博中求专，以专促博。有人提出编辑应是“外行中的内行，内行中的外行”。因为是“内行”，编辑和作者才能进行深度对话，才有沟通的基础；因为是“外行”，编辑又不致有门户之见，对稿件可以做出比较客观的判断。而要做到这一点，编辑就必须在业务上有自己的主攻方向，在某一学科领域做过比较系统的研究，不仅掌握该学科的基本知识，还要了解该学科的发展趋势。

④职业素质。不同的职业有不同的特点，对从业人员有不同的要求。所谓职业素质，是在职业实践中逐渐形成的一种专业素养，演员的舞台感觉、运动员的坚韧性格、老师循循善诱的态度、科学家的观察能力和分析能力，都和职业素质有关。编辑的职业素质，分别表现为职业追求、职业敏感和职业作风。

编辑的职业追求是一种文化追求。具有良好素质的编辑，以推动文化发展为已任，不计较个人的得失。一旦获得有价值的组稿线索，他们可以“三顾茅庐”、“立雪程门”，即使吃闭门羹仍不言退；他们希望自己编发的书稿具有文化传播价值和文化积累价值，为此，不惜在书稿中倾注大量的心血，身为无名英雄却充满创造的快乐，以作者的成功为荣；为了提高文化产品的传播效果，他们更是充满了创新的欲望，从内容到形式敢于大胆变革。正是由于这些编辑的努力，出版工作不断出现新的面貌。

编辑的职业敏感是一种市场敏感。美国以出版商业经济类图书著称的麦格劳-希尔公司的一位副总裁说过，他们挑选编辑，并不太考虑专业对口，也不要求编辑与所出图书有相关专业背景，而特别注意的是“敏锐的市场感觉”。有了这种“感觉”，编辑在工作中就会处于主动地位，诸如选题的捕捉、稿件的判断、营销的策划，都会得心应手。“灵感”来自有准备的头脑。编辑具有职业敏感，是对市场认真调查和积极思考的结果。

编辑的职业作风是一种求是作风。凡是干编辑这一行的，都应该拒绝想当然，拒绝侥幸，拒绝粗枝大叶。面对稿件，编辑要像战士进入阵地一样全神贯注。编辑要学会独立思考，养成查工具书的习惯，无论是审稿、加工还是读样，都不能放过一个疑点。编辑工作是一项严肃的工作，编辑工作的每一个环节，都要提倡和发扬“一丝不苟、字斟句酌、作风严谨的‘辞海’精神”。

(3)编辑的能力

曾有人认为，编辑工作是“剪刀加糨糊”的剪剪贴贴的工作。“四人帮”横行时期，有人公然声称：“只要是识字的人，就能当编辑。”这显然是对编辑工作的误解和曲解。其实，即使是“剪刀加糨糊”，不具备编辑能力，你也不知道剪刀往哪儿剪，糨糊该怎么贴。现代编辑工作要求编辑培养和提高以下四方面的能力。

①策划能力。策划就是筹划、谋划，出版工作具有前瞻性，要求谋定而后动。现代出版重视编辑的策划能力，反映了对出版工作规律的正确认识，同时也是面对激烈的市场竞争所表现出来的主体意识和主动精神。

编辑策划以选题策划为主，还应包括市场营销策划、企业宣传策划等等。这些策划的目的，或是为了提高选题质量，或是为了创造销售机会，或是为了塑造企业形象。事实证明，成功的策划是有助于增强竞争实力的。《咬文嚼字》月刊在 1995 年创刊之前，曾策划了一场“向我开炮”的活动。这一策划使一份尚未问世的刊物，赢得了读者的广泛关注，大大提高了知名度，为以后的发展创造了十分有利的条件。

策划能否成功，和编辑的策划能力大小有关。它具体取决于以下几个方面：一是做好前期信息收集和分析工作，这是制定方案的前提条件；二是方案要别出心裁，富有创造性，人云亦云、亦步亦趋的做法，必定达不到预期的效果；三是编辑要熟悉出版工艺，懂得经济核算，保证方案具有可操作性。脱离实际、纸上谈兵是难免要失败的。

②社会活动能力。在相当长一个阶段，人们对编辑工作的理解是存在片面性的，认为编辑工作是单纯的案头工作；其实，案头工作只是编辑工作的一部分，编辑工作就其性质来说，是一项社会文化工作，要求

编辑和社会建立广泛的联系。编辑如果缺乏社交热情和活动能力，那么案头工作的质量，也是很难保证的。

编辑要以积极的姿态，走近学术文化团体，参加各种类型的聚会和讨论。这种场合，往往专家云集、信息密布，编辑可以及时了解到文化创作和学术研究的前沿动态，为组稿创造条件。而且，这也是编辑开展业务学习的良好机会。

编辑要创造条件接近读者、接近书店。逛书店应该成为编辑的一种生活方式，在逛的过程中随时开展市场调查。既要了解本版图书的销售情况；还要注意观察、比较同类图书，分析图书市场走势；更要了解读者的需求、倾听读者的意见，适时修订自己的计划。

编辑不仅要有出版界的朋友，还应有新闻界、影视界、艺术界、科技界……的朋友，自觉地扩大社交面。这类社交活动，除了情感交流之外，还有信息交流、智慧交流，往往能产生触类旁通的效果。

③判断能力。编辑工作包含着一连串的判断过程。每一部书稿，对编辑的判断能力都是一种挑战、一种考验。在出版工作中，同一部书稿，不同编辑做出不同判断的事，那是屡见不鲜的。法国作家儒勒·凡尔纳的《气球上的五星期》，直到第十六家出版社才做出肯定的判断。陈登科的长篇小说《活人塘》，有关编辑已扔进废纸篓，作家赵树理发现以后才起死回生。不让达到出版水平的作品出版，和让不该出版的作品出版一样，都是编辑判断失误的表现。

怎样才能提高判断能力？加强业务学习，开展市场调查，认真阅读稿件，这些都是必不可少的；另外，还要设法排除判断过程中的干扰。比如有些编辑不能坚持一视同仁的审稿标准，对名家另眼相看，网开一面；对非名家同样另眼相看，冷若冰霜。这就失去了判断的客观依据。有些编辑判断中甚至还夹杂了权的成分、钱的成分、情的成分，这些都是不足为训的。

④文字能力。编辑的文字能力大致包括三个方面：

一是文字规范能力。作者写稿，一般都在文字上做过推敲，但百密一疏，难免会留下疏漏。如用了错字、别字以及不规范字，还会出现用词、用语不当等语言方面的问题。这些都是编辑审稿加工时的规范对象。编辑要在语言文字方面建立自己的职业优势，就必须比作者更熟悉简化

字、异体字、异形词、标点符号，以及数字用法等有关语文法规，认真掌握并能熟练运用语法、修辞、逻辑方面的知识，还要了解并能敏锐识别语文运用中的常见差错。

二是文字加工能力。编辑不仅要匡谬正误，做好规范工作，还要善于加工，做到锦上添花。编辑如何加工？研究一下大作家的原稿，会得到很多启发。巴金《随想录(八)》原稿中有一句话："张春桥过去很欣赏'写十三年'的高见，北京有人表示怀疑，他就大发'脾气'。"作家定稿时把"很欣赏"改成"大吹"，附和者变成了主谋者，点明了张春桥实际所起的恶劣作用；又在"表示"前面加上副词"刚刚"二字，张春桥气急败坏的样子顿时毕露无遗。这种改动，出于作者，是修改的典范；出于编辑，则是加工的典范。

三是文字写作能力。写作，同样也应是编辑的基本功。编辑要精通实用文体的写作，特别是图书辅文和图书广告，应是编辑写作的强项；还要善于写作出版消息和图书评论，做好图书宣传工作。

本文收入《出版专业理论与实务(中级)》，上海辞书出版社2002年8月出版，收入本书时有改动

编辑应用文概说*

(1)从应用文说起

应用文是指日常生活、工作和学习中经常运用的、多数有一定格式的文体。

一切文体样式，都是“应时之制”。一种文体的兴起，既有其历史继承关系，又体现了特定时代和社会的需要。随着社会生活的发展，文体样式也必将日益丰富。应用文自然也不例外。

早在文字产生以前，人类在日常生活中，已经产生了对应用文的要求。《易经·系辞下》说：“上古结绳而治。”古代秘鲁印第安人，创造了一种“打结字”，用结绳的方式，记录天气、日期、数字等等的变化。他们用来打结的绳的颜色、绳结的大小和多少，都表示不同的意义。在上古时代，图画更是一种比较重要的表达手段，并由此逐步过渡到了文字。鲁迅曾经说过，初民们在山洞里画一头野牛，绝不是为了消遣，总是和“猎取野牛，禁咒野牛”有关的。说不定这是一则组织狩猎活动的“通知”

---

* 1981年夏天，上海市新闻出版局筹办编辑语文进修班，“编辑应用文”是拟开设的课程之一。上海市版协承担了这一课程的教材编写任务，当时参加编写的有上海辞书出版社王自强、上海教育出版社周炳侯、上海科学技术出版社连洁群、上海人民美术出版社杨兆林、上海人民出版社戴子腾，以及本书作者。本文为教材的第一章。

呢。总之，结绳也好，图画也好，其中相当一部分，可以说是没有用文字来表达的应用文。

文字产生以后，结绳之类原始的记事方式逐渐消失。《易经·系辞下》说："后世圣人易之以书契，百官以治，万民以察，盖取诸夬。"这里的"夬"通"决"，指做出决定。"契"是刻的意思，上古文字是用刀刻下的，"书契"便指文字，其中多数又是书面凭证一类，所以，"书契"又指"契约"。《周礼·天官·小宰》："六曰听取予以书契。"孙诒让《正义》："凡以文书为要约，或书于符券，或载于簿书，并谓之书契。"这里的"书契"便是"契约"。目前发现的最早的文字是甲骨文，其中不少卜辞，就其内容来说，有重要的史料价值；就其文体来说，也可看作萌芽时期的应用文。

文体应时而生，又应时而长。它是随着时代的变化而变化的。不同的时代有不同的应用文。比如，封建时代有诏书、奏表之类。"奏表"这种文体起自战国，当时一律称"书"，李斯有《谏逐客书》传世。秦代改称为"奏"。到了汉代，又分为章、表、奏、议四类。《文心雕龙·章表》篇，曾对这四种文体的作用分别做了阐述："章以谢恩，奏以按劾，表以陈情，议以执异。"不同的文体又有不同的格式。比如，"章"要写上"稽首上书"，"表"开始要写"臣某言"，下面要写"臣某诚惶诚恐，顿首顿首，死罪死罪"，等等。这种文体，反映了封建社会的阶级关系。随着封建社会的最后崩溃，"奏表"自然成了历史的陈迹。如果要在现实生活中寻找一种相应的文体的话，大概便是"请示"、"报告"之类。这是下级向上级汇报工作、请求指示的一种文体样式。它体现了党的民主集中制的原则。在封建社会中，"溥天之下，莫非王土；率土之滨，莫非王臣"，国家大事由皇帝一个人说了算。而在我们今天社会主义的社会里，在人与人之间的关系上，上级和下级是完全平等的。因此，"奏表"和"请示"、"报告"尽管有某种相似之处，却具有截然不同的时代色彩。

不同行业又有不同的应用文。比如，教师要写评语，法官要写判词，医生要写医案，科研工作者要写实验报告，等等。教师写评语，需以对学生的长期观察和深入了解为前提，在评语中要倾注感情，既要一分为二地分析学生现状，又要指明继续努力的方向。法官写判词，则要以对案情的充分调查和正确把握为前提，要"以事实为依据，以法律为准绳"，判词文字宜简明扼要，并具有高度的严肃性和准确性。总之，不同的文

体，是适应不同的工作需要产生的，因此，必然会体现出不同行业的特点。

(2)编辑应用文的特点

编辑应用文，是应用文总体的一个分支。它包括和编辑业务直接有关的、在编辑工作中广泛应用的、一般能独立成文的各类文体。按其使用范围来说，有用于出版社或编辑部内部的，有用于编者和作者、读者之间的，也有相当一部分是在报刊图书上公开发表的。编辑应用文品种繁多，举其大者，可分五类：一是书稿文件，二是工作汇报，三是业务书信，四是书刊附件，五是书刊评介。

编辑应用文具有应用文的一般特点：

第一，对象比较明确。所谓“对象”，是指文件的阅读者和处理者。应用文一般时间性较强，为了不致耽搁，常有指定的收件人。就编辑应用文来说，多数是为了联系或处理具体的编辑业务问题而写作的。它们或者提交社、室领导，请示处理意见；或者寄送作者、译者，商量稿件撰写过程中的有关问题。书刊附件和评介文章，相对来说对象较为宽泛，但也有个大致范围，这就是该书的基本读者。

第二，格式比较固定。格式，是在应用过程中逐渐形成的。这是为了方便而约定俗成、相沿成习的结果。而一旦形成了一定的格式以后，就要求人们共同采用。格式又不是一成不变的。形式的陈旧，会影响内容的表达。比如旧式公文中，复文总要引录来文，对上峰要写上“等因奉此”，对平级要写上“等由准此”，对下属要写上“等情据此”。这种公文格式，反映了衙门作风和文牍主义。如果我们沿用这种格式，社会主义的国家干部，简直就成了衙门气十足的“小公务员”。旧式书信中，还有“避讳”、“抬头”一类的格式规定，是特定历史条件下的风气和习惯，随着社会生活的变化，也会影响真实感情的交流，所以现在一般已废弃不用。编辑应用文多数是有格式方面的要求的。从事编辑工作的人，应该充分了解并切实掌握。

第三，文字比较朴实。能让人一看就懂，不致产生歧义或误解。除了文学书籍的少数附件外，一般不用比喻、夸张、拟人、反语等修辞手

法。行文简洁明了，不“一唱三叹”，不拖泥带水。

除了共性特点外，编辑应用文还具有两个比较明显的个性特点：

第一，往往是在调查或研究工作的基础上写成的。从编辑的工作程序来说，编辑应用文是属于后面的工序。要写访问报告，首先要访问作者或读者；要写审稿意见，首先要读完稿子，有时还要查阅有关资料、参考同类读物等；书刊附件无论是内容提要还是出版说明，一般也都是在稿件编定的基础上撰写的。因此，调查或研究工作，便成了编辑应用文写作的前提条件。

第二，多数具有鲜明的倾向性。在审稿意见、图书评介文章以至一般的书刊附件中，编者都要对书稿的质量、图书的特点，做出明确的判断。即使是调查材料、会议汇报之类，除了介绍情况外，也要对来自作者、读者的意见，书市的行情以及社会的读书趋势等，进行必要的分析，提出自己的看法。从这个意义上说，编辑应用文总会在不同程度上涂上编者的主观色彩。它是编者的学识和能力的反映。

(3)编辑应用文的作用

编辑工作是围绕着稿件展开的。组稿、审稿、编稿，是编辑工作中相互联系的三个阶段。编辑在这三个阶段中，第一阶段是组织者，第二阶段是评论者，第三阶段才是编辑者。而无论在哪一阶段，都会碰到编辑应用文的写作问题。它和搞好出版工作有着重要的联系。

在出版单位的工作中，制订选题计划，具有特殊的意义。它不仅关系到出书的计划性，也反映了出版单位的出书方向、方针、出书个性和风格。从一份选题计划，人们可以对一个出版社的工作留下最初的然而却是深刻的印象。编辑应用文中的选题报告一项，正是制订选题计划的重要依据。有了高质量的选题报告，才能有高质量的选题计划。所以，作为出版单位的领导，在制订选题计划时，要善于集中群众的智慧，鼓励编辑人员在广泛调查和深入研究的基础上提出选题报告，这样，选题计划才能内容丰富、切实可行。为了保证正常的工作秩序，选题计划要有相对的稳定性；为了适应形势的变化和读者的需要，选题计划又要有适当的灵活性。只有不断把新的有价值的选题充实到计划中去，出书工

作才能始终生气勃勃。

在所有编辑应用文体中，审稿意见是比较突出地反映了编辑的水平的。从中不仅可以看到编辑对稿件的了解和判断，而且还能看到编辑对出版方针的理解，对党的政策的掌握，看到编辑自身思想水平、学识水平的高低，以至工作态度的认真或者草率。审稿质量是和出书质量有着直接联系的。一部书稿的取舍，取决于审稿意见。一部书稿的修改方向的确定，主要由作者负责，但在很大程度上也会受到审稿意见的影响。审稿意见不同于一般学术理论文章，它不是为了开展争鸣，而是为了在"意见"的基础上，提出对书稿的处理方案。如果说编辑也有一定的权力的话，那么这个权力就比较集中地体现在审稿上。如果不能提出准确的审稿意见，则很可能扼杀掉优秀的稿件，甚至扼杀掉一个作家的写作生命。这不能不说是一种失职的表现。

编辑应用文还会关系到出版单位的社会声誉。书刊附件是公开和社会见面的，它是出版物的组成部分，直接反映出书质量。读者往往会通过这些附件，认识具体的出版单位。好的书刊附件，和正文珠联璧合，相得益彰，又能让读者了解出版意图、编辑方针等等，从而加深对书刊内容的理解。各类业务书信，一般说来，不在书刊上发表，有些又以个人署名，但在作者、读者的心目中，总以为是代表一个出版单位出面的。如果写得逻辑混乱、词不达意，甚至夹有很多病句和别字，不仅会影响到内容的准确表达，还会让作者、读者在心理上产生一种不信任感。若是态度冷淡、措词生硬，则更可能造成作者、读者和出版单位在情绪上的对立，损害出版单位的形象。英国作家、勃朗特三姊妹之一的夏绿蒂·勃朗特成名之前，曾收到过老史密斯出版公司的一封退稿信，当时她已丧失创作信心，但这封退稿信，"措词是这样得体，识见是这样通达，考虑是这样周到，态度是这样诚恳"，终于使作者重新鼓起了勇气，完成了长篇小说《简·爱》的创作。业务书信虽是一般的编辑应用文，但它在编辑工作中的作用，却是不能低估的。

在编辑应用文中，图书评介文章有一定的特殊性，和编辑工作似乎缺少必然联系，但作为一个有责任感和事业心的编辑，应该熟练地掌握和运用这种文体。图书评介其实也就是新书预告、内容提要等的延伸和扩充，其目的是传递图书信息，扩大书刊的社会影响。在当前出版事业

日趋繁荣、出书品种日益丰富的形势下，图书评介有其不容忽视的作用。胡绳同志的《从鸦片战争到五四运动》一书，开始征订时只有几万册的订数，王震同志写了书评以后，竟陆续发行到了几百万册。可见，社会对图书的认识是有一个过程的；图书评介文章在图书和读者之间架起了一座桥梁，缩短了这个过程。

(4)怎样写好编辑应用文

编辑应用文的写作，不单是形式问题，形式包括应用文的一些固定的格式，是不难掌握的；更重要的是内容，是正确地观察问题、分析问题的立场、观点和方法。一个合格的编辑，应该具备四方面的条件：一是一定的思想水平；二是有关的专业知识，其中包括编辑出版业务知识；三是相当的组织能力；四是熟练的文字加工能力。其中思想水平一项是贯串编辑工作的全过程的。要写好编辑应用文，首先要通过学习马列主义、毛泽东思想，通过编辑工作的实践，提高自己的思想水平。在编辑工作中，“眼光”是很重要的。没有“眼光”就会陷入盲目。在某种意义上，编辑犹如运动场上的教练员，实际运动能力也许不及运动员，但即使手低却必须“眼高”，要能发现运动员的缺点和不足。只有这样，才能建立自己的“判断优势”。这种眼光正是编辑的思想水平的反映。

其次，要努力扩大知识面。编辑人称杂家，古代的杂家，“兼儒墨，合名法”，折衷和糅合各派学术思想；作为编辑来说，则应该是对多种学科表现出广泛的兴趣，并给以热情的关注，“积学以储宝，厚积而薄发”。鲁迅当年曾提醒青年作者不要光读文艺书，还要读一些自然科学书籍。茅盾也勉励青年作者要“博览群书，学贯中西”。科学家杨振宁谈到过三条治学方法，其中第一条便是要拓展知识面的宽度。这些当然主要不是从编辑角度谈的，但对编辑却同样也有启发。编辑大致都有个分工范围，但不可能分得很细。因此，要以书稿为对象来考虑自己的知识结构。杂，正是编辑工作的性质所决定的。然而，杂中又必须求专。编辑虽不等同于学者，也应该有自己的业务主攻方向。要牢固掌握自己分工领域的基本理论，及时了解有关专业的发展动态，注意知识更新，并经常分析同类书的出版情况。这样，编辑才能在工作中建立起职业优势。事实证明：

只有在编辑工作中胜任愉快，才能在编辑应用文的写作中胜任愉快。编辑应用文不过是编辑工作的记录和反映而已。

第三，要不断提高对编辑工作的热情。编辑的业务水平和实际工作质量，有时并不是一致的。造成这种不一致的一个很重要的原因，是编辑缺少应有的严肃认真的工作态度。从事编辑工作，是需要有一点牺牲精神的。这是编辑职业道德中的重要内容。有了牺牲精神，才可能在工作中兢兢业业，勤勤恳恳，满腔热情，一丝不苟。这种工作态度，自然会在编辑应用文中反映出来。与之相反，缺少这种精神，在工作中则会马虎，草率，心不在焉，敷衍塞责，其中有些人俨然成了“出版官”或者“编辑老爷”，往往会拒作者、读者于大门之外。凡是在编辑应用文中出现明显差错的，多数都能在工作态度上找到原因。

第四，要努力掌握语法、修辞、逻辑方面的基础知识。这是从事文字工作的人的基本功。如果上面三点主要是从内容着眼的话，那么这一点主要是从形式着眼的。形式会影响内容的表达效果。根据编辑应用文的特点，编辑不仅要做到文从字顺，更要注意简练深刻。如果连前面一点也做不到，那就很难谈得上提高编辑应用文的写作水平。毛泽东同志说过，感觉了的东西不一定理解它；只有理解了的东西，才能够更深刻地感觉它。对语法、修辞、逻辑的掌握，有助于培养我们的职业敏感。如果只是凭语感、凭习惯进行判断，就难免要犯经验主义的错误。编辑工作的实践，可以使我们对语法、修辞、逻辑产生一些感性认识，但这毕竟是不能代替系统的理论学习的。

除上所述外，还应注意一些具体问题。比如，编辑应用文多数是署名文件，在拟稿时应注意署名的完整性。不能只写一个姓，或者名字中的一个字，否则时过境迁，在查阅时会发生困难。又如，要注意时间概念的明确性。凡是要保存较长时间的文件，都要把年、月、日按顺序写全，不能只写几月几日，更不能只写几日。编辑应用文中涉及的时间，一般都不应用分数式表示。3/7，有人读成 7 月 3 日，也有人读成 3 月 7 日，容易造成误会。凡文中没有明确的时间可考的，不要用“今年”、“明年”之类的含糊说法；即使有明确的时间可考，为了方便阅读，多数也以不用为宜。

本文原载《编辑应用文》(《上海出版工作》1984 年 6 月特刊)

建立编校人员的文字优势

文字质量是出版物质量的重要组成部分。在当前，部分出版物的文字差错率居高不下，已是不争的事实。要有效地改变这种局面，除了制定必要的规章制度外，我认为更重要的是要建立编校人员的文字优势。具体包括以下四个方面：

一、熟悉语文法规。新中国成立以来，我国就简化字、异体字、标点符号、数字用法、异形词等语文问题，公布了一系列的文件。至今为止，这些文件仍是我们处理编校工作的法律依据。遗憾的是，不少编校

应上海老市长汪道涵（左）之约，到瑞金医院汇报《咬文嚼字》工作后合影。当时汪市长正在医院治病

人员却对这些文件缺乏应有的了解。比如，叠、覆、像、啰四字，早已在1986年重新公布《简化字总表》时恢复使用，某些出版单位对此却并不知情，甚至根据上一世纪70年代出版的词典，要求编校人员把“好像”写成“好象”。再如，早在1955年12月，有关部门便公布了《第一批异体字整理表》，以后又根据实际情况做了调整，先后恢复了其中的29个字为规范字，某些出版单位同样对此一无所知，在他们的出版物中，经常把“发愣”误为“发楞”，“黏稠”误为“粘稠”。至于标点符号、数字用法之类，在文件中有些规定非常明确，但某些编校人员置之不理，我行我素，从而出现不少习惯性的错误。比如相邻两个数字表示概数，第一不能用阿拉伯数字，第二在数字之间不能用顿号，可出版物中却常有“姑娘今年17、8岁”之类的不伦不类的用法。

二、完善知识结构。出版物中的编校差错，除了一部分属于技术错误外，其余要么是心理型错误，要么是知识型错误。编校人员缺乏必要的知识储备，往往会使某些差错成为漏网之鱼。比如，汉语词汇中有不少近义词，词义之间只有微妙的区别，必须和必需，以至和以致，启用和起用，夸耀和夸奖，等等，没有对这些词语的准确把握，在碰到它们时便很难承担把关责任。除了语文知识，还有百科知识。某地戏曲汇演，演员演的是余叔岩的“余派”，记者缺乏对京剧的了解，却报道为俞振飞的“俞派”。此“余”和彼“俞”，一个是须生，一个是小生，因为我们的无知而混为一谈。当今在大街上，在出版物中，经常会看到“碳烧咖啡”之类，这个“碳”字本是化学元素，我们把它等同为木炭，显然也和化学知识的欠缺有关。

三、端正编辑作风。出版工作是一项严肃的工作。在整个出版过程中，特别是在编校阶段，一定要有“临稿如临阵”的精神状态，全神贯注，一丝不苟，切忌东张西望，心不在焉，或者自以为是，凭想当然处理问题。事实证明，不少差错是由于粗枝大叶造成的。日本有一悬念小说作家名叫“星新一”，编辑读稿时却想当然地改成“一新星”；某作者引用了一句古诗“海上生明月”，编辑竟改成了“海上升明月”，优美的诗句变成了一句大白话，而且留下一处差错。记得巴金先生在一封书信中谈到“嘲剧”，某出版社在编巴老书信选时，责编怀疑“嘲”字有误，想改为“潮剧”，又想改为“滑稽戏”，最后问了巴老本人，才知道此“嘲剧”是越南

戏。编辑的慎重避免了一处误改。可见，一个好的编辑，要善于发现疑点，又要谨慎处理，像李逵那样乱砍斧头是不足为训的。

四、强化职业敏感。编辑也好，校对也好，是专门和文字打交道的，对文字要有特殊的感觉。这就是专业眼光，就是职业素养，就是编辑意识。只有通过长期的实践，做一个有心人，才能达到这样一种境界。比如，汉字中有不少字字形非常相似，专业编校人员只要一眼看去，便能捕捉到其中的关键部分，“抵”和“牴”到底有没有一小点，“侯”和“候”到底有没有一短竖；有些字不但字形相似，字义也很相近，如“度假”的“度”和“渡河”的“渡”，编校人员就不仅要辨形，而且还要辨义，一定要从专业角度，对语言文字有透彻的认识和牢固的掌握。为了达到这种效果，我们还可以总结汉语出版物中的常见差错，从中找出错误发生的规律。

写到这里，不禁想到了刚刚过世的巴金先生。巴老既是作家，又是出版家。他在写作时，在狭小的台子上，总是放着一本《现代汉语词典》，每当遇到可疑字词时，立刻翻查词典。当代文坛的大师，竟如小学生般认真。我们只要翻翻《随想录》的手稿本，便可知道巴老对文字的虔诚。作为一个出版人，不但要学习巴老的崇高人格，也要学习巴老的严谨的编辑态度。

本文原载2005年10月26日《中国新闻出版报》

编家应有笔如刀

——文学稿件加工漫谈

文学是语言的艺术。文学作品通过形象反映社会生活。不同作者又有不同的艺术追求、表达习惯和文字风格。因此，文学稿件在编辑加工时，除了按照一般稿件的要求处理外，还应考虑文学稿件的特殊要求。它具体表现在结构加工、情节加工、细节加工和语言加工等几个方面：

(1)结构加工

结构是文学作品形式的构成因素之一。任何一部文学作品，作者总要对自已选取的题材做精心的剪裁和组织，这样，人物、事件、环境、心理等等，才能构成栩栩如生的生活画面。在建筑中，如果没有设计，砖瓦木石不能成为高楼大厦；同样，在文学创作中，如果没有结构，生活素材也不可能成为完整的文学作品。

编辑对结构的加工，首先要看它能否服从主题需要。一个合理的作品结构，应该是能有效地揭示主题的。凡是游离于主题之外甚至影响主题表达的结构形式，必须进行必要的调整。其次，应该从审美角度，对作品的结构做出判断，要重视结构的完整性、协调性和创造性。结构要有利于塑造人物、展开情节和营造独特的阅读效果。除此之外，编辑在结构加工时，还应考虑不同体裁、不同题材的特点。比如，同为叙事作品，小说结构可以一气呵成，戏剧则必须分场分幕，让矛盾冲突既有段落感，又有连续性；同为小说作品，爱情题材可以在结构上以抒情见长，

侦探题材则要求悬念迭起、扣人心弦。

某部反映当代留学生生活的长篇小说，作者原采用的是“复线结构”：一三五章写“土插队”，二四六章写“洋插队”，两条线齐头并进。编辑在审稿时，发觉这样的结构形式虽然有助于丰富作品的生活内涵，但实际造成的效果是：一部作品成了两股道上跑的车。况且，“土插队”部分在写法上又比较陈旧，两部分等量齐观，反而使整部作品显得拖沓、松散。于是，编辑在结构上做了重要改动，以“洋插队”统率全书，“土插队”仅仅作为背景出现，这样改动之后，全书主题鲜明、结构紧凑，成了留学生文学中的一部代表性作品。

(2)情节加工

在叙事性作品中，结构主要是通过情节来体现的；在非叙事性作品中，往往也包含着情节因素。而所谓情节，其实就是蕴藏着作者思想倾向和情感倾向的一些具体事件，是作品中人物的活动过程，按照高尔基的说法，“即人物之间的联系、矛盾、同情、反感和一般的相互关系，——某种性格、典型的成长和构成的历史”。它是在社会生活的基础上，通过作者的艺术想象构成的。

编辑对情节的加工，同样要从作品的主题出发，从人物的塑造出发，看情节的开展能否让作品的倾向自然地流露出来，让人物形象逐渐丰满起来。情节虽然是虚构的，但应该符合生活的真实，即使是充满瑰丽想象的浪漫主义作品，也不是可以随心所欲、信口胡编的。凡是不合理的情节，都应该是编辑加工的对象。另外，情节还要体现出艺术的创造力和感染力，不能人云亦云，也不能重复自己。

上个世纪 30 年代，茅盾在编《文学》杂志时，经常凭着自己深厚的文学功力，对青年作者的作品，做重要的情节加工。不少作者后来成为著名作家，当时都曾从这种加工中得到启发。比如《文学》创刊号刊登的艾芜的小说《咆哮的许家屯》，便是由茅盾编辑加工的，其中一个重大改动，是砍掉了这篇作品的“尾巴”。这篇作品最后部分原来写的是许家屯的“暴动”民众往山里逃去，日本大部队在后面追赶，突然山里“喊声大起，杀出一彪人马来”，“暴动”民众开始时乱作一团，后来发现是义勇军，于是

两支队伍会合，重新杀奔许家屯。茅盾认为，这段情节不仅公式化、概念化，而且有着“绝处逢生”的旧小说的痕迹和非常“罗曼蒂克”的色彩，把抗日暴动视同儿戏，无形中抹煞了斗争的残酷性，削弱了作品的主题。茅盾通过对这条“尾巴”的处理，让我们看到了情节加工的必要性和重要性。

(3)细节加工

细节是附属于情节的。作者通过情节，推动作品的开展，而细节则可以保证情节的可信性。在文学创作中，情节可以虚构，细节却必须真实。文学被称为“庄严的谎话”，细节真实便是“庄严”的表现之一。作者对生活是否熟悉，创作态度是否严谨，往往会在细节处理上表现出来。有时，一个细节露出破绽，整部作品的艺术表现都会受到影响。在文稿加工过程中，帮助作者推敲细节、弥补漏洞，是编辑应尽的责任。

细节加工有种种不同的情况，有的是从表达的精确性角度考虑的，比如茅盾的长篇小说《子夜》，在写到吴荪甫坐的轿车时，作者原来写的是“福特”牌。瞿秋白看稿时，提出“福特”牌轿车当时是普通轿车，像吴荪甫这样实力雄厚的资本家，应该坐“雪铁龙”。这看来是一个微不足道的细节，却关系到作品能否真实地反映出时代特点。

有的是从前后统一的角度考虑的。文学作品中反映的生活和现实生活一样，头绪纷繁复杂，作者稍一不慎，便可能导致情节或细节前后脱节甚至相互矛盾，在这方面连世界名著也不能幸免。比如笛福的《鲁滨逊漂流记》，其中有一段这样写道：“鲁滨逊到了孤岛上，衣服全湿透了，他就把衣服脱下，挂在树上晾起来……”接着写他穿过森林，走向荒岛腹地，走着走着肚子饿了，终于发现了一株树，“树上有甜甜的果子，他就把果子摘下许多许多，放在衣兜里，再回头向沙滩走……”前面说衣服挂在树上晾着，后面又说把果子放在衣兜里，前后的细节显然是矛盾的。遇到这种情况，编辑就应“瞻前顾后”，帮作者弥补漏洞。

更多的细节加工，是从改正错讹的角度考虑的。钱锺书先生在演员陈道明来访时，就曾一口气举过很多例子。比如曹雪芹在《红楼梦》中，写探春住处挂着唐人撰写的对联。可唐朝哪里有对联呢？俞万春的《荡寇

志》中，写梁山泊英雄用大炮攻城，大炮是宋朝末年由马可·波罗从西洋带来的。蒙古人正是用大炮，才打下了襄阳城。李汝珍在《镜花缘》中，写武则天居室里的自鸣钟“当当”地响，同样是闹了笑话，唐朝不可能有自鸣钟。类似这种细节失误，在文学书稿中可谓屡见不鲜。

(4)语言加工

在文学创作中，作者要讲究炼字炼句，所谓“语不惊人死不休”，贾岛的“推敲”因此成了文坛佳话，同样，在编辑加工中，也要重视炼字炼句，努力提高语言的表达效果。“五四”运动之前，周作人曾翻译过日本作家江马修的一篇小说，译文的标题是“小的一个人”。这篇作品投寄到《新青年》杂志社以后，当班编辑陶孟和对标题反复斟酌，最后加上了一个字，变成了“小小的一个人”，原来的别扭顿时变得通顺。周作人在晚年写的回忆录中，称编辑是他的“一字师”。

语言加工并不是一般意义上的改正错别字，而实际上是一个在作者原稿基础上进行的文学创造过程，因此，一定要把握作者的文字风格和文体特点，认真揣摩作者的良苦用心。而不是自以为是，滥施刀斧。比如鲁迅在《社戏》中，说“我”为了等“叫天”出场，“从九点多到十点，从十点到十一点，从十一点到十一点半，从十一点半到十二点……”如此不厌其烦，正是为了渲染“我”的急不可耐、焦躁不安的情绪。如果编辑改为“从九点多到十二点”，似乎言简意赅，其实破坏了作品的艺术感染力。这些问题都是在语言加工中应该引以为戒的。

本文原载《编辑学刊》2005 年第 1 期

“修面刮胡子”琐议

“修面刮胡子”，指的是编辑加工。这是刘金先生在《编辑旧事琐忆》一文中提到的比喻。刘金先生是我所敬重的一位作风严谨、经验丰富的资深编辑。他的这篇回忆文章写得亲切生动。其中“‘原稿整理’的教训”一节，提到有人误改巴金的书稿，读来尤多启迪。

确实，如何对待名家的书稿，这是一个值得认真研究的问题。书稿是作者智慧和心血的结晶。作者把书稿投寄给出版社，表示了对出版社的信任和期待。因此，无论是名家还是新手，编辑都应该充分尊重作者的劳动。这是起码的职业道德。而名家是“术业有专攻”的人，他们的书稿往往有独到的见解，文字也会有个人的风格，在处理时自然应该格外慎重。然而，遗憾的是，别说新手，就是名家，也会经常碰到一些令人哭笑不得的事。

刘金先生在文章中谈到的例子是很典型的。巴老《第四病室》写一个病人由于发高烧，叫错了前来探望的朋友的名字，这是精心设计的细节。编辑却把它“改正”过来，艺术效果适得其反。巴老写的是“中山装来了”，这是修辞中的“借代格”，编辑改成“那个穿中山装的人来了”，成了一般的叙述句。这不是“修面”，而是让作者“破相”；不是“刮胡子”，而成了“剃眉毛”。结果当然只能是“点金成石”。

类似的例子时有所闻。曹靖华先生在一篇散文中，原来写的是：“1949 年，春进了北京城”；发表时却被改为：“1949 年春，进了北京城”。曹先生说：“这简直成了昏话。”原来的“春”，是一种比喻、一种象

征，指的是我们的党，是人民的军队；改动以后，成了单纯的时间名词。作者的苦心经营，竟因一个逗号的移动而付之流水。王任叔以“巴人”笔名发表的著名杂文《况钟的笔》，开头的一句是：“看了昆剧《十五贯》，叫我念念不忘的是况钟那支三落三起的笔。”作者用的是“三落三起”，这既是对剧情的准确概括，也是对况钟心态的深刻揭示，因为舞台上况钟那支笔最后是“起”而不是“落”。而正是这“三落三起”，成了人物形象塑造的有力的一笔。可是文章发表时，却被改成了“三起三落”。王任叔同志后来在一篇文章中说：“这一改动可是要人头落地的啊!”刘金文章中提到的萧也牧同志，在作品中写的是“大背着枪”，指的是把枪从头上套过斜挎在肩上，这是长途行军常用的姿式，谁知编辑信手一勾，成了“背着大枪”，不知所云。

从以上实例来看，这些编辑的主要问题，恐怕还不是缺少判断能力，或者缺乏有关的知识，而是态度不够严谨，作风不够细致。他们往往是居高临下，自以为是，粗枝大叶。一发现所谓“问题”，也不联系上下文，仔细琢磨一下，便挥动大笔，随意涂抹，好比黑旋风李逵，动不动就抡起板斧，“哇呀呀”排头砍去，其结果自是可想而知的。古人曾说“临文如临阵”，如果这个“文”是指书稿的话，我觉得这句话同样适用于编辑。编辑面对书稿，犹如面对战场，应该全神贯注，专心致志，调动自己的全部智慧投入“战斗”。作者写作时要绞尽脑汁，编辑审稿时同样要绞尽脑汁，要努力揣摩，体会作者的用心。凡是碰到没有把握的地方，必须查找资料或请教行家，决不能妄加猜测，或轻易使用否决权。总之，编辑不能学李逵，倒应该学况钟，要掂出手中这支笔的分量。

其实，在这方面，前辈大家早就为我们做出了榜样。比如鲁迅先生，即使审读青年习作者的来稿，也不滥施刀斧。他帮叶紫看稿，凡有改动，只用铅笔注出，并不强求作者接受自己的意见。作家李霁野曾写过一篇短篇小说《生活!》，投寄给《语丝》，鲁迅先生读后，于 1925 年 5 月 17 日给作者复了一封信。信中写道：

> 前几天收到一篇《生活!》，我觉得做得很好；但我略改了几个字，都是无关紧要的。
>
> 可是，结末一句说：这喊声里似乎有着双关的意义。我以为这

"双关"二字，将全篇的意义说得太清楚了，所有蕴蓄，有被其打破之虑。我想将它改作"含着别样"或"含着几样"，后一个比较的好，但也总不觉得恰好。这一点关系较大些，所以要问问你的意思，以为怎样？

当时李霁野只有二十多岁，需要改动的只是"双关"这一个词，鲁迅先生竟然设想了几个方案，还要写信问问作者"以为怎样"，这种编辑态度何等负责！又比如彭德怀同志，他本是驰骋疆场、叱咤风云的军人，但对于文字问题却同样是思考周密，可以作为编辑的楷模。1952年，巴金率团赴朝慰问志愿军，受到了彭老总的接见，巴金写了篇题为《我们会见了彭司令员》的散文。彭老总读到原稿后，给作者写了封信：

"像长者对子弟讲话"一句可否改为"像和睦家庭中亲人谈话似的"？我很希望这样改一下，不知允许否？其次，我是一个很渺小的人，把我写得太大了一些，使我有些害怕！

作为纪实文章，访问对象当然有权审阅修改。按照今天某些"名人"的做派，稍不满意，还可以上法庭告你一个侵害名誉罪。而我们的彭老总却用这样的口气说话："我很希望这样改一下，不知允许否？"这对作者是何等尊重！读到这样的"审稿意见"，我们怎能不为自己的作风草率而感到汗颜。

然而，上面所说的，只是如何对待名家书稿的一个方面；另一方面，即使是名家书稿，恐怕编辑也不能忘掉自己"修面刮胡子"的责任。俗话说："智者千虑，必有一失。"聂卫平、胡荣华也有下"臭棋"的时候。名家书稿中，同样也会有各种失误。爱因斯坦人称"科学巨人"，他的书稿送到出版社后，责任编辑并未因他是爱因斯坦，便对书稿实行"免检"，相反，通过认真审读，发现书稿中有个公式用错了。有人指责这位编辑"狂妄"，但爱因斯坦重新读了原稿，承认自己确实写错了一个公式。这位名叫安德烈的编辑，后来被人称作"编辑巨人"。我觉得我们也应该有一点"巨人意识"。既然忝为编辑之列，便不能被作者牵着鼻子走。旧时理发店有一副对联："虽是毫末技艺，堪称顶上功夫。"如果我们缺少"顶上功

夫”，让客人蓬头垢面进来，蓬头垢面出去，这不能不说是编辑的一种失职。遗憾的是，这种“失职”同样也“时有所闻”。

比如，“瀚海”本指沙漠，某著名诗人却用作“浩瀚的大海”，有人指出后，编辑竟苦笑着说：“这是名人的作品，一个字也动不得。”某著名散文家谈文学语言，文中引用了马致远的《天净沙·秋思》。这首小令一般人都会背诵，作者却误写成：“夕阳老树昏鸦，小桥流水人家，古道西风瘦马，断肠人在天涯。”“枯藤”错为“夕阳”，“夕阳西下”一句则不见踪影。这分明是作者记忆有误，编辑却迷信作者“另有所本”，不予改动，结果出了一个洋相。

翻开《鲁迅全集》，也可以看到类似的失误。比如《故乡》中，鲁迅写“这正是一个廿年前的闰土，只是黄瘦些，颈子上没有银圈罢了。”只要对照一下这篇作品前面的叙述，便可知道这“廿年前”其实应该是“三十年前”。又如《风波》中，七斤对九斤老太说：“这碗是在城内钉合的，因为缺口大，所以要十六个铜钉，三文一个，一总用了四十八文小钱。”但紧接着又写六斤“捧着十八个铜钉的饭碗，在土场上一瘸一拐的往来”，前后矛盾。六年以后，鲁迅经人提醒发现了这一“漏洞”，曾在一封致编辑的信中说：“六斤家只有这一个钉过的碗，钉是十六或十八，我也记不清了。总之两数之一是错的，请改成一律。”我想，如果最初经手的编辑能仔细一点，帮鲁迅先生弥补一下，不是可以使鲁迅作品更臻完美吗？

说来凑巧，笔者也曾作为“责任编辑”，编发过巴老的一部书稿：《巴金论创作》。当我刚接手这部书稿时，便有好心的同事向我提出忠告：一字别改，否则，你会吃不了兜着走。这位同事还说：“在这一点上我们出版社是有教训的。”他指的便是刘金先生文章中提到的事。文艺出版社不少同志对这件事心有余悸，碰到名家书稿便会引起条件反射。当时我刚到社里，十分感激周围同志的指点，可是读完全稿以后，便有点左右为难。这部书稿的史料价值和文学价值自不必说，但由于编选者用的是巴老的原书或校样，虽然做过一点校勘，仍留有明显的排误和笔误。比如，“初版本”成了“动版本”，“上海”成了“上流”，“等候丈夫”成了“等候文夫”，“殉道者型”成了“殃道者型”，等等。还有一些各种原因造成的语病。改，还是不改？经过一番思想斗争，我觉得自己既然是“责任编辑”，便应该对读者负责，对巴老负责，改！我把发现的五六十处失误一一做

了校改，还列出表格呈请巴老过目。

记得那天晚上，我捧着一大摞书稿，诚惶诚恐地到了巴老家里。巴老不久前摔伤了腿，走路拄着拐杖。也许由于我的心情过于激动，巴老和我还站在客厅里，我便迫不及待地请他审读改稿。我指着一处，陈述改动的理由，巴老说："可以改。"我又指着一处，陈述改动的理由，巴老说："可以改。"巴老听得很仔细，回答得很干脆，脸上丝毫没有愠色。这使我很感动。巴老是文坛巨匠，也是编辑大家，深知编辑工作的三昧。他一点也没有为书稿中的偶然的失误辩解。何况，这些失误，绝大部分并不是巴老造成的。在巴老看来，编辑是有权力也有责任改正书稿中的失误的。(我对书稿提出的修改意见，巴老基本上都采纳。）今天，当我捧读《巴金论创作》一书时，我感到欣慰。我想，如果我不敢对巴老的书稿"修面刮胡子"，留下那些失误，那就不仅是自己没有忠于职守，而且也是对巴老的大不敬。

如何对待名家的书稿？一句话，不该改的地方乱改，不行；该改的地方不改，同样不行。在当前编辑工作中，这两种倾向我看都是应该警惕的。

本文原载《编辑学刊》1999 年第 3 期

开放型的知识结构

——编辑的业务素质之一

什么人适合当编辑？在关于编辑学的讨论中，自然会涉及这一问题。这就要研究编辑的素质，既要研究政治素质，也要研究业务素质。我这里想就业务素质谈点不成熟的看法。对这个问题的正确认识，既关系到高校编辑专业的课程设置，也关系到在职编辑的业务进修。因此，是有深入探讨的价值的。

编辑在知识结构上，具有开放型的特点。这是当今时代的投影，也是编辑职业的自身要求。

自从人类社会进入信息时代以后，科学技术的进步达到了惊人的程度。“知识爆炸”，这绝不是耸人听闻的说法，只要你翻翻报纸，逛逛书店，就必然会感觉到这种咄咄逼人的形势。在现今的科技界，基础科学至少有五百多门，技术科学也有四百多门，而这些学科正在出现高度综合的趋势，相互交叉，相互渗透，构成了一批又一批的新的边缘学科、横向学科、综合性学科。面临着这样的现实，“半部《论语》治天下”的观念，“皓首穷经”的学习方法，显然是不能适应的了。美国曾对 1311 位科学家做抽样分析，结果发现，凡是取得卓越成就的，几乎都是“通才”，而很少是专攻一门的。美国研制原子弹的“曼哈顿工程”，担任技术总指挥的并不是诺贝尔奖金获得者，而是能够广泛吸收新知识的理论物理学家欧本海默，他仅用三年时间就把原子弹造出来了。这些事实都说明：为了适应信息社会的发展节奏，人们的知识结构，不但要逐步完善，更

要不断更新。画地为牢，作茧自缚，搞成封闭系统是不行的。

从编辑职业的角度来说，开放型的知识结构尤为重要。为了提高工作效率，编辑部是应该有所分工的。但是，即使分得再细，编辑面临着的仍然是一片汪洋大海。罗竹风先生说过：大学里有专攻李白的教授、专攻杜甫的教授，出版社却不能有专编李白的编辑、专编杜甫的编辑。和作者相比，编辑是应该从广度上来建立自己的优势的。鲁迅在《孔乙己》中，曾提到过“回”字有四种写法。出版部门在编写注释时，竟然很长一段时间不知道第四种写法是什么，有同志曾以此为例，说明编辑必须有广博的知识。这个例子是很有说服力的。鲁迅是百科全书式的人物。据有关统计材料，《鲁迅全集》中引证过的中外古今的书有五百五十五种之多，涉及的人物竟达一千多个。别说整个中国文学，也不说现代文学史，单是一个鲁迅，就对编辑的知识结构提出了多么高的要求！

知识结构要成为开放型的，首先，要开阔自己的视野。有人只看“对口”的书，目不斜视，今天看来，这已成为一种狭窄的观念。作家秦牧曾经引述过契诃夫的短篇小说《打赌》：一个银行老板和人打赌，只要那人关在一间房子里十五年，除了读书外不和任何人来往，期满后他愿意付出两百万卢布。那人答应了这一打赌条件。开始，他读的是娱乐性很强的书籍；接着，看古今文学作品；往后，又读历史、传记、自然科学、逻辑、哲学，而经过相当长的时间以后，他需要的书的范围变得很不固定，有时上午要文学书，下午又要科学书，各种内容的书籍经常交叉阅读。这个故事的结局是，十五年限期临近时，银行老板准备杀掉这个和自己打赌的人，而此人却因为读书悟破了人生的道理，不愿意领取巨款已一走了之了。这且不去说它。秦牧认为这一读书现象是发人深思的：它说明各种学问密切相关，人们只是为了研究的方便，才把它们分门别类罢了。而事实上，各种知识组成了一张网，网孔与网孔之间是关联着的。正是在这个意义上，鲁迅先生当年曾谆谆告诫文学青年，不要因为自己是弄文学的，便只看文学书，不看其他书。这在当年不行，今天就更不行了。

为了给编辑开阔视野创造条件，作为出版社的资料室，也应该打破传统做法，不能凡是不合本社专业的书刊便一律不采购、不订阅。其实，你又从何断定合与不合呢？信息论、控制论、系统论，应该归在哪一个

门类，文科还是理科？现在，这些综合性的理论不仅在科学技术领域广泛应用，而且已经用到文学研究领域里了。我们还有什么理由“闭关锁国”？出版社可以有出书专业上的分工，资料室限于各种客观条件，也应该定向收藏，但问题是不能把圈子画得太小，更不能强行割断科学系统的内在联系。

知识结构要成为开放型的，还要提高自己的应变能力，要善于把编书的过程作为充实和调整自己的知识结构的过程。编辑和作者不同，一般来说，作者可以自己确定研究专题，自己确定研究角度，享有较大的主动权；而编辑呢，则在很大程度上要受到作者和稿件的制约，有明显的受动性。有些书稿，编辑的已有知识是能够驾驭的；也有些书稿，则超出了编辑的知识结构的范围，编辑不能或不完全能驾驭，这就需要一边审读一边学习，书稿处理完毕后，自己的知识王国的版图应该开辟出新的疆域。这后一种情况，正是难得的学习机会。编辑前辈徐铸成，在谈到编辑人员的自我修养时，曾经介绍过自己的座右铭：“宁可机会负我，不要我负机会。”他善于抓住编辑工作中的一切“机会”，知难而上，自觉地锻炼自己、提高自己。我觉得我们今天也应该发扬这种精神，把书稿当作教材，从中汲取自己需要的营养。如果编完一部书，自己的知识结构中没有增加一点新的东西，那只能说明自己编书的态度是漫不经心的。

当然，在审稿过程中学习是一种特殊的学习，编辑既是学生，又是先生，既要完善自己的知识结构，又要运用刚学到的知识对书稿的质量做出判断。为了能做到这一点，我们平时应该注意几个方面的训练：要有搜集信息和储存信息的能力，一旦接到书稿，能很快确定寻找参考书、同类书的方向；要能熟练地运用工具书，及时扫除审稿过程中的障碍；要有较强的概括和理解能力，每接触一个新的领域、一个新的学科，能在短时期内抓住要领，融会贯通。

知识结构要成为开放型的，除了上面两点外，还要善于运用渗透性的学习方法。科学家杨振宁曾经就做学问提过三点建议：一是“要把自己的知识面放宽一些”；二是“不要钻牛角尖”，要始终“保持见机而退的能力与勇气”；三便是渗透性的学习方法。所谓“渗透性的学习方法”，是指一种并不按部就班的学习方法。你可以根据工作需要，随时选择突破口，今天突破一点，明天突破一点，到一定阶段，这些零珠碎锦自然会串连

起来，形成一个比较完整的学科系统。也可以根据自己的兴趣爱好，像鲁迅先生说的那样："随便翻翻。"开始不妨让它杂乱无章，经过一段时间以后，自会豁然开朗。对于编辑来说，能有系统学习的机会，那当然是很好的，可惜这样的机会并不多，而且，所有学科都要系统学习也不可能。这样，渗透性的学习方法就显得至为重要。由于这种学习方法往往是以工作需要或个人兴趣为前提的，因此，在掌握知识的过程中会表现出强大的内驱力和高度集中的注意力，从而使学习收到事半功倍的效果。从事不同工作的人有不同的职业习惯。编辑是从事信息工作的。一个称职的编辑，往往会自觉地及时阅读能够传递最新信息而且信息量比较大的报刊，作为自己和外界保持联系的渠道；自觉地不断扩大自己的兴趣范围，对周围的事物保持敏锐的感觉能力和接受能力；同时还往往有跑书店、跑资料室的嗜好，而不是"无聊才读书"……。这些职业习惯，我认为是有助于我们更好地掌握渗透性的学习方法的。

本文原载《上海出版工作》1985 年第 1 期

创造型的思维方式

——编辑的业务素质之二

正如教师曾被称作“教书匠”一样，编辑也被称作“编辑匠”。这个“匠”字，带有明显的不屑一瞥的贬意。在某些人眼里，编辑工作就是“剪刀加糨糊”的剪剪贴贴的工作。有人甚至公然宣称：“只要是识字的人，就能够当编辑。”然而，历史是不容人们和它开玩笑的。他们组织编辑的书，有几本是经得起时间考验的呢？遗憾的是，对编辑工作做这种无意的误解或有意的曲解的，至今仍不乏其人。把编辑称为“编辑匠”的人，其实并不懂得这个“匠”字。“匠”，不仅要有灵巧的“手”，更要有睿智的“心”。“得心应手”，方谓之匠。“匠心独运”，“独具匠心”，不都是常用的成语吗？杜甫诗云：“学业醇儒富，辞华哲匠能。”对“匠”做了多高的评价！可见，昔日的“匠”和今日的“家”是相通的。编辑家不过是编辑匠中的佼佼者而已。

马克思在《资本论》中，把人的劳动分为简单劳动和复杂劳动两种。复杂劳动是需要经过专门训练的。编辑工作不仅要消耗体力，更多的是要消耗脑力，这是一项充满创造性的工作。毫无疑问，它应该属于复杂劳动的范畴。即使“剪刀加糨糊”的汇编书，那也是和里弄生产组加工纸盒不可同日而语的。剪刀往哪里剪，糨糊该怎么贴，都需要编辑独具慧眼、别出心裁。不错，编辑工作是以作者的劳动为基础、为前提的，但书稿中同样会留下编辑的烙印。同一个选题，不同的编辑会编出不同风貌的书。正是从这个意义上，我们认为在编辑的业务素质中，创造型的思

维方式是不可或缺的。

思维方式，也就是思考方式。在编辑工作中，要提倡锐意创新、出奇制胜，而不是跟在别人后面亦步亦趋。这就要打破心理学上所说的定势效应。所谓定势，是指一定的心理活动所形成的准备状态，它决定了后继同类活动的趋势。人们在考虑问题时，由于囿于已有的认识、已有的经验，往往会形成思维定势，结果便会“例行公事”、“率由旧章”，陷入模仿和重复，限制了自己的创造力的发挥。定势效应是一种消极的心理因素。这种消极心理在编辑工作中是常见的。比如30年代，著名作家阿英曾经指出：“中国出版界有一种很坏的风气，就是不肯分途发展，常常共同的咬住同一的书籍，死命的来拼，非弄到数败俱伤不止。”他举了一个例子：“甲出版家因一本小品文获得了利润，乙也就再来一本，丙看见有点眼红，加上一本来凑凑趣，这样发展下去，势必到家家都卖小品文，人人都买小品文，不是小品文也硬算小品文，把中国弄成一个小品文国家完结。”从30年代到80年代，这种出书“一窝蜂”的现象是屡见不鲜的，而这种现象正是编辑工作中的定势效应的产物。

外国有句谚语：“创造是生命，模仿是死亡。”模仿能使已有的经验得到传播，而只有创造才能取得新的经验，获得新的成果。归根到底，人类社会是由创造来推动的。创造力是一种生命力。人类生活中的每一点微小的进步，都是和创造能力密切相关的。就以我正用来书写的钢笔为例吧，从原始人的木棒石块到中国的狼毫笔、外国的鹅毛笔直到今天五花八门的笔，不正是人类的创造能力的物态化的标志吗？美国的瓦特曼，据说是他第一个在钢笔尖上开了一条小沟和一个小孔，这样，钢笔下水流畅多了。瓦特曼钢笔畅销到许多国家，瓦特曼也成了世人瞩目的“钢笔大王”。但人的创造能力并没有停滞在这一水平上。又有一个叫派克的人，他在瓦特曼钢笔的基础上大胆创新，把木棒形笔杆改造成为流线型，为了使用的方便，又把笔帽由螺旋式改为插入式。这种新型的派克笔迅速在市场上取得了优势，击败了瓦特曼，畅销全世界。在编辑工作中，我觉得同样要有这种革新精神，要让“派克”超过“瓦特曼”，又要让更多的未来的名牌超过“派克”，只有这样不断改革、不断创造，出版事业才能欣欣向荣、蒸蒸日上。

打破定势效应，从另一个角度来说，是要培养辐射思维的能力。编

辑的思维应该是立体的、多向的、无限开阔而又十分灵活的。根据同一社会读书需要，编辑应能提出不同的选题；根据同一选题，编辑又应能提出不同的组稿方案；根据同一组稿方案，编辑还应能提出不同的编辑角度……，总之，编辑的思维应该是呈辐射状态的，随时向新的领域渗透和扩展。在一大批初步设想面前，再择优汰劣、去粗存精，择其善者而从之。这样，才有可能取得最优化的出书效果。辐射思维正是一种创造型的思维方式。

且举一本书为例。美国是一个离婚率很高的国度。关于离婚的图书，充斥于大大小小的书店。从理论研究到社会新闻，光怪陆离，杂色纷陈，可是由于出得太多，已不能引起读者的充分的注意。即使是鼓吹“第五次婚姻革命”之类的奇谈怪论，也是旋生旋灭。然而，其中有一本书却名噪一时，这就是《儿童谈离婚》。这本书不仅一版再版，而且还拍成了电视、电影。在同类书中，此书独得青睐的奥秘何在？我认为很重要的一点，是选题角度的别具一格。组织关于离婚的书稿，按照一般的思维方式，除了找当事人之外，大概总不外乎找学者、作家、法官、记者之类，总之，都是成人。本书编辑的高明之处，就在于他们不但想到了别人已经想到的，还想到了别人连想也不敢想的。离婚居然成了不知世事的儿童的话题，这在表面上多不协调！然而正是这种不协调，能给读者以强烈的新颖感，同时还以一种悲剧色彩，对社会心理产生情感上的震撼力。儿童作为直接受害者，诉说自己亲身的遭遇，也会使书稿显得特别真切和生动。可以想象，编者在考虑这一选题时，一定设想了很多角度，最后筛选出了这样一个最佳方案。没有相当的辐射思维能力，是很难想到这个不同凡响的点子的。

除了打破定势效应、锻炼辐射思维之外，为了培养编辑的创造型思维方式，我觉得还有必要借用科学学中的一个术语，开展“反求工程”研究。所谓“反求工程”，是指对同类产品从材料、结构、工艺、装配直到包装等各个环节，进行研究测试的活动。通过这一活动了解同类产品的构造和特点，从而博采众长，研制出更高水平的产品。日本本田公司便曾对从国外引进的五百多种型号的摩托车，进行“破坏性研究”。他们把这些摩托车全部拆开，分析比较其中的每一个零部件，最后终于研制出了畅销全世界的高质量摩托车。由此可见“反求工程”的作用。美国著名

的寇明斯发动机公司，也曾从我国引进 135 系列柴油机，开展“反求工程”研究。在编辑工作中，“反求工程”同样具有重要的意义。书刊的创造性，是在和同类书刊的比较中显示出来的。认真研究同类书，分析同类书的长处和不足，才能自觉地扬长避短，提高本版书的编辑质量。列宁 1918 年在《〈苏维埃政权的当前任务〉一文的大纲》中曾经说过：“苏维埃政权＋普鲁士的铁路秩序＋美国的技术和托拉斯组织＋美国的国民教育等等等等＋＋＝总和＝社会主义。”这个公式表明，一个健全的制度，是不应该拒绝别人的好东西的。同样，一个富有创造精神的编辑，也要善于通过“反求工程”，把别人的好东西加到自己这一边来。

去年秋天，我曾应《青年一代》编辑部的邀请，参加了该刊在无锡召开的一次发奖会议。会上，有位同志给我介绍了东北某省的一家青年刊物的情况。这家刊物从发行二十多万一跃而为一百七十多万。据介绍的同志说，他们特别注意研究几份有全国影响的青年刊物。《青年一代》每期一到，便全部拆开，一个栏目一个栏目、一篇文章一篇文章地进行分析。有时还和上一期做比较，看看增加了什么、减少了什么。每次都要写出研究报告。我想，这家刊物印数的急剧上升，除了发行方面的原因外，编辑部注重“反求工程”，也是一个因素吧。

本文原载《上海出版工作》1985 年第 4 期

立体型的职业敏感

——编辑的业务素质之三

所谓职业敏感，是指在长期的职业实践中产生的某种特殊的感知和判断能力。心理投射的实验证明：具有不同生活经验、从事不同职业的人，他们在社会知觉方面，是有明显差异的。

新闻学者曼切尔说过：记者“可以嗅到一英里以外的某些东西”。这种嗅觉是新闻工作者的职业敏感。著名作家高尔基说过：“职业使我必须去注意一些细微末节，这种‘必须’已经成为习惯。”据说，列夫·托尔斯泰描写过 85 种眼神和 97 种笑态，达·芬奇发现“随着喊叫的原因不同，眉毛和口形就有着不同的变化”。正是作家、艺术家的职业敏感，使他们能对表情上的这些“细微末节”，表现出精细的观察能力。福尔摩斯仅凭别人拣来的一顶黑毡帽，便能断定它的主人叫亨利·贝克，此人过去很富有，现在已走下坡路，妻子也不爱他，而且知道这位素无一面的“贝克先生”中等身材，花白头发，刚理过发，还搽过柠檬霜，甚至说得出他家没装煤气灯。这一切后来被一一证实。可见，福尔摩斯具有很强的侦探的职业敏感。

一般的职业敏感，往往是单向的、平面的，有比较明确的感知阈，有相对固定的刺激源；编辑的职业敏感与之不同，它是多维的、立体的。编辑虽然主要是和书稿打交道，却要广泛接受来自书稿以外的信息，“眼观六路，耳听八方”。无论是读书看报、访亲会友，或者是参观游览、乘车走路，作为一个编辑，要随时窥察社会的读书趋势，捕捉选题和组稿

线索，发现富有潜力的作者……。即使是和书稿打交道，编辑也不同于排字工人只注意字形字体，不同于校对人员只注意错字漏字，而必须从主题到情节，从观点到材料，从结构到段落，从文字到标点，做一种“全息”审视。总之，编辑要把自己的职业触角伸向各个方面。

职业敏感有强弱之分。高明的品酒师只要呷一口，便能评出酒的等级；老练的巡道工只要在钢轨上敲一下，便能断定是哪一颗螺丝松动；优秀的指挥只要侧耳一听，便能辨出在上百人的乐队中是哪一把小提琴走调……。职业敏感的程度越高，便越能提高工作效率，保证工作质量。编辑工作同样如此。有一则文人故事，说的是郑板桥和他的老师一起出游，忽见桥下有具少女的尸体。老师即兴吟诗：“二八女多娇，风吹落小桥。三魂随浪转，七魄泛波涛。”郑板桥问老师：“你怎么知道她十六岁？又怎么知道她是风吹落水的？”老师语塞。于是，他把这首诗改成：“谁家女多娇，何故落小桥？青丝随浪转，粉面泛波涛。”这则故事报刊上一用再用，文人轶事之类的集子里也一收再收，可见流传之广。《新民晚报》的老社长林放却认为，这是两首托名的诗，只能出自旧式轻薄儿之手。他们在“艳尸”上寻找灵感，把肉麻当作“有趣”，表现了一种十分恶浊的艺术趣味。这位具有丰富的编辑工作经验的前辈，一针见血地指出了它的不健康情调。同样一则故事，不同的编辑做出了不同的判断，这里便有职业敏感的强弱之别。

怎样才能培养职业敏感并使之具有立体的效能呢？

首先，要加强责任心。高度负责的精神，可以集中注意力，使自己情绪饱满、全神贯注。巴甫洛夫曾提出过“警戒点”的理论。所谓“警戒点”，是说人的大脑皮层中有一部分，和外部世界保持着特殊的、密切的联系。这一部分一旦受到刺激，便会呈现出高度兴奋的状态。据心理学家提供的材料，一位军医因疲劳之极，睡得很熟，怎么也叫不醒。然而，当有人在他耳边轻轻地说了一句：“大夫，重伤员到了，需要你急救。”他倏地坐了起来。一位母亲因意外事故受伤，神智已经昏迷，在抢救过程中，有人放了她孩子哭声的录音，她竟奇迹般地苏醒了。这就是“警戒点”在起作用。对病人的责任心，对孩子的责任心，在他和她的大脑中形成了“警戒点”。

同样，编辑的脑子中如果也能建立这样的“警戒点”，那么，他在工

作中的反应便会灵敏而又准确。这就犹如建立了一批边防哨所一样。相反，缺乏责任心、精神懈怠、心不在焉，“一心以为有鸿鹄将至”，大脑则会不自觉地受到抑制，甚至听而不闻、视而不见。1950 年，还没有成为作家的陈登科，写了篇小说《活人塘》，投寄给某说唱刊物。由于他 23 岁才学文化，稿子中错别字很多，字又写得如同天书，还夹杂着方言土语，编辑决定退稿。作家赵树理正巧经过编辑部，他选了一大堆退稿回去处理，从中发现了《活人塘》，看出了陈登科的创作潜力，于是不但发表了他的作品，还推荐他参加了第一期文学讲习所。赵树理之所以“独具慧眼”，知人识人，是和责任心分不开的。如果没有对作者的高度的责任心，恐怕便不会去审读退稿；即使偶然读到，也不会有耐心去挖掘这种形同天书的稿件的价值的。

其次，是要提高政治理论修养。编辑在出书专业方面可以有不同的分工，但不管从事什么专业，首先必须懂得党的方针政策，懂得不同时期的特点，掌握比较系统的理论知识。这样，无论是订选题还是找作者，是审稿还是编稿，都会有基本的立足点。举个例子来说，中国女排第一次夺得世界冠军之前，《当代》编辑部便组织了报告文学《中国姑娘》。这篇作品的及时发表，不但树立了女排的英雄群像，而且还使拼搏精神在现实生活中得到了发扬光大，产生了积极的深远的影响。编辑部的这种预见性，便来自政治上的敏锐性。十一届三中全会以后，全国人民在党的领导下踏上了“四化”的征途。中国女排当时虽然还没有夺得世界冠军，但她们的拼搏精神，却是中华民族不屈不挠意志的体现，是振兴中华、建设“四化”的可贵的精神财富。提倡和发扬这种精神，其意义无疑已超出了体育的范围。编辑部的同志正是意识到了这一点，所以在组稿中才会那样主动，而又那样自信。

当然，有时也会看到相反的情况，由于缺乏必要的政治理论素养，结果盲目应付，贻误时机，甚至对稿件判断出现明显失误。比如，某报为了向青年宣传历史知识，刊登了一组谈皇位继承的文章，其中有一篇叫《立子杀母制与女后之祸》。该文第一段便说：“女后之祸，历代多有。最初为帝王们所警戒的，是夏桀的妹喜、商纣的妲己、周幽的褒姒一类女后，在丈夫坐位期间，就设法窃权，肆意妄为，导致国破家亡。”作者俨然是在总结历史教训，其实不过是承袭了历代封建统治者的历史唯心

主义的观点，把亡国的责任，一概推到女人身上。鲁迅对此曾有过深刻的剖析，多次说过他不相信“妲己亡殷”之类的古老话。今天我们的报纸，而且还是面向青年的报纸，竟还将这些“古老话”当作历史知识灌输给读者，未免令人遗憾。

第三，要不断丰富自己的知识贮存。特别是一些使用频率较高的基本知识，如重要的人名、地点，重大的历史事件、历史年代，最基础的社会科学、自然科学常识等等，更要牢固掌握。在这方面有“三碗酒垫底”，在审稿编稿时便能眼疾手快、兔起鹘落，而不至于出太大的洋相。有位老编辑在审读一部小说稿时，读到“墙上挂着王羲之的对联”，他顿时停住了。这位老编辑的知识是比较广博的，他不仅了解王羲之其人，而且还熟悉中国的楹联史。据《蜀梼杌》载，我国最早的自撰楹联，始于后蜀主孟昶的“新年纳余庆，嘉节号长春”。孟昶是五代时人，王羲之是东晋时人，比孟昶要早约六百年，怎么可能已写有对联挂在墙上呢？显然是作者想当然的产物。这位老编辑正是凭借自己的知识优势，对原稿中的疏漏做了弥补。

在书报杂志中，这类错误是屡见不鲜的。某书在分析解放区文艺创作时，作家康濯成了“康耀”；某刊举办知识竞赛，“扬州八怪”之一的“李鱓”全部错为“李鲜”，这些如果不是疏忽的话，只能说明编辑并不了解这些人物。某报一篇文章中说：“早在一千多年前，我国就有了李白、杜甫、李清照、辛弃疾这样的大诗人。”李清照、辛弃疾都是南宋时人，南宋建于 1127 年，至今还不到一千年，“一千多年前”从何说起？某儿童刊物，刊有一篇介绍云南大理蝴蝶泉的短文，文中写道：“小蝴蝶跟随妈妈大蝴蝶在泉上飞来飞去。”然而，生物学的常识告诉我们，在蝴蝶的生命史上，开始是卵，后来是幼虫，再变为蛹，最后成为蝴蝶，哪有“蝴蝶妈妈”、“蝴蝶女儿”之分？……可见，没有相应的知识积累，面对这些常识错误，是很容易陷入麻木和迟钝的。

最后一点，要努力建立文字优势。错别字太多，是当前书刊质量的一个突出问题。薄薄的一本书，有时勘误表竟长达数页，令人咋舌。对此，报刊上已一再披露，大学者如王力先生，竟以蝇头小楷逐字改正自己著作中的误植。然而，这些似乎并没有触动或感动出版部门，书刊中的错别字依然是“重重叠叠上瑶台，几度呼童扫不开”。为此，语言学家

吕叔湘大声疾呼：编辑要养成“错字敏感症”。我觉得在这方面除了在思想上强调外，还应有一些切实的措施。比如，各出版社不妨根据本版书的出错情况，整理出一份《本社常见错别字表》，发给全社职工。这就犹如公安部门在街头立一块“事故多发地段”的牌子，让大家一看到就能引起警觉，从而特别小心一点。

当然，说到文字优势，识别错别字是最基本的，还要能准确判断和熟练修改不合语法、不合逻辑、不合修辞的句子，以及合理调整篇章结构等等。在这方面，单凭语感、凭经验是不够的，要知其然，还要知其所以然。感觉了的东西不一定理解它，只有理解了的东西才能更深刻地感觉它。掌握不掌握语法、修辞、逻辑知识，对语言文字的敏感程度，是大不一样的。

本文原载《上海出版工作》1985 年第 6 期

编辑的谈话艺术

编辑是作者和读者之间的桥梁。编辑的基本工作——组稿、审稿、编稿，组稿是第一道工序。即使是自发来稿，也有联系作者的任务。编辑和作者之间的联系，是以多条渠道和多种方式进行的，直接交谈是其中比较重要的一种。本文所要讨论的是，当编辑和作者见面时，怎样才能取得最优化的谈话效果呢？

(1)寻找共同语言

作者是分为不同类型的。不仅从事的专业不同，写作的习惯不同，文稿的风格不同，而且，个人的气质、性格也各有特点，有的随和，有的执拗，有的热情，有的严肃，有的开朗，有的内向……善于和不同的作者打交道，是编辑的一项职业技巧。而要做到这一点，就必须在事先认真了解作者的情况，分析作者的心理，寻找共同的语言，以保证在见面后能激起作者的谈话欲。

初次见面，编辑在自报家门、说明来意之后，便坐等作者侃侃而谈，往往是会失望的。健谈的作者而又有谈话的兴致时，或许还能使谈话正常进行；否则，便很容易呈现出“冷色调”，甚至出现一问一答、长问短答、多问少答的作者表示厌倦的尴尬场面。要防止这种情况，关键是编辑要善于抓住合适的话题，一开始便打开作者的“话匣子”，造成一种融洽的谈话气氛。有位原国民党高级战犯，现是重点统战对象，他一向不

愿接近编辑、记者，甚至在电话里也会大发雷霆。上海一家青年刊物的编辑却毅然登门，稍作寒暄之后，便关切地问起永动机的研制情况。原来，这位统战对象打算利用地心吸力制造永动机，尽管遭到普遍的反对，还是决心试验下去。编辑不谈稿件而谈永动机，顿时使他产生了一种亲切感，破天荒地畅谈了四个多小时，后来还答应将一篇信稿发表在这家青年刊物上。

在谈话中，要注意提高发问的质量。问什么，怎么问，和谈话的效果直接有关。有经验的编辑，问题一出口，作者便已话到嘴边，而且他所谈的，也正是编辑所想听的。相反，有些问题也可能让作者茫然不知所对，“一部二十四史，不知从何说起”。一般来说，编辑的发问应注意防止三种偏向：一是大而无当。有人曾向诗人公木提出这样的问题：“能不能谈谈您的诗与四十年前的诗歌运动的关系?”诗人沉吟片刻，只得推辞说：“这太泛，不大好谈。”二是旧事重提。已经有人问过，甚至早在报刊上公开答复过，还要一问再问，作者便会把这种谈话视为负担。有人在访问作家巴金时，从作家的年龄，问到最早发表的作品，问到“巴金”笔名的含义，其实这些都是一查即得的资料。这样的谈话空耗作者的时间，而没有任何实际价值。三是强人所难。发问要有分寸，不能使作者难堪。有些问题，作者有难言之隐，一时不愿意谈，应抱谅解的态度，不要打破砂锅问到底。

编辑和作者的谈话，还应该是一种双向的交流，而不是单向的灌输。编辑不能只是一味地提出问题，充当一个记录员、调查员的角色。有人曾这样说过：“编辑应该是外行中的内行，内行中的外行。”因为是“内行”，才能和作者有话可说；因为又是“外行”，才不会卷入学派纠纷。这话是说得很有见地的。编辑和作者谈话，要有一种“内行”的探讨的气氛、研究的气氛，双方都能从谈话中得到信息，得到启发，得到乐趣。一次谈话结束以后，还期待着下一次的见面。这样，编辑和作者之间才能建立一种密切的联系。

(2)掌握谈话趋势

编辑拜访作者，无论是组织稿件，了解写作进度，还是征求意见，

都有一个预定的目的。在编辑和作者这一对矛盾中，编辑是矛盾的主导方面。一次谈话，先谈什么，后谈什么，主要解决什么问题，附带解决什么问题，可能会出现什么情况，怎么应付，编辑事前应有个总体构思，有个效果预测；在谈话进行过程中，还应根据临场情况进行修正。总之，要有意识地规定和引导谈话的发展趋势。对此，我们不妨称之为“定向交谈”。

为了达到这一目的，首先，编辑要明确中心议题。在交谈时，应根据不同作者的特点，或开门见山，或盘旋登山，但不管怎么样，“山”在谈话中应居于突出的地位。这个中心议题一般应由编辑提出，而一旦提出以后，便要力争谈话围绕中心展开。当然，谈话气氛还是要活跃一点、随便一点，可以正面议论，也可以旁敲侧击，甚至海阔天空，但最后仍要归到正题上来。这就是所谓“放得开，收得拢”，可以“云深不知处”，毕竟还是“只在此山中”。有时，一个问题提出以后，不能得到满意的结果，那就不妨暂且搁下，否则，谈话容易陷入僵局，即使勉强解决，也会留下后遗症。但“暂且搁下”并不是“就此忘却”，等到出现新的机会时，可以换个角度旧题重议。这不是简单的重复，而是为解决中心议题不断创造条件。

其次，是要注意谈话节奏。哪些问题详谈，哪些问题略谈，前一个议题什么时候结束，后一个议题什么时候开始，这些都是谈话节奏的体现。节奏太快，议得不深不细，影响谈话质量；节奏太慢，问题已经解决了还要踟蹰不前，就会让人在心理上产生疲劳感而减弱继续谈话的兴趣，同样会影响谈话质量。怎样正确掌握谈话节奏？一要及时判断交谈的效果，一旦达到目的时，就应转换话题，要给人一种明快的感觉，而不是拖沓、迟钝。二要及时判断作者的情绪反应。在这类谈话中，作者一般处于受动的地位，对谈话的中心议题，有时缺少必要的精神准备和材料准备，遇到这种情况，既不要一个问题谈到底，也不要一次谈话非要谈出结果不可，不妨让作者酝酿一下，以后找机会再谈。除此之外，还要善于选择告辞的时机。这是下一次交谈的铺垫。要在问题已经解决而双方谈兴尚浓时告退，而不要该说的话都说尽了，还枯坐在那里不动，等待主人示意。这往往是关系冷淡的前奏。

在谈话过程中，跟着作者的思路走，作者谈什么，编辑听什么，当

然不行；但也不能为了掌握谈话趋势，便时时粗暴地打断作者的谈话，强行把作者的思路塞进自己的预定轨道，这既是对作者的不礼貌、不尊重，也会破坏谈话气氛。特别是对于还不太熟悉的作者，往往会造成不良的后果。作为编辑来说，要善于因势利导。有位编辑拜访某红学家，讨论一部关于《红楼梦》的书稿。这位作者因单位正进行健康普查，竟大谈起肝炎。编辑看离题太远，便看似不经意地说了一句："从王太医的切脉和开方来看，林黛玉也曾生过肝炎呢!"在不动声色之中，使谈话"言归正传"。

(3)捕捉组稿契机

编辑和作者谈话，其中一个重要的目的，是组织稿件。有时是已经获得了作者的写作信息，有着明确的组稿目标；更多的时候是在谈话中捕捉组稿的契机。这也说明了谈话的必要性和重要性。

一般来说，作者有三种情况：一是已经有了写作计划，也许已经动笔，但还没有决定交哪一家出版社；一是感觉到了写作的冲动，有了一些初步的打算，但还在瞻前顾后，没有最后下定决心；再有便是暂时还不想写什么。编辑应该是催化剂。无论哪一种情况，在编辑谈话之后，都应该产生积极的效应。

编辑要善于激发作者的写作欲。要帮助作者明确和完善写作计划，坚定写作信心。在谈话中，一旦发现作者可以写也能够写的，便应及时捕捉，唤醒作者的写作意识，调动作者的写作潜力。陈丹燕刚开始写作时，只写了一些短篇作品，最长的一个中篇六万字。一次开会她和某出版社的编辑住在一起，两人海阔天空地闲聊。陈丹燕谈到了她熟悉的学校生活，谈着谈着，这位编辑突然说：你是可以尝试写长篇的。陈丹燕听了很惊讶，她说：我不会写的，一个中篇已写得我三颗智牙发炎，怎么敢写比它还长的东西呢？这位编辑坚定地说：你是有写的基础的。等到那天到了，别忘了把稿子给我。陈丹燕后来回忆说："这是第一个越过我的肩膀，去看我将来的路的编辑。"四年以后，她果然写出了自己的第一部长篇小说，第一个想到的便是这位编辑。

编辑要善于发现最佳的写作角度。不同的作者，同一个题目可以有

不同的写法，做出不同的文章。作者选择的角度，应该适合自己的写作习惯，并且是最能显示自己的写作特色的。有时作者有了写作打算，却迟迟不能落笔，就因为这个角度还没有确定下来。有位中国象棋高手，他想结合自己的实战经验，写一本关于象棋战术的实用棋书。他开始想从布局写到残局，但写了几篇便不满意，觉得和已出的棋书有太多雷同；后来又从车的作用、马的作用写起，写了几篇又停了下来，觉得和“实战”偏离较远。某文化出版社的编辑在一次和他聊天时，听他说起某一手棋是“瞒天过海”，某一手棋是“调虎离山”，便给他出主意说，不妨写一本“象棋三十六计”。这位作者听后豁然开朗，在短时间里完成了写作任务。这本《象棋三十六计》，后来成了一本畅销书。

总之，编辑在谈话中，要始终情绪饱满，精神集中，不但要按照预定计划，使谈话顺利进行，而且要捕捉战机，使谈话取得出乎意料的效果。

本文原载《上海出版工作》1984 年第 11 期

图书信息传递断想

“酒好不怕巷子背”?

出版社是图书的信息源，读者是信息接收主体。怎样才能在出版社和读者之间建立一种密切联系呢？这就需要研究图书信息的科学传递问题。

大概是在三年之前吧，有个出版代表团访英，带回来英国出版界广为流行的一句话：“一本书至少要宣传两百次。”这大概是极而言之，无非是强调宣传的重要性。近来广告的声誉不佳，图书宣传难免受到“池鱼之殃”。轻一点的，被人讥为“老王卖瓜”；重一点的，则被加上了“花嘴媒婆”的恶谥。于是，有人从“宣传两百次”转向取消主义：“酒好不怕巷子背”。宣传不宣传似乎都无足轻重。

凡事最怕走极端。思想方法的片面性，往往会导致实际工作的摇摆性。“酒好不怕巷子背”吗？未必。“借问酒家何处有，牧童遥指杏花村。”住在杏花村附近的人，知道村子里卖酒，或许这酒还是挺不错的，所以即使偏僻一点，也还是会有人找上门去的。但是，没有牧童做口头“广告”，“路上行人”怎么知道村子里可以沽酒？酒家其实还是怕巷子背的。杜牧诗云：“千里莺啼绿映红，水村山郭酒旗风。”这杆迎风招展的酒旗儿，就透露了酒家的心思：唯恐“客官”不知道他是卖酒的。茅台总该算得是好酒了吧，但是对不起得很，最初参加世界博览会时，它那朴实憨

厚的包装，并未引起人们的注目。据说后来还是一位华侨商人急中生智，当着评比大员的面，故意失手打破了一瓶酒，顿时浓香四溢，它才赢得人们的青睐，从此驰誉海外的。这位商人的惊人之举，也可算是一种别出心裁的商品宣传吧。

由“酒好不怕巷子背”，我想起了另外一句俗话：“干什么吆喝什么。”酒好是前提，是基础，但还要通过“吆喝”，让人家知道你是卖酒的，并且相信你的酒好。这种“吆喝”，说得现代化一点，就是传递商品信息。否则，在那背人的巷子里，好酒恐怕也会卖酸的。书店的同志有句口号，叫“为书找读者，为读者找书”。这就需要在吆喝方面下功夫。为什么图书和读者之间往往会“捉迷藏”？其中很重要的一条原因，恐怕就是没有吆喝或者吆喝声音不大。苏联也曾有过诗集发行不景气的问题，诗人马雅可夫斯基不相信，他亲自带了书店的同志，每到一地便召开诗歌朗诵会，并在会上发行诗歌书籍，结果带去的图书总是一售而空。

其实，只要我们在身边了解一下，便会发现吆喝和不吆喝是大不一样的。上海文艺出版社出了一套文艺知识丛书，《中国青年报》发了一篇评介文章，责任编辑立即在短期内收到一批来自全国各地的信件，纷纷要求购买或预定这套丛书。上海文化出版社的《中国邮票史话》和《歇后语四千条》两书，开始销路一般，在《新民晚报》上登了广告后，全市书店在三天内便告售罄，各地读者还纷纷来信、汇款要求邮购。前年我开会路过北京，曾听人谈起《中国大百科全书》的发行情况，据说他们采用记者招待会的形式，宣传大百科全书的特点和功用，每开一次会便增加一批订户。可见，“一本书至少要宣传两百次”，尽管涂上了一点夸张色彩，却是符合图书发行工作规律的。

电报·新闻·誓言

新书预告，大概是出版社发出的关于图书的第一个信息。虽然只有寥寥二三百字，在目前情况下，却是图书征订工作的唯一依据，对图书的印数有着直接影响。怎样写好新书预告，自然就成了编辑必须研究的一项课题。

写新书预告，首先应该以海明威为师，而不能学茹太素。海明威要

求自己写得简洁，用他自己的话说，用的是“电报体”。茹太素却是反其道而行之。他是朱元璋手下的刑部主事，一次上了份万言书，五百字就可说清楚的事，竟用了一万七千多字，看得朱元璋大为恼火，命人把他打了一顿。这当然有点“量刑不当”，但由此亦可看出缠夹不清令人讨厌的程度。朱元璋还就此下达了一条指示：“许陈实事，不许繁文，若过式者问之。”

新书预告就应该用电报体。试想一下，全国出书现在已是每年两万多种，以后还要增加。每份新书预告按两百字计算，一年就有五百万字左右，相当于一套新版《鲁迅全集》。书店负责进货的同志，平均每天要读近两万字的预告，不但要读，还要调查研究，工作量之大是可想而知的。新闻界有所谓“长文章最短，短文章最长”的说法。长文章读者或许只看一个标题，而精彩的短文章，有时倒会逐字逐句细看一遍的。新书预告同样如此。你写得像茹太素的奏章一样，谁有那么多闲工夫来拜读！倒是简明扼要、扎扎实实的东西，给人留下的印象深刻一点。

新书预告不但要用电报体，而且要用新闻体。新闻体的最大特点是什么？通俗。《美联社报道手册》中曾做了这样的规定：“美联社的工作不是为了增加人们的词汇量，若是你非得使用普通读者所不熟悉的字眼，那你就必须做相应的解释。”新闻学学者霍恩伯格在《职业记者》一书中也说：“新闻语言不仅是读者与记者所熟悉的，而且还应该是不会被双方所误解的”，“因此，可以说新闻写作是浅显的文字写作”。作为书店的发行员，应该熟悉自己的业务；但图书浩如烟海，学科五花八门，当今又是知识爆炸的年代，各种边缘学科不断涌现，要求发行员上知天文，下知地理，无所不通，无所不晓，显然是不现实的。因此，新书预告就要尽可能写得通俗一点，不能只罗列一些学术论文的篇目，更忌用专门术语来装腔作势吓唬人，否则，到头来吃亏的还是作者和编辑自己。

除了上面两点外，新书预告还应写成誓言体。编辑要像宣誓一样说真话，凡是预告上写的，都应经得起检验。明《笑林》中有则故事，说的是一卖糕者，声音嘶哑无力，人问其故，答曰：“我饿啊。”饿了为何不吃糕呢？答曰：“糕是馊的。”如果去掉故事中戏谑的成分，这位卖糕者虽然可气但还是可爱的。他并没有为了推销馊糕，而大做“营养丰富，味美可口，备货不多，欲购从速”之类的广告，把变质商品吹得天花乱坠。我

们的新书预告，当然不能卖“馊糕”，这是违犯精神食品的卫生法的，但应该有敢于说“糕是馊的”这句话的勇气。作为一个诚实的编辑，在新书预告中，不能以“主题鲜明，结构严谨，人物生动，语言精练”之类缺乏个性的话去糊弄人，更不能因为自己是责任编辑便不惜做廉价、庸俗的捧场去欺骗人。书店的同志有时不那么相信新书预告，这也许是因为经常上当而形成的条件反射，于是他们便以压低订数来自卫。从某种意义上说，这正是对某些编辑的不负责任的吹嘘的一种惩罚。

总之，好的新书预告，应该具备三个特点：电报的简洁，新闻的通俗，誓言的诚实。

牙刷广告随感

最常见的书刊广告是目录广告。逢年过节时，报刊上经常可以看到黑压压的一片，都是出版社的书目。作为一次比较全面的出书汇报，这种做法未尝不可，但其中缺乏智慧含量，也是显而易见的。图书广告和其他商业广告相比，热情不足，花样似乎也不多。

从事出版工作的同志，不妨把自己的目光投向其他领域瞭望一番。

我见过三例关于牙刷的广告：

一例是解放前的。梁新记牙刷店有一幅广告画，一个人拿着钳子，用九牛二虎之力，拼命拔牙刷上的毛。画面上写着四个字：“一毛不拔”。这幅广告给人们留下了深刻印象，“梁新记牙刷——一毛不拔”，当时成了一句歇后语。为什么能产生这样的效果？至少可以分析出三条原因：一是利用了“一毛不拔”这个成语原来已经具有的社会影响；二是因为“拔一毛而利天下，不为也”，本是贬义用语，广告翻作褒义，让人感到新鲜而且富有情趣；三是这个成语的字面义与坚固的牙刷的特点极其吻合，用来赞美牙刷，真是妙语天成，再贴切没有了。再加上画面的夸张、风趣，更增加了广告的吸引力。

另一例是国外的。也是一幅广告画，画的背景是一座风化的高山，岩层斑驳，断石嶙峋。前景是两把牙刷。画面上写了一行字：“大自然尚经不起风雨的侵蚀，何况牙齿？”细小的牙刷和巍峨的高山，本是风马牛不相及的，经过作者的巧妙安排，顿时让人产生了一种具有震撼力的联

想：由高山的风化，想到牙齿的腐蚀，想到牙刷的功用。由于背景的突兀和触目，这幅广告画所产生的心理宣传效果是极其强烈的。如果说前一幅画能使人由赞赏而微笑的话，这一幅则能让人由惊讶而转入沉思，为画面所透露出来的一种不可抗御的说服力所慑服。

还有一例是最近的。上海淮海路上的妇女用品商店推荐长命牌 808 牙刷，写了这样一句广告词："买第一把的人要有不怕上当和敢于吃亏的勇气。"牙刷的式样确实有点儿奇特：刷头呈三角形，顶端横向往下数共九行，刷毛按 1、2、3、3、4、4、4、5、5 的数目排列。刷柄微翘。平时看到这种牙刷，也许会望而生畏，但在广告的"激励"下，有不少人采取了勇敢的行动。这一广告的最大特点，便是激起了人的尊严感，人们不愿意在一把牙刷面前显得犹豫不决。顾客从购买牙刷的行为中，得到了一种心理上的自我满足。

以上三种广告，实践证明是成功的。它们显示出了一些共同的特点，比如广告语言简洁明确，富有个性色彩。广播、电视中不绝于耳的"质量可靠，造型美观，交货迅速，实行三包"之类的广告用语，这种产品可用，那种产品也可用，这家厂可用，那家厂也可用，几乎没有一句是能和"一毛不拔"这四个字相匹敌的。又如每种广告都有自己的独特构思。有的诙谐，有的严肃，有的风趣。同是推广牙刷，各自考虑的角度竟是如此悬殊！而无论是语言还是构思，都有一个明确的指向：顾客的心理。每一种广告，都在顾客的心里引起了深沉而又和谐的共鸣。这正是一切广告成功的基础。

顾客的购货动机要转化为购货行为，需要走过一段细腻的心理历程。广告的作用，不仅在于激起顾客对商品的欲望，而且还要解除他们的心理疑虑，加强他们的意志努力，从而帮助他们做出判断。凡是能做到这一点的，都会收到特殊的效果。前年我到苏州，只见玄妙观前一字排开十家豆腐花摊，每家摊前都有一块小黑板做广告。其中唯独一家生意特别兴隆，没有一个空位。原来这家的黑板上比别人多一句话：餐具严格消毒。看到了这句话，我也站着吃了一碗。法国有种花生油，瓶子上写的是："绝无胆固醇，不含黄曲霉素。"它打消了人们对食品的两大顾忌，销路因此大增。图书宣传也有这方面的成功的例子。日本东方书店出过一本日汉对照的会话书，在广告上写道："携带这本书到中国旅行，可万

事不求人!”显然这是很能打动旅游者的心的。有家书店卖《365夜》，开始销路不怎么样，后来在店门口贴了张广告：“孩子天天要你讲故事怎么办？请读《365夜》!”年轻的爸爸妈妈一下子被吸引过来了。可见，图书宣传的最大秘诀是要有的放矢，这个“的”就是读者心理。

“悠然见南山”

在读者中，读广告成癖的，即便有也不会多。一般人见到广告，总是用大面积扫描法，一掠而过。好的广告，就要在这一掠之中，把读者的视线吸引过来，并且要让他留下强烈印象。用心理学的术语来说，广告必须充分调动读者的“无意注意”。这当然是不容易的。所以，广告也是一门科学、一门艺术。

所谓“无意注意”，是指没有预定目的，也不需要做意志努力的注意。陶渊明的《饮酒》诗中有两句：“采菊东篱下，悠然见南山。”有些版本“见”字作“望”字。是“悠然见南山”好还是“悠然望南山”好呢？显然前者优于后者。因为“见”是无意注意，而“望”是有意注意。诗人在篱边采菊，偶一抬头，见到了郁郁苍苍的南山，这是无意识的，是不期然而然的，于是进入了一种情景交融、物我两忘的诗的境界。着一“望”字，则成了有预定目的，而且要经过意志努力的行动了，那种悠然自得的气氛便被破坏殆尽。好的广告，就应该让读者于“悠然”中见之，而且像见到南山一样，能激起强烈的情绪反应。

怎样才能引起无意注意？既和注意主体有关，也和注意客体有关。单就客体也就是注意的对象来说，心理学家告诉我们，必须具有强烈、变化、新颖等等特点。打开报纸，常见到一些国外产品的广告，读者也许不感兴趣，但还是会情不自禁地瞄上一眼，因为它占的篇幅太突出了。靠登大广告，对读者进行强刺激，偶一为之，未尝不可，问题是成本太高。图书广告还是应该在变化、新颖上动脑筋。《新民晚报》曾登过陈虞孙同志的一篇文章，其中谈到他除了爱读《世界知识》外，“每期必读、读必尽卷的另一期刊就是《读书》”，“因为每读一篇总使我感到有所得”。《读书》编辑部思路敏捷紧接着便在《新民晚报》上刊登了一则广告，把陈虞孙同志的这两句话，作为广告上面的宣传语。这就显得与众不同，用

读者的话做广告，对广大读者更具感召力。去年年底《科学画报》改版时，连续在《光明日报》上登了几天广告，开始是一幅漫画，一家人都在看《科学画报》，看得前俯后仰，为何这般高兴？只说请看几月几日报纸，竭力渲染气氛，制造悬念，到最后才揭晓“谜底”。这就远比一般的刊物广告能吸引读者。

有时，表面上只是宣传一本书，但在客观效果上，却是宣传了一个出版社。只要出版社的牌子硬了，它出的书自然就增强了号召力。有远见的出版者，都是愿意这样做的。20 世纪 30 年代发行作者的签名本，新书出版时介绍作者与读者见面，等等，这些形式直至今天仍然值得借鉴。国外有些出版者，更是经常不惜工本地组织一些别出心裁的发行活动，以引起读者对某一本书其实也就是对某一家出版社的注意。比如英国出版公司，通过一场足球赛发行《足球射门》一书，让足球运动员当场为读者在书上签名。在发行《第一次世界大战中的一次战役》时，请一位参加过这次战役的老兵在会上讲话。老人身穿军服，胸佩奖章，十分引人注目。在发行《爱尔兰烹调技术》时，公司特地选了一家爱尔兰餐馆，由爱尔兰总理夫人到场主持发行仪式，并用爱尔兰名菜招待社会各界名流。美国的新泽西州电台，据说还播发过这样一条新闻：外星人在地球登陆，正与美国军队激战。结果造成一片混乱。其实这家电台是在为一部科幻小说做广告。为了耸人听闻到了不择手段的地步，当然是不足为训的；但他们在广告宣传上表现出来的不断突破、不断革新的追求精神，仍可以给我们以启发。

本文原载《上海出版工作》1983 年第 4 期

三

怀人篇

[题记]

编辑工作是充满着幸福感的。这不仅因为有人类智慧成果“先睹为快”的乐趣，而且还能以编辑的身份，名正言顺地和大学者、大作家直接交往。在编《中国新文学大系》时，我就曾拜访过近百位文化前辈。每当坐在他们的客厅里，聆听他们的教诲时，我总深以自己是编辑而自豪。在我们编辑队伍里，也有一批人格上、学识上值得仰视的文化人，能与他们为伍，同样是我的幸运。

我心中的美学老人

朱光潜先生去世前一星期，我接到了朱师母的信，说是朱先生的身体大见好转。我正巧筹划着要去北京，心头不禁涌起一阵喜悦，憧憬着我们见面的日子。谁知等我踏进燕南园朱先生的家时，却只能见到墙上挂着的朱先生的遗像。他还是那样笑吟吟的，然而，再也不能操着一口桐城口音对我说："你不是外人，我们到楼上去谈啊。"——过去他都是这样说的。朱师母陪我坐在客厅里，哽咽着，断断续续地讲述着朱先生发病的过程。记得刚在报上读到讣告时，我先是震惊，接着便是懊悔，现在这种感情更加剧了。我是《朱光潜美学文集》的责任编辑。第一卷出版时，叶圣陶老先生曾说过："还不知朱先生生前能不能出完。"真是不幸而言中，第五卷尚未问世，朱先生便溘然长逝。我心头有一种无法弥补的遗憾。

朱先生的身体一向很好。第一次全国美学年会在昆明召开时，他以81岁的高龄出席，医生帮他检查身体，说是各部位都正常。但自从他1983年两次患病住院后，我便一直为他的身体担心。不过不久以后，便又继续收到他亲笔写来的书信(有一阶段是朱师母代笔的)，字写得歪歪斜斜，他说他手抖得厉害，要通过锻炼写字来恢复活动能力和思维能力。1985年八九月间，我赴京组稿，曾去看望过他。那天我事先给朱师母去了电话。等我拎着两只哈密瓜赶到时，只见朱先生坐在门口，手里拿着一份报纸，一见到我便忙着要站起来。朱师母告诉我说，朱先生上午便不停地在问："铭鉴同志怎么还不来啊?"吃过午饭索性搬张椅子到门口坐

等了。我想，朱先生也许有点寂寞，真该早点来陪他谈谈。

他的记忆力显然已大不如前。我正在考虑美学文集续编的事，问他一些文章的出处，他都说“不清楚了”。每说一次，都露出慈祥的微笑，表示他的歉意。朱师母也坐在一边，告诉我说，朱先生住在友谊医院时，经常会冷不防地冒出一句：“维柯的《新科学》里这个词，早该这样译的。”《新科学》已经付排了，可是他还在字斟句酌。有时又会产生一种恍惚感，病房里寂静无声，他却会不安地说：“他们在准备开我的批斗会了。”听得我心头一阵酸楚。朱先生和我谈起“文化大革命”中的灾难，总是豁达地一笑置之，然而，在他的潜意识里，却沉淀着恐怖感。这是多么深重的精神创伤！

朱光潜先生留影

向朱先生的遗像鞠躬告别后，我不知不觉地来到了未名湖。有一年去北京，曾经住在朱先生家里。朱先生生活很有规律，每天早上六点准时起床，到室外锻炼身体。北大的清晨是宁静的。朝霞掩映的树丛中，不时传出清脆的鸟鸣。我陪朱先生走到未名湖边，只见他立定以后开始打拳，举手，弯腰，抬腿，踢脚……“您老打的是什么拳?”我问。“气功、广播操、太极拳三结合。”他说得很认真，不像是开玩笑。朱先生上午工作，下午读书看报，四点钟左右，总要在校园里走一圈。有次我陪他一起走，从燕南园到西校门，开始我搀着他，后来不知怎么，竟是他搀着我，一老一小，步子又慢又碎，引得过路的师生都投过来关注的目光。

朱先生的“书房”，其实只是在二楼女儿房间里隔出的一个角落。一张小床，一张写字台，其余便是书。就在这间斗室里，我曾有幸一次又一次地聆听朱先生的教诲。他喜欢抽烟斗，室里的烟斗东一个西一个，随处可见，不知是健忘呢还是为了使用方便。他半天吸上一口，斜躺在藤椅上，一面慢悠悠地谈他的人生教训。他说自己学得很杂，读过 14 年大学，解剖过鲨鱼，制造过染色切片，学过符号逻辑，用过心理实验的熏烟鼓，研究过精神病治疗……他给我回忆过一位教师对他的评语，后来我在一篇文章中查到了：“长枪短戟，用各不同，但精其一，已足致胜，汝才力有偏向，姑发展其所长，不必广心博务也。”当年他虽也有所感触，但并未真正认识；而今两鬓如霜，方知老师的话是对的，但已走了一大段弯路。他在《谈美书简》中不胜感慨地说：“假如我不那样东奔西窜，在专和精上多下些功夫，效果也许较好些。”

朱先生的工作态度是一丝不苟的。他总是不断告诫自己，要向抵抗力最大的方向走。去年年初，丁景唐同志和我一起编《文艺日记》，我们请朱先生题词，他便是题的这一句话。一次，他突然问我：“你知道我的笔名为什么叫孟实吗？”他解释说：“我弟兄三人，孟是老大的意思。实是坚实、踏实，这也是我做人的态度。后来我还用过萌石。孟、萌意义相通，实改为石，更加坚硬了。”朱先生确实是这样做的。在写作《谈美书简》时，他说马克思的《1844 年经济学—哲学手稿》一书非常重要，对未来美学的发展，具有特殊重要的意义。但该书的中译本艰涩难懂，还有不少误译。为了写好《谈美书简》，朱先生决定自己翻译其中的两章：《异化的劳动》、《私有制与共产主义》。当时正值隆冬季节，北京下了几场大雪。朱先生每天从燕南园到西语系办公楼工作，由于雪深路滑，便拄着一根拐杖，还用草绳捆住鞋子，谁知还是不慎摔了一跤，被路过的学生送进医院，脸上缝了四五针。下午，当探望他的人推开房门时，不觉都愣住了：脸上、手上涂满红药水的朱先生，正坐在床上专心致志地翻译马克思的《手稿》呢！

“大人者不失赤子之心”，朱先生曾用这句话做文章的标题。这也可以用作对他本人的评价。一次他和我谈起欧洲留学的经历，说到自己曾一个人跑到意大利罗马的地下墓道，考察哥德大教堂和壁画的起源……说着说着，突然天真地笑了起来，露出一脸神秘：“罗马教皇还摩过我的

头呢!”那笑容使我受到了强烈的感染。朱先生和他的外孙一样，喜欢听刘兰芳说书。有天吃晚饭时，说到牛皋招亲，祖孙两个都放下饭碗，开怀大笑起来。两个孩子！最使我难忘的，1982年朱先生参加政协会议，住在西苑饭店，他约我去谈谈，说是当天下午没有活动；谁知等我去时，他却忘了我们的约会，去参加教育组的讨论了。我只得返回住地。到吃晚饭时，朱先生突然想起这件事，原来他已预订了饭菜。他在电话里向我道歉，并要我赶到饭店去。西苑离我住的虎坊桥很远，等我和温笑俐同志一起赶到时，已是星斗满天。我一踏进楼道，便看见朱先生坐在服务台前面。宾馆同志对我说：“朱先生正在等你们，到现在连饭也没吃，房间也不想进了。”朱先生喜欢酒，每天晚上都要喝上一杯；我本不善饮，但这天晚上却破例也喝了一杯。我为朱先生的真情所感动。

朱先生一向是很达观的。有一次我们谈到了“死”，这是一位老教授来访后触发的话题。朱先生说：“我再向前跨半步，就是坟墓了。”但他很爽朗地背诵了陶渊明《形影神》中的几句，怕我听不懂，又写在纸上：“纵浪大化中，不喜亦不惧；应尽便须尽，无复独多虑!”他说：“这就是我对死的态度，一切听其自然。我没有多少个明天了，一定要抓住今天。抓住今天等于两个明天。”越到后来，朱先生越充满了这种紧迫感。他在信中对我说：“但愿《新科学》能在有生之年付排。”《新科学》付梓后，他又告诉我，想写一本介绍《新科学》的作者维柯的书。“‘春蚕到死丝方尽’，但愿我吐的丝凑上旁人吐的丝，能替人间增加一丝的温暖。”——这是朱先生在应我的请求写的一篇文章中说的。朱先生是我的作者，我却更愿把他看成导师——心灵的导师，人生的导师。朱先生悄悄地走了，我心中的美学老人却是不朽的。

本文原载《杂家》1986年第4期

三访叶圣陶

沿着东四八条走进去，不到三百米，便是叶老的家了。典型的四合院，宽敞、整洁，让人觉得心情舒畅，而一切又是这样朴实无华，犹如叶老的为人。去年一年中，我社《中国新文学大系》编选组的同志，曾三次踏进这座院子，聆听叶老的教诲。

一月，正是春寒料峭的季节。编选组同志顶着寒风赶到北京。二十巨册，一千万字，这是多么浩大的工程！为了保证这项工程的顺利动工，编选组同志拜访了北京和上海的文坛前辈。叶老德高望重，在文学创作上著作等身，又有丰富的编辑工作经验，自是拜访的重点对象。他已是89岁的高龄了，听觉又有点障碍，可精神十分健旺。那天，他凝神听着关于《大系》的总体构思，还不时运用一口道地的苏白，插问一些编选工作的细节，或者神往地回忆起文坛轶事。当谈到散文卷序言的撰写人时，叶老热情地举荐北京大学的吴组缃教授担任。忠厚长者，古道热肠，和蔼可亲，编选组同志只觉满室生春，早已忘掉了窗外朔风的凛冽。

去年六月，北京出奇地热。37℃！38℃！坐在房间里，也会汗流浃背。为了汇报工程进展情况，并及早落实各卷作序人选，编选组同仁冒着酷暑二上北京。周扬的家、夏衍的家、艾青的家、聂绀弩的家、吴组缃的家……，一家接着一家，都留下了编选组同仁的足迹。盛夏季节，叶老的院子别有一番景色，虽只有几棵小树，却是绿叶斑驳，浓荫堆地，为来访者送来凉意；而叶老的亲切和诚恳，更无异于令人心旷神怡的阵阵清风。刚一坐定，叶老便高度赞扬《大系》续编工作："新文学是有成绩

的。新文学的传统要继承，要发扬。你们决定续编《大系》，有眼光，有魄力!”当他听到《大系》已开始发稿时，不住地点头：“好，好。”这天叶老显得特别高兴，谈话结束以后，和编选组同仁合影留念，为了保证照片质量，还特地和大家一起站到院子里的太阳下面照了一张。

十月，金色的季节，收获的季节。为了做好《大系》的征订工作，社里决定印一本宣传手册，其中拟收作家的题词。为此，社长丁景唐又派我第三次专程赴京。《大系》第一个十年出版时，叶老曾在刊物上题词推荐：“良友邀约能手，给前期的新文学结一回账，是很有意义的事。结算下来，无论有成绩没成绩，对于今后的文学界总有用处。”这是何等的高瞻远瞩的眼光！遗憾的是，这样一件“很有意义”的事，竟中断了将近半个世纪。叶老当年题词时，正是精力旺盛的中年时代，最近几年，视力已严重衰退，阅读和写作极其困难，再请他题词，委实于心不忍。然而，当叶老了解到我们的计划后，慨然允诺，在三天内便欣然命笔，写下了长长的一段话：“《中国新文学大系》按时期继续编下去是非常有意义的事：一方面能让读者看到各个时期的人民的生活，这是文学创作的‘源’；另一方面纪录了新文学运动的发展和演变，这是文学创作的‘流’，可以供今后的作者作借鉴。”这里，既有对《大系》的充分肯定，也有对我们工作的殷切期望。面对着这幅题词，我们怎么能不加倍努力?

本文原载 1984 年 2 月《文艺新书》

想起了三位老局长

建党 90 周年前夕，回顾自己的编辑生涯，想起了上海出版局的三位老局长：罗竹风局长、宋原放局长、王国忠局长。这三位老领导有一个共同点，就是都很重视编辑的职业素质。有些事情直到今天，仍如电影画面一样清晰生动。

一

我是 1966 届的毕业生，因留校搞“文化大革命”，1968 年才分配工作。此时，罗竹风局长已沦为“牛鬼蛇神”。1969 年年初，林彪有所谓“一号命令”，整个新闻出版系统开赴干校。罗老也随队同行，随时接受“批斗”。

新闻出版干校位于奉贤海滨，和电影干校仅一河之隔。两个干校里全是文化人。走在小河两岸，偶一抬头，便能见到赵丹、张瑞芳等“黑线人物”。他们也是穿着简朴，一身泥巴，有时还挑着粪桶，咣当咣当，早已看不出一点明星风采。

干校有政宣组，我是政宣组的工作人员。江曾培同志和我在同一个办公室。到了夏天中午，我们俩会结伴到小河里游泳。和我们有同河之谊的，还有一位老人。他总是一个人端着面盆，默默地缓缓地向河边走去。此人便是罗老。

干校的中午静悄悄。小河里通常只有我们三个人。说句实话，三个

人的泳姿都不敢恭维。说是蛙式，看上去却像狗爬，一个比一个笨拙。河里的水有点脏，游泳的人都尽量把头抬高。我和罗老打照面时，罗老气定神闲、旁若无人，只管自己往前“扑腾”；我会忍不住地盯着他看，一心想看出一点秘密。就这样，我们天天擦肩而过，却从来没说过一句话。我知道他叫罗竹风，他不知道我叫郝铭鉴。

我和罗老直接交往，已是几年以后的事。那次是应《上海出版工作》约稿，到罗老家里采访。当我踏进门时，罗老一见笑了起来：“哈哈，原来是一条河里的战友啊！”他的山东人的爽朗，让我如沐春风。面对着这样一位既能在大海里搏击，又能在小河里沉浮的长者，我的心里有一种莫名的亲切感。

还在学校读书时，我就读过罗老发在《文汇报》上的《杂家》。那天我们就从《杂家》谈起。罗老告诉我说，《杂家》的主旨是为编辑说几句话，并不是要谈编辑工作的性质；但把编辑称为“杂家”，还是恰如其分的。罗老一再强调，编辑和学者不同。在大学里，你可以是专门研究李白的学者，专门研究杜甫的学者；可在出版社里，编辑很难做到专编李白，或者专编杜甫。编辑是被稿子牵着走的，不做“杂家”行吗？只有眼观六路，耳听八方，广采博览，兼收并蓄，你才能适应编辑工作，变被动为主动。

罗老还对我说，编书人首先应该是读书人。审稿其实就是读书。看一个编辑的加工质量，就知道他有没有读进去。一个编辑，要和那么多的大学者、大作家打交道，要做那么多的学术著作、文学著作的“第一读者”，这是多么幸运的事啊！教师得天下英才而教之，编辑则是得天下杰作而传之。干编辑这一行的，一定要懂得珍惜，懂得积累，在编中学，在学中编，每编一本书都要增加一点新的知识，站上一个新的台阶。罗老说话，乡音浓重，但每一个字都能听得真切。他的这一席话，激起了我对未来工作的无限憧憬。

二

和宋原放局长交往，是带有戏剧性的。我们是在批斗会上，完成了第一次见面的仪式。他是“走资派”，我是“革命小将”。

离开学校以后，我分在上海人民出版社。记得报到那天，接待我的一位“革委会”领导有点惊讶地问：“你也是‘井冈山’的？”原来，上海人民出版社当时是“井冈山革命造反司令部”掌权，而我在学校里，是学生组织“井冈山总部”的头儿。“井冈山”遇“井冈山”，“革命队伍一家亲”，难怪这位领导有点抑止不住的激动。

进社的第三天，我便接到一项战斗任务：批斗社里头号“走资派”宋原放。那时我根本不知道宋原放是何许人，连这个名字也是第一次听说。但我一口答应了下来。从学校踏上社会以后，我仍然保持着“革命小将”的“造反”劲头儿。

批斗会上，我看到了宋原放的“庐山真面目”：浓眉大眼，虎背熊腰，往那里一站，就像一座铁塔似的。他一进来，便下意识地扫视全场，颇有一点“沙场秋点兵”的大将风度。我在会上的揭发材料，是社领导提供的，说是社里有一个“反动学术权威”，老宋对他格外垂青，每天让一位工人背着他上下班。我根据自己的想象，把这说成是资产阶级压迫工人阶级的缩影，上纲上线，狂轰滥炸，把老宋批得一愣一愣的。他不时抬起头来看我。事后我才知道，原来这个所谓“反动学术权威”，是在“抗美援朝”中失去双腿的革命军人。我为此羞愧得无地自容。

老宋复出以后，不久便担任局长。我们曾有过这样一次谈话：

“还记得那次批斗会吗？”我问。

“当然记得。”

“留下什么印象？”

“只记得你像机关枪似的，嗒嗒嗒地扫个不停。”

“为什么在会上一次次看我？”

“我奇怪呀！心想，这家伙从哪里冒出来的？远日无冤，近日无仇，连面也没见过，怎么如此凶猛？”

“一定想秋后算账吧？”

老宋一听，拍拍肚皮说：“你看，我宋某人这么大个肚子，还容不下你那几句话吗？”

是的，老宋不记仇，不算账。不仅对我如此，对社里所有冒犯他的人都是如此。也许是批斗会留下的印象特别深刻吧，我们很快成了忘年交。每次碰到，总要谈上一阵。我还多次到他家里做客。老宋和我经常

谈起的，是青年人要钻业务。他曾用过一个并不新鲜的比喻：要像海绵吸水一样吸收知识。他给我说过很多前辈文化人的例子。

其中印象最深的是，有一次他自己现身说法。五十多年前，老宋还是一个毛头小伙子，在苏中出版社工作。一天，社里交给他一项任务，到几公里外的印刷厂看毛泽东《论联合政府》的清样。他是第一次接触毛泽东的书稿，心里既兴奋又紧张，逐字逐句读得非常认真。当他读到“这个军队具有一往无前的精神”时，不觉满腹狐疑。共产党领导的人民军队，怎么会“无前”呢？老宋说自己是“嘴上没毛，信心十足”，当时居然大笔一挥，把“一往无前”改成了“一往直前”。

毛泽东著作有很多版本，版本之间互有异文，有些还是错别字。老宋说其中有一处，便是自己误改的。当时为什么要改呢？因为不知道这个成语的来龙去脉，“一往直前”虽见于元朝人著作，但明清以来多用“一往无前”，以“一往无前”为规范。“一往直前”则成了“勇往直前”。可见，没有足够的知识准备，是做不好编辑工作的。一条成语都有可能让你出尽洋相。我后来编《咬文嚼字》，专门约请老宋写下了这则故事。我觉得这是培养年轻编辑的一份难得的教材。

三

在我眼中，王国忠局长似乎有点严肃，很长一段时间，我不敢和他接近。不过，我曾多次听他讲话，发觉他思维很活跃，有闪光点。后来，有人告诉我说，他在少年儿童出版社工作时，曾负责主编《十万个为什么》。这时我才恍然大悟：怪不得他的知识面那么宽。

身为局长，老王会在编辑培训班上讲课。有一年，四川箭竹开花，大熊猫的生存出现危机。报纸上连续刊出拯救大熊猫的报道。有人还自发组织起来，到大熊猫的栖居地参加救援活动。老王便以此为材料，在一次讲课时说：“大家看报了吗？我们做编辑的，在读书求知方面，要努力做狗熊，千万别做熊猫！”

老王解释说，大熊猫是偏食性动物，箭竹一开花，它就饿肚子。它在自然界生存艰难，显然和它的食性有关。而狗熊却是杂食性动物，荤也吃，素也吃，饿起来还能掰苞米。编辑读书，当然应该像狗熊，文史

哲经，兴趣广泛，而不能画地为牢，非“箭竹”不食。鲁迅说过，“随便翻翻”，不必局限于某一个领域。越是“食谱”狭窄的人，越容易成为营养不良的人。那是无法做好编辑工作的。我们要以今天的大熊猫为鉴。

这是一个十分传神的比喻。老王讲课时的神态，至今仍历历在目。

就在这次讲课以后，我有一次路遇他，再次谈起大熊猫的话题。老王问我说：“你知道熊猫的名称是怎么来的吗?”这是一个“十万个为什么”式的题目，我等待他揭开谜底。老王说，大熊猫本名大猫熊，这是从英文翻译过来的。它是像猫一样的熊，而不是像熊一样的猫。但 1939 年第一次在重庆展出时，标牌上从左至右本来写的是“猫熊”，国人却习惯从右至左读成了“熊猫”，报纸上也清一色地报道为“熊猫”。结果，先入为主，习非成是，“大猫熊”从此成了“大熊猫”。

老王说，这个名称本身就是一个差错，说明我们对这种动物还缺乏了解。在我们出版的书中，要避免这类“猫熊”变“熊猫”的笑话。

老王退休以后，我们很长时间没有见面，有一次在绍兴路上偶然碰到，他竟一口气说了一二十分钟的语言文字问题。这让我大为吃惊。我知道他知识面宽，但没有想到他竟关注到语言领域了。可见，一个真正的出版人，他的求知的欲望是无限的。那天他告诉我，他的家搬到了瑞金南苑，再三关照给他按期寄《咬文嚼字》。

编辑要做“杂家”，要像“海绵”，要学“狗熊”，三位老局长的说法不同，意思却是一样的：为了做好编辑工作，编辑要建立自己的职业优势。今天，三位老局长已离开了我们，但他们留下的思想、学识和作风，成了我们宝贵的精神财富。我深深地怀念他们。我想，他们的在天之灵，也一定在关注着中国的出版，关注着新一代的出版人。

本文原载 2011 年 6 月 29 日东方网

聆听陈原

陈原先生，商务印书馆原总编辑，全国文字改革委员会副主任。他不仅是老资格的出版家，还是涉足多门学科领域的学者。他在学林出版社出版的《社会语言学》，已赢得中外学人的瞩目。今年11月，先生参加国际出版会议从墨西哥回国，顺道经过上海，应邀在上海出版系统做了题为《世界新技术革命对出版工作的挑战》的报告。会后，又接受了我的单独采访。大量新鲜的信息，妙语连珠的表达，给我留下了深刻的印象。

陈原先生的报告和谈话，大致可以概括为三个部分。第一部分是对新技术革命形势的鸟瞰。先生告诉我们，由于信息科学的重大突破，世界进入了一个新的时代，信息成了开发资源的巨大动力。出版正面临着前所未有的挑战。在谈这个问题时，先生回顾了人类社会技术革命的历程：恩格斯说，人与动物的区别是劳动，而劳动是从制造工具开始的。工具是人的手的延长。很快人便不满足于简单的工具，用动力推动机械，大幅度地提高了劳动效率，代替了一部分的体力劳动，这是又一次的飞跃。接着，又由一般的动力推进到了电力，跨入了电力时代。这更是一次飞跃。列宁曾经说过：共产主义是苏维埃加电气化。到了19世纪后半期、20世纪前半期，电力开始让位于电子，人类社会逐渐进入了数字时代。电子计算机的出现，是这个时代的标志，它是人脑的延伸。国外有人称之为是从工业社会进入了后工业社会。

在这以前的技术革命，按照控制论的创始人维纳的说法，只是“革了阴暗的魔鬼磨坊的命”，人的手贬值了。而进入电子时代以后，人的脑贬

值了。这似乎是夸张的说法，但有一定的道理。至少人脑担负的简单的、常规的判断，可以让位于电子计算机。人脑应该考虑更高级、更复杂的问题。

做了上述回溯后，陈原先生指出：数字时代的到来，不可避免地会引起社会生活的变化。出版工作处在历史的转折点上。先生在大会报告和私下交谈中，多次提到今年 3 月在墨西哥召开的第 22 届国际出版会议。会议有三大议题，其实只有一个主题，就是在新技术革命的大潮冲击下，世界出版向何处去。第一、第二世界，对这个问题很敏感。纸张的前途如何，已引起一种惶恐的情绪。传统的出版工作受到如此严重的冲击，这还是第一次。第三世界是跟在资本主义国家后面亦步亦趋，还是迎头赶上新技术革命的潮流？这是一个无法回避的问题。陈原先生说，我们不应该闭关自守，而要从现在开始，就立足于改革，勇敢地迎接这场挑战。

第二部分，着重谈信息问题。信息是什么？陈原先生认为这个词目前用得太滥，简直是信息贬值。“信息”是一个科学术语。所谓信息，是按一定方式排列起来的符号序列。这个序列必须具有一定的确切的意义，它是由物理载体和信息意义构成的统一体。信息不是物质，不是材料，但又离不开材料；它既是物质的，又是精神的。信息不是能量，但又要消耗能量。材料、能量都可以分配，而信息却不能分配，它具有共享性。为了说明这个问题，先生举了一个浅显的例子：我有四个苹果，给你两个，我还剩下两个，苹果是物质，可以分配；如果我有四条消息，给你两条，我少了没有呢？没有，还是四条。这就因为信息只能共享，不能分配。

信息的共享性，要求我们的工作方式具有横向的线性构造的特点。而在信息社会以前，却是纵向的，金字塔式的。在谈到这个问题时，先生十分风趣地讲起了商务印书馆买复印机的事。出版社不是横向地和工厂或商店联系，而是向上报出版局，出版局再向上报文化部，一级一级报上去，再一级一级批下来，然后再拿了批件去店里购买。这样一种工作方式，怎么能够适应信息社会的需要呢？可见，根据信息系统共享性的特点，我们的社会结构、我们的工作方式，必然会引起变化。

在谈到信息的特点时，陈原先生又说，凡是知道的，不算信息，不

知道的，才算信息。概率很大，一猜就中，信息量便很小。愈是人家猜不到的东西，愈是概率小的东西，信息的含量便愈大。所以，我们要开发信息。国外有个词叫“激活”，是指要让信息在现实生活中产生积极的效应。对于我们出版人来说，就是要激活出版工作。

在当今发达的国家，从事信息工作的人已越来越多，信息工作也越来越重要。以美国为例，19 世纪末，工农业人口各占 35%，第三产业和信息产业各占 15%。20 世纪初，工农业人口总和不超过 45%，信息产业增加到 35%。到了 80 年代，工农业人口已下降到 25%，第三产业约 30%，从事信息工作的人员已达到 45%～50%，几乎占到一半。全世界的微型计算机，去年年初到今年年初，约有 1300 万台，今年年底可增至 2400 万台，三年之内将超过 8000 万台。随着微型计算机的成本不断下降、功能不断提升，我们可以预见，在不久的将来，计算机将全面覆盖人类的生活。

谈了计算机的普及后，陈原先生强调指出：人工智能的计算机肯定还会有所突破，但要真正达到人脑的水平还是难的。人脑有 100 亿神经元，每一个都相当于计算机的一个或几个部件，专家认为，计算机再先进也无法和人脑媲美。因为说到底，计算机还是要受人控制的。为了说明计算机不是万能的，陈原先生说了很多故事。比如，由于银行计算机串线，某存户多领了一万多美元，法院的判决是：“不犯法。”国际象棋比赛，英国派一机器人参加，世界高手的棋路都被编进了程序，中国棋手不按常规对弈，结果获胜。某军舰用声控航行，由于船长感冒，声音改变，结果舰艇便无法启动。……总之，陈原先生说，不管将来计算机还会有怎样的发展，人永远是一个主体。

第三部分，直接联系出版工作，陈原先生谈了应对挑战的三项措施：

一是要了解、熟悉新媒介。多少世纪以来，文字印刷品都是信息传播的最重要、最有效和最长效的工具，它打破了时空的限制，把人类智慧的成果留传下来。现在有了新的信息载体，数字出版正在猛烈地冲击着传统出版工作。据说，日本索尼电器公司已研制出了一种圆盘，直径只有 3 英寸，竟收录了 27 万页的书，相当于大百科全书的 5 倍。计算机只要接一个打印机，马上便可把需要的内容打印出来。纸张还有什么用？这在以前似乎是一个天方夜谭式的问题，现在确实成了问题。面对着这

样一个全新的出版时代，出版人如果故步自封，自我封闭，就完全可能被淘汰出局。

二是要研究和创造新方式。信息的收集、处理、储存、检索、应用，都要打破旧的习惯，采用新的方式。陈原先生以自己为例说，为了搞字频表，曾经组织力量搞过汉字使用频率统计，由于主要依靠人工，只能在二百多万字的范围里概括，时间长、工作量大，而且又不准确。如果用计算机统计，效果就会截然不同。目前出版社的工作方式，按照系统论的观点，是属于反复系统，一部稿件，编辑读完后交室主任，室主任读完后交总编辑，总编辑读完后再退室主任，室主任再退编辑，编辑室发到出版科，出版科发到印刷厂，印刷厂再送到校对科，校对科再送编辑，编辑再退校对科……如此循环往复，一个圈子接一个圈子，出书周期怎么会不长呢？英国王子结婚，一家出版社当天便出书，反复系统是绝对做不到的。所以，为了提高工作效率，适应新的形势，出版社的工作方式应该由反复系统发展为单一系统。

三是要接受和掌握智力开发的新概念。在信息时代，知识老化的速度越来越快。19 世纪需要 50 年，现在只要 3 到 5 年。所以，人人都要读书。以化学为例，一年内发表的文献资料，一个化学家每天读 8 小时的话，可以读整整 48 年。信息传递渠道也由单向变为多向，互相得益，互有反馈。陈原先生在一次国际学术会议的报告中，谈到一个数字，一位学者当场建议他用另一先进的方法计算，而同时又有一位学者提供了更为先进的方法。学术会议是讨论式而不是注入式，这就有效地加快了信息传递的速度。

本文原载《上海出版工作》1984 年第 12 期

作家签名散记*

香港《文汇报》编者按　在“上海书展”开幕的前夕，本文给香港的爱书人带来了一个好消息——书展的主办人特意准备了一批作家的亲笔签名本。据有关方面透露，这批珍贵的签名本将于6月6日发售，读者们别错过了！

图书签名本，不仅是收藏家寻觅的对象，也为一般读者所珍爱。这次在香港举办的“上海书展”中，便有一批作家的签名本，为书展增添了色彩。这些作家，多数是德高望重的前辈，他们以签名的形式，表示了对书展的支持，并通过书展向广大读者发出了亲切的问候。这里记录的只是其中几个小镜头。

3月的北京，仍是寒意袭人。叶圣陶老先生的和蔼亲切，却使人们如坐春风。他从卧室中走出来，向在场的人一一拱手致意。当他得知签名本是送往香港展出，“上海书展”之后，明年还要举办全国书展时，一叠连声地说：“格桩事体要做好个！”坐定以后，突然像想起什么似的：“我用毛笔呢，还是钢笔呢，还是其他啥个笔呢？”叶老做事从来一丝不苟。我们答道：“随您老的便。”“那我就用软笔了，它既有钢笔的优点，又有毛笔的效果。”孙媳妇帮他摊开了书页，叶老当场振笔挥毫，一边写

---

* 1984年6月2日至10日，经过两年筹备的“上海书展”在香港大会堂展览厅举行。本文系为“上海书展”准备的宣传材料。

一边说："这是给香港读者的，我得用繁体字。"九十高龄的人，目力又很不济，"葉聖陶"这三个字，却是写得古朴庄重，凝聚着书法家的深厚功力，在场的人禁不住一声喝彩。

冰心先生住在中央民族学院的教授楼。她的客厅整洁雅致，洋溢着浓浓的书卷气。客厅的正中，悬挂着当年梁启超送给她的一副集句对联："世事沧桑心事定，胸中海岳梦中飞。"冰心一生敬重叶圣陶先生，又和叶老同住北京，却始终未有机会去拜访。不久以前，她曾在一篇文章中透露，等叶老院子里海棠花开的时候，一定要去偿还夙愿。我们前一天刚去过叶老家，便趁便告诉她说：海棠不久就要开了，叶老正盼着您去呢！"是嘛，是嘛，这次是不会失约的。"她是福建人，却说得一口流利的北京话，说着便翻开书页签起名来。她用的是圆珠笔，字体洒脱、灵秀，使你想到冰心的为人，想到她那诗情横溢的作品。我们请她签的是《冰心论创作》，以及《冰心文集》第一、二卷，共三十册。怕她累了，劝她休息一下，她却笑着摇摇头："这是我最近常干的事。老有人拿书来要求签名哩。"

朱光潜先生曾在香港读过大学。去年，他又应邀去香港中文大学新亚书院讲学。一谈起要在香港举办书展，朱老显得特别兴奋。他说他在香港有很多朋友，一定会欢迎这次书展的。他兴致勃勃地谈起当年在香港住的宿舍，说是墙上曾悬挂过书法家方榘君写的四个大字："恒、恬、诚、勇"。这是他恪守一生的座右铭。朱老参加书展的是《朱光潜美学文集》第一、二、三卷，也许老先生太高兴了，签名时一会儿用毛笔，一会儿用钢笔，有两本竟用的铅笔，有的签在环衬上，有的签在扉页上，有的签在作者像下面，真是兴之所至，笔之所至，意到笔随，不拘一格。签完以后，似觉意犹未尽，又捧出一盒印章，要我们加盖上去。我们选了两方，其中一方是朱老的笔名"孟实"。朱老解释说：他弟兄三人，"孟"是老大的意思；"实"，可算是自己的处世哲学——做人要诚实，做事要踏实，做学问要老实。朱老说愿以此与香港读者共勉。

与上面几位相比，巴金是最年轻的，今年整八十岁。当我们谈及他的高龄时，他说："这不算什么，沙汀、艾芜都八十了。"巴老刚从医院回来，为了保证5月出访日本，正遵照医嘱在家静养，但还是破例接待了我们。他端坐在自己的书桌前，先签了《寒夜》，再签《巴金论创作》，又

随便扯起了签名本的事。巴老说，30 年代的签名本，主要是良友图书公司搞起来的。1981 年他访问法国，适逢里昂书市，他有《家》、《寒夜》、《憩园》等书参加展出，也遇到过一次颇为别致的签名仪式：作家在书市上一人占一张桌子，读者买到书以后，便当场请该书的作者签名。巴老去年因摔伤住在医院时，写字手抖得厉害，以致不能握管，这次却是轻松自如，运笔如飞，二十多本书，一会儿便签完了。读者见到这些签名本后，一定会为巴老的迅速康复而感到欣慰的。

本文原载 1984 年 6 月 1 日香港《文汇报》

罗竹风谈“杂家”

“在改革的潮声中，出版工作如何搞?”带着这个问题，又一次访问罗竹风先生。罗老今年73岁，在他身上，既有领导的稳重和沉着，又有学者的敏锐和深邃，这种兼而有之的气质，让人油然产生一种信赖感、安全感。大概这就叫威信吧。罗老虽已离开了出版系统，主持上海社联的工作，但他对这里发生的每一个哪怕是微小的变化，都一往情深地关切着，注视着。我们的谈话是从编辑学开始的。

(1)开个原稿展览会

罗老翻阅着我们带去的关于编辑学的讨论材料，说：好，好！这样讨论一下很有必要。编辑工作是一门科学。劳动人事部门不承认这一点，认为编辑不必评定职称，这不说是偏见，至少也是对这项工作无知。新闻部门对此反响强烈，出版部门也应该造舆论，让大家知道这是一门“学”。罗老抬起头来扫视着我们说：编辑是在作者提供的原稿上编书，从某种意义上说，是辅助劳动，但又是更高级的劳动，要掂出稿件的分量，要对稿件做锦上添花的工作，不是更高级吗？无论是选题的制订，还是稿件的判断、原稿的加工，这中间都是充满了创造性的。我看，不妨开个原稿展览会，让这些同志来看看，编辑并不是只靠剪刀糨糊无所作为的。当然，这些稿件只能在内部展出。

长期从事编辑实践的同志，有很多具体的经验。罗老说，把这些经

验提炼出来，便成了“学”。凡是“学”，总有其自身的规律。在这方面，我们历来不重视，现在确实是到了认真探讨的时候了。谈到这里，罗老突然加重了语气：出版工作是万年不朽的事业，编辑要加强这个观念。我们掌握了规律，可以促使出版工作更好地为人民服务、为社会主义服务，但是，对这个问题的理解，又不能狭窄化，抱实用主义的态度。这方面的教训是够多的了。应该牢牢记住这一点：客观规律是不以人的主观意志为转移的。

(2)“触角”及其他

有些领导，让人感到敬畏，和他们谈话，紧张、拘束，甚至屁股只敢坐半张凳子；而另一些领导，却让人觉得亲切，不到几分钟，你的绷紧的神经便会自然松弛下来，在平等的交谈中，得到一种情感共振的乐趣。罗老显然属于后者。我们的谈话是在无拘无束的气氛中进行的。从农民结构的变化，谈到当代青年的追求，从学林出版社的自费出版物，谈到有声读物公司，……不论什么话题，罗老都丝毫不隐瞒自己的观点。

出版社应不应该办杂志呢？罗老说，有人是不以为然的，认为这是不务正业。我却认为非办不可，因为这是一个灵敏度很高的触角。它既可弥补图书印刷周期太长的不足，又能广泛联系和发现作者，为组稿工作创造条件，何乐而不为？当然，刊物也有一个怎么办的问题。《故事会》、《青年一代》印数突破 500 万，这难道是偶然的吗？同是青年刊物，有些却一落千丈，不得不调整编辑部班子。我们应该从中引出经验教训来。《党的生活》停刊，我始终认为是个失策，全国只此一家啊。

发行渠道怎样才能疏通呢？罗老说，一定要打破新华书店的“大一统”。我们有一种指导思想，凡事都要自己包下来，“天下舍我其谁”，连房子都要统到房管局。结果怎么样呢？越搞越不行，最后只好放手，但已造成了很大的被动。这实在是一种“夸大狂”。事实已经证明，不承认社会的多样性，不承认出版的多样性，是不行的。同时还要懂得，图书是一种特殊的商品。不能“卖青菜”，而应该是“卖火腿”，要有一点储备。《宗教词典》，在我们这么大的国家，即使发 30 万册也不算多，书店却只要 3 万，结果一上柜就脱销，重印又安排不上。这就是因为不懂得“卖火

腿”的道理造成的。究竟怎么改、怎么革，要让群众大议一番，不要把思想禁锢起来。小平同志说得很彻底了，改革允许失败嘛！

出版社如何看待利润问题呢？罗老显然对某些做法有点意见。他说：以丰养歉，历来是出版社的传统，不能要求每本书都赚钱。每本书都要考虑赚不赚，是一种很愚蠢的办法。某些出版社为了节约开支，在样书上动脑筋，有人因为卡样书而受到表扬，这是不对的。样书不是茶杯，连资本家也懂得宣传的重要性呢！罗老谈了中国青年出版社和他联系的一些情况，说：“中青社厉害。他们肯放长线，稍有一点关系，便抓住不放。赠送样书便是他们联系作者的一个重要手段。”

(3)“杂家”续谈

“始得名于文章，终得罪于文章”，这句话是唐代诗人白居易说的。罗老是否得名于文章，我们未做过考证；而得罪于文章，却是出版界尽人皆知的事实。一篇《杂家》，不过一千多字，结果竟因此大祸临头，有了一根永远好揪的辫子，从 60 年代初一直批到 70 年代末。然而，人人心里都有一架天平。不少人正是从这篇文章认识了罗竹风先生，从心底对他表示深深的敬意和谢意的。于是，我们的谈话又自然扯到“杂家”上来。在事物的曲折发展过程中，人们的认识是会不断深化的。

罗老说，编辑的修养一定要高一点。作为领导，要为编辑的提高和发展创造条件。编辑组稿是“游山玩水”，写稿是“不务正业”，这些不负责任的说法，要好好破一破。作为一项脑力劳动，编辑工作有自己的特点。有时似乎是在闭目养神，其实脑子里一刻也没有停下来，正在积极地进行着思维活动。干编辑这一行，要耳聪目明，限于一隅也是不行的。不了解这些特点，对编辑横加指责，这是粗暴和无知的表现。我们要鼓励编辑上进，提倡编辑和学者、专家交朋友。编辑要有一门专长，要在通才里面拔尖，做到这一点，学者、专家也不得不刮目相看。大学里可以有专攻李白的教授、专攻杜甫的教授，出版社却不能设李白编辑、杜甫编辑。因此，说到底，编辑得是个杂家。

罗老又说，编辑的工作作风一定要踏实。言必有据，应该成为编辑的职业习惯。大到观点、材料，小到一则引文、一个标点，都不能凭想

当然处理。罗老主持《汉语大词典》的编纂工作，他特地为我们转述了编纂组一些同志的体会。参加辞典编纂工作是枯燥的、寂寞的，但也有助于养成一种严谨的治学态度。古人作诗，“吟安一个字，捻断数茎须”。编辞典同样如此，“查证一个字，跑断两条腿”是常有的事。在人类文化发展史上，编辑有着承上启下的作用。人类的大量科学文化遗产，是通过编辑工作得到积累和传播的。罗老说，编辑的踏踏实实的工作作风，将会促进一个时代的好的学风的成长。

在罗老的心目中，一个合格的编辑，标准是很高的。我们应该朝着这个方向努力。但在现实生活中，又有很多难处。对此，罗老深有感慨，深表同情。他说，落实中年知识分子政策，关键是房子问题。房子既是生活条件，也是工作条件。安居才能乐业嘛！知识分子还需要政治上的关心和信赖。“入党难”的现象普遍存在，说明我们某些部门的同志“左”的思想还很严重。罗老还特别提到“看文件”的问题。为了搞好工作，编辑不懂政策不行，有些文件必须及时“下放”给编辑看。一切要从需要出发，不能死扣住等级不放。等级观念是陈腐的观念。遗憾的是，这个问题呼吁多年，却不见解决。罗老盼望能在改革的浪潮中出现新气象。

在谈话过程中，罗老一再提到：老编辑的力量不容忽视。不能像党政干部那样，一到年龄便来个一刀切。教学、科研、编辑部门的知识分子，越老越有经验，要根据身体情况安排适当工作，这类人可以说是“老为贵”。博物馆有位吴仲超，在鉴定古文物方面有独到的功夫。一件字画拿出来，他一看纸张、印泥、题款、笔法，便能大致判断出是哪个朝代的。可惜已故世了。还有个吕贞白，是搞目录学的，也于最近病逝，带着一肚皮的学问去了。这种学问，都不是一朝一夕便能掌握的。要发挥老编辑的作用，一是要有措施，要有安排，否则，只是空喊“传帮带”，那是不顶事的。嘴里说是宝贵财富，又搁置一边不用，还不是一堆垃圾！当然，我们的希望、前途，还是在中青年身上，这是不成问题的。

本文原载《上海出版工作》1984年第12期

六教授纵谈出版工作

今年7月，我在包头市参加中国现代文学研究会首届学术讨论会，会议间隙听取了部分专家、作者对出版工作的意见。

(1)出版社要有个性

现代文学研究会会长、北京大学教授王瑶先生，一开始就谈到出书特点问题。他说："出版社要有个性。专业出版社自不必说，即是综合性出版社，也应该形成自己的出书重点。解放前的商务、中华，就各有特色。开明出版林语堂的英语读本和《中学生》杂志，也有自己的一套保留书目。我们今天的出版社，怎么能反而搞得清一色呢？你们上海文艺出版社考虑恢复和发扬现代文学的特色，这是值得欢迎的。"

王瑶先生接着说道："出版社不但要有个性，也要有眼光、魄力。30年代，良友图书公司出了《中国新文学大系》，这在当时是很了不起的。最近香港又出了第二个十年，据说还是内地人编的。如果我们要搞的话，总可以比香港的要强一点吧？你们应该考虑这项大工程。第二个十年、第三个十年甚至可以同时上马！"

最后他特意强调说："作者写一本书，要有一个过程；读者认识一本书，有时也要有一个过程。你们可不能一开始就被销路束缚住呵！贯彻'双百'方针，有些书的观点不那么科学，甚至错误，这是正常的。电视机厂生产一百台电视机，其中只有一台次品，可以评为红旗厂；为什么

你们出一百本书只有一本观点有问题，就被认作是一种‘错误倾向’呢？这是不公平的。当然，这里首先是要求有关领导能正确执行党的政策。”

(2)重视资料工作

现代文学研究会副会长、山东师范学院教授田仲济先生说：“不少到会代表都谈到这样一句古话：‘巧妇难为无米之炊。’没有资料，怎么搞研究工作？现在就处于这种困境之中。就说作家研究吧，有些现代作家的作品，解放后没有重版过，一般图书馆根本见不到。而香港却在大量翻印，结果只好辗转到那里去搞。这是不正常的。”

为了说明这个问题，他给我讲了个钱伟长的故事。钱伟长到美国去，他有一位侨居美国的朋友，一时吃不准是不是他。于是，打了一个电话给资料服务公司查询，当天便送来一叠书面材料。里面不仅有年龄、籍贯、学历、著作，而且附有照片，简直比档案袋还要详细。后来，临分手时，这位朋友便把这套材料送给了钱伟长。田先生说：“我们现在还没有这样的资料服务公司，但是应该把资料工作搞得好一点。你们社接受出版的一套现代文学的大型资料，便是一大‘德政’。希望出版社以后能多行‘德政’，多做好事。”

(3)订计划要慎重

单演义老先生是西北大学的教授，第一次谈话，他便毫不客气地提出意见。他说：“1977 年，你们社搞过一个鲁迅研究的宏伟计划。鲁迅的生平活动，鲁迅的作品分析，几乎全都搜罗在内，面面俱到，洋洋大观。谁知道一本也未出来，便不声不响地把计划撤销了。李霁野的《鲁迅与未名社》，几次托我讨回，现在湖南已排出校样，听说很快就要出书。我的一本《鲁迅在西安》，也是一搁多年。希望你们以后制订计划时要慎重，量力而行；撤销计划同样也要慎重，要考虑影响。”

单先生还十分关心明年鲁迅一百周年诞辰的出书工作，直到临分手那天，他还一再叮嘱我说：“这是一件大事！一百年才有这么一次。你们只考虑出那么几本，太少！太少！这次活动是国际性的，外宾到了上海，

拿不出东西怎么行？现在北京出《鲁迅全集》，天津出《鲁迅史料丛刊》，连广东的鲁迅研究小组，也在组织相当规模的纪念活动；上海是鲁迅先生战斗的重要阵地，应该做出更大的贡献。”

(4)缩短出版周期

鲁迅研究学会总干事王士菁同志，是一位“老出版”，又在上海工作过。他十分关心出版周期问题，几次谈话中都说：“目前出版周期太长，这个问题必须认真解决。”他以学会编辑、出版的《鲁迅研究》丛刊为例，说明周期太长所造成的严重后果。第一，影响国际间的文化交流，人家送东西来，我们却无以为报；第二，影响和作者的关系，有些作者经常来信询问书稿进展情况，对拖拉、积压感到不满；第三，影响某些文章的宣传效果，有些稿子容易失掉时效。

王士菁同志还谈到了不能以印数决定选题的问题。他认为，印数太少要亏本，这是事实；但也是可以研究的。解放前的北新、良友，有些书印数并不大，照样能够赚钱。这里的关键看来是要降低成本。另外，还有个政策问题。“文化大革命”前，俞平伯先生的《唐宋词选》在“人文”出时，只印300册，还是给它出了，就是从政策考虑的。包括一些学术成就高而读者面狭的书，更不能死扣印数。这方面的问题，应该统筹安排，各方兼顾。

(5)影印报纸副刊

徐州师范学院教授吴奔星、吉林师范大学教授蒋锡金，也是我们社的两位热心的作者。蒋先生还有买书的嗜好，会议的临时售书处，他是每天都要光顾的。一次，他指着刚买的《京菜烹调技术》对我说：“一般人是没有条件照着做的，只能望书止馋。但是搞创作、评论的人，还是应该翻翻。”他至今未读到《文化与生活》，对此深为遗憾。

他们两位对于三四十年代的文艺界是很熟悉的。当时，他们自己就编过很多刊物，写了不少作品。他们也希望我们能重视资料工作。吴先生说：为什么目前的文学史有不少资料性错误？就是因为编写者本人也

没有看到原始材料，以讹传讹。他们两位同时提醒我们：资料工作要严谨、忠实、细致，不要把史料搞得像明清笔记一样。他们主张要继续搞好期刊影印工作，包括报纸副刊也可影印。两人你一句我一句当场列了一批篇目，如《申报·自由谈》、《晨报》副刊、《中华日报·动向》、《京报》副刊、《莽原》、《奔流》以及受到鲁迅关心的胡也频办的《民众文艺》，鲁迅自己编辑的《国民新报》乙种等等。蒋先生还认为，为了深入研究的需要，《现代评论》也应该影印出版。

本文原载《上海出版工作》1980年第1期

华君武和《咬文嚼字》

2010 年 6 月 13 日，我正在接听一个电话，不经意间瞥见报纸上有则标题：华君武先生与世长辞。读后顿时怅然有所失，当时电话虽还未挂断，但脑子里却想起了和华老通信的往事。

我本不认识华老。一次偶然翻看社里的读者俱乐部会员名册，发现华老的大名也列在其中，不觉有点奇怪。像他这样大名鼎鼎的漫画家，怎么会来参加一个出版社的俱乐部呢？一时心血来潮，给华老写了封信，没想到几天以后便收到回信。华老对我社俱乐部的工作，一口气提了好几条建议。原来他是一位对人对事充满热情的人。

因为有了这次交往，不久以后我便向华老约稿。当时，我很想编一套按人分卷的漫画丛书。我向华老谈了自己的想法，并提出了初步考虑入选的几位漫画家的名单，恳请华老出任这套丛书的主编。华老很高兴出版社有这样的计划，他认为这套丛书如能编成，不仅有珍贵的史料价值，还有长久的阅读价值。不过，他说自己年事已高，做主编已力不从心，又不想空挂一个名头，建议我另外考虑人选。这次约稿没有如愿，但我感受到了华老的坦诚。

华老最让我难忘的，是他对《咬文嚼字》的支持。1994 年年底《咬文嚼字》创刊前夕，关于刊物中的文章要不要点名的问题，社里有点争执不下。不点吧，怕可信度降低，读者会感到不过瘾；点吧，又怕树敌太多，增加编刊的阻力。正在举棋不定之际，收到了一篇来稿，是批评华老漫画中的错字的。华老画了一组《东郭寓言》，其中有一幅是《东郭虐狼》，

“虐”下面本是扑人的虎爪，华老误写成了“雪”字的底部，方向正好相反。于是我以征求意见为由，再次给华老写信，想试探一下华老对点名的态度。

说句实话，批评华老这样的名家，我在思想上是有障碍的。信中我再三强调，这是一篇读者来稿，如果华老认为不妥，完全可以不用；即使华老同意刊登，我们也会对原画给予充分的肯定，并隐去作者华老的名字。华老在第一时间做出反应，他明确表示“不必对画充分肯定(这是两件事)，也更无须隐去我的姓名，老漫画作者写错字与庶民同罪，不必客气”。华老还说自己曾是“死不悔改的错字派”，但“近年已有改恶从善之表现”，不再“自以为是”。

这封善解人意、谐趣横生的复信，给了《咬文嚼字》极大的精神鼓舞。它在相当程度上影响了刊物的编辑方针。我们决定不用某报某刊某人某篇的模糊说法，而是如实公布差错的来历，逐渐形成了与人为善又铁面无私的批评风格。我为此写信向华老表示感谢，华老在复信中再次表示：我现在主观上不想做“死不悔改的错字派”，但客观上错字还会冒头，你们要看到一个就揪一个，千万不要手下留情。他还说，我是画漫画的，批评社会上的不良现象；你们是咬文嚼字的，批评报刊上的文字差错；两者在性质上是相似的。凡是批评，最需要的品质是勇敢，你们不能只拍苍蝇不打老虎。

如今斯人已去，这些话依然在耳边回响，它将成为我们编好《咬文嚼字》的金玉良言。

本文原载2010年6月18日东方网

“范老板”是一座高山

早在 1989 年，范用先生曾自拟过一则“讣闻”，其中有这样八个字：“匆匆过客，终成归人。”这份淡定和通达，让我陷入沉思。

在中国干出版这一行的，大概无人不知道范用。有人叫他“范老板”，有人叫他“范公”，也有人叫他“老范”，称呼虽然不一，对他的敬重并无二致。他一生没得过什么大奖，但在出版人的心目中，却是一座高山，一面旗帜。

范用先生于 1923 年出生于江苏镇江，1938 年便进了读书生活出版社，成了一名练习生，实际上就是学徒工。当时他才 15 岁，小学刚刚毕业不久。从那时起和出版结缘，他干出版干了一辈子，当年的小学徒工成了今天的大出版家。1989 年离休以后，其实是离而不休，仍忙着组稿、编稿。绥青的书在中国出版时，他为之取了一个书名——“为书籍的一生”，这个书名用在他的身上，同样是恰如其分的。

正因为干了一辈子出版，他对书有着特殊的感情，有人说他是一个“纯粹的出版人”。他关心书的一切，从纸张到封面，从标点到书名。他把书当成朋友，收藏的每一本书都保护得完好无损，他的书架号称是京城最整洁的书架；他又把朋友当成书，不同的朋友被他比喻为不同的版本：精装本、平装本、线装本、袖珍本、毛边本……确实，他是一个爱书爱到骨子里的人。在我们编辑部的走廊上，挂着他的一幅相片，这是 2007 年《编辑学刊》封面用的：画面上他站在硕大的书橱前，逐排凝神扫视，那神态就像是一位元帅，正在检阅麾下的百万大军。他让我看到了

一个真正的出版人的风采。

望着范用先生远行的背影，我想，每一个出版人应该问问自己：我愿像他那样干一辈子吗？要成为一个出版家，是需要干一辈子的。出版也是值得干一辈子的。《晦庵书话》出版以后，唐弢先生曾感慨系之地说："没有范用，就没有我这本书。"唐弢说出了一批作者的心声。没有范用，也许就没有《傅雷家书》；没有范用，也许就没有陈白尘的《牛棚日记》。是的，若不是干了一辈子，能有范用先生这样的眼光吗？打开他的通讯录，你看到的是夏衍、聂绀弩、黄苗子、吴祖光、钱锺书、杨宪益、叶浅予、黄永玉、胡绳、李一氓……若不是干了一辈子，能和这么多一流文化人交往吗？范用先生有"三多"之称——"书多，酒多，朋友多"，其中书多、朋友多，正是干了一辈子的结果。

望着范用先生远行的背影，我想，出版主管部门也应该问问自己：在配备干部的时候，考虑过他们能不能像范用先生一样干一辈子吗？出版不是单纯的技术活，更不是简单的体力活，它是需要积累的。古人说过："观千剑而后识器，操千曲而后晓声。"不通过一本书一本书的历练，就谈不上对书的感觉。当年的出版如果没有像张元济这样的出版家，就没有高瞻远瞩的文化眼光；今天的出版如果没有像范用这样的出版家，同样也很难继承源远流长的文化血脉。为了民族的振兴、国家的未来，出版人不能把出版只是当成一块跳板、一个台阶，眼睛始终盯着下一个目标。

想干出版吗？那么，就准备干一辈子吧。

本文原载《编辑学刊》2010 年第 6 期

他倒在编辑岗位上

有一本书，叫《谢谢老谢》。这位“老谢”，大名叫谢泉铭，上海文艺出版社的编辑。他个子不高，但读完《谢谢老谢》一书，我想到的是鲁迅作品里的一句话：“需仰视才见。”

我是认识老谢的。第一次见面，是在1970年吧，他在《解放日报》编文艺副刊。我已记不清是谁介绍我们相识的，但第一次见面的情景仍然清晰。那天，可能是我提到了报上一位女诗人的作品，老谢一口气报出了一串上海女诗人的名字。每提到一位，他都会说出她的代表作，有时还随口背出一句，然后对我说：“写得多好！”这给我留下了极深的印象。我当时就在想：他对作品怎么这么熟悉？如今看到《谢谢老谢》一书中女诗人陆萍的回忆文章，我才找到答案。陆萍说在她的诗稿上，每页都是横七竖八地写满了谢泉铭老师修改的句子。他要一行一行地斟酌，每选定一行就画上一条红线。直到全部起承转合定当，他才会对作者说：“这首诗可以发了。”一个编辑把自己的心血，倾注在作者的作品中，他对作品怎么会不熟悉呢？

我是1978年调到上海文艺出版社的。老谢在我之前，也到了上海文艺出版社，我们成了同事。不过，他在创作编辑室，我在理论编辑室。我进社不久，发觉他经常去招待所看一个穿着朴素而又一脸机灵的小伙子。后来知道，这小伙子名叫叶辛，是到贵州插队的上海知青。老谢正在帮他修改长篇小说。我不觉有点惊讶。在我的心目中，长篇小说是很神圣的。这个稚气未脱的小伙子能写成吗？老谢后来告诉我说，一个作

者能不能写小说，一要看他有没有生活积累，二要看他有没有语言能力。小说是语言表达的艺术，要写出那个味儿来才行。叶辛的文字是有小说味儿的。据叶辛自己回忆，老谢为了帮他们修改作品，每天下午一两点钟到招待所，晚上九十点钟才回家，一字一句地“磨”，经过两年多的时间，这部名为《岩鹰》的作品才展翅飞向天空。老谢让我懂得了什么叫作编辑精神。

2000 年 3 月 31 日，社长室突然接到电话，说老谢在医院抢救。当时社长室就我一个人在，我在通报其他社领导后，赶快要了车子赶到医院。我当时看到的老谢，双目紧闭躺在病床上，有气功大师之称的作家沈善增，正在一边发功。原来，这天是总工会召开《五月丛书》发布会。老谢是这套丛书的编委，又是特约编辑，有些作品由他直接加工。他在会上第一个做了发言。谁知就在发言后十来分钟，他身子突然歪了下去，被立即送到医院抢救。我端详着老谢的脸，脑子里浮想联翩。胡适倒在学术讲台上，莫里哀倒在戏剧舞台上，老谢倒在编辑岗位上。他为自己喜欢的编辑工作，奋斗到了最后一息。在他倒下前的发言中，还说总工会以后有需要他的地方，他一定全力以赴。真是“春蚕到死丝方尽”啊！

老谢曾在我担任副主编的《杂家》上发表文章。他说：“我，没有辱没‘编辑’这个闪光的名词。”仰视老谢，我们都应扪心自问：自己配得上“编辑”这个名词吗？

本文原载《编辑学刊》2012 年第 3 期

四

咀嚼篇

［题记］

编辑是和书打交道的。一个人是否适合做编辑，可以说出十条八条，但其中最核心的要求是：爱书！要对书有特殊的割不断的感情。编辑不仅要成为所编的书的“第一读者”，而且还要以自己的判断，影响成千上万的读者。收在本辑中的文字，是根据不同的编辑需要撰写的，但不管哪一种形式，我都希望能反映出我对书的热爱。

话说易中天"初出茅庐"

——《〈文心雕龙〉美学思想论稿》出版纪实

如今说起易中天，套用一句"天下谁人不识君"，恐怕绝不是夸张之辞。记得有次请他吃饭，隔壁包间的客人突然闯了进来，问："您是易中天教授吗?"当得到肯定的答复后，来人又是送酒请易教授品尝，又是要和易教授合影留念，兴奋不可名状。对于这类"突发事件"，易教授显然已司空见惯，他既不谦虚也不张扬，分寸拿捏得恰到好处。

作为旁观者的我，不禁浮想联翩，想到了易中天的"初出茅庐"。易中天的第一本书，是在上海文艺出版社出版的。回顾这本书的出版过程，也许不仅可以为易中天研究增添一段资料，还能为今天的年轻的出版人提供一个案例，让他们从中了解到，老一辈的出版人是如何做编辑工作的。

(1)一份提纲和两位"智囊"

事情得从 1982 年说起。

那时，易中天研究生刚毕业不久，在武汉大学中文系文艺理论教研室任教。一个才三十出头的年轻人，思想上活跃，专业上自信，作风上踏实，对未来充满幻想。他的硕士学位论文是《〈文心雕龙〉美学思想论稿》，在答辩时深受专家的好评；答辩以后又在导师的鼓励下，历时一年，两易其稿，写成了一部专著。1982 年 12 月 20 日，他决定向出版社投稿，开始了自己学术生涯中的第一次飞翔。

说是投稿，其实寄出的并不是全部稿件，而只是一份提纲和一个简单的内容提要，加在一起不过五千字。易中天对此的解释是，自己觉得人微言轻，不敢贸然和盘托出，而且觉得万一稿子不够出版资格，这样做不至于耽误编辑太多的时间。这份提纲的收件人，是上海文艺出版社文艺理论编辑室的王一纲先生。易中天其实并不认识王一纲，之所以想到投寄给他，是因为自己的导师胡国瑞是王一纲的作者，曾经在上海文艺出版社出版过《魏晋南北朝文学史》，对王一纲多所推崇。易中天与王一纲未曾谋面，却已怀着对他的景仰和信任。

上海文艺出版社文艺理论读物编辑室全体同仁合影。王一纲去哪儿啦？

和一般的投稿者一样，为了引起编辑的重视，易中天认认真真地附了一封信。他在信中毛遂自荐，说自己是胡国瑞先生和吴林伯先生的研究生，投寄的这部书稿曾受到专家的好评，特别是在后来充实提高的过程中，获得了一批专家的指点。他列出了六位专家的名字。易中天自信地说：有关《文心雕龙》的研究著作虽然出了不少，但从美学角度展开研究的，迄今只有单篇论文，因此他的著作多少是具有开创意义的。他盼望王一纲先生“能在百忙之中，抽空审阅，并批评指正”。

王一纲何许人也？凡是见过他的人都有一种感觉，他就像作家柳青

一样，有着一种农民的质朴。平日里不修边幅，不懂享受，坐在办公桌前，香烟一支接着一支，沉默中甚至有点木讷。但只要有一部稿子放在面前，你就能立刻感受到他的特别。他总是能一眼掂出稿子的分量。他毕业于华东师范大学，古代文论的功底相当扎实，又十分熟悉马克思主义文艺思想和西方文论，被同事们称为“当代的别林斯基”。编辑室里凡是处理重头稿件、疑难稿件，王一纲总是决策者之一，在业务上有着举足轻重的地位。

1982 年 12 月底的一天，王一纲处理桌上的邮件。易中天的来函便在其中。这是十分耐人寻味的一幕：他打开了落款是“武汉大学”的信封，看到的是“《〈文心雕龙〉美学思想论稿》目次”，是“《〈文心雕龙〉美学思想论稿》内容提要”，偏偏没有看到易中天精心写下的那封信。这可能和易中天的附信用纸太薄有关，王一纲压根儿没抽出来。面对着一个名不见经传的名字、一份没头没脑的提纲，王一纲并没多想，只是凭着自己长期形成的编辑意识和职业操守，一字一句地认真读了起来，并写下了审读意见：

> 此是作者寄我的一份提纲，作者我不认识，过去也未注意过他在报刊上的文章；寄来时也未附信，不知作者的情况。但从寄我来看，可能是想投稿。
>
> 提纲我初翻一过，印象是：他对《文心》一书还是作过一些研究的，在一些简明扼要的提示中，也可见其有自己的一些看法。这个情况供参考。
>
> 是否接纳请余、聂审定。并请给作者一个答复。我个人不另写复信了。

这里的“余”是指编辑室主任余仁凯同志，“聂”是指分工联系文艺理论编辑室的副总编辑聂文辉同志。余仁凯同志治学严谨，作风正派，待人宽厚。他是“左联五烈士”之一胡也频研究专家。在他主持文艺理论编辑室工作期间，室里出版了一批在中国出版史上具有重要地位的图书。他看到王一纲关于易中天的“审读意见”后，并没有因为这仅是一份提纲而搁在一边，而是立即请周天同志复审。

说到周天，不能不再啰唆几句。你别看他个子矮小，走起路来背弯

着，头低着，往前一冲一冲，他可是文艺理论编辑室的又一位“智囊”。论学历只有高中，但天资聪慧，涉猎广泛，文思敏捷，用鲁迅评价徐诗荃的话来说，此公“雄于文”，是出版界不可多得的奇才。他最初研究古典文学，写下了《〈西厢记〉分析》等专著；后来转向现代文学，又有《论〈创业史〉的艺术构思》等成果问世；他还曾创作三十多万字的长篇科普散文《蜜蜂王国见闻》，由他撰写文字脚本的科教片《蜜蜂王国》，曾获金鸡奖最佳科教片奖；最近几年他主攻历史，让我们看到了《皇帝读书考》、《文人的悲哀》等一部部史学随笔。周天有着中国知识分子的风骨，刚正不阿，宁断不弯，连张春桥、姚文元的稿子都敢退；同时又是侠骨柔肠，诲人不倦，在辅导年轻作者方面甘于奉献。他接到余仁凯交给他的任务后，像王一纲一样，认真读了易中天的提纲，一眼看出作者是一位“新人”；但他并未因为是“新人”便投以冷眼，而是对提纲做了肯定性的评价。他的审读意见是这样写的：

> 这个提纲我已看了一遍。从提纲看，作者对《文心雕龙》是花了功夫的，且有一定的见解。不过，提纲同书毕竟是两回事，还要看了书稿才能作判断。作者看来是中青年新人。我意可要他把稿子写成后寄来，我们看一看再作定夺。如有培养前途，可加以辅导帮助。

正是根据王一纲和周天两位的判断，上海文艺出版社向易中天敞开了大门。1983 年 3 月 21 日，文艺理论编辑室发出公函，欢迎易中天寄稿。

(2)一部书稿和两位名家

我想，易中天是盼着这封信的。刚开始投稿的人，都有这样的情感经历。稿子寄出以后，就好像风筝放飞，心里一直牵着挂着。

然而，出乎我意料的是，易中天接信以后，并没有立即寄出稿子，而是自己重新审读，做了一次全面修改。为此，他花了两个多月的时间。由此可以看出，在武汉大学这所著名高等学府的熏陶下，在胡国瑞、吴林伯这样的名师的引导下，易中天有着严谨的学风和高远的追求，他懂得什么叫学术规范和学术质量，他内心渴望成功，但并不急于求成。易

中天今天的如日中天，可从当年的改稿发现端倪。

易中天的稿件终于寄到出版社后，余仁凯主任指定由高国平处理。高国平是文艺理论编辑室的副主任。他出身于革命家庭，从小参加部队，是一个典型的“红小鬼”。他曾上过朝鲜战场，后来由我们的党送到北京大学深造，做编辑后仍然保持着部队作风。他做事雷厉风行，一接到易中天的稿子便开始审读，感受到了这部稿子思维的活跃和语言的活泼。他觉得在学界日益重视《文心雕龙》的背景下，这部书稿应该重点处理，于是建议送外审，并提出送王元化先生。

元化先生是上海文艺出版社的第一任总编辑，他一直关注着上海文艺出版社的发展。元化先生又和高国平的父亲是上海地下党时期的老战友，他们在出生入死中结下了深厚的友谊。为此，高国平到出版社工作以后，和元化先生保持着频繁交往，这当中不仅有业务联系，更有着感情成分。但这次高国平提议元化先生作为外审专家，并不是从私人关系出发的。高国平首先考虑的是元化先生是《文心雕龙》研究专家，先生

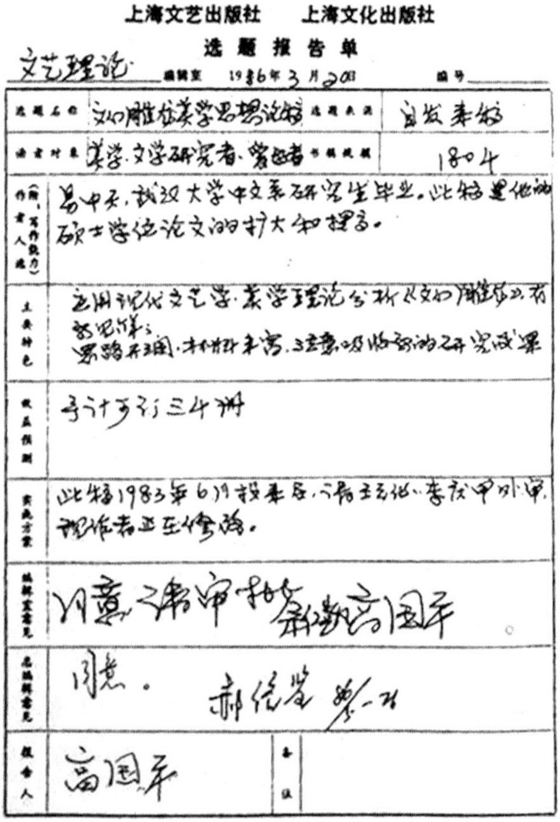
上海文艺出版社　上海文化出版社

选题报告单

文艺理论　1986年3月20日

文心雕龙美学思想论稿　自发来稿

美学、文学研究者、爱好者　1804

易中天，武汉大学中文系研究生毕业。此稿是他的硕士学位论文的扩大和提高。

同意。

高国平

《〈文心雕龙〉美学思想论稿》选题报告单

的《〈文心雕龙〉创作论》，以及他和张光年关于《文心雕龙》的通信，在学术界很有影响。而且，元化先生又是一位热心提携后学的人，在他的客厅里，总是坐着一批又一批年轻人，他把和年轻学人的交往，看作自己的一种责任。

高国平是元化先生家的常客。他把易中天的稿子送去后，先生让他把稿子留下。其实，易中天在写作过程中，已经得到过他的指点。先生很愿意为出版社把关。但是没过几天，他告诉高国平，自己手头有急事，无暇顾及易中天的稿子。他建议送给李庆甲先生审读。李先生是复旦大学教授、古代文论专家，在《文心雕龙》研究方面，有着深厚的修养。于是，这部稿子从元化先生处转到了复旦大学。

李庆甲先生是一位做事一丝不苟的人。他在读易中天的稿子时，发现可议之处，马上写下眉批。快读到一半时，为了筹备中日学者《文心雕龙》学术讨论会，不得不搁了下来。会议开完以后，又从头开始重新审读，写下了明确的审稿意见。李先生认为古代文论研究不能以古说古，而应运用现代的文艺学、美学理论去分析、解剖古代文论著作，易中天的书稿正是遵循这一方法开展研究的，方向完全正确。书稿引用的材料比较丰富，思路比较开阔，吸收了美学界和文艺理论界关于《文心雕龙》的最新研究成果，不乏正确的见解和生动的阐述，可以给读者以启发。但是，书稿也存在明显的问题：

一是全书的框架不像是在分析刘勰文论或美学思想体系的基础上提炼出来的，似乎是作者依据自己的美学修养，综合了《文心雕龙》和其他古代文论资料所做的分类与发挥，主观思辨色彩过浓。

二是作者把“传情之文”和“自然之道”作为《文心雕龙》思想体系的两大主干，并不符合《文心雕龙》的实际面目。刘勰从未说过所谓“传情之文”，《文心雕龙》中所讲的“情”有特定内涵，总的来讲仍属于“道”的范畴。学界尽管在《文心雕龙》研究上歧见甚多，但关于这一点是基本一致的。

三是引文过于零散，又对《文心雕龙》全书未做全面介绍，因此读来有支离破碎之感。加上《文心雕龙》以外的古代文论资料引用太多，这就更容易冲淡主旨，影响了读者对《文心雕龙》本身的认识。

出版社接受了李庆甲先生的意见，将书稿做“退修”处理。可这不是小修小改，从全书的立论到材料的选择，都要重新推敲。易中天为这次

修改，用了两年多的时间。他不但改变了全书的框架，由“传情之文”和“自然之道”上下两部分，改变为“自然之道”、“神理之数”和“雅丽之文”上中下三篇；而且对引用的材料重新梳理，力求突出《文心雕龙》本身，给人以“全豹”之感，从根本上解决散乱的问题；特别是在立论上，经过两年多的思考，作者在采纳了李庆甲先生的意见之外，又结合自己的研究心得，提出刘勰的“自然之道”，是一个以道家的“自然”法则为外壳，以儒家的伦理情感和功利目的为内核，以玄学本体论为理论高度，以佛教因明学为逻辑方法，集先秦两汉魏晋齐梁美学思想之大成，总诗歌辞赋书文史论创作经验之精粹，而形成的空前绝后的理论化、系统化的艺术世界观。这一见解无疑是具有突破性的。

1987 年年初，当这部经过深度修改的稿子再次寄到出版社时，由赵南荣同志接手处理。赵南荣毕业于复旦大学，以好读书善思考著称，是文艺理论编辑室的后起之秀。他对易中天的改稿做了高度评价，认为“像作者这样运用现代美学观点，系统地、全面地来揭示《文心雕龙》的美学思想、美学成就，似还是首次。就填补研究空白而言，此稿是有出版价值的”。1987 年 6 月 11 日，易中天的处女作《〈文心雕龙〉美学思想论稿》办完全部发稿手续，正式发排。就从这部书稿开始，赵南荣和易中天结下了不解之缘，编辑易中天的作品，成了赵南荣编辑生涯中的一道瑰丽的风景。

(3)一个案例和三条启示

从 1982 年 12 月 20 日易中天投寄提纲开始，到 1987 年 6 月 11 日《〈文心雕龙〉美学思想论稿》正式发排，前后历时共四年六个月。

经手这部书稿的，最初是王一纲、周天，后来余仁凯、高国平直接介入，又惊动了社外的王元化、李庆甲两位名家，直到赵南荣发稿，余仁凯复审，周天终审，最后由我签发(1985 年 6 月，本人出任上海文艺出版社副总编辑，文艺理论编辑室是分工联系的部门之一)，参与编辑过程的至少有八人。

这么长的编辑时间，这么多的编辑人力投入，终于出版了这样一本在经济上肯定亏本的学术专著。这个案例给了我们什么启示呢？我想到的是以下三条：

第一是眼光。编辑一定要有发现的眼光。发现，是编辑工作的最高境界。一部编辑史，甚至可以说是人类智慧成果的发现史。记得罗丹说过，世界上不是缺少美，而是缺少发现；同样，在出版工作中，不是缺少好作者、好作品，遗憾的是编辑不能慧眼识珠。王一纲没有抽出易中天的附信，这也许是工作中的一个小小的失误，但正是这样一次阴差阳错，给了我们思考的空间。王一纲如果看到了信，他后面做出的判断，人们也许会认为其中有权威的影响，有情感的干扰；现在的事实恰巧不是这样，王一纲面对的是一份光秃秃的提纲，他既不知道它的作者是胡国瑞、吴林伯的研究生，更不知道这一课题曾得到多位名家的指点。王一纲是就提纲论提纲，看出作者对《文心雕龙》"是做过一些研究的"，非但做过研究，"还有自己的一些看法"。这是一种敏锐的发现，是一种独立的发现。编辑有了这样的眼光，"易中天们"才不至于有明珠暗投的无奈。

第二是质量。编辑一定要有质量意识。学术著作要讲究创造性和深刻性，发前人之所未发。应该承认，易中天是一位严肃的作者，他是爱惜自己的羽毛的。《〈文心雕龙〉美学思想论稿》是他长期研究的成果，倾注了大量的心血，达到了一定的水准。胡国瑞、吴林伯等名家的评价便是证明。高国平接手这部书稿后，如果只做一些简单的案头加工便发稿，也不会受到任何指责。这完全符合出版社的工作程序。然而，高国平没有这样做。他想到的是如何推动《文心雕龙》的学术研究，如何让一部已经具有一定基础的书稿更上一层楼，在他看来这是编辑应尽的义务。为此，他提出了外审的建议，给自己找来了很多的麻烦。可正是他的这一建议，不仅使书稿质量有了明显的提升，还使作者的研究能力得到了很好的磨炼。从高国平身上，我们看到了难能可贵的敬业精神，看到了应该大力提倡的文化自觉。

第三是使命感。编辑是文化人，一定要有文化追求。图书应该走向市场，但编辑不能被市场牵着鼻子走。在社会文化生产中，编辑要以推动社会文化发展为己任。《〈文心雕龙〉美学思想论稿》发稿时，中国图书市场正在发生变化，学术著作大幅度萎缩。为此，责任编辑赵南荣曾在审稿意见单上，专门提出自己的"忧虑"："一部古典文论研究的著作，在目前的市场情况下，2000 册印数就碰顶了。"面对着市场的严重压力，在这部书稿的出版问题上，却没有一个人打过退堂鼓。责任编辑说"可以出

版”；编辑室主任说可以想其他办法，如通过全国美学学会争取印数；终审的同志更明确表示：“这样的东西是值得出的，印数少一些，恐怕也值得出。”那个时代的出版人，就是这样的单纯，这样的执着，他们以自己对文化的虔诚，坚持了中国出版的正确方向。试想一下，如果易中天的这部处女作是补贴出版的，是作者包销的，那在中国出版史上，将会留下怎样的尴尬！

附：易中天首次投稿时致王一纲的一封信

王一纲同志：

您好！因为常听我的两位导师胡国瑞先生和吴林伯先生说到您，所以很冒昧地给您写信，并寄上拙作《〈文心雕龙〉美学思想论稿》的内容提要，盼能在百忙之中，抽空审阅，并批评指正。

《〈文心雕龙〉美学思想论稿》本来是我在武汉大学中文系研究生班毕业时撰写的硕士学位论文。论文答辩时，胡、吴二位先生和校内外一些专家都曾给予好评，并建议我充实、提高、完善，写成专著。现在，在听取各方面专家意见的基础上，历时一年，两易其稿。已初具规模。我将修改过程向胡国瑞教授汇报后，胡先生甚为高兴，欣然表示，如拙稿能够出版，他愿为之修序，还建议我向贵社投稿一试。但我自觉人微言轻，未敢贸然投寄全稿，兹先写出内容提要，寄您审阅。这样，即使拙稿不够出版资格，也不至于耽误您过多的时间。

《文心雕龙》是我国古代最重要的文论著作之一，而且是唯一形成逻辑理论体系的一部专著。粉碎“四人帮”以后，有关《文心》研究的专著出版不少，但从美学的角度研究《文心》的，迄今只有单篇论文，研究《文心》美学思想且形成体系的，似乎还未见到，拙稿正是从这方面进行努力的。因为这项工作多少有点开创的意义，所以写作和修改过程中，曾多次写出提纲，征求意见。除我自己的几位导师外，我国著名的理论家王元化老师，美学家刘纲纪、周来祥教授，古代文论专家郭晋稀、王文生、牟世金教授等都曾给予指导。正是在这几位前辈的指导下，我才得以完成这部论稿。

贵社素以鼓励创新、奖励后进而闻名全国，因此不揣冒昧，作毛遂自荐。如您审阅提要后，觉得可以考虑，请信示，当即奉寄全

稿；如不拟录用，也请退回提要。

打搅，谢谢！

即颂

编安

易中天

1982.12.20

本文原载《编辑学刊》2010年第3期

中国特色和文化内涵

——关于《中国食经》的总体构思

《中国食经》是我社的"文化五经"之一。这是一本从文化角度着眼的知识密集型的准工具书。它的基本读者对象，除了厨师中有文化追求的从业人员和餐饮业的管理人员外，还应该包括中国传统文化的研究者和爱好者。

古人说："民以食为天。""食"是人类维持个体生命的第一需要。毛泽东同志也说过："中国医药和中国菜是我们对世界的两大贡献。"中国菜是名副其实的"国粹"。某些研究文化学的学者认为，东方文化是"饮食文化"，西方文化是"男女文化"。这一说法虽然未免显得粗疏，但还是精辟地道出了"饮食"在东方文化尤其是在中国文化中的地位和影响。"饮食文化"已经积淀在或者说渗透在民族心理和社会历史之中。因此，编纂《中国食经》，就绝不仅是饮食行业的要求，而且是研究中国文化所必须完成的一项配套工程。

有鉴于此，我认为"食经"应该具备以下几个特点：

一是文化性。所谓文化，据说有一百多种定义。但不管怎么说，文化是人类社会物质文明和精神文明的总和。文化是人类创造的，而一旦创造出来，又会形成一种环境、一种气候，制约人类的行为。美国已故人类学家克莱德·克鲁克洪教授说过："文化无处不在，甚至打喷嚏也不例外，因为由此会发展出小小的习俗，诸如说一句'对不起'之类。这是

在某种文化网络里发生的生物行为。”而饮食不知比打喷嚏要丰富多少倍！因此，在《中国食经》编纂过程中，一定要从文化着眼，挖掘文化内涵。比如，由中国的特色餐具筷子，有人引申出老庄哲学思想；由“五味调和”，有人联想到“中庸”、“和为贵”的处世准则；至于饮食习俗之类，那更是一种文化的折射。

与《中国食经》主编、上海市饭店业协会会长任百尊（左）合影

二是经典性。《中国食经》既然称之为“经”，便体现了一种编纂追求。这不是一般图书，而是经典著作。中国有“四书五经”、“十三经”，西方有《圣经》，凡是“经”，都应该是典范。为此，我们要变局部研究为整体研究，变微观介绍为宏观考察，变孤立展示为系统把握，变工艺讲解为文化破译。作为“食经”，当然要有篇幅上的要求，否则便很难涵盖中国饮食文化的悠久性和丰富性。本书总篇幅初步定为 160 万字，但仅仅有规模还是不够的；更重要的是眼光，要站在今天时代的高度，对中国饮食文化做里程碑式的总结。

三是科学性。内容要科学，这是自不待言的。这里包括观点要正确，资料要翔实，分析要合理。另外，框架结构也要科学。大凡集体项目，都要在框架结构上下功夫，反复讨论，形成共识，所谓“袖手于前，方能疾书于后”。书中各篇要自成体系，主题明确；篇与篇之间又要相互呼

应，形成整体。要从篇目设置，反映出全书的内在逻辑。分科主编承担的，可能只是某一部分，但一定要胸有全局，这样，这一部分才能写得恰到好处。切忌各唱各的调，全书如一盘散沙，或者你写我也写，相互之间缠夹不清。

在《中国食经》之前，书市上已经有《烹饪百科全书》、《中国饮食词典》等颇具规模的同类书。这可供我们借鉴，但也增加了编写难度。作为“后来者”，只有后来居上，才有存在的价值。为了体现本书的特色，经过和编委们反复交换意见，现决定全书分为十篇。各篇编纂要求如下：

一、食史篇。关键是要理清“史”的脉络。一谈到“史”，人们习惯于按朝代分期，其实有时恰恰是一种“误区”。饮食有其自身的发展规律，并不一定会随朝代的更迭而变化。对此，一定要从材料出发，而不是从观念出发，否则便很难达到科学性的要求。根据编委们的讨论，本篇似可按烹饪方法的历史演变，分为石烹、陶烹、铜烹、铁烹、电烹等各个阶段。具体可谈以下几个方面：一是中国人饮食结构的形成和发展；二是灶具、炊具、餐具的变化及其对烹饪的影响；三是地方风味的形成和丰富；四是饮食文化的传播和交流。

二、食论篇。在中国历史上，有很多关于饮食的论述，如“口之于味，有同嗜焉”、“物无定味，适口者珍”、“饮食有节”，等等。这些论述反映了中国人的饮食观，集中编为一篇，有利于提高《中国食经》的文化品位和学术含量。在筛选论点时，应注意三点：一是原创性；二是必须是“名论”，具有重大影响；三是今天看来，仍有文化研究价值。不同的论点，可以分类排列，以论立“目”，并尽可能用原文，原文太长的，当然也可概括出“主题词”立目。除了介绍“论”的出典、内涵、价值、影响外，还可和西方饮食文化进行比较，以使本篇成为统摄全书的灵魂和制高点。

三、食料篇。人类的饮食原料，经历了一个由原始到成熟、由单一到丰富、由粗糙到精致的选择、发展过程。每一个原料品种，都蕴藏着一段历史。本篇不注重于自然形态的介绍，而应致力于揭示“历史”的脉络，要从具体原料展现社会人文景观。可按动物原料、植物原料、加工原料、调味原料等分类，每类列举最有中国特色的品种，同时，还应设法引入花卉食品、绿色食品、黑色食品、昆虫食品、野菜食品等概念。

凡是国家保护动物而至今没有进行人工繁殖的，均不应列作食料。

四、食艺篇。“主艺”是介绍厨艺，主要是火候、刀工、调味等。传诵千百年的艺诀，如“千滚不如一焖”、“文火炖肉，武火炒鸡”、“鸡无蹄不肥，蹄无鸡不鲜”，等等，也可择要介绍。辅助技艺，如围边、餐巾折花、食雕等，同样是饮食文化的组成部分，也应占有一定篇幅。不过，《中国食经》毕竟不是中专教材，因此不宜做纯技艺的传授。为此，建议在介绍具体工艺时，一要从现代科学角度，交代工艺的科学原理；二要突出中国烹饪技艺的特色，如中国菜强调色、香、味、形俱全，便大有文章可做；三是要重视电炉、微波炉等现代炊具在烹饪中的运用，加强时代感。

五、食珍篇。本篇是《中国食经》的“重头戏”。可分上下两篇，上篇介绍饭、粥、面等米食和小吃，下篇介绍菜肴。限于篇幅，上下两篇只能各选 500 个品种，因此，要努力突出一个“珍”字，即所列品种，必须是名食、名菜。选择的标准是：文化特色、地方特色和技艺特色。具体品种可从历史渊源、风味特点和历史影响方面进行介绍，并可穿插一点与之有关的传说和轶闻。古代的名点、名菜，一要充分挖掘资料，但不必强行铺陈，以“有话则长，无话则短”为原则；二要注意于史有征，收必有据，“红棉虾团”、“雪夜桃花”之类，看上去古色古香，其实都是现代人杜撰的菜，建议不列；三要坚持用原名，如“炙方肉”就不能说成“烤方肉”，因当时尚无“烤”字。

六、食养篇。有人说，西方人吃科学，中国人吃艺术，这话不无道理。但只能说是“片面的深刻”，因为科学和艺术不是截然对立的。中国饮食“以味为核心，以养为目的”，其中就饱含着科学道理，大有文章可做。本篇宜从“养”字入手，食补和食疗兼顾，以补为主，以疗为辅，即使是食疗，也重在讲原理，而不是开药方。要回答当前人们关心的问题，如怎样通过饮食来达到美容、健身、益智的目的，等等。

七、食礼篇。据文字学家考证，“礼”是祭祀祖先的一种形式，因此充满着敬重的意味。后来引申指人与人之间以尊敬为目的的一种行为方式。这在古代，表现为长幼有序、尊卑有别的等级观念，到了现代，则更多地显示出个人修养和社会文明。中国是“礼仪之邦”，讲究“诗礼传家”，特别在饮食文化中，更是贯串和渗透着“礼”，吃什么、怎么吃，从

孔夫子的“割不正不食”，到民间的八仙桌排座次，无不有“礼”的存在。本篇古代部分，重在整理，要从史籍中钩沉出有关内容，并用文化的眼光来进行分析；现代部分，重在归纳，要把社会上约定俗成的礼仪形式加以规范。

八、食俗篇。俗和礼既有联系，也有区别。这里所说的“俗”，是指相沿成习的有一定文化意蕴的民族习惯或地区风尚。因此，一不是个人行为，而是反映了群体意识；二不是瞬间现象，而有一种历史的延续性；三不是随意行动，在它的深层次，有着丰富的情感因素和深刻的历史背景。可以说，凡称得上是“俗”的，都是文化的富矿，值得用力去开掘。需要提醒的是，“俗”往往和民族和宗教联系在一起，一定要充分注意民族政策和宗教政策。

九、食事篇。以“事”为纲，一事一题。可以由事及人，写古今名人在饮食方面的轶闻趣事；也可由事及“物”，写具体饮食的由来兴衰；当然，更可以就事论事，写古往今来的饮食故事。不过要事必有据，即使是传说，也须见之于记载。

十、食典篇。本篇编撰原则是当代从严，古代从宽。对烹饪专门著作分类排列，并对其在历史发展中所起的作用进行精辟的、独到的、具有充分说服力的评说。食典的时代划分：先秦时代起到清代；辛亥革命胜利到建国；新中国成立以后。其中第三阶段的饮食著作，经过分类，可对其水平高、影响大的，选一两本进行点评，其余列表介绍。对现代饮食文化著作的介绍和评论，要出以公心，不带个人色彩。

以上十篇，不知是否可大致勾勒出全书的基本轮廓。这是大框架，各分科主编在认清全书面貌的基础上，再列出二级、三级标题。所列内容，一定要有中国特色；同时，相互之间要适当照应，避免重复。

本文为作者 1994 年 5 月 30 日在《中国食经》编委会上的总结发言。作者系《中国食经》副主编，本文原载 1994 年 6 月 18 日《中国食经简报》第 2 期

亲近感和新鲜感

——《文化鉴赏大成》总序*

文化，是一个众说纷纭的题目。据说，世界上关于文化的定义，多达一百七十多种。“文化是生活方式”、“文化是人类行为的模式”、“文化就是教育”、“文化是民族精神的表现”、“文化是与自然科学对峙的学科”，等等，可谓言人人殊。文化人类学的创始人、英国杰出的人类学家泰勒则干脆说：“文化是一个复杂的总体，包括知识、信仰、艺术、道德、法律、风俗，以及人类在社会里所得一切的能力与习惯。”他的论述力求周密，不过，仍然停留于表层的罗列。一百七十多种定义，既说明文化学还是一门相当年轻的学科，同时，也预示着这门学科方兴未艾的研究前景。

80 年代以来，我国出现了“文化热”，“文化”成了一个常用词。各种规模的文化研讨会、报告会、讲习班，此起彼伏，前呼后应。从解剖传统文化，到呼唤人文精神，从介绍西方文化，到比较东西方文化异同，一浪高过一浪，令人如走山阴道上，目不暇接。作为一种社会文化现象，这恐怕不是偶然发生的。政治、经济、文化，是人类社会的三大支柱。三者相互作用而又相互制约。任何一场重大的政治、经济变革，都必将震荡着某一特定的文化体系，并要求它做出相应的调整。当前我们正处

* 本文刊出时由江曾培、郝铭鉴、孙颙三人联合署名。

于一个社会的转型期。随着我国经济改革高潮的到来，文化也必将通过变革发展到一个新的阶段。“文化热”无疑正是这一发展的前奏和先导。联系这一社会背景，《文化鉴赏大成》也可以说是应运而生，是当前这场“文化热”辐射的产物。

由文化联想到文明。社会主义精神文明建设，其实也是一项系统文化工程。在文化学研究中，文化和文明是两个既有区别又有联系的概念。一方面，正如不少研究者所指出的，文化“以科学、艺术或技术去统治自然”，文明则是“以社会的力量去统治与改善人类自身”，“文化表示一种外在的历程，文明表示一种内在的历程”；另一方面，文化推动着文明的升华，文明引导着文化的发展。因此没有一定的文化，也就没有一定的文明。社会主义精神文明建设，归根结底是提高人的文化素养。

人就其本质来说，是文化的动物。文化是人创造的，是人类智慧的成果，而一旦创造出来，则会形成一种精神气候、一种社会环境，反过来影响人的思维方式和行为方式。人类本是文化的创造者、主动者，这时却成了文化的“受洗者”、被动者。法国著名社会学家埃米尔·杜尔干说：“文化是我们身外的东西——它存在于个体之外，而又对个体施加着强制力量。”美国文化人类学家卡·伯恩-梅·伯恩夫妇在《文化的变异》一书中也曾说过：“我们每个人都诞生于某种复杂的文化之中，它将对我们往后一生的生活和行为产生巨大的影响。”可见，凡是生活在社会中的人在不同层次、不同程度上，都可以说是有“文化”的人，是某种特定文化的载体。在人和环境这对矛盾中，人只有不断提高自己的“文化水平”，从被动传承者成为自觉吸纳者，对“文化”具有清醒的认识和科学的判断，才能

《文艺鉴赏大成》、《文化鉴赏大成》书影

适应环境，同时又能改造环境，进入一种“从心所欲不逾矩”的人生境界。而了解文化传统，掌握文化知识，增强鉴赏能力，提高文化素养，正是通向这种境界的一条重要的途径。

“文化”这一主题的确立，是本书迈出的第一步。这一步固然重要，但毕竟还处在“意念”阶段。进入编写阶段以后，编者越来越认识到，文化确实是一个“复杂的总体”，是人类一切物质财富和精神财富的总和，我们面对的是一团“混沌”。几年以前，我们编过《文艺鉴赏大成》，两者相比，“文艺”是一块比较成熟的土地，无论是文学体裁还是艺术手段，是作家作品还是流派风格，都有很多权威的材料可资参考；而“文化”在相当程度上还是一块“处女地”，特别是实用性的文化，要做“大成”式的梳理，就得靠自己来开垦，来耕耘，从别人没走过的地方走出路来。比如本书的框架，编委会就曾提过多种方案，经过反复比较、筛选，最后才决定用十二个字提挈全书。这十二个字便是：衣、食、住、行、用、游、藏、赏、视、听、技、乐。

编委会之所以选择这一方案，基于以下几方面的考虑：首先是服从编写宗旨。既然名为《文化鉴赏大成》，就不能不突出文化的含量。文化，也就是“人化”。这十二个字，大致概括了人的生活的方方面面，因而有着丰富的文化蕴藏。其中每一个字，既是自成体系的独立世界，凝聚着人类的无穷智慧，而融于一书之中，又可显示出文化这一“复杂的总体”的清晰的轮廓，做到微观的解剖和整体的展示相结合。其次是突出本书的性质。本书是一本以普及为特色的文化知识读物。作为普及读物，应该尊重读者的阅读基础和阅读习惯，善于把读者从已知领域领入未知领域，“随风潜入夜，润物细无声”。“衣食住行”等十二个字，约定俗成，简洁明确，见词明义，没有阅读障碍和心理隔阂，而在随意中又不失法度，这样，读者在产生亲近感的同时，或许还会有一种新鲜感。第三是为了适应“鉴赏”的需要。鉴赏作为一种精神活动，是必须以审美对象的存在为前提的，而不只是咀嚼一些抽象的观念或原理。伯牙首先要鼓琴，钟子期方可听出“峨峨兮若泰山”、“洋洋兮若江河”，否则，即使有钟子期的耳朵，两人也无法成为“知音”。所谓“鉴赏”，是对存在的感知和理解。“衣食住行”等十二个字，正代表着审美对象最集中的十二个领域，不仅可以提供具体的审美对象，而且可以提供最具典范性的审美对象，

以收到"取法乎上"的鉴赏效果。除上述原因外，还要补充说明的一点是，《文化鉴赏大成》是《文艺鉴赏大成》的姊妹篇，凡是在《文艺鉴赏大成》中已经收列的，比如雕塑、书法、绘画、园林、乐曲等，为了尽可能避免重复，《文化鉴赏大成》便不再收列。

本书共收条目 2000 余条，120 万字。每一部分，"古今"和"中外"都分别占有适当的比例，并按"史"的线索排列，以体现出"大成"的面貌。在具体编写过程中，力求选择具有比较丰富、比较深刻的文化内涵的鉴赏对象。各条目开始一般是描绘或说明，并配置插图，目的是想让读者如入其境，如睹其形；随后，考察其特殊的文化色彩和深厚的历史积淀。无论是一件衣服，还是一把椅子，是一柄团扇，还是一枚宝石，展示其物质层面的目的，都是为了透露出时代的文化的折光。也许这正是本书的特点和价值所在。不过，令人遗憾的是，我们的努力往往受到资料的限制。《文艺鉴赏大成》从提出选题到正式出书，前后历时两年；而本书 1989 年开始酝酿，到成书长达五年，由此可见其中的艰难。

最后我们还想强调一下，鉴赏是存在着个体差异的。古人说"诗无达诂"，仁者见仁，智者见智。其实，所有审美活动都存在着个体差异，不可能定于一尊。本书之所以不用"词典"之类的名称，正是想争取一点"自由度"。编者、作者犹如导游，只是介绍哪里有可观的景致，说一点自己的观感，至于各位如何鉴赏，还得放出自己的眼光来才行。

本文收入《文化鉴赏大成》，上海文化出版社 1995 年 7 月出版

短篇小说的“含金量”

——《世界文学金库·短篇小说卷》序*

“小说”一词，在我国古代典籍中，最早见于《庄子·外物》：“饰小说以干县令，其于大达亦远矣。”不过，这里指的不是文体，而是对一种浅薄言论的蔑称。汉代桓谭的《新论》中出现了“小说家”，称其“合丛残小语，近取譬论，以作短书，治身理家，有可观之辞”，和后代的小说概念已庶几相近。桓虽称赞小说“有可观之辞”，行文中却仍透出一种不屑。值得注意的是《汉书·艺文志》。该书曾收录小说家书十五种，并曾明确指出：“小说家者流，盖出于稗官。街谈巷语，道听涂说者之所造也。”可见最初的小说本是口头传说，由稗官自民间采集而成。小说小说，一个“小”字，足以说明它在当时人们心目中的地位。

外国小说的起源，大体和中国相似，在文字发明以前，已以口头文学形式在民间传播。古埃及、古希腊保存下来的一些故事，可见出其原始的形态。这类故事，中世纪欧洲曾风行一时，成为一种主要的消遣手段。文艺复兴时期，英国乔叟《坎特伯雷故事集》和意大利薄伽丘的《十日谈》相继问世，随后涌现出一批“小说家”。然而，当时小说并未被视为一种独立的文体，也未引起评论界的关注。历史的车轮驰入 19 世纪，短篇小说才真正迎来创作的“黄金时代。”

---

* 本文和张辽民联合署名。

从文艺史的角度来看，诗歌在前，小说在后。诗歌曾在人类文化史上产生巨大的影响，小说虽说也源远流长，却很长一个时期难登“大雅之堂”。但作为叙事文学作品，小说有其独特的文体优势。它的生活的概括力、情感的影响力以及表现手段的丰富性、灵活性，是其他文学样式很难比拟的。所以，一部文学史往往开始是“诗的时代”，诗歌一片辉煌，随着历史的发展，小说的影响逐渐增强，直到成为文学史的“主角”。因此，读文学作品不能不读小说，尤其是不能不读脍炙人口的小说精品。

“世界文学金库”既然名之为“金库”，当然要重视作品的“含金量”。为此，我们在动手选编时，曾确立了几条原则：首先是既要理出小说发展的史的脉络，又不受史的束缚，以让读者获得“取法乎上”的阅读效果。我们特别留心的，是短篇小说成熟期的作品。比如中国小说，在唐人传奇以前，已经有了一个很长的发展阶段：《山海经》、《穆天子传》等上古神话传说，先秦诸子典籍中的机锋逼人的寓言，《左传》、《战国策》，特别是《史记》中栩栩如生的人物刻画，这一切都为小说的诞生做了充分的酝酿。到了魏晋南北朝时期，终于迎来了小说创作的第一个高潮：“志怪”、“志人”小说盛行。然而，从审美眼光来看，这时的小说毕竟还处在过渡期、萌芽期。小说发展的每一个阶段当然都值得研究，问题是“金库”的出书宗旨是为读者提供一套精华读本，而不是研究资料。有鉴于此，书中选入的中国小说，年代最早的是唐人传奇，因为在我们看来，只有到了唐人传奇出现，中国小说才从内容到形式、从创作动机到表现手段，具备了完整的形态。正如鲁迅先生所说：唐人传奇“虽尚不离于搜奇记逸，然叙述宛转，文辞华艳，与六朝之粗陈梗概者较，演进之迹甚明，而尤显者乃在是时则始有意为小说”。这是中国小说史上的一次飞跃。

外国小说同样体现这一收选原则。但其中有一篇作品或许是个例外，这就是薄伽丘的《绮思梦达》。它选自有“人曲”之称的、和但丁的《神曲》相辉映的杰作《十日谈》。这是为了让读者一睹这位文艺复兴先驱的人文主义思想的风采。除此之外，其他均为19世纪和20世纪初期的作品。因为到了这一阶段，世界短篇小说创作已如江河奔涌、云霞满天：在创作思想上，彻底摆脱了中世纪说教的形式，而具有了鲜明的作者个性；在艺术手法上，也跳出了单一讲故事的窠臼，人物、情节、结构、语言，都有了严格意义的现代的小说的特点。

其次，是要贯彻“尝鼎一脔”的选编指导思想，通过选收有限的作品，从世界范围勾勒短篇小说的轮廓，让读者领略到短篇小说园地的无限风光。这就要求书中选入的每一篇作品，都必须能以一当十，承载足够的信息量，具有充分的典范性。这该是一种多么艰难的选择！相比之下，中国作品还好选一点。唐人传奇之后，是明代的话本、拟话本，特别是冯梦龙、凌濛初的“三言二拍”，大大拓宽了中国古代短篇小说的题材面。清代出了个蒲松龄，“写狐写鬼，高人一等；刺虐刺贪，入木三分”。他的《聊斋志异》，成了文言小说的巅峰之作。传奇、话本、聊斋，这是中国短篇小说史上的三座里程碑。据此，经过反复斟酌，书中选了九位作家的十三篇作品。

外国作品则令人颇费踌躇。面对着一位位四海知名的小说大家、一篇篇万人传诵的小说精品，真如一天云锦，不知从何处下剪。后来决定采取综合平衡的办法。在地域上，从短篇小说创作实际出发，以欧美为主，具有独特文化传统的东方国家，特别是印度、日本也不能忽略。在影响上，凡获得诺贝尔文学奖的作家，如泰戈尔、川端康成、显克微支、皮蓝德娄、福克纳、萨特……自是考虑的重点对象，但是否获奖并不是能否入选的标准，编者要放出自己的眼光去判断。在文学思潮上，不论是现实主义、浪漫主义、自然主义、批判现实主义还是现代主义，只要是能代表一个时代短篇小说创作的最高水平的，都在收选之列。在写作风格上，追求丰富性和多样性，左拉的细腻、雨果的粗犷、海明威的遒劲、莫里兹的新颖、欧·亨利的奇崛、卡夫卡的荒诞……尽可各擅胜场，百花齐放，集于一书。问题在于本卷毕竟只能容纳六十万字，我们为此不得不在数量上做一个限制。契诃夫一生写过四百多篇短篇小说，莫泊桑有“短篇小说之王”之称，按照本书体例，也只能忍痛割爱，每人只选一篇。这不能不说是个遗憾。

第三，是重视作品反映社会生活的广度和深度。小说作为叙事文学，最大特点是具有巨大的容量，如高尔基所说，“它是时代的生活和情绪的历史”。马克思在谈到狄更斯等英国作家时，曾说他们作品中“揭示的政治和社会真理，比一切职业政客、政论家和道德家加在一起所揭示的还要多”。恩格斯在谈到巴尔扎克时，也说从《人间喜剧》学到的东西，甚至“比从当时所有职业的历史学家、经济学家和统计学家那里学到的全部东

西还要多”。由此可见优秀文学作品的深刻的认识作用。

当然，马恩上面说的主要是指长篇小说。相比之下，短篇小说在容量上受到一定的限制。鲁迅先生在《〈近代世界短篇小说集〉小引》中说："以一篇短的小说而成为时代精神所居的大宫阙者，是极其少见的。"但同样在这篇文章中，鲁迅先生又说：即使这样，“短篇小说也依然有着存在的充足的权利”。短篇小说犹如大伽蓝中的一雕阑一画础，“虽然细小，所得却更为分明，再以此推及全体，感受遂愈加切实”。作家可以“以一目尽传精神”，读者也可“借一斑略窥全貌”。短篇小说的社会认识作用，同样也是不应忽视的。

收在本书中的作品，基本上都可以冠以“厚实”二字。肖洛霍夫写的是“一个人的遭遇”，塑造的却是一个民族的悲壮形象，背景开阔而主题沉重。马克·吐温的《一百万镑的钞票》，看似一场闹剧，却是整个社会的缩影。果戈理堪称描写“小人物”的大师，《外套》中的阿卡基便是一个典型。作者站在革命民主主义和人道主义的立场上，关注小人物的命运，拷问小人物的灵魂，但由此反映出来的是专制制度的残暴和荒唐。莫泊桑则以其自然、清新的笔调，描绘了一幅 19 世纪法国的社会风情画。即使如莫洛亚的《在中途换飞机的时候》，写的是一对男女的无意的邂逅，揭示的却是人生的哲理，具有深刻的思想和情感内涵。

第四，是在艺术上坚持高品位、高水准。中国有句古话：“言之无文，行而不远。”名家名作之所以历久不衰，具有永恒的魅力，这是和艺术上富有创造性分不开的。阅读小说是一种审美活动，只有在真正发现美时，才会在精神上引起共振，产生共鸣。

事实也正是这样。收在本书中的作品，是在艺术上反复比较的结果，我们相信是经得起读者千百次咀嚼的。例如，都德以普法战争为题材的作品，堪称法国文学中的瑰宝，尤其是《最后一课》，更是思想性和艺术性完美结合的典范。全文不足三千字，经过作者巧妙剪裁，作品中弥漫着正义感和悲怆感，每读一遍都会让人热血涌身。契诃夫笔下的“套中人”，喜剧行为后面掩藏着悲剧命运，表现出一种双重品格。作者笔锋洗练、冷峻，道是无情却有情，既让人觉得主人公可悲可叹，又让人觉得可笑可憎，从而产生出一种难于言说的复合的审美效应。欧·亨利的《麦琪的礼物》，则以“巧合”让我们感受到了“亨利笔法”的奇妙。丈夫卖掉金

表为妻子买木梳，妻子剪掉金发换钱为丈夫买表链。他们都失去了自己珍贵的东西，然而又得到了人生最可宝贵的东西，这就是患难中的真情。作者独具匠心的构思，使作品充满了纯真的人情美。福克纳《纪念爱米丽的一朵玫瑰花》，显然具有现代小说的特征。关于爱米丽及其破败小屋的工笔细描，既富有生活的质感，又充满象征意味，加上结构上的“时序颠倒”等手法，作品便更为耐人寻味。斯特林堡的《半张纸》，大概称得上是本书中的“微型小说”。在半张纸上，用几个电话、几句提示串起人生的一段悲欢离合，显示出了纳大千于须弥的艺术功力，令人赞叹。

正像一千个演员便有一千个哈姆雷特一样，一千个选编者便会有一千个短篇小说的选本。任何选本都会留下选编者自己的烙印。我们想尽力达到“名家、名作、名译”的选编要求，但限于水平和时间，疏漏肯定在所难免。敬请读者诸君批评指正。

本文收入《世界文学金库·短篇小说卷》，上海文艺出版社 1994 年 9 月出版

《钦差大臣》和文化生态环境

为了编发《果戈理的讽刺艺术》一书，又读了一遍《钦差大臣》。像以往几次一样，我先翻看最后一场的“哑剧”插图，脑海里自然地浮现出这样一幕情景：

1836 年 4 月 19 日晚，亚历山大剧院灯火辉煌，果戈理的《钦差大臣》将在这里举行首场演出。观众正在熙熙攘攘地进场，其中有佩戴着勋章、绶带的达官显贵，浑身珠光宝气的太太、小姐，也有彼得堡的著名的诗人、艺术家，以及一批青年学生和公务员，最后，连沙皇也领了太子，坐进了皇家包厢。当丝绒帷幕慢慢拉开，人们看到赫列斯达可夫在台上吹得天花乱坠，不禁爆发出一阵阵的笑声，连沙皇也带头鼓起掌来。“你们笑自己!”——这在当时当地，真是一句绝妙的台词。但是，随着剧情的发展，沙皇及其僚属们开始坐立不安起来。等到剧中人物都像“触电一样”出现“哑剧”时，尼古拉二世再也按捺不住，他大为恼怒地说：“这算什么戏！人人都不痛快，而我尤其如此!”在他身边的一些将军和大臣，也跟着大骂“一派荒唐”、“无耻的把戏”，甚至说：“果戈理是俄国的敌人，应该把他流放到西伯利亚去!”然而，广大群众却为作者杰出的讽刺才能，发出长时间的欢呼。一些青年学生，竟能整段整段地背出剧中的台词。人们说：在当时的俄国社会，十个人中就有一个《钦差大臣》中的人物。可见，《钦差大臣》和一些杰出的现实主义作品一样，从它诞生的那天起，就在现实生活中引起了强烈的反响。

《钦差大臣》在我国的最早译本，是由贺启明于 1921 年译出的，收在

《俄国戏剧选》一书中。1940年，耿济之曾经重译，更名为《巡按使》，和果戈理的另外三个剧本《结婚》、《赌徒》、《仆室》一起编集，书名为《巡按使及其他》。新中国成立以后，1950年，芳信又出版了第三个译本。早在20年代初期，上海神州女校就曾排演过该剧。将近六十年来，这部世界名著，不仅以其深刻的思想内容和巨大的讽刺力量，成为我们抨击腐朽、落后势力的武器，如1952年茅盾同志在纪念果戈理逝世一百周年时所指出的，从《钦差大臣》中的形象，“中国读者会联想到自己国家内昨天存在着的或今天也还存在着的那些不劳而获、唯利是图、荒淫无耻、卑鄙险诈的剥削者和寄生者、地主和官僚……，而给以更深的憎恨”；而且，《钦差大臣》也以其巧妙的艺术构思和杰出的表现手法，为我们提供了创作上的借鉴。我国的著名戏剧家老舍，就曾从中得到启迪，创作了中国的《钦差大臣》——《西望长安》。

凡是优秀的文艺作品，总像蕴藏量丰富的矿藏，每一次新的开掘，都会有新的发现。这次重读《钦差大臣》，我首先想到的是作家的创作态度问题。在果戈理看来，“喜剧”是一门严肃的艺术。他反对当时流行喜剧中的那种无聊的打闹和庸俗的调情。他认为剧场是“向大批群众传达生动的教训的讲台”，而不应该是“逗引孩子玩的博浪鼓”。这种创作态度，无疑是十分严肃的，而《钦差大臣》正是这种创作态度的一次具体体现。果戈理在谈到这个剧本的创作时曾说：“我决定在《钦差大臣》中，将我其时所知道的……俄罗斯的一切丑恶，集成一堆，来集中地嘲笑一次。”他要通过自己的作品，来达到当时的法律所不能达到的目的。有人认为他的作品中缺少正面人物，果戈理在一篇文章中说，其实还是有一位“正直而又高尚”的主人公的，这就是“笑”。无所畏惧的人在笑声面前将会有所畏惧。一个真正的艺术家，必须“通过世界上人们看得见的笑容和人们看不见、不知道的眼泪来观察生活”。这种“笑”和“泪”的统一、“悲”和“喜”的结合，使得果戈理的作品既有着深刻、丰富的内容，又有着真挚、动人的情感；不仅忠实地反映了生活，而且还站在正义一边，对生活中的丑恶现象进行了严正的审判。沙皇及达官显贵们的暴怒，正说明作家达到了自己的目的。

果戈理的创作态度，即使在今天来说，也还是值得肯定和应该学习的。作家的工作不是手艺，也不是职业，而是一种使命。一个进步作家，

总要考虑自己作品的社会效果。巴尔扎克为什么自称是法兰西共和国的“书记官”？列宁为什么称托尔斯泰是“俄国革命的一面镜子”？就因为这些作家希望自己的作品能给历史留下一个真实的纪录。萨尔蒂科夫·谢德林说过：“文学如果沉寂了，即便是一分钟也罢，都无异于人民的死亡。”不同时代的作家，承担着不同的历史使命。我们今天的社会主义国家制度，当然和果戈理时代的沙皇专制有着本质的区别。作家应该善于发现和歌颂我们生活中美好的东西，让人民看到前途和希望，增强奋斗的勇气和信心；同时，正如邓小平同志在第四次文代会上所指出的，文艺也应该“同各种妨害四个现代化的思想习惯进行长期的、有效的斗争”。只有这样的作品，才能在生活中产生积极的影响，为提高人们的思想境界服务，为建设社会主义的精神文明服务。

从《钦差大臣》，我又联想到了普希金，联想到了培养文艺人才的问题。普希金可以说是果戈理的老师。他不仅给果戈理以精神上的鼓舞、生活上的关怀、艺术上的辅导，甚至有时把自己长期积累的创作素材让给果戈理。《钦差大臣》便是一例。

1835 年 10 月 7 日，果戈理在给普希金的信中说：“请给我一个随便什么样的题材吧，不管是可笑的还是不可笑的，但要纯粹的俄罗斯式的奇闻……”普希金十分了解和信任果戈理的讽刺才能，于是便给他讲了这样两件事：一件是《祖国纪事》的发行人斯维思因，平日好吹牛皮，他在比萨拉地区冒充彼得堡的要人，老白姓竟信以为真，纷纷向他递呈状纸，控告当地的县长。另一件是诗人普希金自己的经历，一次他去乌拉尔收集布加乔夫暴动的历史材料，住在省长布土尔林家里。省长对他的款待十分殷勤。普希金后来又去奥伦堡，当地省长是他的亲戚，谁知布土尔林竟给这位省长写来封信，说是来人是沙皇派出私访的大臣，收集材料不过是借口而已，要他多加小心。普希金建议果戈理以这些素材来构思一个喜剧，并帮他设计了具体的情节：一个名叫克里斯宾的家伙，被人在集市上误认作钦差大臣；当地省长立即将他奉为上客，他却趁机和省长太太调情，向省长女儿求爱……普希金的这种真诚的友谊和无私的帮助，在世界文学史上留下了光辉的一页。难怪果戈理在国外听到普希金被害的消息时，是那样地悲痛欲绝：“我的一切都是普希金的，在我的作品里，有着他的智慧的闪光！”

联系我们今天的文艺队伍的状况，使人对这一点更有感触。在第四次全国文代会上，不少代表就曾感慨于台上台下，一片白发苍苍。三十五岁以下的青年代表名额，据《中国青年报》记者统计，在六百多名文学界代表中仅十二人，在四百多名电影界代表中仅七人，在七百多名戏剧界代表中仅十二人，真是寥若晨星，屈指可数。这个数字，说明了文化专制主义破坏的严重性，也说明了培养文艺接班人的迫切性。令人可喜的是，在中国"文艺复兴"的浪潮中，大批文学新人正在茁壮成长，其中就不乏"果戈理"。"江山代有才人出，各领风骚数百年。"文学事业的发展，是通过一代接一代的作家来体现的。为了无产阶级文艺的繁荣兴旺，我们感到，应该在老作家中提倡和发扬"普希金精神"，鼓励他们把发现和扶植"果戈理"，作为自己的一项任务。这样，不久以后，我们当能看到更多的《钦差大臣》式的优秀作品。

从《钦差大臣》，我还联想到了别林斯基和赫尔岑，联想到了文艺批评的地位和作用。科学的文艺批评，不仅可以指导创作，如古罗马的诗人贺拉斯所说的，文艺理论的磨刀石，能使创作这把刀子更加锋利；同时，它还可以保护创作。在文艺法庭上，进步的文艺理论家往往会成为优秀作品的辩护律师。别林斯基、赫尔岑正是在果戈理受到严重压力时挺身而出、仗义执言的。

《钦差大臣》首场演出以后，沙皇反动统治集团恶意指责作者"毁谤官吏"，剧中一切事件"纯属捏造"，他们一再提出："俄国难道有这样的城市吗?"果戈理感受到了这种压力的沉重，他在 1836 年 4 月 29 日写给俄国著名演员谢普金的信中说："我现在才知道，做一个喜剧作家是什么意思。只要你说出一点点真理，人家就会反对你，并且不止一个人，而是整个阶层。"正是在这种情况下，别林斯基、赫尔岑对《钦差大臣》做出了热情洋溢的评论。别林斯基充分肯定了喜剧的进步思想内容，称赞作家的"无穷幽默"和善于抓取性格特征并加以典型化的本领，并由此得出结论说："这一切使我们有根据可以希望，我们的演剧不久就将复兴。"赫尔岑也对《钦差大臣》的思想倾向做了高度评价："从来没有一个人把俄国官僚的病理过程写得这样完整。他一面嘲笑，一面穿进这种卑鄙、可恶的灵魂的最隐蔽的角落。"这种评论对于作家来说，是多么大的支持和鼓舞！文艺史证明，一个时代、一个国家、一个民族，在文艺理论上的重大突

破，往往便会带来文艺创作上的重大突破。俄国 19 世纪下半叶的文艺群星灿烂，难道不正是和别、车、杜以及赫尔岑这些有胆量、有见识的批评家有着直接的联系吗？

以上拉拉杂杂，漫笔写来，究竟想说点什么呢？我想不妨概括为这样一句话：为了建设健康的文化生态环境，我们需要果戈理，我们需要普希金，我们需要别林斯基、赫尔岑！

本文原载《书林》1980 年第 4 期

“美在天真！”

——《艾青论创作》编后记

本书插页作者像，是由艾青夫人高瑛提供的。她说：这张照片“有神”，“作者的气质、个性出来了”。第一次见到这张照片，我便想到“含着微笑，看着海洋”的海边礁石的形象。全书编讫，再度凝视，不禁暗暗佩服高瑛的眼力。我发觉本书的内容和作者的肖像竟是如此地和谐：一样的宽阔，一样的粗犷，一样的深邃！在我的心目中，作者的人品和文品形成了一个相互辉映的整体。

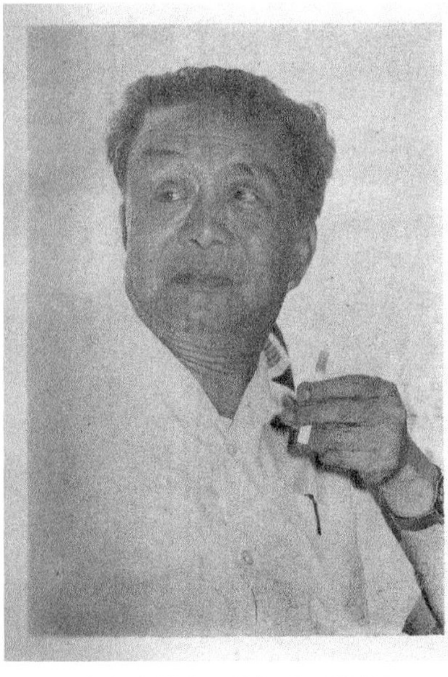

《艾青论创作》原书所刊艾青像

本书共分五辑，其实是述、评、论三部分。第一辑是“述”，包括对作者创作生涯的回忆和部分作品的序跋；第二、三辑是“评”，其中诗评单独列为一辑，文评、剧评、画评合为一辑；第四、五辑是“论”，在编排上和第二、三辑相互照应，即诗论单独列为一辑，文论、剧论、画论合为一辑。评和论的区别是：前者都有具体的对象，或者是人，或

者是作品；后者则是从理论上阐述作者的审美理想。各辑篇目分类按作品发表时间的先后为序。这样编排的目的，既是想从纵向上和读者一起寻觅诗人前进的足迹，又是想从横向上窥探作者广泛涉足的艺术领域。本书不仅想展现诗人的丰富和精深，还想揭示诗人的探索和追求。

诗人本来是画家。他是从画坛走向诗坛的。在当年《七月》等刊物上，便刊有他的美术作品，有的还被用作封面。在诗人家里，我曾有幸见到他珍藏着的一幅自己的画作：一堵围墙，围墙里一棵大树，枝丫插向天空。简洁的构图，挺拔的线条，丰富的联想。画的风格使人自然想起他的诗的风格。艾青说过："诗，是文学的峰顶，是文学的最高样式。"他和戴望舒编辑的一份诗歌刊物，便取名为《顶点》。作者在绘画时，也是带着诗人的眼光的。他评文、评剧、评画，是因为从中发现了诗，发现了美。所以，本书虽以诗、文、剧、画分列，但从"创作"的角度来说，作者所想揭示的是共通的艺术规律。

艾青是当代的诗坛泰斗。"庾信文章老更成，凌云健笔意纵横。"诗人已届老年，作品却是那样年轻，那样充满朝气，充满活力。有人说，老年人是不适宜写诗的，因为这时思想成熟了，感情却老化了，而诗是感情澎湃的产物。我曾当面向诗人请教过这一问题。诗人诙谐地说：我还是很"幼稚"的。读一读他的《归来的歌》、《彩色的诗》，我们便会发现，诗人对生活，对艺术，仍然有着一颗未泯的"童心"。他还是像当年一样，"从人民的身上感受体温"；还是像当年一样，"在人家还没有开始的地方开始起来，在人家还没有完成的地方去完成它"。由于人生的坎坷，诗人的感情曾遭受到压抑，而今一旦有了重新喷发的机会，便显得更加强烈、深沉和执着。读艾青的诗，你会想起罗丹的雕塑，貌似粗糙的棱角处处显示出力量；又会想到齐白石的绘画，每一根线条都洋溢着蓬勃的生机。艾青的诗，不是退潮以后留在沙滩上的贝壳，只剩下感情汹涌的遗迹，而是正扑向岸边的惊涛，回荡着时代的轰鸣。这是因为诗人仍在不懈地追求的缘故。

本书全部论述中，诗评、诗论占有突出的位置。它们不仅指导着艾青本人的创作实践，而且在新诗发展史上，也产生了积极的作用，有着不容忽视的影响。其中有些观点，是诗人始终十分强调的。

艾青重视诗和人民的联系。在那血与火的年代，他曾大声疾呼："诗

人们，起来！不要逃避这历史的重责！以我们的生命作为担保，英勇地和丑恶与黑暗、无耻与暴虐、疯狂与兽性作斗争！”诗人认为：“伟大的艺术品必须蕴蓄一种东西，这就是一个时代为了选择自己的代言人，而托付给作家的东西。”诗和人民，诗和时代，有着不可分割的联系纽带。这一思想，越到后来越是明确，越是牢固。诗人说：“不管写什么，还是怎么写，不管是思想、感情，都必须通向人民。”一个多么坚定的全称判断！正是从这点出发，诗人鄙视那种“看天气预报写诗的人”，鄙薄散发着“庸俗”的气味的“美的渣滓”，对那些让读者猜谜而自己又并没有谜底的诗持否定的态度，称它们为化装舞台上出现的“蒙面人”。从这里，我们不难找出艾青的诗之所以具有那样强大的穿透力的答案。

艾青崇尚创造：创造新的思想，创造新的形式，创造新的语言。他曾引用了托尔斯泰的话：“愈是诗的，愈是创造的。”他不愿意把人家已经抛弃了的旧鞋子，拖在自己的脚上。他说：“路是人的脚走成的；为了多辟几条路，必须多向没有人走的地方去走。”这是一种冒险，也是一种苦役。艾青说过：“每天我像一个农夫似的在黎明之前醒来，一醒来，我就思考我的诗里的人物和我所应该采用的语言”，“即使我休息了，我的脑子还是继续在为我的诗而运转着。甚至在我吃饭的时候，甚至在我走路的时候”。然而，他却始终不愿意逃避这种诗的折磨。诗人尝试过各种形式，又不愿意被其中任何一种所束缚，因为在他看来，是诗人创造了格律，而不是格律创造了诗人。创造，是诗的生命，是艺术的最高法则。为了盗取那些使宙斯震怒的语言，艾青认为诗人应该“如采珠者之为了采摘珍珠而挣扎在海藻的纠缠里，深沉到万丈的海底”。那些“衰老在萎谢了的词藻里的”，至多只能称之为“写诗的人”，而绝不是“诗人”。

艾青酷爱朴素。他为诗规定了四条：朴素、单纯、集中、明快。朴素占了第一。真理是朴素的。诗人要让深厚博大的思想，通过最浅显的语言表达出来。他说：“朴素是对于词藻的奢侈的摈弃；是脱去了华服的健康的袒露；是挣脱了形式的束缚的无羁的步伐；是掷给空虚的技巧的宽阔的美。”这是多么精辟而又多么动情的朴素礼赞！正是从这点出发，诗人提倡“诗的散文美”，向韵文的虚伪和雕琢挑战。在新诗史上，这是一次重大的理论突破。诗人以一种超尘脱俗的审美观念，为新诗的健康发展引路。“散文美”和“散文化”是两个迥然不同的概念。提倡散文美，

也决不是否认或忽视诗的技巧，恰恰相反，艾青从来认为，写诗不能玩弄技巧，但又不能没有技巧。诗人强调“散文美”，是为了让诗从矫揉造作、华丽不实的风气中摆脱出来，用他自己的话说，就是“与其‘纤弱’，毋宁‘粗糙’”，“宁愿裸体，却决不要让不合身材的衣服来窒息你的呼吸”。欣赏这样的“美”，显然是一种高尚的趣味。

艾青追求真情。诗是情感语言的高度浓缩的形式。别林斯基说过：“没有情感，也就没有诗人。”“未成曲调先有情”，是一切艺术而尤其是诗的信条。这在艾青的笔下，有着充分的论述。他要求每一个字，都是诗人脉搏的一次跳动，而对那些“空虚的梦呓，不经济的语言，可厌的干咳声，粗俗的概念的排列……”，永远投以鄙弃的眼光。他认为诗是“时代打击在我们的心上的创痕”的记录，因此，“诗人必须说真话”，不能无病呻吟。写诗有没有秘诀呢？艾青的回答是：要“用正直而天真的眼看着世界，把你所理解的，所感觉的，用朴素的形象的语言表达出来”。赤诚，坦率，真挚，这是艾青诗的特点，也是艾青人的特点，诗正是从诗人心灵深处汩汩流出的一泓清泉。“美在天真！”

与诗人艾青(前)合影，左立者为艾青夫人高瑛

在当代诗坛上，艾青的诗独树一帜。和他的诗一样，艾青的创作论也具有鲜明的个性色彩。他具有哲学家的眼光，深刻、透辟而又长于概括。他喜欢进行“深层爆破”，把最核心、最本质的东西揭示出来。“人民的眼睛是被泪水擦亮的，人民的耳朵是被魔笛的声音震醒的”，“茶叶和咖啡当然可以并存，但是鸦片与大麻则必须禁止”，读着这些朴实无华的文字，我们的眼前仿佛有火光闪烁，耳畔有惊雷滚动。在

形式上，在写法上，作者力求凝练，理论文章，用的却是诗的语言。一语中的，入木三分。像写诗一样讲究含蓄，留有空白，让读者自己去咀嚼。无论是解放前的《诗论》、《诗人论》，还是解放后的《新诗应该受到检验》、《否定的艺术》，都是文字简约而又饱含哲理的篇章。诗人在进行理论分析时，同样注意捕捉形象。在他的笔下：含蓄是“子弹在枪膛里的沉默”；没有思想内容的诗，“是纸扎的人或马”；令人生厌的陈词滥调，就像路边“被人踩得挺不起腰”的草……大量的奇比妙喻，犹如大匠运斤一样轻松地阐明了问题，又使文章充满了生气和活力。艾青的文章还具有一种幽默感。有人问他：“你以为写诗要有灵感吗？灵感是怎样来的？”艾青回答说：“我要是知道就好了，我要是知道，我就把它关起来，不放它走了。”答得多么机智，多么风趣，而又多么耐人寻味！这正是艾青的谈话风格。

在本书编辑过程中，艾青和高瑛同志始终给予了支持，中国人民大学的周红兴同志也热情提供了备选篇目和影印件，在此谨致谢忱。

本文收入《艾青论创作》，上海文艺出版社 1985 年 4 月出版

编辑贵在"沟通"

——《一个总编辑的手记》序

江曾培同志当年的笔名叫"晓江"，如今人称"老江"。"晓江"的"文若春华，思若涌泉"，人们记忆犹新；"老江"则又让人想起"庾信文章老更成，凌云健笔意纵横"的境界。

这本"手记"，一如老江一贯的行文风格：选材独具慧眼，显出了曾为报人的敏锐；立意高屋建瓴，可见杂文家的深刻；论述条分缕析，则分明是文艺批评家的思路。而在上海文艺出版社建社四十五周年之际出版这本"手记"，又有其特殊的意义——因为"手记"所记皆为"本版书"，字里行间不仅折射出身为总编辑的老江的智慧，还记载着出版社在改革开放中前进的足迹。

出版社的总编辑，无疑是一个社的"出版工程"的总设计师、总策划人、总指挥员、总把关者，其责任之重大可想而知。老江所在的出版社又是一个集团型的出版社，除了挂有上海文艺出版社这块牌子外，还有两块副牌：上海文化出版社和上海音乐出版社。全社共有九个图书编辑室、八个期刊编辑部，年出书量初重版约六百多种。担任出版界这样一个"联合舰队"的"老总"，自然需要更为开阔的眼光、更为高超的能力和更为饱满的热情。

美国有个名叫萨克斯·康明斯的著名编辑家，在他手下曾涌现出海明威等一批杰出天才。他在总结编辑工作时说过这样一句话："沟通，是

编辑工作的第一原则。”总编辑也不例外。老江撰写“手记”，正是以沟通为目的的。这可以说是一种工作方式，也可以说是一种领导艺术。

首先是和编辑沟通。总编辑的意图必须通过编辑来贯彻，因此，一定要让编辑了解你的意图、接受你的意图。当然，这可以运用报告的形式，进行面对面的布置；或者运用论文的形式，进行理论上的探讨。老江是善于运用这两种形式的，从收在本书中的《努力于高质量与多层次的统一》、《优化选题八议》等文可见一斑；而他更习惯或者说更喜欢的形式还是书评，通过具体的书评来阐述和体现自己作为总编辑的“施政纲领”。“手记”为什么能和老江的日常工作那么环环相扣，由此可以找到答案。

“手记”的时间跨度约为十年。在这期间，上海文艺出版社出版的新书少说也有三千种，老江“记”下的恐怕还不到百种。然而，正是在这不到百种的图书中，既有列入国家“八五”规划、“九五”规划的大型文化工程，如《中国新文学大系》、《中国民族音乐大系》、《语海》等等，又有江泽民总书记重点关注的长篇小说，如《苍天在上》、《大上海漂浮》；既有曾荣获国家图书奖的学术著作，如《思辨随笔》，又有通俗文化读物，如《希望美育文库》……可见，“手记”并不是“乱点鸳鸯谱”，并不是“跟着感觉走”，而是一种高瞻远瞩的判断和选择的结果。老江正是希望通过这些图书，让全社同仁把握本社出书的主攻方向，努力抓好“标志性出版物”；明确本社出书的文化追求，提高图书的品位和格调；不断完善出书结构，贯彻“多层次，高质量”的出书方针。显然，这一切都是需要沟通并在全社范围内达成共识的。

老江还善于通过评点书稿的得失，由此及彼、举一反三地探讨编辑工作的经验。比如在评《中国民族音乐大系》时，指出该书没有“拿到篮里就是菜”，而是精心遴选，体现出了“三性”：一是经典性，入选的都是名篇佳作；二是文献性，寻觅到了历史上的极具史料价值的最早乐谱；三是准确性，所收乐谱都经过认真校核。这既是在肯定这本《大系》的成功，也是在总结编辑这类图书所应该确立的收选原则和编辑思想。又如在评论《世纪回眸》时，提炼出了“四求”的原则：求实、求真、求新、求深。《世纪回眸》是一套以 20 世纪为背景的文化人评传丛书。“求实、求真”要求作者充分占有材料，从人物实际出发，从时代实际出发，既不溢美，也不“避讳”；“求新、求深”则要求对传主的论述独辟蹊径、独具匠心，

突破已有的思维模式，显示理论创见与学术个性。这种“解剖麻雀式”的书评，往往能使编辑得到具体的启迪，从而准确地掌握书稿的取舍标准，提高审读能力和加工能力。上海出版界的一位资深人士说过，一个出版社如果只见钱不见书，那是没有出息的；如果只见书不见人，同样是没有出息的。出版竞争归根到底是人才竞争。没有一支高素质的编辑队伍，出版社便不可能实现“可持续发展”。老江的“手记”是着眼于既出书又出人的。

其次是和读者沟通。图书的生命在读者之中。英国有句谚语：一本书如果不打开，那不过是一块石头。萨特也曾说过：图书不被读者阅读的话，只是一堆印刷符号。而任何一本图书，在它没有被读者认识之前，总是和读者之间存在着一段距离的。如何尽快缩短这段距离，不让图书和读者“捉迷藏”，这是编辑艺术，也是我们应尽的编辑义务。

在和读者沟通方面，“手记”充满热忱。它总是不失时机地发出“吆喝”，让好书赢得更多的青睐；总是毫不敷衍地进行“筛选”，号召读者“取法乎上”；总是不断开展市场分析和读者调查，准确而巧妙地渲染图书的“卖点”，强化沟通的效果。比如在介绍《文艺鉴赏大成》时，作者设身处地地为读者着想，强调的是该书在促进实现“艺术本性”方面的“独特功用”。马克思早就说过，为了成为一个“自由的人”，不仅创造艺术，就是鉴赏艺术，也“必须是一个有艺术修养的人”。鲁迅当年也曾热烈企盼出现一个“大众鉴赏文艺的时代”。今天，随着改革开放的深入，当代中国人在实现“艺术本性”方面的要求更是日益觉醒。正因如此，当读者一旦发现了《大成》所具有的“独特功用”，便自然能认同作者的推荐，从而达到沟通的目的。

“手记”更多的是采用“导读”的方式，或者揭示图书的价值，比如，当徒步走天下的壮士余纯顺在新疆倒下之后，社会上一片扼腕唏嘘之声，上海文艺出版社以最快速度出版了《壮士中华行》两卷。“手记”在介绍该书时，突出的是该书蕴含的精神力量，一再指出壮士的遗稿“是用生命铸就的”，“是余纯顺留给我们的宝贵精神遗产”。“读余纯顺，就要读这些精神性的东西。”这样的评析一语中的，深得读者之心，引起强烈共鸣，自是意料中事。或者首先扫除阅读心理障碍，比如张元济，这是一个并不处于历史漩涡中心的文化人，不为一般读者所关注，甚至不为一般读者

所熟悉。“手记”在介绍《仁智的山水——张元济传》一书时，便从谈“边缘人物”入手，指出：“在张元济这样的‘边缘人物’身上，同样交织着复杂纷纭的历史烟云，蕴藉着独特的社会意蕴与价值，耐人思索与玩味。”读到这段文字，读者原先可能存在的淡漠、忽视，也许便会冰消瓦解。

可见，“手记”既有和读者沟通的自觉，又是深谙沟通的技巧的。

第三是和作者沟通。编辑是作者和读者之间的桥梁。为了满足读者的阅读需求，推动民族文化的健康发展，在社会文化生产中，编辑应自觉成为生产的组织者。这就不可避免地要和作者沟通。编辑既要布置“生产任务”，还要检查文化产品的“生产质量”。鲁迅当年说过，“我们要批评家”，需要“坏处说坏，好处说好”的文艺批评。在“批评家”的队伍中，理所当然地应该包括编辑；书稿审读加工的过程，理所当然地首先应该是个“批评”的过程。“手记”在这方面，同样为我们提供了示范。

比如评小说《危楼记事》一文，本身便是和作家李国文的通信。“手记”指出作家在营造“危楼”时，引进了杂文手法，肯定这种引进丰富了小说文体，甚至预言“杂文化的小说将会有新的发展”。这是编辑对作家艺术探索精神的理解和支持。但与此同时，“手记”又清醒地指出：“杂文化的小说毕竟还是小说，评议、讽刺、针砭等等，要和形象的描绘紧紧结合在一起。”编辑和作者的这种坦诚的交流，无疑是有利于文学创作的健康发展的。又如评小说《烟壶》一文，“手记”赞扬《烟壶》像“古月轩”里烧制出来的艺术精品，经得起反复鉴赏、反复玩味；并说这是作家邓友梅在民俗小说道路上树立的一座里程碑，升起了一面“邓记旗帜”。作者“祝愿在文学创作的阵地上，有更多的打着个人标志的旗帜升起，共同地在社会主义春风中飘扬”。这实际上是编辑透过一篇作品的“窗口”，向整个文学创作界发出呼吁。

沟通是以真诚为前提的，要“知无不言，言无不尽”，要“坏处说坏，好处说好”，而不是以廉价的吹捧、媚俗的喝彩为能事。“手记”在评价“留学生文学”时，充分肯定它的特殊价值，认为它的盛衰，折射出了我国走向世界、走向现代化的历程，因此，在“文学宴席”上应该给它一个“专门席位”；但作者并不因此掩盖“留学生文学”的不足，同时还指出，文化素养并不等于文学素养，在一些留学生文学中，存在学术化、情绪化的倾向，缺乏有个性、有力度的人物形象。这种洋溢着辩证法的批评，

显示出了“手记”的识见和风骨。

笔者当年在“干校”和“晓江”相识，成了“校友”；后来又在出版社和“老江”重逢，成了同事。读着“手记”，自是分外亲切。从中又看到了出版社的发展，令人更是莫名振奋，眺望前途，信心百倍。于是写下以上文字，权充序言。

本文收入《一个总编辑的手记》，上海文艺出版社 1997 年 9 月出版

书装是一种文化表达

——《书装艺谭》序

书装源远流长。早在甲骨文时代，几块甲骨串连编次，已是书装的原始形式。今天，书装不仅是书籍的物理形态，也是一种市场手段，更是一种文化展示。它凝聚着出版人的审美眼光和创造能力。

二十多年前，有一位作者在参观法兰克福书展后，给我写来一封信“吐槽”。当时他有一本书参展，这本书的“寒酸”装帧让他觉得“汗颜”。他在信里打了一个比方：“犹如一个瘪三，混迹在西装笔挺的大亨之中。”二十多年过去了，这句话在我心里，仍如刀刻一般印象深刻。

新世纪以来，随着我国出版业的飞速发展，书装早已旧貌换新颜。印装材料日益丰富，工艺水平不断提升，特别是涌现出了一批视野开阔、思想活跃、观念新潮的设计人员，在他们的努力下，一批又一批“最美的书”在市场上争奇斗艳。然而，由于书装实践和书装理论并不同步，尤其是书装美学，很少有人涉足。结果，一个倾向掩盖另一个倾向，当年的“寒酸”，如今演变成了“炫富”，书装中的“暴发户”现象随处可见。正是在这样的背景下，焕起先生的《书装艺谭》的问世，便有了特殊的价值和意义。

焕起先生身为社长、总编，自然比一般人更了解图书市场，更熟悉图书的工艺流程和生产环节，他意识到当今的出版业已迎来了一个“装帧设计的时代”，从来没有哪个出版时期，书装的价值像当下这么重要。他

甚至认为，书装在顽强地支撑着出版的物理形态和价值体系，它让“书香”保持着感性，让“阅读”坚守着传统，成了与数字共舞的重要手段。书装设计关系到社会的文化结构和生态环境。

但焕起先生又敏锐地觉察到了书装中的炫技之风、奢华之风。他呼吁在书装春天到来的时候，要保持艺术的理性。“大有作为不是过度作为，有所作为不是无所不为。”什么真皮本、黄金书、紫檀匣，若是脱离书稿的内容，一切堆砌设计元素、滥用装帧材料的做法，都是和书装的本质背道而驰的。真正的书装强调的是“惜墨如金”，是“恰到好处”，而不是“穷奢极欲”。在过度包装日甚一日的时候，焕起先生痛下针砭，当能起到当头棒喝的作用。

焕起先生的书装美学理论，与他的人生经历和艺术实践是分不开的。他自小受到艺术的熏陶。青年时代曾接受系统而正规的专业训练，从素描、色彩、构图到“国油版雕”，在名师的指导下，一一体验，懂得了什么是真正的美术。到出版社工作后，曾直接从事书装设计，获得过全国设计大奖。他还如饥似渴地研读美学和哲学，古代的老子、庄周，当代的朱光潜、李泽厚，外国的柏拉图、黑格尔，都在他探究的视野之内。在担任全国书籍装帧艺委会委员时，更是得到了张守义等前辈大师的指点。难怪焕起先生的文章，既有美学的高度，又有美术的精度，思辨性和操作性融为一体，能把道理说透，又能把技法讲活，让人豁然开朗。

焕起先生以设计师的职业敏感，推崇中国传统书装的诗情画意，赞美“美到窒息”的民国经典设计，呼唤书装艺术的“中国风”和“大境界”。他坚持书装是一种文化表达，因此一定要从优秀的传统积淀中汲取营养，提醒人们警惕所谓的国际风格的“入侵”，防止民族风格的削弱乃至消失。他反对一味地以洋为美，以洋气不洋气为评判标准，指出“传统不等于中国，现代也不等于西方”，主张开展跨文化对话。焕起先生还反对机器依赖，提倡设计师要“亲自设计”，培养黑格尔的“实践性感觉力”，能把“胸中之竹”表现为“纸上之竹”。在当今的书装界，如此擘肌分理的剖析，无疑会有思想上和专业上的引领作用。

本书看似单篇文章的结集，其实却有一以贯之的逻辑线索，这就是作者所说的“呼唤书装的美学回归”。书中既有高屋建瓴的理性阐述，如书装的文化性质、书装的美学原则；也有技法层面的具体指导，如字体

的禀赋、色彩的意味、图片的位置、材料的性能，乃至书脊的特点，作者善于小中见大，微中寓宏，通过完善细节来提高品质。如果你是专业书装设计人员，阅读本书有如参加学术交流，在相互砥砺、相互切磋中，让自己的思考更加深入。如果你是文字编辑，阅读本书则可以了解书装艺术，增强和设计人员的沟通能力。作者曾引用书装设计家邓中和先生的话说——“编辑要当半个装帧家”。本书便是一本切实而有效的教材，为你成“家”开辟捷径。

为本书写序，自知不是一个合适的人选。之所以接下这一任务，一是为了感谢焕起先生长期以来对《编辑学刊》的支持，二是因为每次拜读焕起先生的大作，总能得到思想上和知识上的启迪，因此乐于和读者朋友分享。

以上权充为序。

本文收入《书装艺谭》，上海锦绣文章出版社 2014 年 8 月出版

小荷才露尖尖角

——“文艺知识丛书”第一辑巡礼

上海文艺出版社的“文艺知识丛书”，已经出完了第一辑的十种。其中，文艺理论有朱光潜的《谈美书简》、吴战垒的《文艺欣赏漫谈》、吴功正的《文学风格七讲》，现代文学有吴中杰的《鲁迅传略》、曹子西的《瞿秋白文学活动纪略》，古典文学有张少康的《先秦诸子的文艺观》、林东海的《诗法举隅》、程俊英的《〈诗经〉漫话》、冯天瑜的《上古神话纵横谈》，外国文学有钱中文的《果戈理及其讽刺艺术》。单就这一辑来说，无论是出书规模还是书稿质量，只能说是“小荷才露尖尖角”，要达到“接天莲叶无穷碧”的胜境，还需要作者和编者做更大的努力；但这一枝“小荷”也自有它的可爱之处。

在出版工作中，知识普及性的读物，往往容易雷同，有时甚至连书名都毫无二致。这就需要独辟蹊径。张少康的《先秦诸子的文艺观》，不过是本八九万字的小册子，自1981年问世以来，不但引起了国内学术界的重视，还赢得了日本汉学界的注目，已被译成日文出版。一般中国文论史在论及先秦诸子时，总习惯于分述诸子生平，罗列诸子的主要文艺观点，其实这只是提供了资料，还没有揭示其中的政治和思想联系。《先秦诸子的文艺观》显然突破了这种传统写法。作者既从横的方面，搜集散见于当时政治、哲学著作中的诸子文艺思想的材料，给以科学的分析和评价；又从纵的方面，论述诸子文艺思想的历史渊源、相互作用及其对后代文艺批评和文艺创作的影响。作者把先秦诸子归纳为三大派：一是

以孔子、孟子、荀子为代表的儒家，一是以老子、庄子为代表的道家，一是以墨子、商鞅、韩非子为代表的墨家和法家。在这三派当中，对文艺造成实际影响的，主要是儒、道两家。儒家注重文艺为现实社会的政治服务，在创作上倾向于现实主义；道家则崇尚自然，注重神化，在创作上倾向于浪漫主义。儒、道两家分别开了我国文艺思想发展史上现实主义与浪漫主义的先河。作者的这种鸟瞰式的论述，给人以高屋建瓴的感觉，使读者进一步认识到了批判继承先秦思想文化遗产的现实意义。

普及读物有比较广泛的读者面，而这些读者又比较容易接受书中的观点。因此，要使图书取得积极的社会效益，就必须十分注意材料的准确性和观点的科学性。林东海的《诗法举隅》之所以会受到青年读者的欢迎，除了因为引证丰富、条理清晰、说理透彻之外，很重要的一点，就是将文艺评论和艺术欣赏提高到了美学的高度。我国素有诗国之称。自第一部诗歌总集《诗经》以来，诗歌创作源远流长。历代诗人在长期的艺术实践中，创造和积累了丰富的艺术表现手法，诗话词话中便不乏这一方面的论述，可惜多数显得比较零碎，而且往往处在朦胧的感性体验的阶段，缺少明确的科学的表述。《诗法举隅》汲取了前人的研究成果，又运用马克思主义的美学理论，进行了一次新的探索和总结，从而有助于读者对“诗法”的正确理解和把握，也有助于把古代文论的研究工作引进一个新的领域。

吴战垒的《文艺欣赏漫谈》同样也在这方面做了有益的尝试。作者阐述了文艺欣赏的性质、特点和方法，还努力从揭示创作规律的角度来揭示欣赏的规律，引导读者把直观的审美感受提高到自觉的审美认识。在西方美学思想中，自亚里士多德以来，十分重视有机整体的观念。亚里士多德说过：“任何部分一经挪动或被删削，就会使整体松动脱节。要是某一部分可有可无，并不引起显著的差异，那就不是整体中的有机部分。”泰纳更进一步认为：“对于事物有总体观是高级才智的标志。”真正的艺术作品，是一种浑然天成的组合，而不是人为的拼凑。《文艺欣赏漫谈》通过分析具体作品，证明这不仅是艺术创作的规律，也是艺术欣赏的规律。不把作品看成一个整体，采用“摘句式”的欣赏方法，势必会走上鲁迅所批评的欣赏“割裂的美”的歧路。

和一般普及读物相比，“文艺知识丛书”重视知识性，又兼有一定的

学术性。严格地说，这是一套中级读物。粉碎“四人帮”后，出版界重视普及读物，重视学术著作，而这两者之间，实际上还有一段距离。“文艺知识丛书”正是起了知识系统上的衔接作用，既让读者了解某一方面的基础知识，又能得到深入研究的启发，因此被称为“从入门到深造的桥梁”。朱光潜的《谈美书简》，本来是为答复青年美学爱好者而写作的，书中针对性比较强，在阐述美、美感、典型、形象思维等基本范畴外，还有意识地提出一些问题，引导读者展开讨论。比如文艺起源于劳动，这是马克思主义文艺学的一个基本命题，普列汉诺夫曾做过详细论证。朱光潜原来相信“文艺起源于游戏”，学习马列主义后，他否定了自己的观点，但研究了文艺作品中大量存在的“机缘”即偶然事件，研究了谐隐及文字游戏等表现形式，又觉得“游戏说”还不可一笔抹煞。他认为既要承认文艺起源于劳动，也不能否认游戏是文艺这种生产劳动中的一个极其重要的因素。这种看法表面上是“回溯”，其实却是一种深化，是从新的角度提出的问题。马克思和恩格斯都曾提出“必然”要通过“偶然”起作用，而“偶然”在文艺中突出地表现于游戏，特别是所谓“戏剧性的暗讽”。而且，劳动与游戏的对立，只是资本主义社会中劳动异化的结果，共产主义时代一切人的活动都是自由的、无拘无束的，劳动与游戏的对立也就不复存在。从这个角度来说，《谈美书简》提出的问题，显然是有深入讨论的价值的。

冯天瑜的《上古神话纵横谈》，知识性和学术性的结合也比较成功。全书分上下两编，上编介绍神话的起源、特征、传播、分野等等，下编为中国上古神话举要。作者既不把神话当作信史，也不认为是“无稽之谈”，而是力图以历史唯物主义的观点，来窥视人类童年时期的生活面貌。比如作者认为，神话中从女娲到嫦娥的变化，说明女性已由人类赞美、膜拜的对象变成了谴责、怨恨的对象，是人类社会由母权制过渡到了父权制的反映。对一些相互龃龉的神话传说，作者也提出了比较合理的解释。在古籍记载中，“羿”有为民除害的一面，又有荒淫无道的一面，作者认为前者是氏族制时代创造的形象，后者是奴隶制时代创造的形象，这两个形象的先后出现，正反映了原始社会向初期奴隶社会转化的过程。作者还在一定程度上，将中国神话和希腊神话、印度神话以及澳洲、非洲神话做了比较研究，以求在更广阔的范围里观察人类初期的社会生活

和民族心理。

“言之无文，行而不远。”普及读物要真正能够在群众中普及，还必须有为大众所喜闻乐见的形式。艾思奇曾经说过，他写作《大众哲学》所花的功夫，并不比搞其他研究著作少，可见要真正做到深入浅出是并不容易的。“文艺知识丛书”已出的几种，尽管通俗化的程度不一样，但作者是沿着这个目标努力的。为了分析什么是美，朱光潜从《巴黎圣母院》的卡西莫多讲起，并通过“钟楼怪人”的形象，论述生活丑可以转化为艺术美，最后得出的结论是：作家有描写丑恶的权利。为了让读者步入《诗经》这座古老而辉煌的艺术殿堂，毕生研究《诗经》的专家程俊英从四诗、六义等《诗经》的 A B C 讲起，对引诗做了准确而生动的白话文翻译……

作为一套丛书，“文艺知识丛书”注意了整体的特点；同时，还注意了不同品种的个性。已出十种中，既有书信体、随笔体，也有讲稿体、论文体，体裁不拘一格，作家风格也各呈异彩，相互辉映，在统一中显出了变化。无疑，这也可以增加一套书的活力。

本文收入《上海版书评选》，上海人民出版社 1987 年 10 月出版

下编

咬嚼者的屐痕

五

回眸篇

[题记]

在我的编辑生涯中，以不同形式涉足的刊物，计有 21 种。其中《咬文嚼字》是最小的一本刊物。它于 1995 年 1 月创刊，从 1995 到 2012，我做了 18 年的主编。它不仅让我投入了大量的心血，而且在相当程度上改变了我的兴趣，让我从文学转向语言。回眸往事，酸甜苦辣，五味杂陈。都云编者痴，谁解其中味！

推开三重门

——《咬文嚼字》的办刊思路

在我看来，要办好一份刊物，必须推开三重门。第一，让读者了解你，知道有你这么一份刊物；第二，让读者认可你，承认、肯定你的刊物质量；第三，让读者盼望你，阅读这份刊物成为他不可或缺的一项生活内容。这三重门可分别概括为社会知名度、阅读认同感和情感期待值。《咬文嚼字》正是以推开三重门作为自己的基本办刊思路的。下面拟做些具体介绍，以求教于同行和读者。

(1)提升社会知名度：抓住三个环节

知名度是刊物的无形资产，也是衡量刊物社会影响的标志之一。据文化社会学家调查，出版物的知名度和阅读率是成正比的：知名度越高，读者也就越多。一份刊物达不到预期的效果，除了刊物定位、办刊质量方面的原因外，很可能是"养在深闺人未识"的缘故。为了提升知名度，《咬文嚼字》主要抓了三个环节：

一是取名。"名不正则言不顺"。一个别具一格的刊名，在提升知名度方面会收到事半功倍的效果。记得在正式创刊之前，我们曾检索了一百多个语文报刊的名字，对它们的高低优劣反复进行比较，最后脑子里才跳出"咬文嚼字"这四个字，可谓饱尝了"一名之立，旬月踟蹰"的滋味。谁知在征求意见时，圈内圈外都表示反对。一位语文界的前辈明确告诉我们，"咬文嚼字"是个贬义成语，不宜用作刊名；他建议我们改用"说字

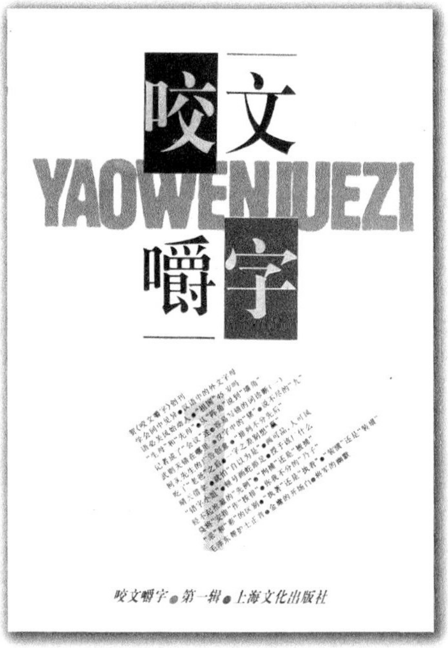

《咬文嚼字》1995 年 1 月创刊号

评文”。当时已经发稿在即，连刊名也没定下来，这使我们经历了一场“分娩”前的阵痛。我们很敬重这位老专家，知道他是出于一片真心，但经过冷静思考之后，还是决定“固执己见”。不错，“咬文嚼字”曾是一个贬义成语，可情况正在发生变化。这些年来，由于人们对文字规范化的认识越来越深刻，“咬文嚼字”也因此逐渐具有了中性的色彩。即使如人们原来所理解的，“咬文嚼字”是指死抠字眼儿、拘泥不化，仍不妨用来作为刊名，因为这样一来，刊物便有了一种自嘲的意味，同样可以表现出办刊人的勇气和信心。而我们更看重的是，“咬文嚼字”是一个“成熟的组合”，读者可以过目不忘，不会给记忆增加任何负担；与已出的语文刊物相比，它又具有鲜明的区别性，比较容易引人入胜。刊物出版以后，收到大量来信，信中经常有这么一句：“看到贵刊，眼前一亮，世上居然有这样的刊物!”读者“眼前一亮”，想来是刊名产生的效果吧。

二是亮相。《咬文嚼字》是 1995 年 1 月创刊的，当时全国已有八千多种刊物，而且已经形成了相对稳定的格局。一个 32 开本的小刊物要跻身其中，我们自知难度是很高的。怎样才能“闪亮登场”呢？通常有两个办法：一个是刊登广告，最好是“立体轰炸”，报纸、电视、广播轮番上阵，但我们缺乏足够的资金支持；另一个是发布新闻，请记者朋友协助“炒作”，问题是这类新闻多少带有广告色彩，媒体不愿大做文章。正在山穷水尽之时，联想到了看京戏的体验：唱戏的还未出场，先在幕后“叫板”，赢得全场肃静，翘首以待。于是我们也决定先“叫板”，设计了一个“向我

开炮”的亮相动作。“向我开炮”的灵感，来之于电影《英雄儿女》。这是影片中主角王成在生命的最后时刻发自肺腑的呼唤。这位朝鲜战场上的英雄，曾给我们留下了深刻的印象。所谓“向我开炮”，是向社会公开宣布，欢迎为即将出版的《咬文嚼字》创刊号挑错，谁在标题中挑出一个错奖一千元，正文中挑出一个错奖一百元。这一活动引起了新闻界的极大兴趣。他们认为，一个以“咬文嚼字”为已任的刊物的问世，是有新闻性的；“一字千金”的奖额，同样是有新闻性的；而一个刊物问世后的第一件事，是号召读者向自己“开炮”，在“无错不成书”的背景下面，则更是有新闻性的。于是，“向我开炮”的消息，从报纸到电视、广播，从上海到全国，成了1994年年底的一条重要的文化新闻。《咬文嚼字》还未“登台”，它的名字便在媒体上频频“曝光”，赢得了社会的广泛关注。这为以后的发展创造了十分有利的条件。

三是活动。开展活动，对于刊物来说，意义非同一般。它不仅是展示自身活力的一种方式，也是联系社会的一条渠道。但当前刊物举办活动，有两种值得注意的倾向：一是名为活动，其实醉翁之意不在酒，在乎读者的钱包也。什么报名费、参赛费、入选费……不一而足。为了达到“创收”的目的，甚至不惜背离刊物的宗旨。二是缺少智慧含量，形式陈旧，手法单调，你搞征文，我也征文，你搞竞赛，我也竞赛，反正照葫芦画瓢，谈不上什么创意，结果不能激发读者的参与热情，应者寥寥，徒耗人力和物力。《咬文嚼字》不能走，也不想走这两条路。

我们正式搞的第一次活动是1995年的“月亮神三报一刊有奖竞查”。“月亮神”是赞助商的产品名，“三报”是上海的《解放日报》、《文汇报》、《新民晚报》，“一刊”便是《咬文嚼字》。活动要求读者检查即将出版的当年6月26日的“三报”和第6期的《咬文嚼字》，查到一处编校差错奖一千元。由于这次活动有一定的新鲜感和诱惑力，加上“三报”大力支持，每隔几天便报道一次活动进展情况，结果到了6月26日那一天，出现了一报难求的火爆场面。在短短的二十多天里，参赛信多达六万多封，意见累计超过四十万条。这次活动实现了“多赢”：赞助商扩大了产品的影响；“三报”再一次向读者证明了自己严谨的办报态度；而《咬文嚼字》无疑是最大的赢家，创刊半年便成了知名刊物。

这次活动给我们的启示是：《咬文嚼字》虽只是一个小刊物，没有多

大号召力，但如果能和“三报”这样有巨大社会影响的对象巧妙地结合在一起，便能产生意想不到的效果。我们把这种做法称之为“借光”。沿着这条思路，后来每年组织一次活动，反复吆喝，反复“折腾”，顽强地表现自己：1996 年查《人民日报》等 12 家报纸，1997 年查化妆品广告，1998 年查《半月谈》等 12 种刊物，2000 年查知名作家，2001 年查明星图书……每次活动几乎都成了社会关注的热点，参加的人数有时多达十万以上。通过这一次次活动，《咬文嚼字》声名远播，从大城市到边远省份，从中国到东南亚、美国，到处都能看到《咬文嚼字》的身影。四川一位读者曾作诗说：“《咬文嚼字》立意新，威风凛凛大将军；东咬西嚼树规范，天下谁人不识君。”

(2)增强阅读认同感：坚持三项原则

阅读的过程，是一个判断的过程。刊物成功与否，读者是最有发言权的。编辑的生命在刊物之中，刊物的生命则在读者之中。读者的认同感，是刊物生命力的标志。为了赢得读者，《咬文嚼字》坚持贯彻三项原则：

一是读者本位原则。办刊物首先有个定位问题，要明确刊物是给谁看的。这个前提一旦确定，便要一切从读者出发，一切为读者着想。《咬文嚼字》的读者原定为五类人：编辑、记者、校对、广告制作人、节目主持人。后根据有关部门的指示，又增加了中学教师和文秘人员。这七类人的共同特点是：第一，都要和语言文字打交道，经常会碰到各类语言文字问题；第二，工作都很紧张，时间不太充裕，缺少从容读书的环境和心境；第三，大部分人员虽是文科出身，但并没有受过严格的语言文字训练。

针对读者的这些特点，《咬文嚼字》确定了自己的取稿标准，除了科学性的要求外，主要是三个字：短、通、实。短——每期 32 开 48 面，至少刊登 50 篇文章，让读者能在会前饭后，随时抽空阅读；通——行文力求通俗易懂，少用专业名词术语，更不要一段古文接一段古文，非用不可的要在文中做出解释，实现零障碍阅读；实——言之有物，重视信息量，即使要发一点议论，也要从语言实际出发，力求不流于空泛。正

是因为具备了这样的特点，《人民日报》曾载文认为《咬文嚼字》可读可用，“希望报社、杂志社、出版社、电台、电视台以及一切与语言文字工作有关的部门，将《咬文嚼字》作为有关人员的业务学习材料，人手一册，持之以恒”。

二是质量至上原则。一个刊物不但在亮相时要打得响，亮相后还要站得住。打得响可以靠宣传，站得住则要靠质量。质量是刊物的安身立命之本。读者对刊物的认同，说到底是对质量的认同。刊物质量不能保证，单靠送礼品、抽大奖之类，是舍本逐末的做法。

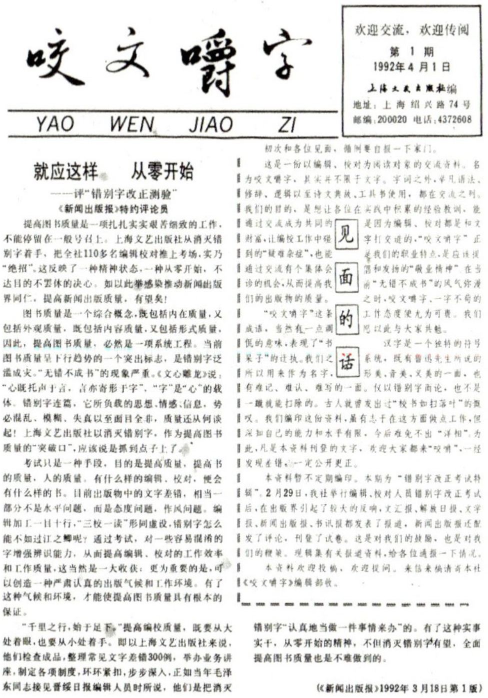

咬文嚼字

YAO WEN JIAO ZI

欢迎交流，欢迎传阅
第 1 期
1992年4月1日
上海文艺出版社编
地址：上海绍兴路74号
邮编：200020 电话：4372608

就应这样　从零开始

——评“错别字改正测验”

《新闻出版报》特约评论员

提高图书质量是一项扎扎实实艰苦细致的工作，不能停留在一般号召上。上海文艺出版社从消灭错别字着手，把全社110多名编辑校对推上考场，实乃“绝招”。这反映了一种精神状态，一种从零开始，不达目的不罢休的决心。如以此举感染推动新闻出版界同仁，提高新闻出版质量，有望矣！

图书质量是一个综合概念，既包括内在质量，又包括外观质量，既包括内容质量，又包括形式质量，因此，提高图书质量，必然是一项系统工程。当前图书质量呈下行趋势的一个突出标志，是错别字泛滥成灾。“无错不成书”的现象严重。《文心雕龙》说：“心既托声于言，言亦寄形于字”，“字”是“心”的载体。错别字连篇，它所负载的思想、情感、信息，势必混乱、模糊、失真以至面目全非，质量还从何谈起！上海文艺出版社以消灭错别字，作为提高图书质量的“突破口”，应该说是抓到点子上了。

考试只是一种手段，目的是提高质量，提高书的质量，人的质量。有什么样的编辑、校对，便会有什么样的书。目前出版物中的文字差错，相当一部分不是水平问题，而是态度问题，作风问题。编辑加工一目十行，“三校一读”形同虚设，错别字怎么能不如过江之鲫呢？通过考试，对一些容易混淆的字增强辨识能力，从而提高编辑、校对的工作效率和工作质量，这当然是一大收获；更为重要的是，可以创造一种严肃认真的出版气候和工作环境。有了这种气候和环境，才能使提高图书质量具有根本的保证。

“千里之行，始于足下。”提高编校质量，既要从大处着眼，也要从小处着手。即以上海文艺出版社来说，他们检查成品，整理常见文字差错300例，举办业务讲座，制定各项制度，环环紧扣，步步深入，正如当年毛泽东同志接见晋绥日报编辑人员时所说，他们是把消灭错别字“认真地当做一件事情来办”的。有了这种实事实干，从零开始的精神，不但消灭错别字有望，全面提高图书质量也是不难做到的。

（《新闻出版报》1992年3月18日第1版）

见面的话

初次和各位见面，循例要自报一下家门。

这是一份以编辑、校对为阅读对象的交流资料。名为咬文嚼字，其实并不限于文字。字词之外，举凡语法、修辞、逻辑以至诗文典故、工具书使用，都在交流之列。我们的目的，是想让各位在实践中积累的经验教训，能通过交流成为共同的财富，让编校工作中碰到的“疑难杂症”，也能通过交流有个集体会诊的机会，从而提高我们的出版物的质量。

“咬文嚼字”这条成语，当然有一点调侃的意味，表现了“书呆子”的迂执。我们之所以用来作为名字，是因为编辑、校对都是和文字打交道的，“咬文嚼字”正是我们的职业特点，是应该提倡和发扬的“敬业精神”。在当前“无错不成书”的风气弥漫之时，咬文嚼字、一字不苟的工作态度便尤为可贵。我们愿以此与大家共勉。

汉字是一个独特的符号系统，既有鲁迅先生所说的形美、音美、义美的一面，也有难记、难认、难写的一面。仅以错别字而论，也不是一蹴就能扫除的。古人就曾发出过“校书如扫落叶”的慨叹。我们编印这份资料，虽有志于在这方面做点工作，但深知自己的能力和水平有限，今后难免不出“洋相”。为此，凡是本资料刊登的文字，欢迎大家都来“咬嚼”，一经发现差错，一定公开更正。

本资料暂不定期编印。本期为“错别字改正考试特辑”。2月29日，我社举行编辑、校对人员错别字改正考试后，在出版界引起了较大的反响，文汇报、解放日报、文学报、新闻出版报、书讯报都发表了报道，新闻出版报还配发了评论，刊登了试卷。这是对我们的鼓励，也是对我们的鞭策。现辑集有关报道资料，给各位通报一下情况。

本资料欢迎投稿，欢迎提问。来信来稿请寄本社《咬文嚼字》编辑部收。

《咬文嚼字》的前身——《咬文嚼字》小报，共出版七期。新闻出版总署老署长宋木文曾大加赞赏

怎样才能保证质量呢？《咬文嚼字》的做法是：

首先要有专业眼光。为此，刊物组织了一个智囊团性质的编委会。其中，既有古文字专家、训诂专家，也有现代汉语专家、语文教育专家，他们为刊物不断提高专业水准提供了足够的智力支持。同时，刊物还和全国各地专家保持热线联系，凡有“疑难杂症”，都能及时“会诊”，因而避免了不少差错，使普及刊物体现出学术品位。有关领导评价《咬文嚼字》时，曾概括为“三小三大”：“小刊物，大眼光；小角度，大视野；小文章，大手笔。”这当然是一种鼓励的话，即使真有这么一点意思，也是和专家们作为刊物的后盾分不开的。

其次要有敬业精神。《咬文嚼字》的审稿、编稿、校稿，有自己的特

定程序，强调“临稿如临阵”，见“疑”如见“敌”，决不欺骗自己，决不敷衍读者。编辑部规定：采用一篇稿件，至少要查核三部工具书；读一期校样，至少要经过十个校次；刊物出版后，至少要有三人检查成品。不仅在语文方面，要做到言必有据；在其他知识领域，也要有疑必查，不存侥幸心理。有篇来稿批评某刊物关于“温热的蛇血”的描写，认为蛇是冷血动物，蛇血不可能是温热的。这似乎是个常识问题，但编辑在审稿时，既查核了有关的动物学著作，了解蛇的生物特性，还特地到餐馆里看厨师杀蛇，当场感觉蛇血的冷热，这才决定稿件的取舍。这样的事在《咬文嚼字》编辑部是常有的。

为了保证刊物的质量，还要真正做到服从真理。可以套用一句名言来表明我们的立场：“吾爱吾刊，吾更爱真理。”《咬文嚼字》的编辑不是“万宝全书”，知识结构并不完善，何况“万宝全书”也会缺只角的。因此，出错是难免的。关键是出错以后怎么办。有人讳疾忌医，对读者的批评置之不理。这就不仅是水平问题，更是一种态度问题。我们认为，不出错当然是质量，出错以后能改正错误，同样是质量。为此，《咬文嚼字》特设“向我开炮”专栏，欢迎读者批评。只要你说得对，我们就改正，宁可自己“出乖露丑”，也决不文过饰非，决不让谬误流传，贻误读者。

三是卖点优化原则。“卖点”一词，最初是从香港听到的。这显然是市场经济的产物。所谓“卖点”，其实就是个性，是特色，是引人注目、惹人心动的“点睛之笔”。强化、突出卖点，这是对市场的适应，同时也是对读者的尊重。

《咬文嚼字》的卖点是什么？我们认为最主要的一点是针对性。它不像教学刊物，要紧扣“大纲”，配合教材，体现出体系性、同步性；也不像学术刊物，要强调独立见解和理论深度。《咬文嚼字》要贴近社会语文生活，发现什么问题解决什么问题，读者需要什么就传播什么，表面上看是东一榔头西一棒子，实际上和社会文化发展有着内在的逻辑联系。《咬文嚼字》的作者不能有学究气，不能关在书斋里做文章，而必须像猎豹一样，随时准备跳跃着捕捉“猎物”。

为了使这一卖点得到优化、强化，产生更好的阅读效果，我们把它细分为三个层次：

一是聚焦点。这往往是全社会关注的热点话题。选择这样的题材，

最能体现本刊针对性强的特点。比如：《光明日报》曾载文谈《天方夜谭》为什么用“谭”不用“谈”，认为唐武宗名李炎，而“谈”的右半边为“炎”，唐人因避武宗讳，将“谈”改成了“谭”。由于《天方夜谭》是部名著，此文又有点趣味，于是被到处转载，仅我们见到的，就有二十几家报刊。很多人对作者的说法信以为真，殊不知是以讹传讹。本刊针对此文及时刊登了《也说〈天方夜谭〉为何用“谭”》一文，指出“谈”、“谭”两字纯粹是音近通假，与避讳毫无关系。文章刊出以后，读者争相阅读，有人称之为起到了“拨乱反正”的作用，“虽涉及专门的音韵学、历史学知识，阅读有点难度，但仍值得一读”。

二是兴奋点。在现实语文生活中，有些话题似乎无人提及，但一旦有人讨论，人们便会侧耳倾听，跃跃欲“说”。这便是兴奋点。这样的话题有个寻找和判断的问题。比如“按揭”一词，最初在报刊上出现时，不少人似懂非懂，但并没有人深究。1997 年 1 月，《咬文嚼字》刊出《试说“按揭”》一文，认为“按揭”是个半意译、半音译的外来词。此文的发表如一石激起千层浪，立刻引起了人们讨论的兴趣，从饭桌到报纸，从上海到香港，各抒己见。某房产商说“按揭”是“按期揭掉债据”，某香港女作家说“按揭”是“按期还贷，还不出便揭掉房顶”……本刊后来又发了《补说“按揭”》、《“按揭”之“揭”不是音译》等文，进一步推动了讨论的深入。

三是共同点。这是《咬文嚼字》取稿的底线。因为如果不符合大多数读者的口味，卖点便无从谈起。比如有篇来稿，谈“彧”(yù)字的读音和意义，这个字比较冷僻，和读者有点“隔”，“共同点”是谈不上的，编辑便压下未用。不久以后，全国各地报纸都在转载一条消息：北京宣武区法院有条规定，在司法文书中每错一个字罚款 50 元，某法官一次被罚款 500 元。原来他的当事人名字中有个“彧”字，判决书中一共出现十次，而这位法官均将三撇误为两撇，结果遭到重罚。这篇报道事实交代清楚，但通篇未谈“彧”字的读音和意义。我们原来压下的稿子因为这篇报道而重获生机，因为这个冷僻字已成为社会共同关注的对象。刊物以最快速度刊出的《彧：一个让法官挨罚的字》立即引起了“围观”。有位读者说他读过原来的报道，深为“彧”字所困惑，本刊的文章让他“就像三伏天喝到了一杯‘冰水’”。

(3)提高情感期待值：培育四种感觉

读者的认可，这是一种理智上的判断，和情感上的接受还不是一回事。某些刊物，读者很可能是“相逢开口笑，过后不思量”，并没有建立情感联系。可以看，不等于喜欢看；喜欢看，也不一定非看不可。情感上的期待是一种更高的境界。推开第三重门，是要让刊物和读者融为一体，使阅读这份刊物成为读者的一种生活方式。说老实话，《咬文嚼字》还没到这份上，但我们愿意为此而努力。具体的做法是：培育四种感觉。

一是满足感。读者阅读刊物后要感到解渴、过瘾，豁然开朗。我们曾在征订广告中说：“不订是你的错，不再订是我的错。”如果读后不能感到满足，那不订是完全可能，也是完全应该的。相反，随着满足感的产生，读者对刊物的感情则会与日俱增。满足感怎样才能产生呢？这里关键是刊物的内容。比如，读者从刊物获得的知识必须是可靠的、权威的，绝对不能让他上当，否则刊物的形象便会一落千丈；比如，读者从刊物获得的知识必须是及时的、适用的，他碰到的疑难问题，都可以通过刊物得到解决；比如，刊物能不时给读者以“警示”，让他发现自己的习惯性差错，从而认识到刊物是自己的良师益友；比如，刊物在传授知识方面能体现出融会贯通的特点，让读者认识到阅读本刊是一条更为有效的学习途径……总之，刊物一定要切切实实地介入到读者的生活中去，而不是隔靴搔痒。

二是参与感。参与，是建立感情联系的十分有效的方法。通过参与，读者会把刊物视为知己。一份刊物，没有读者参与，那是冷清的、寂寞的，甚至连办刊中可能出现的偏差，也不能及时得到修正。作为办刊人，不仅要为读者的参与创造条件，还要善于激发读者的参与热情。投稿，是读者最常见也是最本质的一种参与形式。《咬文嚼字》每天收到的来稿数以百计，这是极其可贵的财富，我们十分珍惜；刊物百分之九十以上的文章选自自发来稿，正是对读者参与的一种回应，也体现了我们刊物自身的特点。我们要努力提高稿件的处理质量和加快稿件的处理速度。同时，还要进一步完善“向我开炮”、“向你挑战”等参与栏目，开辟“疑难杂症”的“会诊室”。总之，要不断开辟参与通道，让读者从心底里说一声：“这是我自己的刊物。”

三是亲近感。刊物的编者一般很少和读者直接见面，但一份好的刊物，要让读者油然而生亲近感，读之如晤老友。《咬文嚼字》非常向往这种境界。为此，自创刊以来，无论是单行本还是合订本，在和读者交流时，一律用第二人称“你”，目的便是想营造促膝谈心的氛围。即使一篇短短的“编后”，我们也要求自己洞开心扉，和读者坦诚相见。我们相信只要大家都掏出心来，便一定能心心相印。比如在创刊号的“编后”中，编者谈到自己海上航行的经验：“在茫茫大海之上，碧波万顷，水天一色。当另一艘航船经过时，人们会拥上船舷眺望，两船交会时，也会鸣响一声长长的汽笛。这实际上是人类在精神上的相互呼唤。现在《咬文嚼字》这只小舟即将启航，我们能听到来自读者的汽笛声吗？”刊物出版以后，立即“听到”了来自读者的一声又一声“汽笛”。一年、两年直至几年以后，刚刚读到这则“后记”的读者，仍然会写来热情洋溢的信。这使我们深感欣慰。《咬文嚼字》的内容，今后肯定会不断变化；编者和读者的这份情谊，却是应该永远保存的。

四是陌生感。文学典型有所谓“熟悉的陌生人”一说，其实，刊物在读者的心目中，也应该是“熟悉的陌生人”。唯其熟悉，可产生亲切感；唯其陌生，可产生新鲜感。这样的刊物才能常读常新。一览无余，清澈见底，是很容易导致阅读心理疲劳的。为了让刊物“陌生化”，《咬文嚼字》一方面在内容上下功夫，如2003年推出的“撤稿札记”一栏，撤稿过程、撤稿内容、撤稿理由同时刊出。说是撤稿，其实没撤；说是没撤，又注明是撤稿。这种切入的角度和编稿的方式，可能会让读者有一种全新的阅读感觉。另一方面又在形式上下功夫，如“有照为证”中的部分内容，摇身一变成了“雾里看花”，两个栏目成了姊妹栏目。“有照为证”的清晰性和“雾里看花”的模糊性，形成鲜明的对照。一个耐看，一个可思，各有千秋。这都反映了我们在“陌生化”方面的努力。

推开三重门是一个智力跋涉的过程。“路漫漫其修远兮，吾将上下而求索。”

本文原载《编辑学刊》2003年第5期

刊物是要有一点精神的

《咬文嚼字》创办于 1995 年 1 月。自创刊号起一直是 32 开、48 面，每月出版一期。这是一份典型的资历浅薄、形态简陋的小刊物。在刊物的茫茫林海中，这样的小刊物怎样谋求自身的发展呢？回首丨二年的办刊历程，我们的体会是，人是要有一点精神的，同样，刊物也是要有一点精神的。

(1)刊物要有定力，不能东张西望

正如“文章合为时而著，歌诗合为事而作”一样，《咬文嚼字》也是应运而生，应时而编。针对社会语文生活的混乱状况，《咬文嚼字》的办刊宗旨是：宣传语文规范，传播语文知识，引导语文生活，推动语文学习。《咬文嚼字》的读者对象原定五种人：编辑、记者、校对、节目主持人、广告制作人，后来根据有关领导部门的指示，又增加了两种人：中学语文教师和文秘人员。这七种人构成了社会语文生活的主体。根据读者对象的特点，《咬文嚼字》强调的是内容的针对性、知识的实用性和文风的朴实性。这就是《咬文嚼字》的定位。

《咬文嚼字》问世以后，受到了社会的广泛关注。当时的国家语委主任、现在的全国人大常委会副委员长许嘉璐先生曾在给编辑部的信中，称赞《咬文嚼字》“言之有物”、“形式活泼”、“办法新颖”，并在一次会议上赞扬《咬文嚼字》是“小刊物，大眼光；小角度，大视野；小文章，大手

笔”。著名语言学家吕叔湘先生注视着《咬文嚼字》的每一步发展，曾公开表示：“办一个刊物，专门纠正语言文字使用中的毛病，这是我多年的希望。《咬文嚼字》就正是我想象中的那样一本刊物。”

然而，《咬文嚼字》的定位也一直受到有意无意的质疑和干扰。有人认为刊物的学术含量不足，大量做的是语文教师的评改工作，就字词论字词，而且东一榔头西一棒子，缺乏学科的系统性。他们建议增加语言的基础研究和汉字的文化探索，增强刊物的理论色彩。也有人认为《咬文嚼字》的市场意识不强，没有抓住学生这一最庞大的读者群体，文字虽然浅显但并没有考虑学生的口味。他们建议应和教学同步，大量增加教学辅导的内容，还可以刊登学生作文。有些校长明确表示，刊物调整定位的话，他们可以组织学生订阅。

向左走？向右走？这使我们想到了电影《少林寺》中的一个镜头：面对外界的诱惑，师父问徒弟：“汝心能持否？”持，是人的定力的表现。对于一个刊物来说，定力意味着自信心、意志力和责任感。值得庆幸的是，办刊十二年来，在刊物定位方面，《咬文嚼字》从来没有发生过动摇。刊物编辑部的年轻人都是语言学科班出身，学术对他们有强大的感召力，但他们不愿意走进象牙之塔，脱离社会语文生活搞纯学术研究；他们也不愿意为了增加印数，增加经济效益，放弃自己的文化追求，让《咬文嚼字》变成教辅刊物。“如果说语言是片森林，在我们心中，《咬文嚼字》就该是一只啄木鸟；如果说语言是条大河，《咬文嚼字》就该是河堤的守护者；如果说语言是座高山，《咬文嚼字》就该是山上的一块生意盎然的植被。”我们之所以坚持自己的定位，就因为愿意自觉承担这样的社会责任。

(2)刊物要有勇气，不能瞻前顾后

《咬文嚼字》不同于一般的刊物，它具有鲜明的批评性。本刊曾拟过一条广告语：“咬书咬报咬刊，咬天下该咬之错；嚼字嚼词嚼句，嚼世上耐嚼之文。”它强调的便是刊物的批评特质。而真正的文化批评，没有勇气是不行的。《咬文嚼字》的勇气主要表现在以下方面：

挑战名家的勇气。名家是社会的文化形象，为万众所瞩目，具有特殊的影响力。而中国社会历来有为尊者讳的传统。要不要点名批评，能

不能批评名家，本刊在创办之初，曾为这些问题困扰不已，特地请教过吕叔湘先生。吕先生说："我在生病，医生让我打针吃药，我能把医生当敌人吗?"这句话大大鼓舞了我们的士气。本刊创刊号上，便刊出了批评华君武先生漫画中的错字的文章，华老非但不以为忤，还写信给我们说"老漫画作者写错字与庶民同罪，不必客气"，他"不想做死不悔改的错字派"。2000 年我们又"咬"了以王蒙为代表的十二位作家，同样取得了良好的社会效果。不少作家都公开表态："只要有利于语言规范化，甘愿做《咬文嚼字》的靶子。"正是在这样的基础上，后来我们形成了"三抓"的选题方针：抓龙头单位，抓公众人物，抓典型差错。

干预生活的勇气。我们承认《咬文嚼字》是一个小刊物，但我们从来不因刊小而自惭形秽，相反，总是抓住一切机会，发出自己的声音，推动语文生活的健康开展。所谓干预生活，便是积极地影响生活，引导生活。具体做法有三点：一是组织大型的查错活动，自 1995 年创刊以来，几乎每年一次。如 2004 年的"给城市洗把脸"，得到了北京、天津、上海、重庆等十二座城市的支持，有些市长亲自过问这项工作。二是开展出版物检测工作。据不完全统计，我们检测过的图书不少于 3000 种，期刊不少于 1000 种，报纸不少于 100 种。在大量检测数据的基础上，本刊在庆祝创刊十周年的时候，公布了《当代汉语出版物中最常见的 100 个别字》，在社会上引起了强烈反响，不少新闻出版单位都把它作为重要的业务学习材料。三是开办咬文嚼字讲习所，培养咬文嚼字骨干，壮大咬文嚼字队伍。现已举办了三期，得到了学员的高度评价。

学术攻关的勇气。在语文运用中，经常有一些难题，让人举棋不定。"唯一"还是"惟一"？"想象"还是"想像"？"1990 年代"的说法行吗？丛书名用书名号还是引号？这些问题工具书上查不到答案，专家们又说法不一，成了文字运用中的拦路虎。本刊为此特开辟"百家会诊"专栏，请各路高手集体攻关，取得了显著的效果。比如"唯一"还是"惟一"，在讨论中梳理了两千多年来"唯"、"惟"的使用情况，最后得出结论："唯一"更符合现代人的使用习惯。这一结论现已为新版《现代汉语词典》所认同。

(3)刊物要有智慧，不能平铺直叙

在中宣部出版局、新闻出版总署报刊司联合举办的经验交流会上，介绍《咬文嚼字》的办刊经验

《咬文嚼字》创刊时，全国已有八千多种刊物，要在其中争得一席之地，其难度可想而知。一个刊物要打开局面，可以投入资金做广告宣传，也可以依靠相关部门协助做行政推广，但事实证明，最可靠的还是充分发挥编辑的创造力。编辑的智慧是最大的财富。一个刊物要取得持续性发展，没有编辑的智慧是难以想象的。

《咬文嚼字》经常使用的“谋略”有以下几种：

打破思维惯性，出奇制胜。创刊前夕，全国征订，结果十分可怜：上海报数 55 册，全国总共不过 500 册。我们冒险印了 20000 册。怎么推销呢？后来想到了一个“向我开炮”的点子，号召读者向即将出版的《咬文嚼字》“开炮”，查出一处差错奖励 1000 元。“咬文嚼字”、“向我开炮”、“一字千金”这些富有新闻价值的字眼，一下子吸引了媒体的关注，成了当时轰动一时的文化新闻。创刊号 20000 册全部售罄，还先后重印了两次。刊物单行本重印，这在当时也是十分罕见的。

突破自身局限，借船出海。《咬文嚼字》毕竟是小刊物，其影响力还是有限的。怎样让我们组织的查错活动，取得最大的社会反响呢？我们的做法是借助强势媒体发力。比如 1995 年组织的“三报一刊有奖竞查”，由于《解放日报》、《文汇报》、《新民晚报》的配合宣传，在社会上造成了浩

大的声势，以至到了查错那天，出现了一报难求的局面。2006 年组织读者查“春晚”差错，更是一呼百应，观者云集。央视的巨大影响力，“春晚”的巨大吸引力，为这一活动集聚了空前的人气。当查错结果公布时，全国媒体都争相刊载。

捕捉社会热点，趁热打铁。《咬文嚼字》并非新闻类刊物，但适当沾上一点新闻色彩，往往会使刊物更富有活力和灵气。比如当“PK”、“忽悠”这类新词新语流行时，我们会及时组织专家开展研究，告诉读者这些词语的来龙去脉。当“七月流火”、“愿景”、“超女”这类词语成为新闻话题时，本刊也会发表相关文章参与讨论，让读者从语言角度开展思考。这种趁热打铁的做法，提高了刊物介入社会生活的深度，也进一步缩短了和读者的距离。

多作散点透视，别开生面。比如有一篇稿子，是批评赵忠祥的。赵忠祥说小鸽子刚孵化出来，如果吃不到“鸽乳”就会饿死。批评者认为鸽子不是哺乳动物，何来“乳汁”一说？本刊编辑觉得言之有理，决定采用。后来又听人说确有“鸽乳”，编辑为慎重起见，把稿子撤了下来。经过再三查阅资料，最后向信鸽协会求救，才知道小鸽子刚孵出时，大鸽子的嘴里会分泌出白色的浆汁，养鸽人习惯称之“鸽乳”。调查至此，已可证明赵忠祥说得不差，批评稿只知其一，不知其二，不能采用。如此处理，当然不错，但只是属于常规思路。本刊编辑部觉得批评稿写得不错，不用可惜，而“鸽乳”一般读者并不知情，也有介绍一下的必要，于是另设了一个栏目“撤稿札记”，既刊出了批评稿，又刊出了“批评”不能成立的“调查纪实”。稿件刊出以后，读者有耳目一新之感。

(4)刊物要有激情，不能敷衍塞责

一个刊物创办之初，往往会热情如火，虎虎有生气；几年以后，便会渐露颓色，疲于奔命。所以前辈出版家说过，办刊物往往开始时是人办刊物，到后来便是刊物办人，捉襟见肘，得过且过。所以我们要求编辑部同仁要保持激情洋溢的精神状态：

对汉语规范化要充满热情。《咬文嚼字》编辑部的成员，不但应该是语文法规的坚定的执行者和热情的宣传者，还应该是一个执着的研究者，

要从学术层面对语文法规的完善和科学，尽到一个语文工作者的责任。同时，还要时刻关注社会语文生活的发展和变化，及时捕捉值得在刊物上谈论的语言现象。

对《咬文嚼字》刊物充满热情。为了保证刊物的质量，编辑部做出了一系列的规定，比如，每采用一篇稿子，至少要查阅三部工具书；每一期校样，至少要有十个校次；每一期成品，至少要有三人重新审读。2002 年 7 月，本刊曾出过一次技术事故，电脑莫名其妙地删去了六篇文章的第一行文字。当我们发现这一情况时，刊物已经全部发出。为了维护刊物的形象，我们没有采取下期更正的常规做法，而是毅然决定这期刊物全部重印。这一处理虽然蒙受了经济损失，却赢得了读者信任。读者在来信中说："为漏印六行字而重印整本刊物，这种舍财取信、视读者为上帝、视质量为生命的大义之举，在读者心中树立了一座永远的丰碑。"

要对读者充满热情。《咬文嚼字》能有今天的成绩，和读者的支持是分不开的。《咬文嚼字》的读者是极其认真的读者，极其可爱的读者。我们曾经说过，本刊至少有十万名义务校对，刊物上一个标点的失误，都会有几百位读者来信。刊物上说迫击炮是"轻武器"，部队的读者立即来信告诉我们，迫击炮有 160 毫米、120 毫米、82 毫米、60 毫米四种，除了 60 毫米一个人可以背着走外，其他的都不是轻武器，160 炮竖起来有两层楼高呢。刊物上说圣马力诺是"教皇国"，熟悉欧洲史的读者立即告诉我们，圣马力诺早在公元 1263 年便制定了共和法规，它是欧洲最古老的共和国。为了回报读者，我们提出了"全方位扫描，零距离贴近，无障碍阅读"的编辑方针，并建立了读者俱乐部，开通了热线电话。我们愿意更周到地为读者服务。

本文原载《传媒》2007 年第 1 期

努力打造刊物的气场

见过《咬文嚼字》的人，都会留下这样的印象：小！传统的 32 开本；每期 48 页，现在扩版了，也只有 56 页，薄薄的小册子；而且，不讲究包装，不追求豪华，和时尚搭不上边。在中国近万种刊物中，《咬文嚼字》是名副其实的“小不点儿”。

然而，真正了解《咬文嚼字》的人，又会有这样的评价：秤砣虽小压千斤！许嘉璐先生曾赞扬说：小刊物产生了大影响。吕叔湘先生说：这正是我想办的一种刊物。《咬文嚼字》已经形成了自己的气场，它以富有个性的方式，宣传语文规范，传播语言知识。在一定程度上，《咬文嚼字》影响着中国当代语文生活的走向。

社会上一旦有了语文热点事件，人们首先想到的是，《咬文嚼字》会怎么看。这几乎已经成了媒体的思维习惯。今年 5 月，故宫的“锦旗门”事件发生时，本人在外地开会，一连接到多家媒体的电话，都是要求就“撼”字的对错做出判断。今年高考前，社会上热议高考作文能否用网络词语，上海广播电台当晚连线《咬文嚼字》，要我们就此问题表态，谈谈对网络语言的看法和现代人应持的语文立场。最近，“全民造句”又成热潮，《咬文嚼字》再次成为媒体采访的目标。

《咬文嚼字》的热线电话，可以说是刊物“气场”的一个缩影。不但有大量普通读者来电咨询疑难问题，连一些报纸、出版社、电台、电视台，都把它当成“万宝全书”。一家报社在付印以前，要《咬文嚼字》帮他们定夺该用“权力”还是“权利”。一家电视台在大型晚会演出前，要《咬文嚼

字》告诉他们“金沙水拍云崖暖”的“拍”字该读“pāi”还是“bó”。咬文嚼字讲习所已经办了十二期，每次学员都是“带一堆问号过来，带一双慧眼回去”。有些学员甚至一次带来上百个题目。他们学成归去后，传播在讲习所学到的知识，大大增强了《咬文嚼字》的社会影响。

《咬文嚼字》应邀担任上海电视台名牌栏目《可凡倾听》和《陈蓉博客》的语言文字顾问。图为签约仪式现场，左为曹可凡，右为陈蓉

《咬文嚼字》曾经“咬”作家，“咬”主持人，“咬”报社，“咬”电视台，双方非但没有反目成仇，相反，却不打不成相识，增加了理解，建立了友谊。中央电视台主持人白岩松在被“咬”之后说：“世界上怕就怕‘认真’二字，认真了什么事都能做好。《咬文嚼字》就最讲认真。”《百家讲坛》主讲人之一易中天在被“咬”之后，特意为《咬文嚼字》年度合订本写序，题目就是《该认错时就认错》。他说：“谁让你有错，又被逮住了呢？逮住了怎么办？我认为只能做三件事：认账、道歉、致谢。”正因为有了《咬文嚼字》，主持人不能不出言谨慎，作家不能不笔下留神。有家报社的领导曾告诫自己的编辑、记者说，你们都小心一点，没弄明白的千万别乱用，《咬文嚼字》看着你们呢！在社会的语文博弈中，《咬文嚼字》代表着规范的正能量。

“气场”是什么？是对读者的凝聚力，对社会的影响力。它是刊物的

文化品格、编辑精神和内容质量的综合反映。一个有气场的刊物，不但在市场竞争中，会有自己的立足之地；更会在社会的文化发展中，留下深刻的烙印。《咬文嚼字》的气场正在显现出来。

《咬文嚼字》的气场是怎么形成的呢？可以总结为以下几点：

第一，勇敢地干预生活。

《咬文嚼字》是1995年1月创刊的。自创刊的第一天起，就确立了干预生活的编辑方针，一切从语文生活的实际出发，而不是拍脑袋想题目，关在房间里编稿子。编辑部曾提出，要眼观六路，耳听八方，做到“零距离贴近，全方位扫描”，“听读者想说的，说读者想听的”，力求每一期刊物出版以后，都能在社会上听到回声。

《咬文嚼字》的重点选题，都是从现实生活中提炼出来的。当读者反映电视屏幕错别字泛滥时，编辑部立即确定以电视节目为“众矢之的”，并且首选中央电视台的春节晚会为突破口。这实在是一种自讨苦吃的做法。为了“咬嚼”春晚，编辑部的同仁放弃了春节休息，从除夕观看节目开始，一连几天集体研究，直到向媒体公布“咬嚼”结果。这一活动一连坚持了三年。第一年公布央视春晚280分钟的节目有28个字幕差错，平均每10分钟有1个差错，这立即在社会上引起了轰动。中央电视台第二年便邀请《咬文嚼字》派专家协助为字幕把关。由于《咬文嚼字》的干预，中央电视台和各地方电视台加强了字幕的审读工作，建立了严格的奖惩制度，荧屏的文字质量有了明显的提高。

又如，当读者反映电视剧成了文字应用的重灾区时，《咬文嚼字》立即组织专家向电视剧“开炮”。2009年，我们选择了《亮剑》、《潜伏》等12部热门电视剧为主攻目标，每月集中检查1部电视剧，引起了媒体的持续关注。电视剧都很长，如《解放》长达50集，《咬文嚼字》的编辑不但每集都看，而且在发稿前还要反复核查，大大地增加了工作量。这一活动同样产生了积极的效果。2009年，《咬文嚼字》编辑部曾向国家广电总局递送了关于电视剧文字质量的检查报告，其中不但谈到了电视剧文字质量的现状，还进一步提出了改变现状的几点建议；今年，国家广电总局已采纳了我们的建议，就电视剧的文字质量提出了明确的要求，并做出

了不合格产品召回的决定。

《咬文嚼字》的文章，表面上看起来东一榔头西一棒子，实际上却有明确的指向，针对的是社会语文生活中正在发生的、普遍存在的问题。为此，有人称它是社会语文生活的档案。正因为《咬文嚼字》和社会生活有着紧密的联系，《咬文嚼字》刊登的文章，往往会引起社会的“围观”。比如，“咬嚼”《百家讲坛》的“登坛品酒”活动，“咬嚼”作家的“点击文坛十二家”活动，甚至包括在此之前的“为城市洗把脸活动”，几乎每个月都会形成一个高潮，成了社会的文化热点事件。有些文章甚至成了各地高考和中考的出题材料。这使刊物的“干预”产生了积极的结果。

第二，顽强地攻克“碉堡”。

当前，语文生活空前活跃。大量新鲜的语言现象涌现出来，让人目不暇接，有时甚至困惑不已、无所适从。在语文生活中有很多难题，词典里查不到，理论上说不清，实际使用中各行其是。《咬文嚼字》之所以能形成气场，就是因为在面对这些问题时，从不回避，从不敷衍，而是以顽强不屈的精神，认认真真地组织专家研究，像攻克“碉堡”一样，一个问题一个问题地解决。《咬文嚼字》的读者因此有了一种阅读的满足感，长期纠缠不清的问题，会在阅读的过程中豁然开朗。

《咬文嚼字》有一支专家咨询队伍，他们成了办刊的智力后盾。这批专家学有专长、术有专攻，而且热心语文规范工作。比如，当“惟一”还是“唯一”在应用中引起一片混乱时，专家们梳理了从先秦古籍到今天几千年间“唯”和“惟”的使用情况，明确提出了有倾向性的意见，不但引导了现实语文应用，并且得到了《现代汉语词典》的认同。又如，在一次全国期刊检查中，“权力”和“权利”混淆，成了词语运用中最突出的问题。《咬文嚼字》立即精心组织了辨析文章，谈“权力”和“权利”的三大区别，不少读者读后特地来信表示感谢，称赞说这是一篇非常“解渴”的文章，“看得懂”而且“用得上”。

《咬文嚼字》在解决难题时，不盲从专家，不轻信辞书，更不囿于成说。编刊的过程，成了一个研究的过程。因此，刊物上不少文章，能够言人之所未言，发人之所未发，虽是小文章，却不乏大手笔。比如《诗

经》上的“硕鼠”，历来的权威解释是“大老鼠”，《咬文嚼字》2011 年第 10 期载文颠覆了这一看法，通过有说服力的材料，证明“硕鼠”即蝼蛄。前一阶段，“七年之痒”成了热词，但一般人不了解这一说法的来源，有位专家甚至断言应是“七年之恙”，出自《孟子·离娄》，“七年之痒”是以讹传讹。《咬文嚼字》组织研究以后，弄清了来龙去脉，指出这个词语的直接来源是梦露主演的好莱坞电影《七年之痒》，而在 1845 年的医学文献中，可以查到它的出处。这个词本指一种顽固的皮肤病，“七年”是用来形容顽固的程度的，后来才由生理转用于心理。类似的文章，在《咬文嚼字》上每期都有。这些文章既解决实际问题，又饶有阅读趣味，受到了读者的欢迎。

《咬文嚼字》的“百家会诊”栏目，最能体现刊物敢于啃硬骨头的特色。它所“会诊”的，全是读者提出的难题。从一开始的“腊梅”还是“蜡梅”、“想像”还是“想象”，到后来的“1980 年代”是否可用、“前苏联”的“前”字该不该加，每个问题都是实际运用中的让人头疼的“拦路虎”。《咬文嚼字》谈论时，高手如林，分析到位，让读者受益匪浅。这些问题的解决，也推动了现实的语文研究。最近，刊物谈论“下工夫”还是“下功夫”，这看似简单的问题，其实却有着现实的针对性。在当前的语文应用中，这两个词混淆不清；而在不同的辞书中，更有不同的处理原则。《咬文嚼字》从一堆乱麻中理出了头绪，并由此引出了“分化词”的问题，促使人们进行更深入的思考。

第三，自觉地坚持质量。

质量是刊物的生命。刊物的品牌是建立在质量的基础上的。俗话说，打铁需要自身硬，《咬文嚼字》尤其要重视质量。在当前出版物文字质量大幅下滑的背景下，《咬文嚼字》的坚持，有了特殊的意义。

为了能让质量得到切实保证，《咬文嚼字》从编刊的第一环节抓起，坚持在稿件质量面前人人平等，即使是名家的稿子，也决不网开一面，降格以求。采用一篇稿子，编辑至少要查核三部工具书。看似一篇短短的小文章，复核量、加工量极大。每期刊物的校样，要经过十个人审读。在出版合订本以前，还要由整个编辑部逐字复查，力求精益求精，改正

每一个细小的差错。除了制度外，靠的是人的积极性和自觉性。《咬文嚼字》的每一个编辑、每一个编委，都把刊物看成是自己的孩子，不愿让它受到一点玷污。是《咬文嚼字》的人，构成了刊物质量的最稳固的防线。

在开展“给城市洗把脸”活动时，有读者来稿说，北京天坛祈年殿的左侧，有一块宣传牌，说“皇帝于祭天前先行至此，净手并换上兰色祭服”，其中“兰”字应改为“蓝”。所提意见当然是对的，但缺乏知识含量。为什么祭天要穿蓝色衣服呢？编辑想补充有关资料，于是先到网上搜索，说是《大清全典》里有记载。到了上海图书馆以后，发现根本不存在《大清全典》一书，凭借自己的知识积累，编辑断定《大清全典》应是《大清会典》。可是此书上海图书馆只有上册，没有下册，而关于清代的典章制度，恰恰在下册里面。断了线索，怎么办呢？转查《清史稿》，终于在“舆服志”中，查到了有关内容。原来，清代皇帝祭祀的礼服有四种颜色：祭祖用黄色，祭天用蓝色，祭日用红色，祭月用月白色。读者看到的是一篇小文章，却不知道背后经历了这样一个艰苦的编辑过程。

有时，甚至读者连文章也看不到。某报载文，一位京剧名家教自己的小姑习戏，小姑没有任何基础，名家称她是“白丁”。读者来稿说“白丁”用错了。所谓“白丁”，指没有功名的人，即“一介布衣”。查《现代汉语词典》，果然是这样解释的。但仅查了一部辞书，还不能决定此稿可用，于是又查《辞海》。《辞海》除了上面一种解释以外，又多了一条，指没有军籍的壮丁。查第三部工具书《汉语大词典》，出现了第三种解释，原来“白丁”还可以用来指没有知识的人。既然有这一解释，名家称小姑为“白丁”，也就无可非议。查了一圈，来稿不用。读者眼中无迹可寻，编辑工作却一丝不苟，没有省掉任何环节。《咬文嚼字》就是这样编辑每一篇稿件的。

《咬文嚼字》的编辑，经常为一个字、一个词争得面红耳赤，经常为查找一条材料、核定一个典故，跑得腰酸腿肿，看得头昏眼花，但大家乐此而不疲，听不到一句怨言，因为在每个人的心中，都有一个追求的目标——质量。

第四，热诚地面向读者。

所谓气场，说到底是由读者来体现的。有读者才有气场。读者的忠诚度决定了气场的强弱。读者心中有刊物，刊物才可能有气场；而要读者心中有刊物，首先编者眼中要有读者。

《咬文嚼字》历来重视与读者的联系。刚开始时，提出“来稿必复”；来稿量激增以后，开设了“热线电话”，不但直接回答读者的提问，还把其中有普遍意义的题目，在刊物上公开作答；随后又建立了“读者俱乐部”，更大范围地把读者团结在自己的周围。为读者服务，永远是编辑部的神圣职责。

不仅为刊物的直接订户服务，更体现在为全社会的读者服务。2005年，刊物创刊十周年时，《咬文嚼字》以公布“当代出版物中最常见的100个别字”，来庆贺自己的生日。这份材料现已成为全国新闻出版单位和语文教学部门的业务学习材料。在此之后，《咬文嚼字》逐年公布“十大语文差错”和“十大流行语”，有人为此把《咬文嚼字》称为“语文生活的气象台”。

《咬文嚼字》的服务意识，还体现在举办大型公益语文竞赛活动上面。在上海市委宣传部的支持下，由上海文艺出版集团领导直接策划和参与，2009年举办了“迎世博咬文嚼字大赛”，2010年又举办了“低碳生活咬文嚼字大赛”。在短短10天左右的时间里，这两次大赛分别收到了22万份和25万份答题卡，有力地宣传了世博精神和低碳理念，宣传了上海作为国际大都市的城市形象；同时，这两次大赛还以群众喜闻乐见的形式，推动了语文规范化的步伐，传播了语言文字知识，可谓一举而多得。

《咬文嚼字》虽是一个有气场的刊物，但毕竟只是一个小刊物。既不能因为小而自惭形秽，也不能满足于小有影响而夜郎自大。《咬文嚼字》前面还有漫长的路要走。编辑部愿意为此继续努力，不断强化刊物的气场效应。

本文原载《咬文嚼字》2011年合订本

《咬文嚼字》的三道防线

韬奋同志当年接办《生活》周刊时，曾公开提出要把这份刊物办得“没有一个错字”。他知道这是非常难的，但还是决心以此为“鹄的”，为此，“看校样时的聚精会神，就和在写作的时候一样”；“每期校样要三次，有的时候，简直不仅是校，竟是重新修订了一次”。这里所体现的，不仅是一种敬业精神，更是一种文化追求。

《咬文嚼字》刚创办时，便决心向韬奋同志学习，希望自己的刊物能办得像《生活》周刊一样严谨。而且我们知道，《咬文嚼字》还不同于一般刊物，它是以“咬”为特色的，记得有首“剃头诗”说，“请看剃头者，人亦剃其头”，你要“咬”别人，别人也会“咬”你。能否经得起“咬”，便成了衡量《咬文嚼字》质量高低的一条标准，成了刊物能否生存和发展的一项条件。我们的具体做法是，努力构筑三道防线。

第一道是智力防线。《咬文嚼字》虽然是一份小刊物，但它面对的是知识的汪洋大海。为了能在海上劈波斩浪，我们要求编辑部成员必须受过系统的专业训练，并聘请一批专家做刊物的顾问和编委。在他们之中，有全国知名的语言学家、古文字学家、训诂学家。同时，编辑部还和全国近百名学者保持着“热线”联系。他们共同组成了刊物的强有力的智力后盾。

《咬文嚼字》十分重视审稿质量，每审读一篇稿件，便如同经历一场考试，如临深渊，如履薄冰。为了做到万无一失，编辑部坚持三审制，不少稿件还提请编委过目，或者向专家咨询。事实证明，有没有这道防

线是大不一样的。稿件中诸如姓名张冠李戴、地名古今混淆、年代前后错乱等等错讹，专家总会以他们渊博的知识，及时帮我们把关。

比如2003年第2期，有篇文章谈学生为何称“桃李”，原稿中是这样说的：“春秋时期，魏国有个大臣名叫子贡，他做官得势时，曾经提拔过不少人，后来因为得罪了魏文侯被罢了官……”这篇稿子送编委审读时，一下子发现了问题：子贡是孔子的弟子，曾在鲁国、卫国做官，怎么成了魏国大臣？魏文侯是战国时代的国君，春秋时代的子贡怎么会得罪他？看来，作者依据的材料，不是十分可靠。这位编委于是根据记载这则典故的《韩诗外传》，对稿中的史实一一做了订正，把“春秋”改为“战国”，“子贡”改为“子质”，避免了一次失误。

又如2003年第7期，有文考证杭州雷峰塔的得名经过，用了张岱《西湖梦寻》中的一则材料。也许是为了行文的流畅，作者没有原文照引，只是转述了一个“大意”：“李长蘅在题画时写道：‘我的朋友曾听子将讲，西湖上这两座塔，保俶塔如美人，雷峰塔如老和尚。’”编委在复审这篇稿子时，按照平时的一贯做法，找来《西湖梦寻》复核原文，发现原书中是“吾友闻子将”，“闻子将”分明是一个人，“闻”是这个人的姓。来稿却把“闻”字误译成了“听”。

类似这样的例子很多。这就好像在足球场上，编辑有时会“漏球”，但有了专家的及时“扑救”，终于保证“大门”不失。

第二道是作风防线。我们认为，智力尽管重要，但没有作风的保证，智力的优势便不能充分发挥出来。当前出版界“无错不成书”，相当程度上不是水平问题，而是作风问题，是粗枝大叶、自以为是造成的。《咬文嚼字》编辑的专业水平，也许并不是最高的，但我们希望编辑作风必须是最严谨的。为此，编辑部制定了一系列成文的和不成文的规定。

比如，编辑部规定，凡是重要的批评稿件，要尽可能地向当事人核实。1997年年底，编辑部收到一篇来稿：《何来“日本女郎”》。这篇文章是批评诗评家谢冕的，说他在《通过想象理解诗》一文中，把徐志摩诗中的日语“沙扬娜拉”(再见)理解成了“日本女郎”的名字。材料很典型，引述也很翔实，照理可以立即发稿，但编辑在采用之前，还是先把稿子寄给了谢冕本人。不到一个星期，编辑部收到来信，才知道这原来是一场“冤案”。

事情发生在 1982 年，当时谢冕先生应约为某出版社写诗歌方面的鉴赏文章，其中有一篇谈及徐志摩的《沙扬娜拉》。文中关于“沙扬娜拉”的理解并无错误，而约稿编辑由于缺乏起码的日语知识，又没有征求作者的意见，擅自把它说成了“日本女郎”，结果让作者背了“黑锅”。了解了这番原委以后，我们决定来稿照发，同时编发谢冕本人的文章《为沙扬娜拉送行》，并配发评论《临文如临阵》，既为谢冕先生“平反”，又以此为典型事例，告诫同行笔下留神。这组文章出来以后，谢冕先生一再表示感谢，他说同样是这篇来稿，其他报刊不经核实便发了出来，让他再一次受到伤害，而《咬文嚼字》却表现出了认真负责的编辑作风，给了他说话的机会。

2004 年《咬文嚼字》举办“为城市洗把脸”活动。南宁市媒体记者发起“突然袭击”，邀请在南宁开会的本书作者为南宁市“洗脸”。《南宁日报》、《南宁晚报》以显著位置报道了“洗脸”结果

又如，编辑部规定，凡是正式签发的稿件，必须不留一个疑点。有篇来稿涉及“长沙大火”——抗日战争时期，国民党以焦土抗战为名，在日寇占领武汉后，惊慌失措下令火烧长沙。这是中国现代史上的一次著名事件。让编辑不解的是，作者把“长沙大火”又称为“文夕大火”。“文夕”出于何典？人名还是地名？编者四处查找资料，仍然一无所获，后来向湖南省图书馆求援，才算解开这个谜团。原来，旧时电报习惯以韵目代日，比如 21 日韵目是“马”，1927 年 5 月 21 日发生在长沙的许克祥反共事件便称“马日事变”。同样，“长沙大火”发生于 1938 年 11 月 12 日，因 12 日的电报代日韵目

是“文”，火又于晚上点燃，故又称“文夕大火”。这一疑点消除以后，稿子才进入发稿程序。而且就此以后，编辑部对“韵目代日”的计时方法，有了比较清楚的了解。

再如，编辑部规定，凡是语词类稿件，不论编辑有多大把握，采用之前至少要查三部工具书。查的过程既是一个复核的过程，也是一个深入思考的过程。通过查工具书，不少稿件在内容上得到了充实，编辑也增加了知识积累；而有些稿件查出问题，编辑往往会留下特别深刻的印象，还会从中引出积极的思考。比如有篇稿件指出“察颜观色”的“颜”字是个错字，这个成语正确的写法应是“察言观色”。查《现代汉语词典》、《中国成语大辞典》，作者的看法都得到了印证；这位编辑还是坚持查了第三部工具书：《汉语大词典》。在这部词典中，既有“察言观色”，也有“察颜观色”，而且后者在清代便有用例。“察颜观色”看来是“察言观色”的变体，但它没有破坏汉语成语的结构规则，又能够准确地表情达意，能否因为一字之差便斥之为“错”呢？这篇文章后来没用，但围绕这篇文章，编辑部展开了一场关于成语形态演变的讨论，大家获得了一些新的认识。

第三道防线，我想称之为情感防线。这主要是由广大读者共同构筑成的。《咬文嚼字》创办九年来，结识了一批真诚的读者，他们和编者心心相连、息息相通，视刊物的质量如生命，哪怕只是发现一个标点误植，也会以最快的速度通报给编辑部。他们以纯朴的感情，维护刊物的美好形象。我们曾经自豪地说过：“《咬文嚼字》至少有十万名义务校对。”

《咬文嚼字》的校对是相当严格的，除正常的“三校一读”外，还聘请了特约审读，印前一般有十个校次。即便如此，读者仍然会发现其中的疏漏。我们说“巴士”是从香港引进的新词，沈阳的读者告诉我们，早在上一世纪 50 年代，当地的公共汽车便叫“巴士”；我们说“圣马力诺”是“教皇国”，熟悉欧洲史的读者告诉我们，圣马力诺早在 1263 年便制定了共和法规，它是欧洲最古老的共和国；我们说迫击炮是“轻武器”，部队的读者告诉我们，迫击炮有 160 毫米、120 毫米、82 毫米、60 毫米四种，除 60 炮一个人可背着走外，其他都不是轻武器，160 炮竖起来有两层楼高呢！读着这些来信，你不能不发出感叹：群众是真正的英雄！他们是无所不知的。为此，《咬文嚼字》坚持开设“向我开炮”专栏，用群众

的智慧来弥补我们自己的不足。

《咬文嚼字》刊登的稿件，都经过多人审读，但有时仍难免只知其一，不知其二；或者受到思维惯性的束缚，只思其一，不思其二。比如我们曾批评港台歌星经常唱错字、念错音，如把“刽(guì)子手”唱成“kuài(筷)子手”，把“徘徊(huái)”唱成“徘 huí(回)”，殊不知由于海峡两岸几十年的隔绝，大陆的“普通话”和台湾的“国语”在读音上存在着差异。比如我们认为汉语的“芳”字和女性有着特殊联系，芳龄、芳心、芳名都用来称女性，于是断定“芳踪”也只能指“女人的踪迹”，殊不知“芳”用作敬辞，还有美好的意思，“芳邻”并不一定是女邻居，“流芳百世”也并非女性专利……每当读到关于这类问题的来信，我们都有豁然开朗之感，思维似乎也因此增加了柔韧性。为此，编辑部建立了评刊制度，凡读者提出的批评意见，都在评刊时认真研究，只要你说得对，我们就改正，决不让谬误流传。每年的合订本开印前，要重新审读修改，并公布当年“荣誉校对”的名单，以此向读者表示敬意和谢意。

称读者构筑的是情感防线，还因为读者在帮我们把关时，他们投入的不仅有文化智慧，有生活经验，更多的是一种爱，是对《咬文嚼字》的爱，对祖国语言文字的爱。比如南京有位读者，他看到刊物批评某科研单位墙上的标语“放弃一切自治”，隐约觉得这个批评是错误的，因为在他的印象中，这句话是有“来头”的。为了查到这句话，他翻遍了手头的笔记，后来索性搬出马恩列斯著作，一篇一篇地翻。《马恩选集》2907页，《列宁选集》3726 页，要从中找到一句话，无异大海捞针。他每天戴上老花眼镜，上午翻到下午，有时晚上还要“加班”。经过十几天的寻寻觅觅，终于在恩格斯的《论权威》中发现“目标”，原来这是恩格斯引用的但丁《神曲》中地狱大门上的题词。试想，一个普通读者，如果没有对刊物的真挚的爱，会花这么大的力气，去寻找这样一句话吗？收到这位读者的来信时，编辑部同志的心情十分激动，因为我们感受到了其中的情感容量。《咬文嚼字》的身后，正站着成千上万这样的读者！有他们和我们并肩作战，我们相信，什么样的差错都能消灭。

本文原载《中国编辑》2003 年第 4 期

小刊物“咬”名作家*

《咬文嚼字》，说句实话，喜欢折腾。许嘉璐先生评价它说：小刊物，大眼光；小角度，大视野；小文章，大手笔。“小”是事实，“大”则未必；不过，小中见大，却是编辑部的追求。

(1)箭在弦上，不得不发

2000年“咬”作家一事，正折腾得圈内圈外皆知，其实这件事说来有点偶然。1999年8月，本人应中央电视台《读书时间》节目组邀请，做过一档宣传《咬文嚼字》的专题节目。我说：《咬文嚼字》的办刊宗旨，是宣传语文政策，传播语文知识，推动语文规范。这当然可以从正面做文章，但我们的刊名叫“咬文嚼字”，“咬”自然便成了一大特色。创刊伊始，先“咬”自己：“向我开炮”。后来便一路狂“咬”，“咬”报纸、“咬”刊物、“咬”广告，可谓“咬”劲十足。本刊有条广告语说的便是：咬书咬报咬刊，咬天下该咬之错；嚼字嚼词嚼句，嚼世上耐嚼之文。

《读书时间》主持人刘为问：“那么明年‘咬’谁呢？”

---

* “众矢之的”是《咬文嚼字》的品牌栏目。2000年“众矢之的”的目标是以王蒙为代表的十二位当代作家。本文便是对这次“咬嚼”活动所做的介绍。文章发表时原题为《小刊物“咬”大作家》，《解放日报》“读书”版转载时，该版主编房延军改题为《小刊物“咬”名作家》，我觉得这一字改得好，尊他为“一字师”。

我脱口而出：“‘咬’作家。”并随即报了几位作家的名字：北京的王蒙、刘心武，上海的叶辛、余秋雨……

《读书时间》的影响是我所始料不及的。节目播出以后，《中华读书报》做了摘录，披露了“咬”作家一事。《解放日报》、《文学报》等随即又做了转载。一时间满城风雨，作家、非作家都在询问，在议论。于是，箭在弦上，不得不发。1999 年《咬文嚼字》第 10 期上，正式刊登了向著名作家“宣战”的《紧急告读者书》。

(2)想起了华君武先生

“咬”作家说是脱口而出，但并不是心血来潮，编辑部是议论过的。把作家列为“咬”的对象，出于三方面的考虑：一、作家的作品在社会上广泛流传，他们的语文水平高低，对社会语文生活有着直接影响；二、当代作家在创作上取得的成就，自是有目共睹，但就语文功底而言，施蛰存老先生说过，在总体上似有下降的迹象；三、作家毕竟是公众人物，他们成了“众矢之的”，容易引起社会关注，激发读者参与的热情。

不过，我们还是有点犹豫不决。过去针对的是一张报纸、一份刊物，目标相对来说比较模糊，比较宽泛；这次面对的却是一位一位具体的作家。这样的短兵相接，刺刀见红，弄得不好当事人会勃然大怒，破坏刊物长期以来与作家建立的友好关系。然而，我们已经无法撤出战斗。此时，不由再次想起了华君武先生。

早在 1995 年 1 月，《咬文嚼字》创刊号上便曾“咬”过华君武先生一口。对于华老的才气和骨气，编辑部全体同仁向来是敬佩而且是敬重的。在刊登批评华老的稿件之前，编辑部曾专门写信向华老打招呼，小心翼翼地说在批评稿中要隐去华老的名字。谁知华老“君子坦荡荡”，他在复信中坦率地承认自己“老写错字”，“但也甚恨错字、造字和自编草书”。他赞成我们发表批评稿件，并说“无须隐去我的姓名，老漫画作者写错字与庶民同罪，不必客气”，他不想做“死不悔改的错字派”。华老的复信让我们精神为之一振，极大地鼓舞了我们办刊的勇气和信心。我们相信，那些作家也一定会和华老一样，目光远大，胸襟开阔，闻过则喜，从善如流。相比之下，倒是我们自己疑神疑鬼，患得患失，自己吓唬自己。

一旦放下包袱，顿时热情高涨。编辑部考虑了种种因素，排出了一份列为“众矢之的”的作家名单。入选的标准有三条：一是必须有全国知名度；二是眼下有读者关注的作品；三是把语言文字还当回事。其实符合这三条的远远不止十二位作家，但限于刊物篇幅，对有些人不能不忍痛割爱。最后圈定的名单是：王蒙、叶辛、刘心武、沙叶新、张抗抗、李国文、陆星儿、陈祖芬、余秋雨、贾平凹、梁晓声、程乃珊。

(3)不打不成相识

俗话说，先礼后兵。名单确定以后，我们便一家家征求意见，或者说得干脆一点：下“战书”。我们做好了碰钉子的准备，但事实证明，原先的担心是杞人忧天，作家们大都能积极配合。

王蒙身体不好，在医院待了一段时间，但还是认真读了我们寄去的材料。他在电话里表示：“‘众矢之的’设想很好。文学语言和语文规范，总体上应该是一致的，但有时也会有点冲突。通过这次活动，有助于开展讨论，加强引导。”

征求作家王蒙(左)的意见

身为中国作协副主席的叶辛，一再表示支持这次活动。他说：“只要有利于语文规范化，我甘愿作靶子。”他在出席上海市人代会时，市委宣传部长金炳华对他说：“《咬文嚼字》刊物虽小，点子倒蛮多的。”叶辛及时转告我们，以此激励我们的士气。

刘心武显得特别诚恳，他说：“能够拿我开刀，我感到很荣幸，有一种受宠若惊的感觉，像中了状元、探花一样，不知怎么感谢你们。像我这样的人，古典生疏，在成长期没有受过严格的学术锻炼，文化断裂、文化损伤，便自然而然地会反映出来。这是一代人的缺陷。”

沙叶新也说自己感到“由衷的高兴”。因为不仅能遇到那么多的“一字师”，而且还有一种“发现的喜悦”。他说自己写作一向比较认真，但也不能保证就没有错字错句。如果一旦发现，不论是别人发现还是自己发现，都会有一种“意想不到的快乐”。

梁晓声还特地寄来了一封保存多年的读者来信，在这封信里读者帮他挑出了很多错别字，他认为“作家有这样的读者，是一种幸运”。他希望《咬文嚼字》“无所顾虑”地发表“轰击”他的文章，因为他“很需要补一些语文基础”。

张抗抗同样表现得谦虚谨慎。她给编辑部的信中说：“自己只读过初中，一直靠自学后补，各种知识和文学修养、文字功底都是肤浅又单薄的。这一次，能有机会请众读者公开挑错，实在难得。”

接到这一封封来信、一次次电话，编辑部沉浸在激动之中、兴奋之中。我们庆幸自己的行为得到了理解，更庆幸中国有这样一批虚怀若谷的作家。

（4）不错，老虎也有打盹儿的时候

鲁迅先生说过：论时事不留情面，砭锢弊常取类型。选择名作家作为“靶子”，目的是为了取得振聋发聩的效果；但这批作家能有今天的成就，毕竟是有实力的，包括文字方面的实力。在他们的作品中，真能发现问题吗？这又成了我们新的担心的问题。

“智者千虑，必有一失。”俗话说：老虎也有打盹儿的时候。就拿鲁迅先生来说吧，在写作上已达到炉火纯青的境界，但在小说《风波》中，不

是把七斤手中的碗，一会儿说是十六个铜钉，一会儿说是十八个铜钉？鲁迅先生尚且如此，当代作家能保万无一失？

何况，《咬文嚼字》经过五年的战斗，已经组织起一支召之即来、来之能战的作者队伍。有些人获得了“神射手”的称号，对于语文差错，自有一副火眼金睛。我们相信有这样一批“神射手”参战，还不至一无所获。终于，一份份的“战报”随即在刊物上公布出来。

王蒙先生首当其冲。读王蒙先生的作品，除了佩服他的想象力、创造力之外，不能不佩服他的记忆力。历代诗词歌赋，他往往能凭记忆信手拈来，在作品中用得恰到好处。然而也有失手的时候。比如有人指出，《文选·运命论》中的“木秀于林，风必摧之”，王蒙误记为“秀出于林，风必摧之”。“木”指树，“秀”谓高，一棵树高于其他树，于是“风必摧之”，寓意深刻。没有高出一头的“木”，“风必摧之”的“之”便不知所云。

更多的来稿指出了作家用字用词方面的问题。比如老作家李国文在谈到自己“文革”中的遭遇时，多处用到“碧落黄泉”，他认为自己就像一块碧玉落入了黄泉，受尽了折磨和摧残。一批来稿指出了老作家这一用法不太妥当。白居易《长恨歌》云：“上穷碧落下黄泉，两处茫茫皆不见。”“碧落”指天上，“黄泉”指地下，这和“碧玉”恐怕不是一回事。

读者的敏锐，有时真令人吃惊。刘心武在长篇小说《栖凤楼》中，谈到了地方风物，说起“无锡的糖醋小排骨”如何如何。读者指出无锡排骨是很出名的，但不是“糖醋小排骨”，而是“无锡肉骨头”。“无锡肉骨头”作料丰富，“黄豆酱油、绵白糖、老廒黄酒……”，可就是没醋，一滴醋也不放！“糖醋”从何说起？

(5)“三核对”成了审稿原则

每天来稿一大堆。有些来稿涉及五花八门的知识，编辑的判断能力面临着考验。我们既要尊重作者，凡来稿都认真阅读；同样，我们也要尊重作家，批评要有根据，不要“咬”错地方，制造“冤假错案”。为此，编辑部提出了“三核对”审稿原则。

一是和作品核对，不要断章取义。比如有人批评刘心武在“东欧”前面又加一“前”字，“前苏联、前东欧”并举，把国家概念和地理概念混为

一谈。就文章论文章，这一批评是可以成立的；但找来原文一查，发觉批评有误。原来，刘心武说的是“前苏联、前东欧的某些国家……”“前东欧”只是“某些国家”的定语，并没有和“前苏联”并举。

二是和作家核对，不要主观臆测。叶辛在散文《闲话长久》中有这样一句话：“我记得青黄不接的五荒六月，怎样随着老乡们上山去挖蕨苔、掏野菜抵饿充饥。”“五荒六月”即“五黄六月”，指农历五六月间，其时麦子已登场，怎么还是“青黄不接”？不少来稿认为作家弄错了季节。就一般地区而言，来稿的意见是对的；但和作家本人核对，方知他所处的贵州山区情况特殊。我国幅员辽阔，南北差异很大，何时“青黄不接”，确实也不能一概而论。

三是和辞书核对，不要无知妄说。比如“抖擞”一词，通常都理解为“振作”，龚自珍的“我劝天公重抖擞”便是一例。刘心武的《秦可卿之死》中，多处用到“抖擞”，却都当作“颤抖”解，如“秦可卿抖擞更剧”、“抖擞于贾珍怀抱中”。读者来稿认为这是误用。我们为此查对了多种工具书，在《汉语大词典》中发现“抖擞”有八个义项，其中第六个为“颤抖、哆嗦”，可见作家的遣词造句，还是有根据的。

(6)与人为善“四不‘咬’”

举行这次活动，绝不是要出作家的洋相，一“咬”为快。相反，自始至终，我们抱着与人为善的态度，尊重文学创作的规律，维护作家的社会形象。为此，除了“三核对”外，又制定了新的“游戏规则”：四不“咬”。

一是编校差错不“咬”。来稿中指出的大量是这类差错。比如张抗抗的《选择的疑问》一文中，达尔文的“物竞天择”被排成了“物尽天责”，似是而非。这类差错当然也要抓，然而平心而论，它的主要责任在出版社而不在作家。“冤有头，债有主”，不能不分青红皂白都找作家算账，否则是不公平的。

二是文学语言不“咬”。文学语言是最讲究创造性的语言。为了表达的需要，作家有权利选择表达方式。事实证明，作家的创造往往能推动语言的发展。我们不应该把语言的规范化和文学的创造性对立起来。比如王蒙把“微言大义”说成“微言小义”，“入木三分”说成“入木三寸”，显

然是一种修辞手法，属于仿词一类，不应视为差错。

三是纠正的差错不“咬”。有些差错，作家在重印时已经发现，并予改正，如果再“咬”住不放，未免有失厚道。比如刘心武在解释“宇宙”一词时，说“宇”指时间，“宙”指空间。其实正好说反了。天地四方曰“宇”，古往今来曰“宙”，秦汉以来的训诂家们，都是这样说的。作家也许一时笔误，犯了一个常识性错误。然而，同一篇文章后来在收入其他集子时，这一错误已经得到纠正，据此，我们撤掉了一篇正在排版的稿件。

四是没有吃准的差错不“咬”。我们取稿的标准是：宁漏毋错，宁缺毋滥。再举一个刘心武的例子，他在一篇作品中说某人继承了道士的衣钵，戴上了济公头上的“四片瓦”。这段话让人疑窦丛生：第一，济公是佛教徒，怎么和道士扯到了一起？第二，济公头上戴的是“四片瓦”吗？第三，“四片瓦”到底是一种什么制式？为此，我们请教宗教研究人士，查阅有关服饰图书，直到发稿前夕，还是若明若暗。据说，“四片瓦”是清代高官的帽子，似乎不应该戴到济公头上，但毕竟心里没底，最后稿子还是没发。

不“咬”，是为了“咬”得更准。不“咬”则已，一“咬”中的。

(7)战斗正在继续

截至今年 3 月，我们发完了五期稿件，出版了三期刊物，战斗正在继续。但就这三期刊物，已经引起了社会的广泛关注。

首先是作家的重视。王蒙说十篇“攻”他的文章，他每篇都认真阅读，还对其中的一篇提出了商榷意见。叶辛说《咬文嚼字》的这组文章，让他发现了一些习惯性的差错。列为“众矢之的”的作家重视，没有列为“众矢之的”的作家同样重视。在一次作家聚会时，王安忆、赵丽宏、王小鹰、王周生等人，祝贺当时在场的陆星儿成为“众矢之的”，并建议本刊组织第二轮战斗，让他们也有被“咬”的机会。

其次是读者的参与。“众矢之的”一栏的来稿，可以说逐期增加。第一批来稿的，基本上是本刊的一批老作者；今年刊物出版以后，作者面便越来越广，有高等学校的资深教授，也有刚刚跨进中学校门的学生。据不完全统计，已经收到的来稿达 2000 多件，被“咬”的几位作家平均每

位都在400件以上。读者的热情参与，是我们这次活动成功的基础。

第三是媒体的瞩目。自去年中央电视台"曝光"之后，这次活动始终在媒体的关注之下，上海的《解放日报》、《文汇报》、《新民晚报》、《劳动报》、《新闻晚报》以及电台、电视台多次进行报道，有线电视台还做了专题节目。随后新华社记者向全国发了消息，北京、天津、广州等地报刊纷纷发表通讯、评论，称赞《咬文嚼字》是一只"勤劳而友好的啄木鸟"，专门在汉语语言的树林里捉虫。不久，这次活动的影响又经香港远播海外。香港《大公报》首先报道，《苹果日报》发表了专栏作家李碧华的署名文章《感谢你"咬"我》，《晚报》又以《刘心武的襟怀》为题进一步展开讨论，热闹非凡。东南亚华文报刊遥相呼应，掀起了一个宣传热潮。由此我们看到了国人以及海外华人对语文规范化的关心和热心。

第四是包括我们自己在内的出版业人士的反思。作家作品中的语言文字问题，作家本人不能辞其咎；但它也是一面镜子，让我们看到了编校人员的不足。这里面有作风问题，比如"凤姐"误为"风姐"，"贾琏"误为"贾链"，"补裘"误为"补袭"，恐怕和水平无关；也有业务素质问题、知识结构问题、工作制度问题、管理程序问题。举一隅以三隅反，从一个差错可以看到出版界人士的精神状态和工作效率。

可见，"众矢之的"的"矢"，既射向了作家，也射向了我们自己。

本文原载《编辑学刊》2002年第2期

“登坛品酒”余味长*

2008年过去了。这是多么不平常的一年！在这一年中，《咬文嚼字》的重头戏是：登坛品酒。从于丹到阎崇年，一连12份“品酒报告”，引起了全国媒体的热情关注，连新华社也多次发布消息。这次“品酒”活动，既为《百家讲坛》吸引了更多的目光，又宣传了《咬文嚼字》的办刊宗旨，达到了双赢的目的。

一

“品酒”活动能够成功进行，和《百家讲坛》的坛主们的积极支持是分不开的。

早在2007年7月，根据广大读者的提议，《咬文嚼字》锁定了12位坛主，作为2008年“众矢之的”的目标。在我们分别向各位坛主下了“战书”之后，立即得到了理解和响应。

纪连海先生首先表态。如同他的演讲一样，纪先生快人快语，干净利索，一口答应愿意作为“靶子”。他说，凡是自己公开发表的演讲、公开出版的图书，全都可以提交读者审查。在读到本刊发表的批评文章后，纪先生更是主动提出，把批评文章转载到他的博客上面，一点也不讳疾

---

* 中央电视台《百家讲坛》的广告语是：“坛坛都是好酒”。2008年，《咬文嚼字》曾发起“登坛品酒”活动。本文便是这次活动的小结。

忌医。

刘心武先生的态度同样值得称道。他不但同意将"'红楼'揭秘"的第一、二部作为"咬嚼"对象，还希望把即将出版的第三部一并列入，以被"咬嚼"为幸事。对于读者提出的批评，他诚恳地表示感谢，公开对媒体承认："我确实对某些文史知识的了解不够深入。"承诺书籍再版时，一定改正书中的错误。

在12位坛主中，于丹、易中天人气正旺，在全国穿梭奔波，日程排得很紧；但他们还是设法和本刊取得了联系。特别是易中天先生，在和本刊通电话时，一口气说了三个"绝对"："这件事情很好，你们尽管挑问题，我绝对绝对绝对信任你们。"2008年的《咬文嚼字》合订本，由易中天先生撰写序言，他给文章拟了一个标题："该认错时就认错"，再一次表明了自己的态度。

主讲鲁迅的孔庆东先生，有"北大才子"之称，他思想犀利，文字幽默，才气横溢。当他得知自己也是"目标"之一时，特意给本刊发来一封信，十分严肃地表示："不论何种原因造成的文字错误和知识错误，作者都有责任，也都应该虚心听取哪怕是非常刺耳的意见。"

孔庆东先生在来信中有一段话，专门评价了这次"品酒"活动，这也许可以代表各位坛主的心声。他说："你们这次挑错行动，首先态度是严肃的，自己端得正，道理才能讲得直。其次又是友善的，不是为了贬人扬己、哗众取宠，而是平等质疑、就事论事，这是我们语文界非常值得倡导的一种批评姿态。"

二

登坛品酒，既不是狗拿耗子——多管闲事，也不是小题大做，自我炒作，其文化意义是不容否定的。

如果把各位坛主的演讲及根据演讲出版的图书比喻为酒的话，那么，这次"品酒"活动首先是去除了酒的杂质，提高了酒的纯度。活动开始之前，本刊便宣布，我们的目的不是拆台而是补天。事实证明我们正是这样做的。一年以来，刊物共披露了约一百条差错。这在一定程度上，防止了错误知识的扩散，图书重版时及时更正错误，更是直接提高了文化

产品的质量。

而且，抓住这些差错，传播正确的语文知识，无疑是在全国范围里，上了一堂别开生面的语文课。比如，本刊曾先后载文，指出纪连海先生、隋丽娟女士都曾在演讲中把“虚与委蛇”的“蛇”(yí)误读成了“shé”，媒体配合本刊开展宣传，说是“一条‘蛇’绊倒两位大家”。这个成语的读法立即引起了广大读者特别是主持人的注意，误读因此而大大减少，产生了积极的社会效果。

刊物指出的虽只是个别的差错，实际上是在提倡一种严谨的学风。比如，于丹教授多次讲到《论语》有两万多字，其实她只是凭感觉，并没有实际统计过。本刊读者下了一番笨功夫，从《学而》到《尧曰》，二十篇文字逐篇逐字地数，证实于丹教授所依据的版本，只有 15918 字，离两万字还远着呢。这种批评当然谈不上有多少学术含量，但它有助于研究者端正学术态度。

同样，纪连海先生在谈到《四库全书》的编纂时间时，说是 1772 年开编，1881 年编定，1884 年抄录完成。前后经历了一百多年。这三个时间一个也不对。1860 年英法联军烧毁圆明园，《四库全书》因此而大量散佚，怎么可能到 1881 年才编定呢？正确的说法应是：乾隆三十八年(1773 年)开馆纂修，经十年完成，至乾隆五十二年(1787 年)缮写完毕，共历时十五年。本刊的纠错文章，既向读者讲解了正确的文化知识，又给了纪先生善意的提醒。纪先生后来诚恳地说：“这是我的粗心所致，在讲课中口误多说了一百年。”

除了上面所说，“品酒”活动还有利于活跃学术空气。比如，本刊共指出王立群先生八条差错，其中有两条王先生提出了反批评。一条是本刊认为汉代实际上已有指南针，王先生认为，那种名为“司南”的仪器，无论是制作材料还是工艺水平，都和指南针不是一回事。另一条是本刊认为貂蝉只是一个传说中的美女，并非实有其人，王先生不该把传说认定为史实；王先生则引清梁章钜的《归田琐记》为自己辩解：“虽其名不见正史，而其事未必全虚。”坚持自己的说法并非空穴来风。这其实是两个值得进一步研究的课题。本刊十分赞赏王先生的态度。我们相信，只有通过这样的批评和反批评，才能推动学术、文化的健康发展。

三

“品酒”活动已降下帷幕，但从中引出的教训，却是值得我们深长思之的。这里，本刊想提出四点建议：

第一点是给坛主说的，扩而大之，是给所有作者说的。作为文化产品的生产者，你们应该有接受批评的欲望，要千方百计地寻找批评，闻过则喜，而不是充耳不闻，依然故我。这里可以举个例子。紫禁城出版社出有《清朝皇帝列传》一书，书中写道：“‘高阳酒徒’汉高祖刘邦和‘凤阳乞僧’明太祖朱元璋等，他们之所以成龙，绝不是其父母培养教育出来的。”把刘邦当成“高阳酒徒”，显然是张冠李戴，为此，本刊早在2003年便载文批评。想不到的是，在此后出版的《正说清朝十二帝》一书中，作者几乎又原封不动地用上了这段文字：“‘高阳酒徒’汉高祖刘邦和‘凤阳贫僧’明太祖朱元璋等能够成龙，绝不是父母培养教育出来的。”我们见到的2007年3月第21次印刷的书中，依然一字未改。对外界的批评如此隔膜，让人有点吃惊。

第二点是说给电视台听的，电视台不仅要重视观众口味，还要重视文字把关。毫无疑问，电视是强势媒体，但文字运用却并非它的强项，有的甚至缺乏应有的责任意识。从“品酒”活动披露的差错来看，不少差错是字幕制作造成的。主讲人讲的是“索隐派”，到了荧屏上成了“索引派”，红学研究历史上哪有“索引派”呢？主讲人讲的是“都察院”，到了荧屏上又成了“督察院”，殊不知明代的“都察院”，是都御史和监察御史合二为一的称呼。至于“不耻”误为“不齿”、“必须”误为“必需”，更是屡见不鲜。这些差错的出现频率居高不下，便和电视台没有严格的审校制度有关。

第三点是说给出版社听的，为了适应市场竞争，出书节奏尽可加快，但三审制不能形同虚设。《〈庄子〉心得》开篇第一个标题是“庄子何其人”，这是明显不通的句子。作者可能已习焉不察，我们撇开不谈；电视台没有专人审读，出错自然难免；出版社是怎么审稿的呢？一般的人凭语感都能发觉这是一个病句，出版社编辑都是审读专家，而且要经过三审，怎么能让这样的句子漏网呢？这只能有一种解释，就是竖的是“三审”的

大旗，其实却是一座空城，没有真正布防。

最后一点是说给编辑听的，各位有加工的责任和权力，但千万不要滥施刀斧，闹出佛头着粪的笑话。这次“品酒”活动，不断听到坛主喊冤，他们声辩自己的原稿未错，是编辑加工时误改的。比如，本刊批评王立群先生的文章刊出后，王先生接受媒体采访，报纸上出现了这样的标题：“《咬文嚼字》八‘咬’王立群，王立群‘咬’出版社”。王先生认为有些账不能算到他的头上。比如讲汉武帝“烧香拜佛”，这显然不合佛教传入中国的历史，王先生说他没说过这话，是编辑为了适应读者阅读加进去的。这类声辩一再出现，值得各位同仁三思。

本文原载《咬文嚼字》2008 年合订本

说不尽的感动

——2002 年编刊回顾

又是一年过去了。翻看十二期刊物，一个个镜头在眼前晃动，心头如春潮澎湃，难以平静。

一

本刊每年都有一篇类似“新年致词”的文字。今年第一期发稿前夕，适逢中国期刊展揭幕，也许是患得患失吧，编者心头有一点失落感，在“致词”中写下了这样的句子：“我是一棵无人知道的小草……”尽管整篇文章故作洒脱，说什么“做着春天的梦”，其实自怨自艾的情绪早已流露无遗。

读者朋友显然发觉了这一点。就在这期刊物出版不久，一封封信向编辑部飞来，内容不约而同是来“开导”编者的。重庆的郑健安先生说：“谁说《咬文嚼字》是小草？在我的心目中，它至少已是一棵小树，蓬蓬勃勃，郁郁葱葱！我们感谢它带来的绿荫，坚信它一定能够茁壮成长，成为一棵参天大树……”长沙的马义文先生说：“小草不是挺可爱吗？大地没有小草，生命都会改变颜色的。而《咬文嚼字》这株小草，是长在我们心中的呀！我们会和你们一起呵护它成长，让它在春风中摇曳，在阳光下歌唱，绿遍天涯海角！”

一本刊物“长”在读者的心中，还有比这更高的评价吗？读者和编者如此心心相印，身为编辑能不感到幸福和骄傲吗？面对这些善良的读者，我们深感欣慰，同时也意识到肩头的责任。为了不负读者朋友的信任，

我们愿意付出一切，无怨无悔。

二

今年 5 月，电子信箱收到一份邮件，是一位叫汪健平的先生发来的。他说自己当年从上海去了新疆，如今退休在广西北海。他的书架上立着 1995—2000 年度六本《咬文嚼字》合订本，都是年过八旬的父亲在上海买了寄给他的。去年刚寄出书不久，父亲便撒手西归。今年只能让七十多岁的母亲接手买合订本。她老人家本不知何为《咬文嚼字》，为了儿子，从静安寺一直走到原新华电影院，总算买到一本，谁知书是切斜了的，怎么看怎么别扭。汪先生想让人回沪度假时换本好书。

这份邮件，编辑部全体同仁都读了，有的还读了几遍。汪先生的叙述朴实无华，我们读后却为之动容。这是一个用《咬文嚼字》串连起来的家庭亲情故事。我们感谢那位连续八年买《咬文嚼字》的父亲，感谢那位为了买《咬文嚼字》从静安寺一直走到原新华电影院的母亲。试想一下，一个七十多岁的老人，为了一本自己不知为何物的《咬文嚼字》，一连走了几站路，问遍一个个书摊、一家家书店，这是多么感人的场面啊！而这样的场面，是值得我们深长思之的。

不是吗？汪先生所在地北海买不到合订本，可见我们的发行还存在不少盲点；“母亲”好不容易觅到的一本，却是切斜了的，可见我们的印刷质量还存在问题。对此，我们深感愧疚。如果我们不把工作做得更好一点，怎么对得起这些读者呢？

三

本刊百分之九十以上的内容取自来稿。很多作者，我们只知其名，从未谋面，甚至连他们是男是女、是老是少都不知道。本刊始终坚持在稿件面前人人平等的原则。其中有一位作者名叫杨光，本刊采用过他不少来稿。我们知道他是位老师，从稿件可看出，他知识面很广，文字简练、老到，而且写作态度十分严谨。今年 6 月，偶然获知杨老师患眼疾，几近失明，编辑部便去信慰问，祝他早日康复。谁知过后不久，一次收

到了杨老师的八篇文章。他在附信中说：

> 眼睛不好，晚上不再读书，不看电视。白天读点书，很慢，一本书反复读了三遍，我称之为“反刍读书法”。得短文八篇，编校差错统计七纸。完稿，我感到很愉快，我还是有用的啊！

杨老师的八篇文章，每一篇都让我们感到沉甸甸的。他在几近失明的情况下，仍以极大的热情，投身“众矢之的”的征文活动。这岂止是对本刊的支持，更表现出对语言规范的一种近乎痴迷的责任感。我们对这样的作者充满敬意。有这样的作者做后盾，我们对刊物的前途充满信心。在这里，本刊全体同仁再一次对杨老师表示衷心的感谢，不过，还是希望他能遵从医嘱，好好休息，“风物长宜放眼量”，期待他能在痊愈后发挥更大的作用。

四

今年 7 月，本刊出了一次技术事故，电脑莫名其妙地删去了六篇文章的第一行文字。当我们发现这一情况时，刊物已全部发出。碰到这类情况，通常是在下期更正，但这样做似乎有点无视读者的利益，也有损刊物的形象。于是编辑部决定，宁可蒙受重大经济损失，这期刊物全部重印。在重印本中，附了一封致读者的信，全文如下：

> 亲爱的读者朋友：
>
> 你一连两次收到《咬》刊今年第 7 期，一定会感到奇怪吧。
>
> 事情是这样的：
>
> 本期刊物“众矢之的”一栏，共收有八篇文章，经过三次校对，排校差错均已改正，但在出最后一次清样时，电脑出现异常，其中六篇文章的第一行，均被莫名其妙地删去，封二的文字也出现类似情况，而有关人员未能及时发觉。
>
> 本期刊物发行的第一天，编辑部即接到读者电话，指出这一差错。对此，我们十分感动，又一次体会到了读者对我们的厚爱；同

时又很痛心，深感自己的疏忽损害了刊物形象，对不起读者朋友。

本刊一向视维护读者利益为最高原则，坚持以质量取信于读者。刊物中出现的任何差错，我们都欢迎读者批评指正，决不讳疾忌医。一期刊物漏印六行，有些读者在电话中表示体谅，但我们自己觉得不能容忍，为此，决定本期刊物全部重印。我们宁可蒙受重大的经济损失，决不敷衍读者朋友。

你手头有两本第 7 期，请保留第二本，而将前一本代为销毁。当然，也可以留作“纪念”，记住我们曾经出过的差错，更严格地监督我们的编辑工作。千万千万别把第一本刊物随意转送他人，扩大差错的影响。拜托，拜托！

《咬文嚼字》杂志社

2002 年 7 月 1 日

重印本发行后，我们仍是忐忑不安，等待着读者的批评；然而，意想不到的是，读者不仅以宽厚的态度看待我们的失误，而且对我们改正错误的行为大加赞赏。

湖北钟祥市刘全中先生说：“当我收到第二本《咬》刊第 7 期时，我确实感到很纳闷：是不是邮递员搞错了？而当我看了致读者信后，我有一种喝了蜜的感觉，心里甜甜的、暖暖的，作为《咬》刊的一名读者，我感到由衷的自豪和幸福。贵刊为漏印六行不足百字而重印整本刊物，这种舍财取信、视读者为上帝、视质量为生命的大义之举，在读者心中树立了一座永远的丰碑。”

广西支部生活杂志社副总编刘波说：“深为你们视读者利益为最高原则的精神所感动。我是贵刊的老读者。近年来贵刊一直是我社编辑人员人手一册的刊物，大家均感从贵刊中获益匪浅。同为出版工作者，我们知道刊物文字差错是难免的。本来，第 7 期的差错第 8 期更正，读者也能谅解。可是，贵刊却不惜蒙受巨大经济损失重印，由此可见贵刊坚持以质量取信于读者的竭诚之心。”

郑州禹树森先生说：“在你们身上，有一种可贵的敬业精神。当我读到‘致读者信’中的‘对不起读者朋友’这一句时，我感到十分亲切，真正体会到编辑和读者是心连心的。像《咬文嚼字》这样的刊物，为读者着想，

为读者服务，不正体现了‘三个代表’的精神吗？‘致读者信’是刊物的形象大使，它随着绿色‘鸿雁’飞进千家万户，也让《咬文嚼字》和全国读者贴得更近。”

重印第 7 期也得到了新闻媒体的肯定，多家报纸就此事发表了评论。下面是发表于《光明日报》2002 年 8 月 29 日的文章《为〈咬文嚼字〉喝彩》的全文：

光明日报社：

我是一位基层文化工作者，又是一名多家报刊的通讯员和热心读者，自费订阅了包括《光明日报》、《人民文学》、《写作》、《咬文嚼字》在内的十多种报刊。

现在，我手头有两本 2002 年第 7 期《咬文嚼字》，第二本中附有一封《咬文嚼字》杂志社致读者信，大意是由于电脑出现异常，致使第一本《咬文嚼字》中有 6 篇文章漏印了第一行。按常规勘误方式，他们可印制一份勘误表，或是重印一下有错误的那 3 页附在下期刊物中，向读者附上说明足矣。然而，他们重印了全册刊物，并附上一封致歉信。

我在读书看电视时，有一个习惯，每遇到错别字、错句，总要设法把它们“拈”出来，然后致信那家报刊、出版社或电视台，从邮资 8 分时就这样做，于今平信邮资变为 8 角，仍乐此不疲。然而，许多信是泥牛入海无消息。有时甚至还为这种善意的“挑刺儿”惹恼了个别编辑，连日后寄出的稿件也被“因人废文”。

从这次《咬文嚼字》重印期刊的举动中，我感悟良多，一是在当今“金钱至上”观念充斥书刊市场的情况下，《咬文嚼字》的行动称得上是难能可贵之举，无疑向人们奉送了一杯清心剂；二是周振甫、孙犁等老一辈编辑家“读者至上”的编德，得到弘扬和光大，起码是让《咬文嚼字》的广大读者感受了一次“德”和“诚”的深刻教育。由此想到，编辑虽是“做嫁衣者”，但应该实实在在地把“嫁衣”做好，做合身，不可缺漏针脚，不可敷衍了事。如果有了差错，不要因顾及面子而讳疾忌医。

读者　王波清

五

长期以来，我们听到的不仅有鼓励，也有批评。《咬文嚼字》的周围聚集了一批诤友。真诚的批评意见，同样让我们感动。在办刊之初，我们就曾号召读者"向我开炮"，今天，这仍然贯串于办刊思想之中。

有一批朋友，长期关注我们的刊物，每读一期，都要写下详细的校改意见。比如辽宁朝阳十五中的王中原老师便是其中的一位。他的意见提得及时，而且认真，有些意见他反复查核资料，把办好《咬文嚼字》当成了自己的事业。再如大连科协的蔡维藩先生，他不是简单地指出编校方面的问题，而是逐题详加分析，每次提出的意见都是厚厚一沓，其态度之庄重，让人油然而生敬意。有时他发现自己文稿中的疏漏，还郑重地来信更正。这种严谨的写作态度，是值得本刊同仁学习的。

读者除了指出编校方面的疏漏，还关心刊物的文风。比如今年第 8 期《何人杀崔浩》一文最后有这样几句话："李先生读《魏书》时，可能对于帝王的庙号、年号及其世次等专门知识不太熟悉，也不屑于细究，便随意拉了个'拓跋圭'来充数。"李先生即李国文。有位名叫宋娟的读者来信指出："说李先生'对于帝王的庙号、年号及其世次等专门知识不太熟悉'，这是应该的，它可以提醒李先生增强这方面的研究；但说李先生'不屑于细究'，随意拉了个'拓跋圭'来充数，则是没有根据的。这样写会让人留下'李先生治学态度不端正'、'缺乏历史知识'的印象，既是对李国文先生不尊重，也损害了《咬文嚼字》'博学宽厚'的形象。"

真是语重心长！读着这样的批评，我们心悦诚服，而且心里也是"甜甜的、暖暖的"。

"海日生残夜，江春入旧年。"在新旧交替之际，我们决心保持和发扬《咬文嚼字》的优良传统，不断提高办刊能力，使刊物质量更上一层楼，以崭新的面貌迎接出版 100 期和创刊 10 周年。

本文原载《咬文嚼字》2002 年合订本

六

观语篇

[题记]

自从办了《咬文嚼字》之后，我便对当代语言生活有了一份特别的关注。我曾在一次讨论上说过，语言是一条流动的河。作为一个语文刊物的编辑，我们应该成为这条河流的观潮人、引航人、护堤人。本篇便是对语言生活观察的一个简单记录。当然，这都是从应用层面着眼的，谈不上学理的深度，卑之无甚高论。

语言是一条流动的河

语言是一条流动的河，这只是一个比喻，我想说的是，语言是发展的、变化的。就从一封作家的来信谈起吧。

1995 年年初，刚办《咬文嚼字》不久，我收到了一位著名作家的来信，他建议我在刊物中纠正一个词的用法错误，这个词就是“烟花”。这位作家在信中说，“烟花”历来只有两个义项，一个和春天有关，一个和色情业有关，但现在却把“烟花”误当成了“焰火”，“烟花爆竹”的说法，几乎每天都会见诸报端。

应该承认，这位作家的说法是有根据的。我查遍了手头的工具书，确实“烟花”只有两个义项，一是指阳春美景，李白便有“烟花三月下扬州”的名句；一是指从事色情业的女子，提到妓院几乎都要用到“烟花”，如“烟花巷”、“烟花寨”、“烟花场”……但是，在我们的日常会话中，“烟花”已经等同于“焰火”，而且“烟花”的使用频率，远远高于“焰火”；其实又岂止是日常会话，连政府文件中也用“烟花”，当时下发的一个文件，题目便是《禁止在城市中燃放烟花爆竹的通知》。

这说明了什么呢？说明语言是会发生变异的。“烟花”至少已产生第三个义项：“焰火”。这是语言这条河流流动的结果。

（1）语言变异的三种形态

其实，有语言就会有变异。稳定是相对的，变异是绝对的。语言变

异大致表现为三种形态：

一是形式变异。比如读音变化。唐诗中有一首《回乡偶书》，是贺知章写的，开头两句是："少小离家老大回，乡音无改鬓毛衰。"毛泽东曾经考证过贺知章的生平，据《唐才子传》，贺知章于天宝三载即公元 744 年辞官回乡，当时他已 86 岁，离乡五十多年，怎么可能"乡音无改"呢？不说贺知章本人，就说这诗中的"回"和"衰"，当年是押韵的，现在不是不押了吗？陈原先生一次在香港做演讲，用的是广东话，他一开始便声明："我的广东话是 50 年前的广东话，是广东话的语言化石，也许各位会听不懂。"作为语言学家，他对语言的变化是有着清醒的认识的。有时，还不是方言发音的变化。比如，我们说印第安人是美洲的土著居民，土著的"著"现在都读 zhù，但你翻翻 50 年前的工具书，它不读 zhù 而读 zhuó。这个"著(zhuó)"就是黏着的意思，和"执著"的"著"一个读音，是说当地的居民和自己生活的那块土地有着不可分割的联系。但是今天还有谁读"土 zhuó"呢？我在学校读书时，老师说"呆板"应读"ái 板"，"叶公好龙"应读"shè 公好龙"，现在根据《普通话异读词审音表》，规范的读音应是"dāi 板"和"yè 公好龙"。可见读音是在变化的。虽然同为汉语，由

在上海"东方大讲坛"演讲《语言是一条流动的河》

于地域环境等等影响，同一个字也可能有不同读法。比如“说服”，台湾保留传统读音，读成“shuì 服”；大陆则从俗，读成“shuō 服”。

再如字形变化。汉字是记录汉语的符号，是语言的视觉形式。汉字是由点、横、竖、撇等笔画构成的。汉字结构有其稳定的一面，但并不是一成不变的。且不说先秦时期的古文字，从甲骨文到金文，从金文到篆书，每一次都是“旧貌换新颜”；汉字“隶变”以后，其形体仍在变化，不少异体字都是字形变化留下的痕迹。孔乙己说的“回”字有四种写法，就是一个典型的例子。汉字有“四定”的任务，定量、定音、定序之外，还有一个便是“定形”。澳门回归时，有人批评电视中出现的宣传牌上，“澳门”被写成了“澳门”，半框中多了一小撇，这个“澳”字是一个已经淘汰的旧形字。上海市新闻出版局曾举办过中青年编辑语文知识大赛，其中一个题目是问“象”字的笔画，参赛者有说 11 画的，有说 12 画的，还有说 13 画的。到底是几画呢？旧的字形是 12 画，新的字形当中一竖和下部一撇相连，应该是 11 画。

又如词形变化。词汇是语言中最活跃的成分。相比读音和字形来说，词形的变化更为明显。汉语中大量存在的异形词，我个人认为基本都和词形变化有关。“飞黄腾达”原来的写法是“飞黄腾踏”，“信口开河”原来的写法是“信口开合”，“每况愈下”原来的写法是“每下愈况”，等等，可以说出很多。当年读书的时候，老师告诉我们“故步自封”一定要用故事的“故”，不能写成“固步自封”，“故”是“原来”的意思；“莫名其妙”一定要用姓名的“名”，不能写成“莫明其妙”，“名”是“说出”的意思；“名副其实”一定要用正副的“副”，不能写成“名符其实”，“副”是“相称”的意思……老师可谓苦口婆心、耳提面命。然而，“青山遮不住，毕竟东流去”，今天，连以规范著称的《现代汉语词典》，也承认了“固步自封”、“莫明其妙”、“名符其实”的合法地位。

二是内容变异。这主要是就词汇意义而言的，首先是指词汇的理性意义。举个例子，有个词语，每年夏天都会风行全国，就是“七月流火”。语文报刊一直在批评，说是“用错啦”“用错啦”，“七月流火”的意思是天气转凉，怎么能用于天气炎热呢？“七月流火，九月授衣”出自《诗经》。“火”指心宿，即大火星。夏历七月，大火星向西流去，这是天气转凉的时令特征，所以接下来要做的事就是准备寒衣。然而，在两千年后的今

天，这一意义已经被逐渐淡忘；人们从“七月”联想到的是盛夏季节，从“流火”联想到的是热焰蒸腾，于是“七月流火”便成了描写酷暑的时尚词语。

再比如“空穴来风”，同样有人经常批评报刊上这个成语用得不对。到底什么叫“空穴来风”？这个成语见之于宋玉的《风赋》：“枳句来巢，空穴来风。”意思是说：因为树枝是弯曲的，鸟雀就喜欢来做窝；因为洞穴是空的，风就很容易吹进来。后来就常用这句话来说明事出有因。但今天显然已是“反其意而用之”，不是说事出有因，而是说无中生有。这种用法对还是不对？面对这类语言变异现象，搞语言研究的人、搞辞书编纂的人，恐怕不能一味地简单排斥，而应从研究语言发展的规律入手，做出科学的解释和合理的处理才行。

内容变异还应包括色彩意义，特别是感情色彩。在语言运用实践中，感情色彩发生变化是常有的事。就说“咬文嚼字”这四个字吧。在中国的文化传统中，文字享有很高的地位。骚人墨客一旦进入创作状态，对文字总会表现出一种执着的追求。贾岛的“推敲”、王安石的寻“绿”，都是这样一种文化传统的折射。既然已经到了“吟安一个字，捻断数茎须”的地步，再要提倡“咬文嚼字”，那就未免有点不识时务，有点不近人情了，所以历来总把“咬文嚼字”视为迂腐的同义词，是一种死抠字眼、不知变通的做法，带有明显的贬义。可是今天呢？我们面对的却是“无错不成书”、“无错不成报”的社会现实，是某些文化人视文化为儿戏的浮躁心态，这时“咬文嚼字”无疑变成了一种值得肯定的文化精神。同样是这四个字，不同时期的人们对它的评价是不一样的。我不敢说它现在已是个“褒义词”，但至少是个中性词吧。

三是规则变异。游戏有规则，语言表达也有规则。凡是不合规则的，我们便称它为病句。比如形容词不能带宾语，便是我在学校读书时学到的一条规则。当年学校里悬挂着一条大标语——“忠诚党的教育事业”，大家都知道这是毛泽东的题词，胡乔木认为存在两个问题：一是这句题词当年是给党校题的，不能泛化用于一切教育；二是这句话在语法上有缺陷，加上一个介词“于”字才行：“忠诚于党的教育事业”。理由正是“忠诚”是一个形容词，不加一个“于”字，就违背了形容词不能带宾语的规则。胡乔木的观点，当年曾经得到普遍的赞同，可今天的语言现实，却

让我们看到了大量形容词带宾语的句子："清洁上海"——这是一个街头的标语牌；"美丽你的一身"——这是商家的广告；"如何敏捷学生的思维"——这是报纸上的标题……你说，是修正原来的规则，还是批评流行的用法？

再举一个例子，副词一般不修饰名词，这也是一条语法规则。如今，这条规则同样遇到了挑战。到酒店里喝啤酒，店家可能会介绍说："这个啤酒很德国很德国！""很"是副词，"德国"是名词。这种用法，开始也许是出于修辞目的，但现在已经用得非常普遍、非常娴熟，特别是在表现时尚生活的文学作品中，简直到了触目可见的程度，什么"十分女人"啊，"非常小资"啊，"极其大腕"啊……这种搭配，比较简洁，比较明快，富有表现力，似乎也不存在交流上的障碍。语言说到底是交流的工具。既然我们圆满达到了交流的目的，为什么不能根据语言运用的实践，及时总结一些新的规则呢？

(2)语言变异的文化分析

上面简单地罗列了一些语言变异的现象，这是我要讲的第一个问题。接下来想分析一下，为什么会出现变异。从根本上说，社会在改变、生活在改变，语言也会随着改变。马雅可夫斯基曾经说过："挑出一行诗来，站在你面前的，将是一个时代。"因为诗歌是时代的记录，语言会留下时代的烙印。不同时代的语言会呈现出不同的面貌。但是，这种不同到底是怎样造成的呢？推动语言改变的文化动因到底是什么呢？我想到了以下几个方面的原因：

第一是精化意识。语言作为工具，其作用是表达，是沟通。"茶壶里煮饺子——有东西倒不出"，那是非常痛苦的。俄国诗人纳德松有一句名言："世界上没有比语言的痛苦更加强烈的痛苦。"怎样把自己的思想、情感、知识准确地表达出来呢？这里有表达技巧的掌握问题，也有语言材料的选择问题。福楼拜教莫泊桑写作，经常做的练习便是用一个词来描写人的外貌、动作或者神态。语言表达的过程，其实便是寻找一个词的过程。

汉语的材料是极其丰富的。随着生活的发展，语言材料还在不断增

加。这是我们语言表达的取之不尽、用之不竭的源泉。但是，为了追求最完美、最精确的表达效果，人们往往不满足于已有的语言材料，不满足于已经成熟的表达手段，于是，变异便成了一种必然。一方面是选择，一方面是改造，两者都是为了提高表达的精度。选择是自觉的、清醒的，在文学史上有大量炼词炼句的文坛逸事，都和选择有关；而改造往往是不知不觉的，是全社会的一种集体无意识，一旦在某一方面有所突破，便会在全社会流传开来，成为社会的共同财产。总之，为了表达的"精化"，人们往往会在下意识中对语言材料、语言手段进行调整、修饰或者改制。

就拿一开始提到的"烟花"来说。烟花或者焰火，指的就是那种用纸包裹、用火药掺入无机盐作原料、可以燃放以供人欣赏的东西。把这种东西称之为"焰火"，应该说是准确的，因为在燃放时，人们确实能看到"焰"，看到"火"。这一名称抓住了事物的特征。可是为什么近年来"烟花"更受青睐呢？我想这和制造技术的改进有关。今天的"焰火"更大的特征是花团锦簇，是天花乱坠，称其为"烟花"，显然更形象，更直观，更有美感，因此，即使原来的"烟花"只有两个义项，也可以补充一个新的义项。这种补充是得到了社会文化心理的认同的。

方言词进入普通话系统以后，有时词形会发生变化。北京方言中有"kǎn 大山"一说。这个"kǎn"字是"砍"还是"侃"？语言学家胡明杨曾带着自己的研究生做过调查，最后认定是"砍"。所谓"砍大山"，就是拿了一把斧头，到深山老林里面，东一斧头西一斧头，没有目标地乱砍。这是无主题地闲聊的一种形象的说法。浙江人"谈山海经"，四川人"摆龙门阵"，北京人"砍大山"，说的是同一个意思。但是，"砍"字虽然理据性十足，在书面表达中却容易造成阅读障碍。比如"老张又在那儿砍了"，他到底"砍"什么呢？砍树？砍价？砍家具？还是砍人？很难一眼看透。正是由于这个原因，人们接受了调侃的"侃"，"砍大山"成了"侃大山"。在古汉语中，"侃"字的动词义本不强，现在增加了闲聊的义项，旧词语获得了新生命。

同样，翻译词从出现到定型，往往也有一个变化过程。翻译是否到位、是否精确，人们会在语言运用的实践中加以判断，加以改造。比方"艾滋病"是英语缩写词 AIDS 的音译，指获得性免疫缺陷综合征。这个草

字头的“艾”字，起初是爱情的“爱”。由“爱滋病”到“艾滋病”，实际上反映了社会对这种病症认识的深化。刚开始时，人们认为“艾滋病”仅仅和性的混乱有关，所以特意在译名中突出了一个“爱”字，是错误的爱、罪恶的爱滋生的疾病。但是随着医学的发展，随着社会调查的深入，人们看到了艾滋病传播的更为复杂的社会内容。“艾滋病”的名称显然比“爱滋病”更为科学、更为全面，因为它提高了词语的精度。

有时，有些语言的变异，表面看来也许是个错误，但从深层次的文化心理分析，恰恰展示了语言使用者的智慧。上面说了方言词、翻译词，这里不妨再说一个古语词。指称过时的事物，人们常用的成语是“明日黄花”。如果对出版物做一个统计，你会发现一个耐人寻味的现象，越来越多的人把“明日黄花”写成“昨日黄花”。对此，报刊上一片讨伐之声，说是“明日”不该误为“昨日”，这个错误是缺少文化的表现。然而，“昨日黄花”却依然盛开，屡“批”不绝。大家知道，这一成语出自苏轼，他在诗中写的是“相逢不用忙归去，明日黄花蝶也愁”，确实用的是“明日黄花”。可问题在于，作为成语，“明日黄花”已离开了诗的语境，成为独立的语言材料。就“明日黄花”论“明日黄花”，人们往往认为明天还没到呢，黄花还没开呢，怎么谈得上枯萎？于是便自然而然地把“明日”调整为“昨日”。我认为这是一种积极的调整，是符合人们认识心理的一种聪明的改造。现代诗人戈麦曾写过一首《昨日黄花》，诗中有这样的句子：“昨日黄花/在梦里，开遍美好的现实/开遍我的床上，床下。”诗人对“昨日黄花”的理解，正代表了一般人对“昨日黄花”的理解。由“明日”变成“昨日”，看重的不是言必有据，而是言必有理。

第二点是审美追求。语言表达不仅要准确，而且要中听，要把话说得有书卷气，有人情味，为此，人们往往会对某些语言材料的原始面貌加以修饰，加以美化。通常有三种情况：

一种情况是化俗为雅，通过变异增加语言美感。记得鲁迅曾经在一篇杂文中，谈到北京的地名相当好听，什么丞相胡同、协资庙、高义伯胡同、贵人关，但后来一打听，原来都是“变异”的结果，这些地方本来叫绳匠胡同、蝎子庙、狗尾巴胡同、鬼门关，没有一个好听的。在座各位可能去过北京大学，北京大学位于中关村，我过去一向以为那里曾有一座城关，后来听社科院的一位老先生“侃大山”，才知道“中关村”是由

"中官村"变来的。何谓"中官"？"中官"是太监，"中官村"是埋葬太监的地方，是太监的墓地。"中官村"改为"中关村"，非但抹去了太监的色彩，而且还平添了雄关险道的壮美。

另一种情况是避凶求吉，通过变异增加心理抚慰。这一点在民俗文化中有着突出的反映。中国餐具中有"箸"，但是船家忌讳这个字的读音，不想"住"而想"行"，于是"箸"成了"筷"。广东方言中"牛舌"、"猪舌"被称为"牛脷"、"猪脷"，这是因为，"舌"和"折本"的"折"同音，广州是一个商业发达的地区，生意人都不想"折"本而想赢"利"，改变称说是为了讨个彩头。普通话中同样有这种情况。比如"心肌梗死"是规范的医学用语，它说的是因冠状动脉堵塞而引起的供血不足，从而导致部分心肌坏死的病理现象。但是，这个词语在现实中遭到了强烈抵制，人们更愿意接受的是"心肌梗塞"。"心肌梗死"变异为"心肌梗塞"，和医学本身没有多少关系，而更多的是社会心理的一种投影。

还有一种情况是变冷为热，通过变异体现文明意识和人文关怀。比如肢体伤残者，曾被人们称为"残废"。20世纪50年代，有"一等残废军人"、"二等残废军人"之类的提法。但是，随着社会文明程度的提高，人道主义深入人心，人们意识到了"残废"所包含的歧视意味，于是改称为"残疾人士"或"伤健人士"。不久前医学界传出消息，因老年性脑萎缩而引起的智能性缺损，历来被称之为"老年性痴呆症"，现在医学界正在考虑改名，不称"痴呆"而称"智障"。这些名称的变化，都反映了对人格的尊重、对生命的尊重，从语言变异中我们看到了社会的前进和人性的提升。

第三点是经济原则。我们要用低成本来获取高效益：以尽量少的字，传递尽量多的信息；用最简单的语言，表达最深刻的思想。古人不是说嘛，要言简而意赅，词约而义丰。而且，还要降低汉语学习的难度，提高语文学习的效率。很多语言变异，都和经济原则有关。

新中国成立以来，在汉字改革方面，和字形有关的，有三个大的动作：一是汉字简化，公布了《简化字总表》；二是异体字整理，公布了《第一批异体字整理表》；三是字形规范，公布了《现代汉语常用字表》和《现代汉语通用字表》。这三个大的动作，都是为了提高汉字作为符号系统的科学性，通过汉字字形的变化——笔画的减少或者字形的统一，给汉字

的学习和使用带来便利。这可以说是在语文改革中自觉贯彻了经济原则。

在词语运用方面，同样存在着明显的趋简现象。当一个事物有多种名称时，符合经济原则的名称，总会占有一定的优势。比如手机，它的正式名称，应该是“蜂窝式移动电话机”，一共有八个字，但日常生活中几乎没有人这样叫。开始时人们称它为“大哥大”，这个名称既不准确，又不文雅，多少有点黑社会的色彩，很快遭到摒弃；后来称为“手提电话”、“移动电话”，但真正流行的还是“手机”。冯小刚拍的贺岁片不就叫《手机》吗？两个字战胜了四个字，战胜了八个字。即使约定俗成的词语，在使用过程中也会缩略，“北京大学”成了“北大”，“上海博物馆”成了“上博”，有时甚至是强行处理，如最近电影中经常出现的，把张局长称为“张局”，王队长称为“王队”，哪怕减少一个字也觉得“爽”。还有一种表现，便是化解词语的难点，“拔苗助长”便是一个典型的例子。在《孟子》中，本是“揠苗助长”，但是这个“揠”字难读难解，于是慢慢“揠”字成了“拔”字。“拔苗助长”，见词明义，省去了翻查字典的时间。

经济原则还表现于词语搭配和句子组织。比如，前面提到的“啤酒很德国很德国”，当然可以换一种说法，说成“啤酒富有德国的风味”，这种说法文从字顺，无懈可击。然而，两相比较，一个简洁，一个啰唆；一个明快，一个拖沓；一个具有穿透力、想象力，可以调动你的生活积累，产生一种十分新颖的表达效果，而另一个则显得比较平淡，比较拘谨。既然如此，为什么我们不能对“很德国”宽容一点呢？

如果说上面三点，导致语言的积极变异的话。那么第四点——信息断裂，则导致了消极变异现象。在社会语文生活中，由于一知半解、望文生义、自以为是、盲目改制等等原因，造成语言信息的模糊、弱化以至断裂，到后来以讹传讹，习非成是，人们被迫接受既成事实。比方报刊上常用“压轴戏”这个词语，凡是最后一个节目、最后一场比赛、最后一次活动，都被比之为“压轴戏”，其实这种说法并不正确。旧时戏园里演戏，最后一出戏称“轴子”，而“压轴戏”顾名思义就是压着“轴子”的戏，即倒数第二出戏。不错，因为“轴子”演出时，观众已经准备退场，所以一般上演的是热闹的武打戏，“压轴戏”才是整个演出的重头戏；但把“压轴戏”说成最后一出戏，毕竟是不符合事实的。可惜这种用法，现在似乎已经约定俗成。

再举一个词语的例子。这个词语目前使用频率极高，凡时尚报刊，都可见到它的踪影，这个词语便是“惊艳”。其实这是一个旧词，源于金圣叹批本《西厢记》。张生初遇莺莺，“目定魂摄，不能遽语”，所以金圣叹将第一折题曰“惊艳”。所谓“惊艳”，是因艳而惊，现在的时尚用法，却是因艳惊人。前两年网球运动员库娃来沪，报纸上的大标题是“库娃惊艳上海滩”，单看这个标题，真不知道是这位金发美女吃惊，还是上海姑娘吃惊，让人一头雾水。显然，这是“惊艳”词义的不确定性造成的。究其原因，就因为使用“惊艳”一词的时尚男女，其实并没有正确接受“惊艳”一词的词汇信息，而是想当然地争相使用，结果便造成了如今的尴尬局面。

(3)“应变”的语文立场

最后想简单谈谈坚持正确的语文立场问题。既然语言变异是普遍存在的，那么我们应该怎样“应变”呢？我想到的是以下几点：

首先要有规范意识。我们承认语言是一条河，但即使是河，河水也只能在河道里流动，而不是四处泛滥、冲堤毁路，那样就无法达到交流的目的。语言既要讲发展，又要讲规范，小到一个字的读音、一个词的意义，大到整个词汇系统的丰富、整个语法规则的建立，都必须以规范为前提，否则，你用你的变体，我用我的变体，就没有共同的语言。举一个现实生活中的例子。某地请一位著名作家吃饭，菜肴丰盛，烹制精美，但这位作家的评价是：“难吃！难吃！”弄得主人下不了台。原来这是作家家乡的方言句式，意思是“难得吃到”。这种说法简则简矣，但别人怎么能听懂呢？

在我们的出版物中，也有类似的情况，一味求简，结果让人不知所云。有则标题《战杂现象值得研究》，“战杂”原来是战士杂技团的缩略。某报天气预报用语是“明白有雨”，“明白”意思是“明日白天”，读者说“你明白我不明白”。缩略体现了语言的经济原则，但必须让人听懂才行啊。某地草原上有个巡回医疗队，全部医疗器械都在骆驼背上，人称“骆驼背上的医院”，当地广播电台在广播中把它缩略为“驼背医院”，结果不少罗锅儿赶来治病。

不久前读了一本刊物，发现其中有大量副词修饰名词的语例，什么“很母亲地说”、“十分大款的穿着”，等等。其中有两例，让我看了发愣，一例是“她很章回小说地告诉我”，还有一例是“长着相当水果的脸”。我觉得有点匪夷所思。“水果的脸”是颜色还是形态呢？究竟是哪一种水果？苹果、香蕉还是西瓜？反正让你猜不透。我们承认副词修饰名词有它的合理性，但并不等于可以随心所欲地修饰。真理超过一步就成了谬误。凡是副词修饰名词，从现在使用的情况来看，这个名词都是有着鲜明的个性特点的，这个特点又是为社会公认的，而且一提到这个名词人们便会联想到这一特点。“章回小说”、“水果”恐怕还不符合这一要求。

其次是要具有学术眼光，面对语言变异现象，要有判断能力。比如“杀手锏”和“撒手锏”，究竟以哪一个为规范呢？这个词语来自旧小说，无论是《说唐全传》还是《隋唐演义》，用的都是“杀手锏”，而且从情理分析，锏不像镖，可以随手抛掷，秦叔宝手中的锏重达一百二十八斤，怎么抛得出去？一旦“撒手”，手中没有武器，何等危险！可见，以理据性来判断，还是“杀手锏”合理。所谓“杀手锏”，是指在交战的关键时刻痛下杀手，旧小说中对此有详细描写。

再如“唯一”和“惟一”到底该用哪一个？如果追溯到源头，表示唯一的意思，还不止“唯”和“惟”，还有一个“维”。这三个字各有其义，“唯”为应答声，“惟”指思考，“维”则是系东西的绳子，但它们都可以借用来作副词表示“仅仅”、“只有”。自先秦以来，这三个字浮沉起伏，都有一段辉煌的历史。今天该用哪一个呢？以系统性来判断，还是“唯”字略胜一筹。既然“唯心主义”、“唯物主义”都用“唯”字，“唯一”理应也用“唯”字。

“帐本”和“账本”也是经常提及的一组异形词。“帐”指帐篷，但是早期，它也是计量单位，算算多少顶帐篷，就知道有多少人口、多少牲畜，于是就有了“算帐”的说法。但随着“账”字出现，“帐”字的一部分义项便由“账”字承担。以发展性来判断，当以“账本”为规范。

第三要掌握柔性原则。记得刚办《咬文嚼字》时，考虑问题有些幼稚，总觉得有政府的文件，有权威的工具书，有现代汉语教材，还有什么问题不能解决？办了几年之后，越来越感到语言问题犹如八卦阵，经常让人晕头转向，所以我曾引用《李自成》中尚炯医生谈学医的一句话来形容

自己的心情："初学三年，世上无不治之病；再学三年，人间无可用之方。"现在我觉得对语言问题，要有点耐心，要懂得克制，不要在感情冲动时下结论，也就是说要贯彻柔性原则。记得白岩松的《痛并快乐着》刚出版时，我们接到过不少来稿，都批评这个书名有语法错误，不该用"并"而应该用"但"，"痛但快乐着"，这样在逻辑上才说得通。但我们把稿子压了下来。后来仔细体味，发觉用"但"和用"并"，表达的情感是不一样的。用"但"，肯定了"快乐"否定了"痛"；而用"并"，不但肯定"快乐"，同时还肯定了"痛"，"痛"和"快乐"是一个整体。作者这样表达，传达了一种更加复杂、更加丰富的情感体验，轻易否定它是不合适的。

语言是一条流动的河，在我们的生活中哗哗作响。让我们沿着河岸，去观赏、去考察它的千姿百态吧。

本文为2004年6月为"东方大讲坛"所做的一次演讲的记录稿，收入《东方大讲坛Ⅱ》，文汇出版社2005年7月出版

新成语面面观

我是通过编《咬文嚼字》，认识了一些语文界的朋友的。陈璧耀教授是其中之一。在我的心目中，陈教授勤奋、踏实，熟悉文史典籍，又能密切关注现实语文生活，学术视野开阔，治学态度严谨。尤为可贵的是，在语文观念方面，坚持与时俱进。这本《新成语词典》，我在刚看到它的样稿时，便能感受到它的见解的独特和材料的丰富。它既是一本工具书，也可以说是一部学术著作。

一

图书市场上的成语词典不知凡几，但往往是大同小异，以至你中有我，我中有你；而《新成语词典》是别具一格的。如果说通常的成语词典是旨在知识传播的话，那么，《新成语词典》则在释疑解惑之外，还承担着保护语言资源的责任。它不仅是给一般读者看的，也是给学界同仁看的；不仅是给当代编的，也是给后代编的。这样的词典具有“立此存照”的特殊的学术价值。

《新成语词典》收词约三百条。这是从三十年的语料中精选出来的。就一部词典来说，这样的收词量当然不算多；但这些成语的历史感，不能不让我们感到厚重和珍贵。我们甚至可以说，随便挑出一条成语，呈现在我们面前的，都将是一个特定的年代。三百条成语构成了一幅丰富多彩的历史画卷，留下了风雷激荡的时代身影，折射出纷纭复杂的社会

心态。凡是有心的研究者，都能从中梳理出历史的脉络，也能辨认出语言的足迹。

二

《新成语词典》是注定要引起争议的。

争议之一，是某些词条的成语资格问题。打擦边球、动大手术、华丽转身、短期行为……这些能算作成语吗？我想，三百条中的每一条，都可能受到这样的质疑。

传统的成语，大都是历史的馈赠。无论它出自先秦典籍，还是宗教故事，是源于文人手笔，还是历史事件，都是在长期的语用实践中逐渐沉淀下来的。因此，它们必然留有时间的烙印。成语的“成”，既是约定俗成的“成”，强调它的定型性；也是成年累月的“成”，强调它的久远性。

然而，随着成语概念的形成、成语特征的清晰，时间因素逐渐淡化。人们发现，成语虽然大都只有短短的四个字，但言有尽而意无穷，看上去神完气足，读起来抑扬顿挫，极富表现力和形式美。于是，人们不仅对传统的语言材料，继续进行剪裁，让它们符合成语的结构特征；而且还在现实的语言生活中，尽情地发挥自己的聪明才智，不断创造出四字格的语言作品。这已经成为汉语言的一个鲜明的特征。陈璧耀教授长期关注新成语，正表现出了语言学家的敏锐。

至于这些语言作品是不是成语，能不能长期流传下去，陈教授是看得很清楚的：一切留给时间来选择。他只是凭借一个学者的眼光，做出自己的判断。收进《新成语词典》的，首先都是四个字的，从形式上具有成语的特征；其次，是提供大量鲜活的用例，从语用上证明社会的认可度。即使将来它们不被视为成语，对它们进行关注和研究，也是一件很有意义的事情。

三

争议之二，是某些传统成语，仅仅是词形的变化，如“明日黄花”变为“昨日黄花”，或者仅仅是词义的发展，如“美轮美奂”从仅可用于建筑

物变为也可用于其他美的对象，这就算是“新”成语吗？

确实，人们看到的大量新词新语词典，所收的词语都是全新的，是过去工具书中查不到的。《新成语词典》却是新旧杂陈，其中相当一部分是传统成语。但我认为，这恰恰是这本词典的特点所在，也是价值所在。

语言是一条流动的河。成语即使具有结构稳定的特点，同样会在使用过程中发生变异。如果没有及时的引导，变异就有可能导致混乱。记得当年读中学时，同学之间就曾为“莫名其妙”和“莫明其妙”、“故步自封”和“固步自封”之类成语的正误问题，争论得不可开交。今天，我们面临着同样的困惑。一条“七月流火”，从网上争到网下，至今没有平息下来。《新成语词典》的出版，让人们了解专家的思考，显然是有助于引导语言应用的。

当代语言生活空前活跃。新词新语如雨后春笋般涌现出来，传统词语也在频繁发生变异，让人们眼花缭乱。陈璧耀教授的可贵之处，就在于他能以语言学家的责任感，认真观察语言生活中的细微变化，并勇敢地提出自己的见解。没有拥抱生活的热情是做不到这一点的。即使是一家之言，也能激发学界的研究兴趣，并最终推动语言规范。

四

争议之三，也是最大的一个争议，成语运用中的以讹传讹，比如“不尽如人意”被剪裁成“不尽人意”，“首当其冲”被误解成“首先”，这也算是新成语吗？陈教授的回答是肯定的。在这一点上，他表现出了足够的学术勇气。

成语史上，确实有大量的以讹传讹、习非成是的例子，可以用来支持陈教授的观点。比如“钩心斗角”原来形容建筑结构的精巧，后用来比喻人与人之间的明争暗斗；“衣冠禽兽”原来是指古代服装上的纹饰，后用来形容人的行为卑劣，无异禽兽。成语的语义延伸、转移甚至彻底改变，这样的例子俯拾即是。

语言运用中经常提到的一条原则“约定俗成”，更可以用来支持陈教授的观点。一种词语形式，如果有千百万人长期使用，这就不是语言学家所能左右的了。“罄竹难书”便是一个很典型的例子。就其本义来说，

指用尽所有的竹片也难以写完，不说是褒义词，至少是中性词；但后来多用于“罄南山之竹，书罪未穷”这样的语境中，便成了典型的贬义词；如今又时来运转，似乎重新回归为中性词甚至褒义词。“罄竹难书”的“否定之否定”，便是在千百万人的习惯的推动下发生的。

然而，问题还有更复杂的一面。同样是变异，既有积极变异，也有消极变异。比如“明日黄花”变为“昨日黄花”，这不是使用者的误写，而是一种自觉的调整，目的是让这条成语更适合一般语境。“咸鱼翻生”变为“咸鱼翻身”，同样也是一种有意的改造，目的是减弱成语的方言色彩，让它易于理解和使用。这些都是积极变异。凡是积极变异，都是有利于语言健康发展的，社会应该欢迎并予以推广。

而对于消极变异，则要取慎重态度。它往往是知识传递出现断裂而造成的。比如前面提及的“不尽如人意”可以剪裁成“不尽如意”，却不宜剪裁成“不尽人意”，因为不合语法，现在却是“不尽人意”满天飞。“首当其冲”被误解成“首先”，无疑是因为根本不理解“冲”为何意，只是被“首”字牵着鼻子走。对于这样的消极变异，恐怕第一步还是要引导，而不是简单地少数服从多数。“走的人多了，也便成了路”是对的，可如果发现有人不走园中小径，硬是在花丛中踩踏，还是要先给他提个醒吧。

我祝贺陈教授的新著出版。我非常钦佩陈教授的求实精神。作为一个《咬文嚼字》的编辑，我更愿意和陈教授一起，继续思考语言文字的规范问题。

本文为陈璧耀《新成语词典》序。《新成语词典》，上海辞书出版社2012年10月出版

错别字的危害

错别字古已有之，于今为烈。个人用字且不必说，社会用字也是一片混乱。这当然和汉字难记、难写、难认有关，同时也有主观方面的原因，比如有人认为错几个字没什么了不起。为此，本文想来略数一下错别字的危害。

(1)干扰传播效果

为了交际的需要，人类社会创造了语言。而文字是记录语言的书写符号系统，吕叔湘先生称之为“语言的视觉形式”。语言使人与人之间可以直接交流，文字则使这种交流突破了时间和空间的限制，从而使语言发挥了更大的作用。正如电波的传播会受到干扰一样，文字的传播同样也会受到干扰。错别字便是干扰的因素之一。由于错别字的“误导”，往往会使语言所负载的思想、情感、信息变得模糊、失真，甚至适得其反。

《新民晚报》刊登过一篇短文，题目是《姓氏之苦恼》。文章的作者姓庾，北周文学家庾信的“庾”。“苦恼”在哪里呢？原来，“庾”字和“庚”字字形相像，有的人不识“庾”字，便呼之为“庚”，连有的老师也不例外，经常引起哄堂大笑。作者投稿在报上发表，署名也屡遭误排，有排成“庚”的，也有排成“廋”的，义为藏匿的“廋”，结果领稿费也碰到麻烦，非要单位出具证明不可。

其实，这种张冠李戴的事，在出版物中是时有发生的，有的真让读

者颇费猜疑，非下一番考证功夫不可。比如，有一本鲁迅旧诗笺注，在分析“运交华盖欲何求”这首《自嘲》时，引了《鲁迅日记》中的一句：“晚达夫、映霞招饮于聚丰园，同席为柳亚子夫妇、达夫之兄嫂、林徽因。”查阅了鲁迅先生 1932 年 10 月 5 日的日记，方知这里的“林徽因”是“林微音”之误。林微音是当时上海文坛上的“绿社三友”之一，写过《成熟的幼稚病》等小说，译过海明威、毛姆等人的作品，而林徽因是建筑学家梁思成的夫人，亦是著名诗人、建筑学家，人称“一代才女”。由于微、徽字形相近，音、因又读音相同，阴差阳错，此“林”成了彼“林”。

除了张冠李戴之外，错别字造成的干扰，更多地表现为以“字”害意，由误写而致误解。唐朝的权臣李林甫，以“口蜜腹剑”著称，据《旧唐书·李林甫传》，此公“自无学术，仅能秉笔”。一次太常少卿姜度的老婆生孩子，姜度是李林甫的亲戚，林甫手书庆之曰：“闻有弄麞之喜……”这可出了个大洋相。旧时生儿子人称“弄璋”，生女儿人称“弄瓦”，两个典故都出自《诗经》。“璋”是玉器，“瓦”是纺锤，意谓儿子应有美玉一样的品德，女儿应长于女工。李林甫把“弄璋”误写成了“弄麞”。麞者，獐也，一种尖嘴缩腮的鹿科动物，成语有所谓“獐头鼠目”，其形象之猥琐可见一斑。李林甫特意“手书”，本意是庆贺，结果却成了讽刺，难怪这幅贺书悬挂出来之后，“客视之掩口”。

这类错误，举不胜举。古代有，现代也有。眼前便有一个见诸报端的例子。1991 年 10 月，上海市音像管理处和新民晚报社举办了一次录像片微型评选活动。评选结果揭晓时，报上发表了消息。大标题是：《〈女警官〉不孚众望》。可细看正文，说的却是《女警官》得票最高，“颇受群众喜欢，可与同类境外片比高低”。标题和正文南辕北辙。原来，作者把“不负众望”的“负”字误写成了“孚”字。“不负众望”是没有辜负大家的期望，“不孚众望”是指和大家的期望不相称。一“负”一“孚”，意思截然相反。取得了最好的成绩，却被报纸抹了一鼻子灰，对于《女警官》编导人员来说，岂不冤哉枉也。

错别字的干扰，也包括对阅读情绪的干扰。读者一眼看出是错别字，往往会觉得不舒畅，犹如吃饭时吞了苍蝇，咀嚼时硌了石子；不能一眼看出是错别字，也会由于上下文意的不连贯，而如堕五里雾中，影响阅读质量。有本重新排印的古籍，其中有一句印作：“僧取尘尾敲栏干数

声”。这“尘尾”为何物，便让人颇费踌躇，成了阅读的障碍。灰尘难道还能生出尾巴？有人曾在报上提出质疑。不求甚解吧，说不过去；认真查考吧，颇费时间，确实让人有点左右为难。这正是错别字布下的疑阵。原来，“尘尾”是“麈尾”之误。“尘”的繁体字“塵”，和麈十分相似。麈，鹿属，俗称“四不像”。麈是形声字，上面是形符，下面是声符。“麈尾”或说即拂尘，通常是在棒端系以麈尾，可以信手挥拂，因此得名。魏晋南北朝时崇尚清谈，谈士往往手持麈尾，成为一时风尚，后来“虽不谈亦常执持耳”。这已成为一种具有鲜明时代特征和文化特征的器物。把“麈尾”误作“尘尾”，让读者猜谜语，还能传达出那特有的历史氛围吗？

(2)损害出版形象

在激烈的市场竞争中，企业界人士十分清楚树立企业形象的重要性。他们有时宁愿把不合格的产品销毁，也不愿冒险流入市场，其目的就是要维护自己的良好形象。企业形象一旦受损，消费者的信任度降低，其后果是不堪设想的。报纸、杂志、图书，都是出版物。报刊图书的编辑、校对、印制工作，从广义来说，都是出版工作。这里同样有一个树立和维护出版形象的问题。错别字当然会降低某一种具体的出版物的质量，但更为严重的是，由于错别字反映了一种轻浮的、草率的工作作风和工作态度，因此必然会在整个出版形象上留下污点。

真正的出版家，是富有远见的。他们懂得，出版事业作为文化事业，既需要热忱，更需要严谨。1926 年成立的开明书店，便是中国现代出版界的一个代表。“开明”出版的书，不仅以内容扎实、严肃受到读者的欢迎，而且编辑、校对工作极其认真。“开明”的编辑几乎都精通校对工作，大部分编辑是从校对起步的。校对除了负责消灭排版过程中的差错外，还尽力弥补编辑加工的不足，实际上成了编辑工作的延续。为了杜绝一切可能发生的错误，以叶圣陶先生为首，在原稿发排前就层层设防，发现模糊的字迹和标点，特别是人名、地名，一定要重写清楚。“开明人”正是以这样一种一丝不苟的态度编印了一本本好书；正是这一本本好书，奠定了开明的“俯仰两无愧”的出版形象。

“开明”的精神，在今天的新闻出版界中，正在得到继承和发扬。然

而，毋庸讳言，也有一些新闻出版单位，和“开明”的精神是不那么协调的。当年，开明书店“朴实而无华，求进弗欲锐”，而今天这些单位却是急功近利，心浮而气躁。为了追逐“热点”，他们不惜在编辑、校对方面“偷工减料”，有时虽然也能取得一点“效应”，但这是以降低出版物的质量为代价的。事实证明，在“急急风”的锣鼓点中赶出来的东西，往往加工粗糙、校对马虎、印制拙劣。这是典型的出版工作中的“短期行为”。有部长篇小说，在封面上便赫然出现别字，把“陷阱”的“阱”写成了“井”。“井”是象形字，指可供汲水用的地面凿出的深洞；而“阱”是形声字，本指捕捉野兽的陷坑。有本刊物，要目中不到十个标题，竟然有三个标题出现明显的别字，把“言简意赅”的“赅”写成了“骇人听闻”的“骇”，“愤慨”的“慨”写成了“大概”的“概”，“萧条”的“萧”写成了“潇洒”的“潇”。这些书刊连大面儿上都说不过去，其内在质量是可想而知的。这是多么草率的编辑作风！

这种编辑作风让作者失望。我曾读到过李霁野先生的一封信，信中还附有一份勘误表。先生多年追随鲁迅，在鲁迅先生的熏陶下，无论是创作还是翻译，都倾注全部心血，决不侥幸偷懒。然而，由他翻译的英国作家吉辛的《四季随笔》，却留下了极大的遗憾。全书 246 面，文字错误竟达 160 处，以至他不得不以年逾八旬的高龄，花上整整一周的时间，整理出一份勘误表来。先生在附信中说：“寄上《四季随笔》一册，我不在上面题字留念了。”这是为什么呢？就因为这本书错得太多，“印成这个样子，真令人啼笑皆非”。一个作家竟不敢在自己的作品上签名，这是何等痛苦的心情！出版这样的图书，不是在自己的形象上抹上了黑黑的一笔吗？

这种编辑作风更让读者失望。有人曾模仿陆游的《钗头凤》写道：“书情恶，读者哭，满眼‘臭虫’，善本难索。错！错！错！”有位读者更在报上公开责问：“这到底是在传播文化，还是在破坏文化？”陈虞孙先生是新闻界的前辈，他曾从读者的角度，为出版物中的错别字泛滥而痛心疾首。1985 年，他曾写过一篇《论品》的短文，文中写道：“不论报纸、刊物、书籍，你究竟能找到多少块‘干净土’，在那里可以让你找不到一个错别字？”他愤激地预言：“错别字统治出版物版面的日子恐怕要来临了。因为我们已经看到不少出版社的同志实际上当了错别字保育员，或者说这类

错别字的保育员已经到了辨别不出错别字的地步。仅此一端，就可以预示出版物质量下降的不祥之兆。”为此，他大声疾呼：“整顿出弊绝风清的出版社，得先从消灭错别字开始!”事实证明，陈先生不是杞人忧天。他的话至今还是值得我们重温的。

(3)影响文化积累

鲁迅先生说过：“纸墨更寿于金石。”英国科学家培根打过一个比方：书籍犹如船一样，穿过时间的河流，把精神食粮运给一代又一代。确实，书籍是人类智慧的载体。正是在书籍的智慧之火的照耀下，人类才从太古洪荒走向了现代文明。在浩瀚的书海中，我们随便抽出一本书来，便能感受到一个特定时代的脉搏。我们今天出版的书，经过历史的检验之后，同样也要汇合到那大海之中，成为前人留给后人的最可珍贵的财产。如果书中留下了一个个错别字，降低了这笔财产的品位，岂不要愧对子孙?

有时，也许只是一个小小的疏忽，留给后世的，却可能是一个大大的障碍。比如西汉时的扬雄，是一位哲学家、文学家、语言学家，在中国文化发展史上，自有他的地位，但他姓“扬”呢，还是姓“杨”呢？却至今没有定论。《汉书》上是“扬雄”。据《扬雄自序》：“扬别为一族，周宣王之子尚父封扬侯，故氏。”这是中国历史上常有的以官为姓。但据清代文字学家段玉裁考证，“扬”应作“杨”，《汉书》是写错了的。又如那位曾因“风乍起，吹皱一池春水”而深得南唐后主赏识的冯延巳，因为巳、己二字相似，一个闭口，一个开口，结果古籍中巳、己不分，今天已说不清该称呼他是“冯延巳”还是“冯延己”了。

当然，姓名只是符号。姓甚名谁，即使搞错，让人遗憾，但也不会影响我们对扬雄思想的认识、对冯延巳作品的赏析。问题是古籍中因文字留下的千古疑案，并不仅仅局限于姓名，更多的还是表现于内容。这里且以“宰予昼寝”为例。这一记载见于我们的文化经典——《论语》。宰予，孔子的高足，“七十二贤人”之一。他因为在大白天睡觉，结果被孔子骂为“朽木”、“粪土之墙”，可谓“狗血喷头”。这是通行的说法。但也有人怀疑它的可靠性，认为为这件小事大发雷霆，有损孔子作为大教育

家的风度。王充在《论衡》中便说:“昼寝之恶也,小恶也;朽木粪土,则败坏不可复成之物,大恶也。责小过以大恶,安能服人?”有人则认为“昼寝”是“画寝”之误,清人沈涛《交翠轩笔记》、刘宝楠《论语正义》中便有引述。昼、画的繁体字前者是晝,后者是畫,字形仅一竖之差,抄错也不是没有可能的,但“昼寝”和“画寝”的意义迥异。“昼寝”是大白天睡觉,“画寝”是在装饰精美的环境中睡觉。孔子究竟是为“昼寝”发火呢,还是为“画寝”发火呢?这牵涉到他的教育思想问题,现在却因一字之疑而使研究难以深入。

这种“一字之疑”,在文化研究中,随时可见。有时就为这一个字,“聚讼纷纭”,成了一段“文化公案”。这一方面反映了文化研究的活跃,另一方面也不能不说是前人跟后人开了一个玩笑。《世说新语》“言语”第二十六条,有“千里莼羹,未下盐豉”句。“莼”指产于湖中的一种可食用的植物,可以制羹,其味鲜美;“盐”和“豉”都是调味品。但究竟是“未下盐豉”还是“末下盐豉”,历来便有争论。杜甫、梅尧臣、黄庭坚在作品中都作“未下盐豉”,“未”指没有;宋人曾三异《因话录》中却认为:“世多以淡煮莼羹,未用盐与豉相调和,非也。盖‘末’字误书为‘未’。‘末下’乃地名,‘千里’亦地名,此二处产此二物耳。”这场争论后来成了悬案。《世界文学》1990 年第 2 期,转载了梁实秋先生的《读马译〈世说新语〉》,又一次提出这一话题,随后,《读书》、《新民晚报》等报刊也卷入了讨论。谁知“未下”还是“末下”尚未有分晓前,施蛰存先生又对莼菜的产地做了考证,指出“千里莼羹”的“千里”为“干里”之误,上面是一横不是一撇。真是一波未平,一波又起。

古籍中的错讹,想来还是情有可原的。我国唐代以前,图书都是抄本。以后虽有木刻,成书仍极其艰难,错字漏字恐在所难免。但即使在这种情况下,为了文化积累,早在汉代,有识之士便提出了“善书”的概念。宋代以后,人们更是推崇“善本”,呼唤“善本”。清代张之洞提出“善本之义有三”:一曰无缺卷、未删削的足本,二曰精校精注的精本,三曰旧刻旧抄的旧本,而其中最关键的是校勘。他说:“善本非纸白版新之谓,谓其为前辈通人用古刻数本,精校细勘,不讹不缺之本也。”古人常说校书如扫落叶,旋扫旋生,但为了留下“善本”,人们旋生旋扫,一字不苟。今天,我们早已不是手抄木刻,而是有了现代化的电脑排版工艺,

而且还有“三校一读”的校对制度，难道不应该为后人多留下一点善本吗？

(4)降低教育质量

汉语中有两则成语，经常连用，这就是“谬种流传”和“误人子弟”。“子弟”指的是莘莘学子，他们年幼无知，对“谬种”缺少辨别能力，因此最容易以讹传讹。

有一则古代笑话，说的是一位很有学问的“宿儒”，路过一乡村学校，听到冬烘先生正在上课，教学生“都都平丈我”。他一听知道错了，应该是“郁郁乎文哉”，这是《论语》中孔子对周朝礼乐制度发出的赞叹，于是便帮这位冬烘先生一一纠正。谁知学童已先入为主，一时不知所措，四散奔走。由此可见“谬种”一旦流传后所造成的影响。有人作了一首打油诗说：

都都平丈我，学生满堂坐；
郁郁乎文哉，学生都不来。

南宋叶梦得《石林燕语》中也有一则记载，与此相映成趣，说的是一位教官，负责考试出题。题为：“乾为金，坤亦为金，何也？”他是依据自己手头的一本《周易》出的。考生面面相觑，不能下笔。有人怀疑题目有误。后来一查，果然，该书把“坤为釜”错成了“坤为金”。书上只是一字之差，那些苦读寒窗的考生可被害得够呛。如果以这样的书作为教材，其后果是不言而喻的。

相比之下，古代限于技术条件，书籍毕竟印制不多，流传不广。今天图书的发行量，是古人所无法想象的；而一旦有了错讹，其影响也要超过古书百倍千倍。然而，令人遗憾的是，以中小学生为读者对象的图书，同样未能把错别字拒之门外。有人曾经在刊物上披露说，一家专门给学生看的刊物，校对方面疏忽大意到了“令人吃惊的地步”。比如，“偶像”误为“偶象”，“绯红”误为“徘红”，“调剂”误为“调济”，“顷刻”误为“倾刻”……这类错误，学生很难辨别，试想一下，整天在这样的刊物“熏陶”下，学生在自己的作文中能不写错别字吗？

在新加坡联合早报社见到这幅宣传画，有一种特别的亲切感

其实，不仅是公开的出版物，街头的店招、广告、标语、告示……凡是社会用字，都会对社会成员尤其是中小学生，产生潜移默化的影响。社会用字是文化环境的组成部分。用字规范、用语优美、书法具有一定的水平，可以创造出一种良好的文化氛围，提高社会的文明程度；相反，错别字触目可见，这不啻是对社会环境的一种污染，会降低社会的管理水平。报上曾刊登过一则小品：一位外国留学生拿着上海地图，对着街头的路牌，显出一片迷惘的神情。地图上印的是“陆家嘴路”，而路牌上写的却是“陆家咀路”，这位留学生无法判断是不是一回事。“咀”是“嘴”的俗字，但用在路牌上，显然是不妥的。在社会用字中贪图自己方便，信手写错别字、不规范的字或创造一些奇形怪状的字，是对社会缺少责任感的表现，结果不仅会干扰群众的生活秩序，而且还会散布一种马虎、懒散、随便、敷衍的处世哲学，其消极影响是不能低估的。

本文原载《编辑之友》1993 年第 2 期

读白字浅说

汉字是音、形、义的结合体。每一个汉字都有特定的读音。有些汉字还不止一个读音，在不同的词语结构和不同的语言环境中，有不同的读法。不按正确的音去识读，那便是“读白字”。这说明还没有真正掌握这个汉字。

读白字往往和想当然有关。在民间传说中，有很多这样的故事。有个冬烘先生在教学生时，不知道“岛”字该怎么读。他想，上面一个“鸟”字，下面一个“山”字，“鸟”停在“山”上，大概便是“栖”吧。于是，他把唐朝诗人贾岛念成了“贾 qī”。三年以后，此人另谋高就，学校里请来了一位新老师。当学生听到新老师念“岛”为“dǎo”时，纷纷向家长告状，说是老师读错了字。学校也不问青红皂白，便做出了辞退的决定。这个老师后来无奈地对朋友说：“别人一‘栖’三年，我是说‘岛’便倒。”

其实，生活中也有这样的故事。在一次大型文艺晚会上，有人朗诵毛泽东的《水调歌头·游泳》，其中有一句是“一桥飞架南北，天堑变通途”。堑，读音为 qiàn，意思是阻断交通的深沟。朗诵者却将“天堑”误读成了“天 zhǎn”。在一次电视卫生宣传节目中，宣讲的内容是防止龋齿。龋，读音为 qǔ，龋齿就是平常说的蛀牙。宣讲者从头至尾都把“龋”误读成了 yǔ。可见，读白字在现实生活中是很常见的。

为什么会读白字呢？首先和学习态度有关。遇到陌生的字、没有把握的字，不查字典，不请教专家，凭猜测、凭印象去读，误读自然便不可避免。当然，也有客观原因。汉字字数繁多，容易造成记忆模糊；有

些字形体相似，在识读时容易混淆；另外，还和字音和字形的演变、方言的干扰有关。总之，语言这东西不是随便可以学好的，单是读音便会碰到不少障碍。

汉字的误读根据形成的原因，大致可分为五种类型：

(1)偏旁误读

在汉字的“六书”中，“形声”是最简便、最能产的一种造字方法。汉字中百分之八十为形声字。“形声字”通常由两个部件构成，一个部件为形符，一个部件为声符。这两个部件皆可称为“偏旁”。《经典释文·条理》在谈到形符时说：“飞禽即须安鸟，水族便应着鱼，虫属要作虫旁，草类皆从两中。”形符是汉字的义的标志，声符则是汉字的音的标志。比如，“湖”的形符是“氵”，表明“湖”字和水有关，声符是“胡”，即读音为hú；“桐”的形符是“木”，表明“桐”字和树木有关，声符是“同”，即读音为 tóng。然而，由于古今字音和字形的变化，形声字的声符往往已不能准确地提示读音。“秀才识字读半边”，也许曾是经验之谈，但今天只会产生误导作用。

偏旁误读的例子是很多的。比如“破绽”一词，“绽”字读音为 zhàn，义为裂开，经常有人受偏旁“定”字的影响，读成“破定”；“暴风骤雨”是一成语，“骤”，读音为 zhòu，急速、突然的意思，经常有人读成“聚”；还有将“畸形”的“畸”(jī)，误读成了奇怪的“奇”……这些误读显然和偏旁的暗示有关。有个相声《“造脂”厂长》，说的是某厂长不认识“造诣”的“诣”字，按“半边”读成了“脂肪”的“脂”，人称“‘造脂’厂长”。其实“诣”字的正确读音为 yì，“造诣” 义为学识、技能所达到的高度。

由此可见，形声是一种巧妙的造字方法，但今天已不是一种可靠的读音方法。我们在识字时，千万不能对声符有太多的依赖，否则是会上当的。

(2)形似误读

前面说过，汉字的总量很多。所有汉字，都是由横、竖、撇、点、

捺等笔画构成的。汉字的极大的量和笔画的有限的量构成了一对矛盾。这就决定了汉字中必然会有大量的形似字。有些字只是一点之差，如“冷”和“泠”；有些字只是长短之别，如“未”和“末”；有些字的笔画虽有较大差异，但大的框架非常相像，很容易造成错觉，如“赢”和“羸”、“鉴”和“签”，等等。这些形似字不仅会影响书写、干扰运用，而且也会误导读音。

比如，鲁迅小说中的“咸亨酒店”，有人读成了“咸享酒店”，hēng成了xiǎng，就因为亨、享二字犹如孪生兄弟的缘故。文学作品中经常用到“喑哑”一词，喑，读音为yīn，指嗓子发不出声音，经常有人把它读成了“暗”。喑、暗也是一横之差。误认导致误读，误读导致误写。这也是别字产生的原因之一。

凡是形似误读，都和识读者的粗枝大叶有关，大而化之地瞄上一眼，没有注意汉字形体之间的细微差别。而且还有一个规律，识读者总是把较为陌生的字，读成自己较为熟悉的字。比如有次电视报道围棋比赛，主持人在解说时，说某棋手“推chèng认输”，其实应该是“推枰认输”。枰，读音为píng，指的是棋盘。这个字相对用得少点，主持人把它读成了秤杆的“秤”。另一次在电台散文朗诵中，“潸然泪下”被读成了“qián然泪下”。潸，读音为shān，形容流泪的样子。这个字也有点冷僻，又和“潜”有点接近，结果张冠李戴，“潸”被认作了“潜”。

(3)多音误读

多音字指汉字中字形一样，读音和意义、用法却不同的字。据统计，《新华字典》中所收的字，多音字约占百分之十。《辞海》中所收的字，多音字约占百分之十六。同一个字读不同的音，主要和语音的演变和分化有关。不了解多音字的读音规定，是汉字误读的一个重要原因。

有些字的意义、用法不同，读音相应也不同。报上曾公布过一个材料，某人在字据上写的是“还欠款”多少元。“还”作动词，读音为huán，意思是偿还；作副词读音为hái，意思是仍旧、依然。到底是偿还掉了多少元，还是仍然拖欠着多少元呢？一个字的不同读法，引起了一场诉讼。再比如“荷”，作名词时，读音为hé，指荷花；作动词时，读音为hè，意

思是背或扛。某电视剧中演员把“荷枪实弹”的“荷”读成了“hé”，显然是一处误读。

在某些词语中，有些字为了表意的需要，仍然保留着古代的读法，不能和现代的读音混为一谈。如成语“否极泰来”，这里的“否”和“泰”都是六十四卦中的卦名，“否”为坏卦，“泰”为好卦。“否”的正确读音是 pǐ，不能读成“是否”的 “否”(fǒu)。李白的名篇《将进酒》，“将”是请的意思，应该读成 qiāng；如果读成了 jiāng，那便成了副词，变成马上要喝酒了。这显然不合诗的题旨。“一叶扁舟”的“扁”必须读 piān，它说的是狭小而不是扁平；“万乘之君”的“乘”必须读成 shèng，它说的是古代四匹马拉的车而不是乘坐的意思。

汉语中有些字有文白之分，在书面语和口头语中的读法是不同的。“血”字便是一例。在书面语中读 xuè，从构词的角度看，它往往是作为语素，和其他成分有着紧密联系，不可分割，常见的词语如血液、血统、血气方刚、呕心沥血等；在口头语中则是单独成词，读音为 xiě，如“他义务献了三次血”，“手上流出了很多血”。“薄”字也是一例，在书面语中读 bó，多用于复音词，如薄弱、稀薄、单薄、尖嘴薄舌；在口头语中读 báo，多见于单用，如“一种很薄的纸”。

值得注意的是，普通话确定以北京语音为标准音，但是在北京语音的实际使用中，还存在同一个词有几个不同的读音的异读词现象。比如“从容”的“从”字就有 cóng 和 cōng 两种读音，“驯养”的“驯”字就有 xún 和 xùn 两种读音。这种现象不利于交流。对于这些异读词，要确定符合语音规范的读音，就必须有一个审音标准。1985 年 12 月由国家语言文字工作委员会、国家教育委员会和广播电视部联合公布的修订后的《普通话异读词审音表》，对异读词的规范读音做了明确的规定，并要求全国文教、出版、广播及其他部门、行业所涉及的普通话异读词的读音、标音，均以新的审音表为准。如“呆板”的“呆”，原有 dāi 和 ái 两个读音，现统读为 dāi；“确凿”的“凿”，原有 záo 和 zuò 两个读音，现统读为 záo。上面提到的“从”统读为 cóng，“驯”统读为 xùn。

(4)冷僻误读

汉字是古老的文字，有着悠久的历史。汉字在几千年的使用过程中，有些字逐渐淡出，以至死亡；有些字为了表达需要，应运而生；曾经淡出的字，遇到特殊的需要，又会重新崛起。正因为此，汉字量至今没有一个精确的统计数字。在汉字的宝库中，常用字和非常用字相比，非常用字占绝对多数。别说阅读古代文献，我们会碰到大量从来没有见过的字，让我们看着只能干瞪眼；就是平日阅读报纸，也会冷不防碰到一个冷僻字，不知该读什么才好。难怪郭沫若先生曾在一篇文章里，深为感慨地说：“汉字我虽用了它六十多年，而直到现在还会碰到不认识或使用频率很低的字，非得查字典不可。”

所谓冷僻字，是指多数人不认识的字。这些字多用于书面语，不仅使用频率低，而且读音线索少。对于这样的字，照理应该如郭沫若先生所说，“非得查字典不可”，但有些人却缺乏耐心，常常采取“蒙”的办法，结果十有八九会“蒙”错。而一种错误不能及时得到纠正，往往会习惯成自然，把不正确的读音当成是正确的。比如鼻子流血中医称为“鼻衄”，这个“衄”字读音为 nǜ，有人却读成了 niǔ；狗叫的声音，除了常见的“汪汪”之外，还被称之为“狺狺”，狺，读音为 yín，有人却读成了 xīn。这都是“蒙”的结果。“蒙”或许有侥幸蒙对的，但毕竟不是实事求是的学习汉字的方法。

(5)专名误读

专名误读常见于姓氏和地名。

中国人的姓是世界上最古老的，大约在 5000 年前的伏羲时代，便开始有了姓。而在世界其他地区，从姓的产生到普遍使用，是公元 1000 年前后的事。在中国人的心目中，姓氏和血缘关系、宗法观念有着不可分割的联系，因此表现出了超稳定的特点。一个字的读音，可能因为社会的发展而发生变化，但如果是姓氏用字，往往会保留着原来的读音。这就导致不少姓氏用字是多音字。比如长篇小说《三家巷》中的主人公姓区，

有人按通常读法读 qū，其实作为姓氏用字，正确的读音是 Ōu。又如“令狐”是个复姓，这个“令”字作为姓氏用字，也应读 Líng，而不是 lìng。

地名误读有两种情况：一种是因为地名用字具有专用性，不少字为冷僻字，非当地人往往感到陌生。比如山东的莒县，“莒”的读音为 jǔ，不能读成 lǚ；江苏的盱眙(xūyí)不能读成“于台”。

另一种情况，地名和姓氏一样，具有历史的传承性，有时还会受到方言的影响，在读音方面比较稳定，因此不少地名用字也是多音字。比如京剧《苏三起解》中唱到的“洪洞县”，这个“洞”字在其他地方尽可读 dòng，但在地名“洪洞”中，却必须读 tóng，读成“dòng”便是误读。

上海有许多地名、路名也很容易读错，要特别引起注意。如闵行区的莘庄镇，“莘”读 xīn，不读 shēn；徐汇区有汾(fén)阳路、桂箐(qìng)路；闸北区有汶(wèn)水路；嘉定区有戬(jiǎn)浜镇等。这些地名、路名误读的比例都是比较高的。

本文收入《汉字应用水平测试指导用书》，上海锦绣文章出版社 2007 年 8 月出版

别字的常见类型

和读白字、写错字相比，在汉字的学习和使用中，更常见的错误是别字。什么叫别字呢？清代学者顾炎武在《日知录》中说：“本当为此字，而误为彼字也。”比如，“洁白无瑕”如果写成“洁白无暇”，这个“暇”字便是别字；“报仇雪恨”如果写成“报仇血恨”，这个“血”字也是别字。错字是无中生有，别字则是张冠李戴。从广义上来说，别字当然也是错字。

有一个成语叫“鲁鱼亥豕”，便和别字有关。在汉字的篆体字形中，鲁字和鱼字，亥字和豕字，看上去十分相似。在书籍的传抄刻印过程中，误鲁为鱼，误亥为豕，是经常发生的事。这成了古人心头挥之不去的隐恨。他们在写文章时，经常提到“鲁鱼亥豕”这一教训，以提醒白己重视书籍的文字质量。

今天，我们的学习条件比古人优越，但是“鲁鱼亥豕”的现象，并没有在现实生活中绝迹。漫步在大街小巷，很可能和别字不期而遇。在电信大楼的大厅里，“直拨电话”成了“直拔电话”；在长途汽车站，“候车室”成了“侯车室”；在百货大楼的地下层，“停车场”成了“仃车场”；在香气诱人的水果摊前，“哈密瓜”成了“哈蜜瓜”；甚至在商店的店招上也能找到别字，如某快餐店便把“炭烤牛排”误为“碳烤牛排”。

不仅商业别字触目可见，甚至在各类媒体上，别字也显得十分活跃。据《咬文嚼字》杂志社公布的材料，在2006年十大语文差错中，电视荧屏的第一别字是“像”字，被抽查的电视台，每一家都有差错。“好像、相像”本该用有单立人的“像”字，荧屏上却往往误成了“象”。有些差错甚至

让人哭笑不得。在一场综艺晚会上，演员唱的是《北京颂歌》，其中有一句歌词是“你迈开巨人的步伐”，电视荧屏上出现的却是“你迈开举人的步伐”。新时代的“巨人”，成了封建社会的“举人”，观众瞠目结舌。报纸一向以严谨著称，有时也会闹出一些莫名其妙的差错，如把“雷锋小组”误为“雷锋小姐”，“麻省理工学院”误为“麻雀理工学院”。

别字有偶见别字和常见别字之分。偶见别字可能是一时疏忽，一般不会反复出现；常见别字说明使用者对那个字还没有真正掌握。这些字今天会错，明天仍会错；这里会错，那里也会错。对偶见别字，主要是端正用字态度的问题；对常见别字，则需要从提高辨析能力着眼，有的放矢地掌握这些字的读音、形体和意义，从而在运用时真正做到得心应手。

根据对常见别字的考察，别字大致可概括为以下几种类型：

(1)音扰别字

有相当一批别字，是因为受到读音的误导造成的。“神舟”六号升空时，媒体上有很多报道，标题上大都有“神舟”两个大字，但很多社会名流在题词时，把“神舟”写成了“神州”。从电视到报纸，从边城到首都，“神州”六号频频亮相，成了一个全国性的流行文字差错。为什么会出现这一讹误呢？最主要的原因是因为“神舟”和“神州”同音，“神州”又是中国的别称，和每一个中国人有着割不断的情感联系，所以，下意识里会把“神舟”当成“神州”。又如一家报纸报道三国戏，其中有一出是《空城计》。这是一个尽人皆知的传统剧目，这家报纸却把它错为《空城记》。这显然也和“计、记”同音有关。

有时，读音并不完全相同，至多只是比较接近，但如果用字者不是全神贯注，仍会受到读音的影响，出现意想不到的别字。比如“从头再来”，“从头”是“从开始”的意思，用字者会联想到“重新”，写成“重头再来”。其实“从”是不翘舌的“cóng”，“重”是翘舌的“chóng”。“棕绷”是一种用棕绳穿成的床屉子，上海报刊经常误为“棕棚”。“绷”字读音为bēng，“棚”字读音为péng，两字声母完全不同，怎么会读错的呢？看来这很可能是受到了上海方言读音的误导。某电视台播出晚会节目，演员

朗诵苏东坡的《念奴娇·赤壁怀古》："大江东去，浪淘尽，千古风流人物……""浪淘尽"在荧屏上居然成了"狼逃尽"，别字让我们大出洋相。

这类别字还有一种成因，和用字者的误读有关。两个也许是并不相干的字，因为误读而混为一谈。比如戏曲中常常用到"衮衮诸公"，"衮"读音为 gǔn，"衮衮"是众多的意思，有人把"衮"读成了"āi"，结果"衮衮诸公"成了"哀哀诸公"。在一出古装戏中，演员这样念，字幕也这样打，一点也没有发觉有什么异样。最典型的当数"戛然而止"。戛，读音为 jiá，突然的意思，"戛然而止"便是突然停止。有人读"戛"为 gá，于是便顺理成章地把"戛"写成了象声字"嘎"，"戛然而止"也就一次次地成了"嘎然而止"。这也许可以说是笔随口误吧。

(2)形似别字

形似会导致读错、写错，同样也会导致用错。有一个被反复引用的例子，新疆某生产商印制了一批出口用的包装袋，在袋上有"乌鲁木齐"的字样。因为"乌、鸟"仅一点之差，设计图上"乌鲁木齐"成了"鸟鲁木齐"，结果印成以后全部报废，蒙受了一笔经济损失。更为触目惊心的例子是，据有关资料披露，在我国近现代史上，1930 年曾爆发过蒋冯阎大战。冯玉祥的作战参谋在下达作战命令时，把"沁阳"误写成了"泌阳"。这两个地方虽然同在河南省，但一个在西北部，一个在南部，两地相距数百公里。"沁、泌"的一笔之差，结果是打乱了军事部署，直接导致了战事的失利。

字形相似，读音又相同、相近者，更容易用混。在实际文字运用中，可以找到大量的实例。比如"急躁"的"躁"，指情绪上躁动不安，常被误用为"干燥"的"燥"；"和蔼"的"蔼"，应该用草头的"蔼"，意为态度和气可亲，常被误用为雨头的"霭"，其实这个"霭"字指的是云气，如"暮霭"。有年高考作文题中，有"大拇指"一词，考生在书写时，不少人把提手旁的"拇"，写成了女字旁的"姆"。这个字成了当年高考的第一别字。这是什么原因造成的呢？显然和"拇、姆"字形相似，又都读为 mǔ 有关。

在汉字学习过程中，对于一些经常用到的形似字，人们会注意区分，如"人"和"入"、"已"和"巳"、"未"和"末"、"今"和"令"等，每当用到这

些字时，都会保持一种特别的警惕。这就是用字的敏感。相反，对于一些不太常用的字，注意力便容易分散，从而给形似别字留下了可乘之机。比如单看“土”和“石”这两个字，一般人不会混淆，但作为部件用到“坻”和“砥”中，便常有人张冠李戴。因为这两个字相对来说有点陌生。正因为此，在一位著名作家的长篇小说中，把“坦荡如砥”，误成了“坦荡如坻”。其实“坻”和“砥”虽然读音都为 dǐ，但字义迥然有别。“砥”为质地细腻的磨刀石，自然可以用来形容地势平坦；而“坻”义为山坡，和坦荡完全扯不到一起。

(3)义混别字

音扰别字、形似别字，主要是在形式上容易引起混淆，而义混别字则是在内容上容易引起混淆，相比之下，这类别字在辨识上具有更大的难度。字音单靠耳朵，也许无法判断，但一联系具体的字形，还是可以做出明确的选择的；字形粗瞄一眼，也许差不了多少，但只要养成仔细比较的习惯，还是可以发现汉字之间细微的差异；而字义的复杂性，却不是凭听觉和视觉所能解决的，有时简直让人无所适从。

比如，同为植物的茎，“树干”必须用“干”，“竹竿”必须用“竿”，“麦秆”则须用“秆”，不明白“干、竿、秆”三者之间的区别，便可能出现别字。又比如，同样是指化解，固体化解在水中用“溶”，金属加热化解用“熔”，冰雪因为温度提高而化解则用“融”，不明白“溶、熔、融”三者之间的区别，也容易出现别字。这类别字便是由字义纠缠造成的。

义混别字可分为几种情况：

有的是字的混淆。比如“振”和“震”都可指一种动感，但“振”可引申指奋起、振作，具有积极的意义，“振聋发聩”便不能写成“震聋发聩”。“度”和“渡”都可表示通过，但在现代汉语中，“度”多用于时间，“渡”多用于空间，“度假村”便不能写作“渡假村”。“窜”和“窜”同样可以表示跑动，有目的地的跑用“穿”，如“穿过马路”；没有目的地的跑用“窜”，如“抱头鼠窜”。“副”和“幅”都可以用作量词，但用“副”的对象必须是成对的、成组的，“一副对联”自然不能写成“一幅对联”。

有的是词的混淆。现代作家张恨水的代表作《啼笑因缘》，经常有人

误为《啼笑姻缘》，就因为没有注意“因缘”和“姻缘”的区别。“因缘”本是佛教用语，在《啼笑因缘》中指缘分；而“姻缘”只是指男女之间的婚姻缘分，两词的词义有宽窄之别。“启示”和“启事”也是一组容易混淆的词。“启示”是指启发提示；“启事”则是一种文体，是为了说明某事而公开发表在报刊上或贴在墙壁上的文字。把“招工启事”、“征文启事”写成“招工启示”、“征文启示”，这个“示”字便是别字。“化妆”和“化装”有时也容易混淆。前者并不改变形象，而只是通过一定的技术手段使容貌更加光彩照人；后者的主要特征，是根据某种需要改变自己的形象。“侦察员化妆成了山区农民”，“妆”应该改用“装”才对。

还有一种情况，是想当然造成的。比如“寒暄”，意为人们见面时说客套话。寒，寒冷；暄，温暖。人们说客套话时，常会谈起天气冷暖。这是由两个反义词根联合构成的合成词。有人却想当然地认为“寒暄”需要动“口”，难免引起喧闹，于是把“寒暄”写成了“寒喧”。再比如“一筹莫展”，筹，本义指竹制的算筹，引申指筹划、筹谋，在这则成语中，指计策、办法。“一筹莫展”即一点办法也想不出来。作为当事者，处于这种境地，自然会苦闷、烦恼，以至双眉不展，愁肠百结，于是，“一筹莫展”也经常被人想当然地写成了“一愁莫展”。“寒喧”的“喧”字，“一愁莫展”的“愁”字，都是因对词义的误解而造成的用字错误。

(4)苟简别字

“苟”有随便的意思。“苟简别字”是一种不适当、不得体的简略、简省造成的用字错误。

1986 年 10 月 10 日重新公布《简化字总表》时，曾恢复使用少量繁体字。当某一个繁体字恢复使用后，仍沿用原来的简化字，这便是一种苟简。比如“重叠”的“叠”字，曾简化为“迭”，现“叠”已恢复使用。叠、迭的分工是：“叠”用于上下相加，如“叠床架屋”、“层峦叠嶂”；“迭”用于前后相连，如“风波迭起”、“新见迭出”。如把“重叠”仍写作“重迭”，这个“迭”字便是别字。

1977 年 12 月 22 日，我国曾公布《第二次汉字简化方案(草案)》，其中第一表中的 248 字，第二天就在报刊上试用。“二简字”虽然有很多字

曾在社会上流传，但作为简化字还很不成熟，在试用中受到很多批评，不久以后便停止使用。为“使汉字的形体在一个时期内保持相对的稳定”，“消除社会用字混乱的不正常现象”，1986 年 6 月 24 日，经国务院批准同意，国家语委正式宣布废止这一方案。在“二简字”已经废止以后，仍然使用“二简字”，这也是一种苟简。有人把“四人帮”写成“四人邦”、“副食品”写成“付食品”、“篮球场”写成“兰球场”、“歌舞厅”写成“歌午厅”，其中“邦”、“付”、“兰”、“午”，都是当年的“二简字”，今天只能以别字论处。

除了上面两种，还有一种情况，即贪图方便，自行其是，用同音替代或者类推简化的方法，以笔画简单的字，来代替笔画复杂的字。这又是一种苟简。比如“零乱”的“零”，第一次简化方案、第二次简化方案都没有简化，但有人习惯写成“另”，“零乱”成了“另乱”，“零件”成了“另件”，这个“另”字无疑是苟简别字。

别字形形色色，但万变不离其宗，都是以此字代彼字。这和我们学习和使用汉字的态度有关。要有效地减少别字、消灭别字，首先要认真地学习汉字，把握汉字的每一个细节，不能大而化之；其次在书写时，一定要态度认真，思想集中，吃不准时要查查工具书，不存侥幸心理；第三，更重要的，是在写完以后，至少要读两遍，把可能存在的笔误改正过来。要求书写时不写别字，这也许是一种苛求，但可以通过复核有所弥补。

本文收入《汉字应用水平测试指导用书》，上海锦绣文章出版社 2007 年 8 月出版

做一个汉字传人

2009年4月20日，随“中华汉字寻根之旅”，我到了陕西省的白水县。据说，这里是仓颉的故乡。每年“谷雨”这一天，当地都要在仓颉庙前举行祭拜大典。这年可谓盛况空前，参加者有4000人。现场大旗翻飞，号角震天，甲士列阵，学子挥毫，气氛庄严而热烈。就在“赫赫文祖，造字凿荒”的祭文声中，我脑海里浮现出四个大字：汉字传人。

是的，我们是汉字传人。世界上有四大古文字，唯有汉字至今不衰，硕果仅存。不过，汉字的发展并不是一帆风顺的。20世纪上半叶，汉字曾面临“拉丁化”的挑战，在拉丁字母面前，有人自惭形秽，把汉字比喻为“世界上最龌龊、最恶劣、最混蛋的中世纪的茅坑”，甚至断言“汉字不死，中国必亡”。20世纪下半叶，汉字又面临计算机的挑战，有人认为“拼音文字能机械化，汉字不能机械化”，极力主张走拼音化的道路，汉字淘汰几乎已成定局。可事实告诉我们，承载着几千年人类文明的汉字，是有着顽强的生命力的。它犹如长江大河，生机澎湃，奔腾不息；在攻克了“机械化”的难关以后，更是浩浩荡荡，一泻千里，进入了一个崭新的时代。

然而，即使到了今天，汉字依然面临着挑战。作为人类的智慧成果，汉字并没有得到应有的敬重；作为文化传承的工具，汉字也没有得到精心的维护。在汉字教育和汉字运用方面，有不少问题是值得关注的。

比如字理的模糊。和拼音文字不同，每一个方块字都有着独特的字理，研究字理成了一门学问，这就是“小学”，即文字学。我们的前辈文

咬文嚼字讲习所第 18 期全体学员合影

化人，几乎都曾受到文字学的熏陶。陈独秀曾在狱中编写《小学识字教本》；鲁迅听章太炎讲解《说文解字》，写过别具慧眼的《门外文谈》；郭沫若更是甲骨文方面的研究专家。可是，今天的识字教育似乎无"理"可言，文字学早被驱逐出课堂，学生只知点横撇捺，不知造字理据；社会上又不断有人"戏说"汉字，拿汉字开涮，什么"出"字是两山相叠，本义为重，"射"字是一寸之身，本义为矮，信口开河，自说自话，干扰了人们对汉字的认识。

又如读音的紊乱。汉字是形音义的结合体，准确地读音，是掌握汉字的基本要求。有些人却视读音为儿戏，秀才识字读半边，古已有之，于今为烈。于是，"龋齿"成了"yǔ 齿"，"濒临"成了"pín 临"。北京奥运会召开时，"有朋自远方来，不亦乐乎"引用率极高，"乐"本该读 lè ，不知怎么回事被读成了"yuè"，至今不绝于耳。"说服"的"说"字，字典里注音为"shuō"，口语里读音为"shuō"，却被不少电视台的主持人刻意改读成了"shuì"。至于贾平凹(āo)还是贾平凹(wā)，陈寅恪(kè)还是陈寅恪(què)，更是聚讼纷纭，成了当代语坛的一桩桩公案。

再如形体的失范。汉字的字形有一个演变过程，到了汉代经历“隶变”以后基本成熟，从笔画到结构，形成了社会共识。新中国成立以后，通过自觉的文字改革，书写有了明确的规范要求。可这些规范并没有得到应有的遵循。“世博会”的“博”左边常被写成了“忄”，“康师傅”的“康”下边写成了“水”。“家乐福”超市是一家跨国企业，中文标牌上的“家”字少了一撇，至今错字招牌高高挂，牛气十足。甚至电脑字库里的有些字，一打出来就是错的，比如“假”字的右上角误成了“几何”的“几”，“肺”字的右半边误成了“城市”的“市”。当年铅排时代，印刷厂的字模要经过专家严格审核；如今电脑字库各行其是，错了也无人过问，成了文化管理上的盲区。

还有书写的退化。世界上有近两千种文字，唯有汉字形成了一门独特的书写艺术——书法。王羲之成了中国文化的一种标志。写字，历来是文化人的基本功。看看五四以来的作家的手稿，哪一个不是写得一手好字？“墨宝”，曾经是一个十分流行的词语。可是不知从什么时候起，汉字书写被边缘化了。当年教育部部长蒋南翔曾经说过：“我最怕两样东西：一是北京售货员的脸，二是中国大学生的字。”今天的手机短信则说得更干脆：“一手好字，被电脑废了；一个好胃，被白酒废了；一个好家，被秘书废了；一个好官，被金钱废了。”你看，第一句说的便是书写能力。

汉字，是我们民族的文化瑰宝。汉字能有今天，是和一代又一代的汉字传人的努力分不开的。如今汉字的接力棒已经到了我们手里，如何正视汉字的生存现状，提高汉字的文化地位，让汉字绽放出更为灿烂的花朵，这是历史赋予我们的责任。汉字传人，好自为之。

本文原载《咬文嚼字》2010 年第 10 期

今天，我们如何对待汉字？

从读书开始，汉字便进入了我们的生活。点横撇捺竖，人手足刀尺，随着我们一天天长大，认识的字也一天天增多。我们靠汉字和朋友谈心，靠汉字和图书结缘，生活越来越精彩，眼界越来越开阔。汉字成了我们终身的朋友。

汉字是伟大的。它是我们祖先智慧的结晶。两河流域的“钉头字”，古埃及的“圣书字”，早已湮灭在历史的长河中，而唯独汉字流传至今，表现出了旺盛的生命力。它已有三千多年的历史。正因为有了汉字，我们才知道春秋时代有位孔子，他曾经说过“有朋自远方来，不亦乐乎”，今天，这句话一次次地在北京奥运会、上海世博会等国际盛大活动中响起，让世界感受到了中华民族的泱泱大度。正因为有了汉字，我们才知道大唐王朝有位李白，他曾经写过“床前明月光，疑是地上霜”，当我们读起这首诗时，思乡之情便会油然而生。汉字记录着源远流长的历史，汉字凝聚着奔腾不息的情感，把汉字说成是中华民族的“四大发明”之外的第五大发明，这是一点也不夸张的。

汉字是美丽的。我所在的出版社曾经和法国人类发展基金会合作出版过一套丛书，法方特意提出，这套丛书的法文版要用手书汉字做封面图案。设计者告诉我说，她不认识一个汉字，但她能感受到汉字那不可抗拒的魅力。鲁迅当年曾对汉字的美做过精辟的概括：音美以感耳，形美以感目，义美以感心。拉丁文字单向连缀书写，它的特点是便捷，但字形单调，缺乏变化。汉字却是一字一幅画，一字一世界，上下大小，收放腾挪，气韵

《咬文嚼字》部分编委拜访著名语言学家张斌。从左至右为：何伟渔、吴英成、张斌、田小玲、本书作者郝铭鉴

在吞吐之间，笔画如龙蛇之舞。世界上的文字超过一千种，唯有汉字成就了一门艺术——书法。王羲之、欧阳询、苏东坡、赵孟頫……古往今来，涌现了多少书法大家，他们让汉字之花得到了淋漓尽致的绽放。

汉字是神奇的。每一个汉字都像丰富的矿藏一样，值得我们去深入开掘。从古代的“小学”，到后来的“文字学”，到今天的“汉字学”，汉字研究成了一门有趣的学问。看似平常的一笔一画，可能恰恰蕴藏着远古的信息，传递着我们祖先的思考。一个个汉字，就像一个个文化百宝箱，灿烂夺目，妙不可言。汉字的神奇更表现在它的表达功能。一个字用得恰到好处，往往能让人如沐春风，如饮琼浆。正因为此，中国的读书人有“炼字”的传统，“为求一字稳，耐得半宵寒”，“吟成五字句，用破一生心”。“春风又绿江南岸”的“绿”字，“红杏枝头春意闹”的“闹”字，不是至今还值得我们细细品味吗？

作为汉字传人，我们是有理由为汉字骄傲的，因为汉字体现了历史的深度。还有哪一种文字更能让我们感受到历史的气息呢？不仅如此，它还体现了文化的高度，它是和《诗经》《楚辞》、唐诗宋词联系在一起的。

汉字让我们触摸到了中华民族深厚的文脉。一代又一代的中国人，为汉字的发展做出了自己的贡献。今天，汉字的接力棒传到了我们手里，我们应该如何对待汉字呢？

我想，首先要有敬畏之心。《淮南子》说，汉字诞生之时，“天雨粟，鬼夜哭”——粟米像下雨一样落下来，野鬼在半夜里痛哭，为汉字涂抹上了一层神秘色彩。这当然是无稽之谈。不过，从中不难看出古人对汉字的敬畏。我们今天同样敬畏汉字，但和历史上的传说无关，因为我们认识到了，汉字是文化的瑰宝，没有汉字中华民族的文化就成了无源之水、无本之木。对汉字有了敬畏之心，才能充分认识到它的价值，才能产生学习汉字、掌握汉字的强大动力。敬畏是热爱的一种更为虔诚的表现形式。

其次，要有珍惜之情。我们要像护花使者一样，爱护汉字的一枝一叶、一花一果，决不让它的美丽有一丝一毫的折损。为此，在学习汉字的时候，要全神贯注、眼到心到，注意汉字的每一个细微的差别，而且要养成良好的写字习惯，不粗枝大叶，不随心所欲，不偷懒乱猜；在运用汉字的时候，更要小心谨慎，字斟句酌，吃不准的时候一定要查字典，写完以后要像鲁迅说的那样认真读几遍，把可能出现的笔误改正过来。本人曾担任过一次作文比赛的评委，阅读过一些中小学生的作文，发现其中大量的错别字都和态度有关，如把“大吃一惊”写成“大吃一斤”、“代课老师”写成“带课老师”、“窍门”写成“窃门”、“既然”写成“即然”，只要认真检查一下，这些差错都是不难发现的。

除了上面两点，还要有钻研之志。任何学习都是有规律可寻的，汉字学习也不例外。在学习的过程中，要经常问一个为什么：“祝”字为什么是示字旁？“步”字为什么不能加一点？“狼藉”的“藉”字为什么不能用竹头“籍”？“合璧”的“璧”字为什么不能用土底“壁”？……问，不仅可以加深印象，还可以让汉字学习从字形的层次进入字理的层次，深入品味汉字的文化内涵。同时，还需特别注意辨析，这可以说是汉字学习的一大秘诀。“明信片”误为“名信片”，是读音混淆造成的；“烦躁”误为“烦燥”，是字形混淆造成的；“度假”误为“渡假”，是字义混淆造成的。只要养成辨析的习惯，这些差错其实不难识别。

愿汉字文化在新一代汉字传人手上发扬光大，大放异彩。

本文原载《新读写》2011 年第 9 期

小心形似字的陷阱

汉字中有不少形似字，往往只是一点之别、一横之差，稍不留神，便会张冠李戴，闹出笑话。谓予不信，请看实例：

(1)毛泽东和“酎滔滔”

先说毛泽东的故事。1927 年春天，大革命失败前夕，毛泽东心情苍凉，一时不知如何是好。他在游黄鹤楼时，写下了一阕《菩萨蛮》。上半阕借景抒情，慷慨沉郁；下半阕寄情长江，心潮澎湃。词的最后两句是：“把酒酹滔滔，心潮逐浪高。”

上世纪 50 年代《诗刊》创办后，毛泽东诗词手迹陆续发表。我们看到这首词中的“把酒酹滔滔”，开始写的是“把酒酎滔滔”。这显然是因为酹、酎两字形似造成的。酹，音 lèi，动词，祭奠的一种仪式。酎，音 zhòu，反复多次酿成的醇酒，名词。“酎滔滔”在语法上是说不通的。

有读者给毛泽东写信，指出这一笔误。毛泽东从善如流，虚心接受读者的批评，并重新书写了这首词，一时传为佳话。

(2)周恩来和“掉头东”

再说一个周恩来的故事。周恩来逝世后，有人向中国历史博物馆捐赠了一首七绝诗的手稿，是周恩来 1919 年东渡日本之前创作的。这首诗

后来在报上公开发表，读者看到的文字是：“大江歌罢掉头东，邃密群科济世穷。面壁十年图破壁，难酬蹈海亦英雄。”诗中洋溢着救国救民的英雄气概。

有人仔细研究手稿后，发现错了一个字：周恩来写的是“棹头东”，报上印成了“掉头东”。“棹”是木字旁，“掉”是提手旁，两字高度形似。而“掉头东”是说不通的。日本是中国的东邻，从中国去日本，“东行”即可，何需“掉头”？“买棹东下”却是当时的流行语，“棹”字变成了“掉”，诗味打了折扣。

今天虽有人指出了这一失误，但“掉头东”仍不时见诸报端。

(3)郭沫若的笔名

郭沫若是四川乐山人，原名郭开贞。“郭沫若”这个名字，是他1919年在上海《时事新报》副刊《学灯》上发表新诗时开始用的。可是，如果有人翻翻当年的报纸，便会发觉那上面不是“郭沫若”，而是“郭沬若”。沫，音mò，右面是“末梢”的“末”；沬，音mèi，右面是“未来”的“未”。这是怎么回事呢？

郭沫若在传记里，曾对自己的笔名做过解释。他说家乡有两条河，一条是沬水，一条是若水，出于对家乡的热爱和怀念，他用“沬若”二字做了自己的笔名。可是，由于“沬”是一个冷僻字，一般人不认识；加上这个字和“泡沫”的“沫”几乎一样，看到的人都以为是“沫”。

在一次次混淆后，我们今天只知道“郭沫若”。

(4)朱光潜和“朱光潸”

正如今天金庸会碰到全庸一样，当年的朱光潜碰到了朱光潸。原来，1936年上海出了一本题为《致青年》的书，作者署名“朱光潸”，还特地在封面上旁注“给青年的十三封信”。朱光潜那时已出版了《给青年的十二封信》和《谈美》，这些书都风行一时。“朱光潸”突然冒出来，其目的不言自明。

可这个朱光潸，是很有误导性的。潸，音shān，流泪的样子。“潸”

当然不是“潜”，但一眼看过去，分明就像个“潜”。结果，不少读者争相购买《致青年》，以为是朱先生的新作。甚至，连朱光潜的朋友也没看出来，特地买了一本，等到越看越不像话，才发觉上了当。

面对这一在内容上有“严重病态”的“大作”，朱光潜十分无奈，不得不在1936年4月16日的上海《申报》上，发表了一篇《朱光潜给朱光潸》。

(5)金庸和“尘尾”

上面提到金庸，接着就说金庸吧。金庸是新武侠小说的集大成者，代表着新武侠小说的最高水平。金庸的作品曾被提到经典的高度成套出版，不但印制精美，而且编校认真。可惜，一不留神形似字还是惹了祸，比如，书中“尘尾”一词便反复出现。

何为“尘尾”？你问金庸，金庸也回答不出。我想，他的原作一定写的是“麈尾”。麈，音 zhǔ，古书上说它是像鹿一样的动物，尾巴可以用来做拂尘。金庸笔下的有些人物，总喜欢手执麈尾说话，似乎有说不出的玄机。这个“麈”字很像“尘”的繁体字“塵”，有人不知麈为何物，便把“麈尾”简化成了“尘尾”。

一粒“尘”当然无损金庸的形象，但它让我们看到了，形似字如不认真辨析会让出版“蒙尘”。

(6)施蛰存的明信片

我曾收到过施蛰存先生的一张明信片。施先生主编过《现代》月刊，小说创作以现代派著称，是华东师大教授、唐诗研究专家，曾得过上海市文学艺术杰出贡献奖。这样一位大名鼎鼎的文化人，可他的名字在报刊上一错再错，“施蛰存”常常成了“施蜇存”。我为此给老先生写了一封信。

老先生的明信片，便是回复我的。他告诉我，他的名字取自《易经》，有“蛰以图存”的意思。蛰，说的是动物的冬眠，他把“蛰”当作一种生活态度。而“蜇”却是螫人刺人，奉行斗争哲学。蛰、蜇混为一谈，让人哭笑不得。

老先生很风趣，他说他决定改名“施舍”，不再蛰身自保，而要舍己助人。

(7)陆文夫的老师

陆文夫是一位很有情义的作家，他在上世纪的80年代，曾专门寻找自己的启蒙老师，可惜没有找到。

据他回忆，这是一位塾师，名叫秦奉泰，看上去像个老头，其实只有四十多岁，一副深度近视眼镜，两颗门牙飘在外面，可学问大着呢。陆文夫是1934年6岁那年，到他那里读书的。陆文夫本叫陆纪贵，这位塾师觉得太俗，帮他改名陆文夫，可见对这个学生的期望之高。

为什么半个世纪之后，陆文夫仍清楚地记得老师的名字呢？除了因为老师给他的印象特别深刻以外，还因为当年曾闹过一个笑话。“秦奉泰”三个字十分相似，刚入学的陆文夫识字不多，曾把它读成“秦秦秦”，引得同学们哄堂大笑。读白字帮他加深了记忆。

(8)张斌说“撒娇”

上海师范大学的张斌教授是一位语言学家，他对文字有着特殊的敏感。十多年前，他说过一个有趣的掌故。

抗战结束以后，蒋介石蓄意发动内战，战争一触即发。美国政府决定撤走在中国的侨民。1946年年初，撤侨正式开始时，上海一家报纸发表了一条消息，大字标题是：“美军昨日开始撒娇”。“撤侨”二字因为形似，被误为“撒娇”。

张斌教授说，错得不但有趣，而且有味。美军当时在中国土地上颐指气使，装疯卖傻，说他们“撒娇”，还是客气的。

(9)赵忠祥和“睢鸠”

赵忠祥曾是“国嘴”，离开荧屏之后，热心写作，成了畅销书作家。他在书中很喜欢引用《诗经》中的第一句话：“关关睢鸠，在河之洲。”可编

校人员粗心，“雎”字多次印成了“睢”。

雎，音 jū，形声字。雎鸠，水鸟。“关关”是水鸟鸣叫的声音。睢，音 suī，会意字，从目从隹。“目”是眼睛，“隹”是鸟的统称。鸟在天上飞，人在抬头看，一副眼睛朝天的形象。所以“睢”可以构成“恣睢”一词，形容一个人骄纵蛮横，不讲道理。

赵忠祥的书内容丰富，可这个“睢鸠”却给他留下了遗憾。

(10)我和“砸头会”

最后说一个自己的故事。三十多年前，还是“文革”时代，我在某市级机关工作。我的主要任务之一是编写简报。一次，简报送出以后，很快给批了回来，上面的批语是：“查一查谁要砸我们的头。”

原来，这份简报上的第一句话本该是：“市革委会碰头会精神传达以后”，谁知“碰头会”被错成了“砸头会”。平心而论，这只是一个校对错误，并没有政治目的。可那是一个特殊的年代，做批示的人物又是权焰熏天，当时的机关领导十分紧张，上上下下一次次检查，最后才算勉强过关。

可能就是这次风波，让我以后对文字有了别样的敬畏。

本文收入《容易混淆的字》，上海锦绣文章出版社 2012 年 8 月出版

别把标点不当回事

标点不是文字，但重要性并不在文字之下。陈望道先生说过："标点可以神文字之用。"老到的文字，加上得体的标点，往往会使作品神采飞扬。当年郭沫若曾有一个绝妙的比喻：标点犹如人脸上的眉目。一个作者把标点处理到位，就会给人留下眉清目秀的印象。胡适在《新青年》上举过一个例子，中国京剧中常有演员这样问道："当真?"另一个演员回答："当真。"这个演员又问："果然?"另一个演员再答："果然。"这四句台词记录下来，如果没有标点，谁能看得明白?

标点不容小觑，也和使用频率有关。在现代作品中，文字和标点的比例约为十比一，平均每十个字出现一个标点。古代作品用文言写作，文字相对简略，两者比例更高一点，可以达到五比一，平均每五个字便可用上一个标点。一个字或者一个词没有掌握，一般来说出错的概率是比较低的；但如果一个标点没有掌握，完全可能在使用中频频出错，其结果自然不是"眉清目秀"，而是"鼻青脸肿"，狼狈不堪。

何况，标点本身便是一门学问。整理古籍有三大任务——标点、校勘、注释，标点是第一位的，从中可以看出一个人的阅读力、理解力和判断力。鲁迅曾经慨叹过"点句的难"，他说："标点古文真是一种试金石，只消几点几圈，就把其颜色显出来了。"几十年的寒窗苦读，也许会在一个标点上卡壳。《论语》中的"民可使由之不可使知之"这十个字，你可以标点成"民可使由之，不可使知之"，也可以标点成"民可，使由之；不可，使知之"，还可以标点成"民可使，由之；不可使，知之"。不同的

标点体现出不同的思想。作为一个严肃的作者，岂肯随意乱点？

然而，在当前语文生活中，标点符号无疑已成了一个“重灾区”。无论是街头标语、电视荧屏，还是商品包装、平面设计，标点常被当作装饰符号，而忽视了它的表达功能；特别是广告宣传，创作者往往有章不循，随心所欲，置标点规则于不顾，弄得不少标点面目全非。以下五种标点，“受伤”尤为严重。

一是书名号。书名号是标号之一，其功能是标示作品的名称。但由于其形态曲折有致，具有对称美、平衡美，因而经常被设计者移作他用：楼盘用书名号，会议用书名号，奖品用书名号，活动用书名号，甚至一家墓园的名称也用上了书名号，让人见了啼笑皆非。

二是引号。引号有单、双之分，横、直之别，但设计者一概懒得搭理，爱咋用就咋用，全然没有一点章法。比较常见的是，分明是横排文字，却用上了直排引号，这也许是直排引号富有美学效果吧。最近又有人看中了横排引号，觉得那两点犹如蝌蚪一样活泼可爱，于是不管合理与否，动辄用上一对，甚至一半用在左上角，一半用在右下角，破坏了这一符号的正常形态。

三是括号。按照规范的用法，括号中的文字应是注释性的文字，但实际使用中并非如此。比如，在书写信封时，总有人把某某收的“收”字用括号括起来，仿佛这样更加耐人寻味似的。笔者本人收到的信，有时信封上的“先生”二字也被用括号括起来，难道能否称“先生”还在斟酌之中吗？昨日见到上海一家房产公司的大幅广告，其中有一句是“首付九万起”，这个“起”字竟然也加了括号，真不知商家葫芦里卖的什么药。

四是破折号。作为国家标准的《标点符号用法》明确规定：破折号是一条横线，占两个字的位置。现在却像魔术一样变幻莫测，长的占四个字以上，短的只占一个字，更多的是两条短线，反正电脑里出来咋样就咋样，“衣冠不整下堂来”，压根儿没把“规范”二字放在眼里。

五是间隔号。我个人认为，这是当前用得最乱的一个标点符号。翻开报纸，几乎每个版面都可看到一些莫名其妙的圆点。电影有《如果·爱》，这个圆点想表达什么？日前那英、莫文蔚开演唱会，取了个“爱那莫深”的名字，云遮雾罩，故弄玄虚。报上的广告又在中间加了一个圆点，什么“爱那·莫深”，简直成了天书。八月中秋开演唱会，会标是“海

上升明月·天涯共此时”，“生明月”误为“升明月”已经错得有点离谱，中间还要真的升起一个“月亮”，煞是有趣。诗人张九龄若在世，岂不要气个发昏章第十一？

突然想起了王尔德。这位唯美主义的文学家，留下了一则关于标点的掌故。一次，他用半天时间苦苦琢磨，删去了诗中的一个标点；可他再继续琢磨半天，又把这个标点改回来了。一个标点的沉浮，可看出作者的美学追求。在读者眼中，诗也许还是这首诗；可在作者心中，尽管是同样的作品，却已进入了一个新的境界。我想，我们如果不能像王尔德这样敬重标点，那至少也应该做到：别把标点不当回事。

本文原载《咬文嚼字》2006年第11期

七

识小篇

［题记］

自办了《咬文嚼字》后，经常会接到同行的电话，或者是邮件，询问某个字词的处理问题。其中有些比较冷僻，需要查阅资料后才敢答复；也有一些是常见问题，今天张三问了，明天李四还会再问。对于后一类问题，我在答复以后，有时会随手做点整理，每篇二三百字，点到为止，不做铺陈。现检出若干条，按内容稍做编排，聊供年轻朋友参考。

常见语言文字问题六十例

是“抑或”，不是“亦或”

有人在微博中写道：“不说‘或者’，而说‘抑或’的，那是小资；不说‘也是’，而说‘亦是’的，那是文青；不说‘悲剧’，而说‘杯具’的，那是网友。”

确实，随着“小资”的流行，“抑或”也一路走红，成了一个高频词语。然而，稍加留意便会发现，该用“抑或”的地方，往往冒出的是不伦不类的“亦或”。这已成为媒体用字的一大顽疾。

出现这样的差错，在很大程度上，和不了解“抑或”的结构有关。“抑”是一个选择连词，“或”也是一个选择连词，从构词角度来说，“抑或”是一个由同义语素并列构成的词。用两个字的“抑或”，其实和单用一个字“抑”，或单用一个字“或”，在表达的意义上是一样的，只不过语言的节奏不同而已。

而“亦”呢，这是副词。它是古汉语中的“也”字。亦庄亦谐、亦师亦友，用“亦”字义为两者兼有；如果改用“或”字——或庄或谐、或师或友，则成了两者选一。可见，“亦”和“或”是扯不到一起的。

“祆教”不是“袄教”

也许是“祆”字比较冷僻吧，在宗教或民俗研究中，提及“祆教”这一特殊的教派时，往往被误为“袄教”。仔细辨别一下便会发现，“祆”和“袄”左右部分皆有区别。“祆”左边是示字旁，右边是“天空”的“天”；“袄”是大家都认识的“棉袄”的“袄”字，左边是衣字旁，右边是“夭折”的“夭”。

祆，读音为 xiān。这是古代中国的一个翻译用字。在伊斯兰教出现以前，古代波斯有琐罗亚斯德教。琐罗亚斯德是一位宗教改革家，“琐罗亚斯德教”便是由他创立的，故以他的名字命名。这一教派认为世界上有光明和黑暗即善和恶两种神，而火便是光明的代表，所以他们崇拜火，故又称拜火教。公元 3 世纪，拜火教传入中国，这个“祆”字便是中国人按拜火教崇拜的神灵的读音创造出来的。左边的示字旁表示和神秘力量有关，右边的“天”字如陈垣先生考证所说，“明其为外国天神也”。

顺便说一下，还有一个和“祆”更接近的字：“祅”——示字旁加一个“夭”，这是“妖”的异体字，现在很少使用。

“哂正”不是“晒正”

电视台主持人在介绍书画作品时，把题款上的“哂正”读成了“晒正”，当时听了觉得有点滑稽。没想到几天以后，又在报上见到了“晒正”，才知道因不了解“哂”的含义而误“哂”为“晒”者大有人在。

中国书画自宋元以来有落款的习惯，至今盛行不衰，成了一种传统。款有上下之分，在赠人的书画上，上款紧随受赠人的名号之后，还会写上表示客套的惯用词语。经常用到的有：一、“雅属”、“大雅之属”，意思是遵照受赠人的嘱咐而作的，“属”读音为 zhǔ，委托、嘱咐的意思；二、“雅玩”、“清玩”，表示受赠人有高雅的情趣，自己的作品聊供玩赏而已；三、“斧正”、“郢正”，这两个词都出自《庄子》，是从匠石运斤的典故演化来的，谦虚地表示请受赠人批评。

前面说到的“哂正”，有时也写作“粲正”，同样是常用的一种。哂，

读音为 shěn，和“矧”一样，有笑的意思，所以左边是口字旁。所谓“哂正”，是说自己的作品很不像样，肯定会让受赠人笑话，但仍希望得到指点。把“哂正”误为“晒正”，“晒”是日字旁，岂不成了拿到太阳下面去烤？

“一阕”不能写成“一阙”

在谈到古代的乐曲或歌辞时，常用“阕”来做量词，如“一觞一阕《千秋岁》”。“一阕”即“一首”。这个“阕”字往往被误为“阙”。阕、阙虽然字形相近，读音均为 què，其实词义迥然有别。

“阕”本义为祭祀毕关门，所以以“门”为形符，里面的“癸”兼有表义作用。癸，音 guǐ，天干的最后一个，甲乙丙丁戊己庚辛壬癸，天干到癸结束，所以“阕”表示事情至此告一段落。由此引申出终了义、止息义。当一支曲或一首词终了时，用“阕”来计量，意在突出它的完整性。

“阙”的本义指宫门或城门两边的高台，中间有道路连通里外，台上可建楼观。这是城墙的一道风景，所以“阙”引申可指宫殿，指帝王居住之处。如白居易笔下的“九重城阙烟尘生，千乘万骑西南行”。由本义又引申出多种义项，如以城墙的缺口表示缺陷、缺失，故“阙”又有 quē 音，义同“缺”，如“阙如”。但“阙”从不用作量词。

“作为”别误为“做为”

“作”和“做”纠缠不休，以致有些常用词也受到影响。“作为”便是一例。

“作为”用作名词时，一般不会写错，很少看到有人把“有所作为”写成“有所做为”，把“大有作为”写成“大有做为”；然而，用作动词表示“当作”的意思时便很难说，“在我的心里，是把他作为老师的”，这句话中的“作为”有人就写作“做为”；特别是在用作介词时，差错率更有明显走高的趋势，“作为同龄人”被写成了“做为同龄人”，“作为新兴媒体”被写成了“做为新兴媒体”，如此等等，不一而足。

其实，在大小词典中，是查不到“做为”一词的。而“作为”则称得上历史悠久，早在《诗经》等典籍中便有用例。《诗·小雅·巷伯》：“寺人孟

子，作为此诗。"《墨子·辞过》："故圣王作为宫室，为宫室之法。"《史记·秦本纪》："夫自上圣黄帝，作为礼乐法度。"这里的"作为"，都是创制的意思。由此引申用作名词，指人的行为、成就；进一步引申，用作动词义为"当作"，用作介词引进人物的某种身份或事物的某种性质。这样的用法已经根深蒂固。

在"作"和"做"的较量中，后起的"做"字大有后来居上之势，但有一点是明确的，凡是历史上已经定型的词语，不应该轻易改变用字。"作为"理所当然不应写成"做为"。

认清上海的"马大嫂"

有一阵子，上海人把家庭主妇称为"马大嫂"。和姓马的有瓜葛吗？没有。其实，这是"买汏烧"的谐音。买，买菜；汏，洗菜；烧，烧菜。这是窥一斑以见全豹，以"买汏烧"来概括家庭主妇的生活特征。需要提醒的是，不要把"汏"字写成"汰"，这两个字有一点之差。

汏，三点水加一个"大"。在古汉语中，这个字有点复杂，它是可以写作"汰"的。"汰"是一个常用字，有淘洗、清洗的意思，也可指汹涌的波涛。《楚辞·九章》："乘舲船余上沅兮，齐吴榜以击汰。""吴榜"是大的船楫，"击汰"就是搏击波浪。

而在上海方言中，"汏"不能写作"汰"，因为这两个字的读音不同。"汏"的读音为 dà，不同于淘汰的"汰"(tài)。章太炎在《新方言》中考证过这个字，他说在江南运河以东，至于浙西，多是把洗称之为"汏"。在上海生活过的人都知道，洗头叫"汏头"，洗澡叫"汏浴"，洗衣服叫"汏衣裳"，洗菜叫"汏菜"。

不把"买汏烧"误为"买汰烧"，是对方言文化的尊重。

别再把"幺"写成"么"

"幺"这个字，读音为 yāo，在甲骨文中，像一把细丝。文字学家告诉我们，这是"丝"字最初的写法。由此引申出细小的意思。在某些方言中，排行最小的便被称为幺妹、幺叔。

色子和骨牌中的一点，因为是最小的，所以也称之为“幺”。这就使“幺”和数字“一”发生了联系。“一”的发音为 yī，不太响亮，在某些场合，为了保证对方听得清楚，yī 可以改读为 yāo。这时，相应的数字“一”也改写为“幺”。

需要提醒的是，在汉字使用实践中，“幺”曾省写作“么”。但自从汉字实行简化以后，幺、么二字就有了明确的分工。“么”是繁体字“麼”的简化字，“什么”的“么”，读音为 me，轻声；原来读 yāo 的“么”则恢复为本字“幺”。该用“幺”的地方再写作“么”，就是一个别字。

小心“三寸丁榖树皮”的“榖”

《水浒传》中的武大郎，绰号叫“三寸丁榖树皮”。用到这个绰号，要注意两个问题：一是不要读破句，要读成“三寸丁—榖树皮”，不要读成“三寸—丁榖—树皮”；二是不要用错字，“榖树皮”的“榖”不要写成“穀”，更不要简化成“谷”。

关于武大郎的这个绰号，学术界有不同说法。比较通行的看法是，“丁”即“地丁”，一种植物。李时珍《本草纲目》中收有黄花地丁、紫花地丁，均约三寸高。“三寸丁”形容武大郎身材短小。“榖”，音 gǔ，即“楮”，又称构，一种树木。其中有一种“斑榖”，树皮上有斑纹，“榖树皮”形容武大郎脸上斑斑驳驳。

注意：“榖”和“穀”是两个不同的字。区别在左下角：前者是“木”，后者是“禾”。“木”和“禾”都是形符。从“禾”的“穀”是稻谷的“谷”的繁体字，可以简化；但“榖树皮”的“榖”不行。

《诗经》中只有“雎鸠”

《诗经》中的第一篇第一句是：“关关雎鸠，在河之洲。”“雎鸠”是水鸟的名字，“关关”是水鸟鸣叫的声音，“洲”是水中的沙滩。这八个字描绘了充满生机的大自然风光。在引用这句诗时，务须留心“雎鸠”的“雎”字，别误成“恣睢”的“睢”。

“雎”和“睢”的字形十分相似。“雎”是典型的形声字，声旁是“且”，

形旁是“隹”。在现代汉语中，“且”通常读 qiě，连词“而且”的“且”，其实这是“俎”的古字，古代读音为 jū。“隹”读音为 zhuī，古人用作短尾巴鸟的统称，从实际使用情况来看，并不限于短尾巴鸟。

“睢”，有人说是形声字，有人说是会意字，应该说这个字两种特征兼备，但更偏向于会意字。左边的“目”是眼睛，右边的“隹”是飞鸟，鸟在天上高飞，人必须仰视方见，故它的本义是“仰目也”。“恣睢”是一个联绵词，选用“恣”和“睢”这两个字，显然大有深意存焉。“恣”有不加约束的意思，“睢”有眼睛朝天的意思，两者连在一起，骄纵蛮横之态是不难想象的。

记住，《诗经》中“关关”鸣叫的是“雎鸠”，不是“睢鸠”。

“新潟”不能写成“新泻”

位于日本本州中北部的新潟，是一个重要的港口城市，不时在中国媒体上亮相。2011 年 3 月 11 日东日本大地震以后，新潟更成了一个热词，为更多的中国人所熟悉。但是，在提及这座城市时，经常会犯两个错误。

一个是读错。潟，音 xì，不少人读成了 xiè。某电视台报道地震消息，连线前方记者，这位记者读的是 xì，但主持人纠正他说：“你说的是新 xiè 吧，不是新 xì。”结果，记者马上改口，跟着主持人一 xiè 到底。

另一个是写错，把“潟”看成了繁体字“瀉”，简化以后，“新潟”便成了“新泻”。甚至连航空公司出具的电子机票上，也赫然印着“新泻”字样。其实，“潟”字虽然冷僻，却是古已有之。比如《汉书・地理志上》：“厥土白坟，海濒广潟。”颜师古的注释说：“潟，卤碱之地。”通俗的说法就是盐碱地。“新潟”的得名，无疑和它的地理特点有关。

该用“像”时莫用“象”

象、像不分，由来已久。1986 年重新公布《简化字总表》时，“像”字恢复使用，这个问题更见突出，从报纸到电视，可以说是一片混乱。为此，《新闻出版报》曾刊出长篇文章：《哪个更像哪个是》。

要正确使用象、像二字，关键是要记住“像”字的四种用法：

一是用作名词，指比照某个对象形成的形象。其中又可分为两种情况：艺术创造和物理生成。前者如画像、绣像、雕像、塑像，后者如光线反射、折射形成的虚像、实像。两者具有一个共同的特点，即都是以客观存在的对象为前提的。

二是用作动词，指两者之间具有共同点。它的动词特征是：可以带宾语，如“孩子们像花朵一样美丽”；也可以用程度副词修饰，有类似形容词的特点，如“弟兄俩长得非常像”。

三也是用作动词，义为如、比如。这种用法常见于举例，如“我先考察大城市，像北京、西安、上海、昆明，都在我的考察计划之内”。

四是用作副词，主要用来表示猜测。可以单用一个“像”字，也可以用“好像”。如：“天暗下来了，像要下雨了”；“这几天没见到他，好像出差了”。

让“备”、“倍”各得其所

汉字“备”和“倍”，通常情况下，可以说是泾渭分明；但当它们出现在“备受/倍受”、“备加/倍加”等词语中时，却纠结得难分难解，让不少人感到头疼。怎样才能使它们各得其所呢？

关键是要明白一点，“备”、“倍”的词汇意义是各有侧重的。“备”强调的是范围，无所不至、无一遗漏才称得上“备”，所以“求全责备”是一种苛求；“倍”强调的是程度，是在原来基础上大幅增长，以至可以用“倍”来计算。要让“备”、“倍”各得其所，就必须以词汇意义为判断的依据。

有时是别无选择的。比如“干劲倍增”、“信心倍涨”，这里只能用“倍”而不能用“备”，因为它们表达的是量的变化；“难以备述”、“一一备陈”则只能用“备”而不能用“倍”，因为它们突出的是叙述的详尽，是就范围而言的。“关怀备至”——“至”是到的意思，关怀到了方方面面、角角落落，自然用“备”才显得合理。

有时是要择善而从的。比如，“备受欢迎”也可写成“倍受欢迎”，“备加珍惜”也可写成“倍加珍惜”，就词语论词语，并无对错之分，但到底用

"备"还是用"倍"，得由使用者根据表达意图来定。如果你想表达的是各方面都受到欢迎，那当然是"备受欢迎"；如果是受到了不同以往的格外的欢迎，则应选用"倍受欢迎"。

"桔"和"橘"宜分用

总有人把"桔"当成"橘"，报刊上一再纠正，这些人还是不当一回事。

当然，这一用法由来已久。这和"桔"比"橘"笔画简单有关。清代有个叫屈大均的，在他编写的《广东新语》中，便说"桔"是与柑类似的水果，"小而甘"，"皮红不粘肉"。他说的分明是"橘"，用的字却是"桔"。"文革"中公布的"二简字"，把"桔"定为"橘"的简化字，这对"桔"的泛用起到了推波助澜的作用。为此，有些辞书在解释"橘"时，总不忘写上一句："橘俗作桔。"但这只是指出社会上有这种用法，并不是说这种用法是规范的。

"桔"和"橘"的读音是不一样的，词义更是不一样的。"桔"，音"jié"，在现代汉语中，经常用到的是两个义项：一是指桔梗，这是一种多年生草本植物，根可入药，主治胸肋疼痛等症；一是指桔槔(gāo)，这是一种原始的汲水工具，在井边架起一根横杆，利用杠杆原理打水。而读音为"jú"的"橘"是常见水果名，在"二简字"早已撤销的今天，自然是不应该和"桔"混为一谈的。

《咬文嚼字》合订本书影

要分清“角”和“脚”

有人分不清“角”和“脚”吗？生活中似乎不大可能；但在文字运用中，由于受到读音的干扰，这一类的差错屡见不鲜。

比如，有人把“三脚架”写成了“三角架”。熟悉摄影的朋友都知道，三脚架是摄影器材中的一种，具有稳定照相机的功能。它是因为有三根支撑脚而得名的，怎么能写成“三角架”呢？

又如，有人把“独角兽”写成了“独脚兽”，实在让人有点哭笑不得。独角兽和龙一样，都是神话传说中的动物。龙代表着中国文化，独角兽代表着西方文化。传说中的独角兽，形如马或者羊，头上长了一只角，充满着神秘性，而不是身下只有一只脚。

更为常见的，是把“挖墙脚”误为“挖墙角”。在建筑学上，“墙脚”即墙根，墙的最基础的部分；“墙角”则是两堵墙交接时因方向不同形成的角落。“挖墙脚”是一种打比方的说法，指动摇别人基础的恶意拆台行为。“挖墙脚”比“挖墙角”更具有破坏性。

看到“角”或“脚”时，一定要问一问自己：是这个“角(脚)”吗？

“更尽一杯酒”用的是“尽”

在古人的诗词名句中，“劝君更尽一杯酒”的引用频率是很高的。但是，“尽”很容易被错成“进”。到网上搜索一下，你会发现“劝君更进一杯酒”铺天盖地。

这首诗是唐代诗人王维写的。他有一位好朋友元二，奉命远赴西北边疆。王维在渭城为之设宴饯别。朝雨刚停，柳色青翠，望着阳关外不见尽头的驿道，想着朋友吉凶未卜的前程，王维心头有着“剪不断，理还乱”的惆怅。就在殷殷话别之际，诗人脱口而出：“劝君更尽一杯酒，西出阳关无故人。”

“尽”能改为“进”吗？乍一看似乎也能说通，其实却是不行的。忠于原著，当然是一个方面的考虑，至今未见有“更进一杯酒”的版本；但更重要的，是这一改动，关系到诗的意境。

诗人和朋友不忍分手，以喝酒作为情感表达的方式。他们喝了一杯又一杯，并不是嗜酒如命，贪图酒的美味，而只是想尽量延长相聚的时间。眼看就要登程，酒已喝到不能再喝，诗人还要求再喝一杯，而且是喝干、喝“尽”，喝得一滴不剩。这是把自己的全部情感，都倾注到了酒杯中，希望朋友记住一点一滴的印象。不仅如此，这一句中的“尽”字，还和下一句中的“无”字，有着内在的联系，酒尽人分，天各一方，让人的内心深处产生莫名的触动。“进”字显然是缺乏这样的力度和浓度的。

杜甫说的是“死不休”

杜甫有两句诗，引用率是很高的：“为人性僻耽佳句，语不惊人死不休。”但引用者往往把“死不休”错改为“誓不休”。

这两句诗出自《江上值水如海势聊短述》，表面上是面对如海一般汹涌的江水抒发感想，实际上是写创作态度的变化。他年轻时“为人性僻”，追求奇词妙语，但随着年龄的增长，“老去诗篇浑漫兴，春来花鸟莫深愁”，更欣赏陶渊明、谢灵运那样的诗歌境界了。今天人们引用这首诗的开头两句，并不是从整首作品考虑，只是借此表达一种美学上的执着追求。

“语不惊人死不休”，“死”改为“誓”，意思当然是说得通的；但这是诗圣杜甫的作品，我们没有改的权力。更何况这一字之改，还带来了意境上的变化。“死不休”——到死也不甘休，这本身就是一句掷地有声的誓言；“誓不休”——发誓不甘休，不仅失去了“死不休”的力度，而且还多少有了一点作秀的色彩。

弄通“私淑弟子”的“淑”字

一讲到师承关系，常会用到“私淑弟子”。用这个成语可能会出现两个差错：

一是把“私淑”误为“私塾”。这是音近造成的。“私塾”是旧时私人设立的教学的地方，往往只有一个教师，没有固定的教材，也没有固定的学制。鲁迅笔下的寿镜吾老先生执教的三味书屋，便是一所私塾。

二是把“私淑”和“受业”混为一谈。“私淑”一词出于《孟子》。凡“私淑弟子”，一定不是跨入师门的“受业弟子”。所谓“私淑”，是指自己私下里敬仰某人的学问，在精神上尊他为老师，实际上根本没有得到直接的传授。比如柳亚子就称自己是“列宁私淑弟子”，因为他连列宁的面也没见过。如果把“受业弟子”说成“私淑弟子”，显然是错误的。

“私淑弟子”理解上的难处，在于一个“淑”字。“淑”的本义指清澈，引申指美好，又可指善良，都是形容词，在“私淑”一词上怕是用不上。要理解这个“淑”字，必须转几个弯。首先要知道，它是借作“叔”来用的，杨伯峻先生便持这一观点。“叔”的本意是什么？不是伯伯叔叔的“叔”，而是如《说文》所说，是“取”的意思。郭沫若就说“叔”的金文是以手持戈以掘芋也。由具象的“取”引申出抽象的“取”——吸取和获取。“私淑”，说得明白一点，就是“私受”，指偷偷地学习以取得学问。

“亭亭玉立”不要写成“婷婷玉立”

在形容年轻的女性时，经常会用到“亭亭玉立”这一成语。有人把它写成了“婷婷玉立”，甚至在某些工具书里，也肯定了这种用法。这是一个错误。

不错，“亭亭”和“婷婷”这两个词都是有的。它们的读音相同，又都含有褒义，但不能因此便认为二者可以通用，因为它们的词汇意义是有区别的。

“亭亭”表现的是形，描绘一种高耸而直立的样子，所以可以用来形容姑娘身姿的修长或树木枝干的挺拔；而“婷婷”表现的是质，一种优雅的美丽或轻盈的气质，成语有“袅袅婷婷”，展示的正是女性的柔美。

在“亭亭玉立”这一成语中，“亭亭”是用来修饰“立”的。它强调的是“长”而不是“美”，“美”是通过“长”表现出来的，毫无疑问，应该用“亭亭”而不是“婷婷”。

请站在“蜡梅”一边

“腊梅”还是“蜡梅”？月字旁的“腊”还是虫字旁的“蜡”？长期以来，

这个问题可以说是一片混乱。主张用“腊”的似乎有点人多势众，而且振振有词：“腊月开花，当然是腊梅呀！”殊不知这是一种不太靠谱的说法。蜡梅的品种很多，有腊月开花的，也有五六月开花的，称夏蜡梅。如果说腊月开花便叫“腊梅”，那么，梅花的栽培史要比蜡梅早两千年，岂不是早就该称“腊梅”了？

“蜡梅”是怎么得名的呢？宋代的苏东坡、黄庭坚，明代的王世懋、李时珍都曾做过介绍。《本草纲目》一书说得尤为明白：“此物本非梅类，因其与梅同时，香又相近，色似蜜蜡，故得此名。”可见，其香似梅，其色似蜡，才是“蜡梅”得名的依据。一个“蜡”字尽传其神。

当然，今天你写成“腊梅”，也是不能算错的。“腊梅”和“蜡梅”是一组异形词。不过，从规范的角度考虑，还是应该站在“蜡梅”一边。这至少有三方面的理由：第一，《中国花经》等权威著作表明，花卉园艺专家是赞成写作“蜡梅”的；第二，《现代汉语异形词规范词典》等工具书明确以“蜡梅”为推荐词形；第三，《现代汉语词典》从善如流，在 2005 年修订重版的第五版中，已以“蜡梅”为主条。

“辟邪”优于“避邪”

时逢端午，媒体介绍端午文化，在说到艾蒿、菖蒲、雄黄以及钟馗时，常会出现“bì 邪”一词。这个 bì 字，有的用“辟”，有的用“避”。应该说两者都可以用，但应以“辟邪”为规范。

从词汇意义来说，“辟”和“避”有主动和被动之分。用“辟”是主动驱赶、扫除，用“避”则是被动逃离。显然，“辟”更符合词义。

在历史上，历来用的是“辟邪”，古籍中有大量用例。古代传说中有一种神兽，名字就叫“辟邪”，据说有“辟御妖邪”的能耐。而“避邪”这种用法是很晚才出现的，《汉语大词典》的书证，均为现代作家作品。

汉语中不仅有“辟邪”，还有“辟奸”、“辟恶”，它们在结构上是相同的。“辟邪”本身就有一组词语，如“辟邪树”、“辟邪钟”、“辟邪旗”、“辟邪翁”等等。从词语的系统性来说，也应以“辟邪”为首选。

正确认识“侃价”

关于“侃价”，有人认为“侃”是个别字，因为《现代汉语词典》里只有“砍价”；也有人认为“侃价”和“砍价”是一组异形词，《现代汉语规范词典》便持这一看法，并主张以“砍价”为推荐词形。其实，这两个词各有各的用法。

所谓“侃价”，是买卖双方的共同行为。你开价，我还价，你说你的道理，我说我的立场：这是一个一来一往地“侃”的过程。

而“砍价”呢，是买方行为。砍者，用刀、斧等利器猛力切入物体也。买方在卖方原定价格上要求降低，称这种要求为“砍”，是十分形象的。市场上不是有所谓“拦腰砍一刀”的说法吗？作为卖方一般是不会主动“砍”的。“双方正在砍价”，这种说法听来有点滑稽。难道是老板帮助顾客压价？

“领衔”只能一个人领

“领衔”一词正在走红。在电影或者电视剧的片头上，往往有“领衔主演”的用法。不过，观众朋友注意没有，获得这一殊荣的，少则两三人，多则六七人。如此规模的“领衔”，显然是错误的。“领衔”只能一个人领。

“衔”是一个会意字，本义指马嚼子。马嚼子是金属制成的，作用是控制马的行动，所以“衔”字从金从行。由马嚼子引申出口中含有的意思；当事物相互连接时，仿佛一个衔着一个，“衔”又引申出连属义，“衔接”便是一个常用词。“领衔”当与此有关。

所谓“领衔”，是指署名时排在最前面的那一位。名字一个接着一个，自然可以称之为“衔”；第一位无疑是引导者、带领者，所以可以称之为“领衔”。如果几个人都成了“领衔”，这个“领”字从何说起！

“领衔”有敬重的意味，但它不是一般的敬词，不能滥用。

没有必要再用“其它”

有人认为，“其他”用于人，“其它”用于物，两者应该明确分开。其实没有必要。

从词语的历史看，“它”的本义是蛇，后借用为第三人称代词，“蛇”字另加了虫旁。也许为了突出“它”是人称代词，古代也可写作“佗”，于是出现了“其佗”一词，“其佗”、“其它”并用。由于古文中的“它”往往讹变为“也”，结果，“其佗”又成了“其他”。在古代典籍中，“其他”、“其它”不仅同音同义，而且用法相同。直到“五四”前后，受西方语言的影响，才逐渐出现分化的趋势，一个指人，一个指物。

然而，事实证明，这种分工并没有多少积极意义，相反增加了学习负担。王力先生曾感慨系之地说，分开使用“实在没有必要”，他主张“无论指人或指事物，一律可以写作‘其他’”。《现代汉语词典》在解释“其它”时，释文便是“同‘其他’”，表现出了取舍的倾向性。《现代汉语异形词规范词典》更明确提出“其他”、“其它”是一组异形词，“其他”包孕“其它”。既然如此，何必再坚持用“其它”呢？

“望其项背”多用于否定式

“望其项背”是条常用成语，就其字面意义来说，“项”是颈项，“背”是背脊。看得到“项背”，自然靠得很近，所以可以用来形容赶得上或达得到。但必须注意的是，在实际使用中，这条成语多用于否定式。

比如，鲁迅在《且介亭杂文·病后杂谈》中说：“这真是天趣盎然，决非现在的‘站在云端里呐喊’者们所能望其项背。”聂绀弩在《母性与女权》中说：“人的母性的内容丰富……决不是简单的别种动物所能望其项背。”他们在“望其项背”的前面，一个是用了“决非”，一个是用了“决不是”，都构成了否定式，以此说明距离遥远，无法企及。

有人背离了这种用法，直接用“望其项背”比喻距离悬殊。比如，“在创作的速度上，别人只能望其项背”——想表达的是望尘莫及，实际表达的却是一步之遥，可谓典型的词不达意。

分清“已故”和“健在”

难道还有人分不清“已故”和“健在”？这在现实生活中，似乎不大可能，但在出版物中，却屡见不鲜。它往往是弄巧成拙的结果。

请看实例：“早在1989年，郑周永就访问朝鲜，会见了朝鲜已故国家主席金日成，就共同开发金刚山旅游区等达成协议。”既然金日成“已故”，怎么还能“会见”郑周永，并就开发旅游区达成协议？“1992年下半年，评委会正式成立，已故作家柯灵担任评委会主任，主持了第一次评委会议。”既然柯灵先生“已故”，怎么还能“担任”评委会主任，并“主持”评委会议？

这些在情理上都是说不通的。

上述实例的作者在写作时，金日成主席、柯灵先生肯定已经逝世。特意用上“已故”一词，正是为了向读者传递这一信息。殊不知这样一来，文章犯了一个时空颠倒的错误，把后面发生的事实，用到前面的语境中去了。所以说是弄巧成拙。其实，作者在追述历史时，是不必强调“已故”的。如果觉得有必要让读者明白当事人已不在人世，那也应该用“当时健在”而不是“已故”，如“朝鲜当时健在的国家主席金日成”“当时健在的作家柯灵”。

不宜用“画上了休止符”

当表示一件事情结束，或者一种现象消失时，有一种习惯性的说法：“画上了休止符。”然而，稍有音乐常识的人都知道，这种说法是经不起推敲的。

休止符作为音乐术语，指的是乐谱中表示音乐停顿时值的符号。根据停顿时间的长短，通常分为六种类型：全休止符、二分休止符、四分休止符、八分休止符、十六分休止符、三十二分休止符。它们具有不同的符号形式。

为什么经不起推敲呢？因为休止符是音乐进行过程中的短暂停顿。即使如全休止符，也只是停顿一个小节。当规定的停顿时间过去之后，

乐声重新响起，演奏或者演唱继续进行。可见，休止符是整个乐谱中的一个组成部分，并没有表示结束的意思。

怎么办呢？还是说“画上了句号”吧，甚至可以说是“画上了圆满的句号”。如果坚持要用音乐术语，那只能说“画上了终止符”。这种一细一粗两根竖线组合的符号，才是乐曲结束的标志。

“黄发垂髫”并非少年模样

在回忆文章中，写到少年时代，常可见到“黄发垂髫”的说法。如：“那时我黄发垂髫，刚识得几个字”；“突然记起黄发垂髫初懂事理时，有一回和母亲走亲戚”。作者显然把“黄发垂髫”理解成了少年的特征：浅黄色的头发自然地从头上垂下来，一副天真烂漫的样子。

其实，“黄发”是“黄发”，“垂髫”是“垂髫”。此语出自陶渊明的名篇《桃花源记》：“黄发垂髫，并怡然自乐。”“黄发”指老人，“垂髫”指儿童。在陶渊明的笔下，桃花源是一个“理想国”，“土地平旷，屋舍俨然，有良田、美池、桑林之属”，人们衣食无忧，和谐相处，无论是老人还是儿童，都过着怡然自得的生活。“黄发垂髫”是老人和儿童的并称。

为什么用“黄发”指代老人呢？王充《论衡·无形》中说得很明白：“人少则发黑，老则发白，白久则黄。”可见，老人的黄发包含着岁月的沧桑，和“黄毛丫头”的黄发不是一回事。而古代“垂髫”则和“束发”相对应。“垂髫”是儿童的发型，“束发”是成人的标志，它们代表着两个不同的人生阶段。

“满清”不该再沿用

唐宋元明清，“清”是我国最后一个封建皇朝。在提及“清”时，有人习惯称之为“满清”。殊不知这一用法是不妥当的，如果碰上编校质量检查，很有可能被判为政治差错。

清朝之所以被称为“满清”，从表面上看，是因为“清”是满人建立的；其实还有深层次的原因，它和“排满反清”的历史斗争联系在一起，和鄙夷少数民族的大汉族情绪联系在一起。今天，中华民族是一个大家庭，

上海世博会开园前夕，受上海市语委办委托，在世博园区检查语言文字使用情况。从左至右为：咬文嚼字公司总经理孙欢、华东师范大学教授潘文国、本书作者郝铭鉴、上海静安区老语委干部张立宇

各民族一律平等，继续沿用这一旧称谓，显然不利于民族团结和社会和谐。

为此，早在 1956 年，国务院就曾颁布《关于今后行文和书报杂志里一律不用"满清"称谓》的文件，明确指出以少数满族贵族为主宰的清朝政权，是不能代表满族广大群众的，继续沿用"满清"这一旧称谓，"可能使满族人民在情绪上引起不愉快的感觉"。为一个词语专门下达文件，可见我国政府对民族团结的重视。就在这一文件公布以后，郭沫若先生率先响应，他在《甲申三百年祭》一书重印时，把书中的"满清"字样全都改成了"清朝"。

今天人们用"满清"一词，肯定不是出于歧视的目的，而只是一种语言习惯；但从民族团结的大局考虑，这种习惯还是自觉改正为好。当然，如果是征引历史资料，则不在此规定之列，不妨一仍其旧，以保持文献的本来面貌。

读者不可称"本报"、"本刊"

读者给报社或杂志社写信时，经常会说"本报"如何如何，或者"本刊"如何如何。这里用"本报"、"本刊"，显然是想表达一种亲切的感情，说明他们把报纸或刊物看成是自己的。这种感情无疑是很可贵的。然而，这类读者来信如果要公开发表，编辑还是要给予必要的加工，把"本报"、"本刊"根据行文风格改成"贵报"、"贵刊"或"你报"、"你刊"。

"本报"、"本刊"中的"本"，是一个代词，指代自己或自己方面的。

类似的用法很多，如“本人”、“本校”、“本公司”、“本剧院”。所谓“本报”、“本刊”，是自己参与编辑的报纸、刊物，或者自己工作的报社或杂志社。没有这样一层直接的工作关系，是不能随便称“本”的。读者对某家报纸、某本刊物再情有独钟，和那里的编辑再亲密无间，也不能主客不分，把人家的报纸、刊物，说成是自己的报纸、刊物。

一句话，读者用“本报”、“本刊”，感情上可以理解，事理上很难说通。

“翻几番”不是“翻几倍”

“番”和“倍”都可以用作量词，但表达的意思是不一样的。

某报载文，谈物价上涨。原价 20 元，现价 100 元，作者说，一连翻了 5 番。这一说法是错误的。不能把倍数和番数混为一谈。

“倍”是和原数相等的数。几倍就是用这个数乘以几。20 的 5 倍是 100。

“番”是动量词，相当于回、次。成语“三番五次”，便是以“番”和“次”对举。我们说翻几番时，底数是不断变化的。20 翻 1 番，是 40；再翻 1 番，便是以 40 为底数，翻为 80；以此类推，翻 5 番应是 640。

有些工具书认为“番”也可以理解为“倍”，这样容易造成表达的混乱，似不足为训。另外，由于“番”要有一个计算过程，清晰度有所欠缺，也以慎用为宜。

该“阻击”处莫“狙击”

媒体似乎对“狙击”一词情有独钟，该用“阻击”的地方，往往用了“狙击”。2010 年的年度汉字，不少人主张选用一个“涨”字。在一片涨声之中，报纸上出现了“通胀狙击战”的说法。这里的“狙击”便是用错了的。

“狙击”和“阻击”虽然都有一个“击”字，但击的规模、击的方式、击的目的，是大不一样的。“狙击”的“狙”，其实就是猴子，猴子有暗中偷袭的特点，所以狙击是打冷枪，打一枪换一个地方，目的是一枪击中目标，或者是以此牵制敌人、干扰敌人。“阻击”则是阵地战，摆开阵势，

正面交锋，阻止敌人进攻、增援或逃跑。可见，这是两种完全不同的战斗行为。

在实际语言使用中，无论是“狙击”还是“阻击”，都是一种比喻用法，不是真的打仗。表示决心之大、力量之足，应该用“阻击”而不是“狙击”。

分清字典和词典

字典和词典都是工具书，有人便认为是一回事，在行文中不加区分。甚至在名家的笔下，也有“英文字典”、“康熙词典”之类的提法。

所谓字典，是以字为单位的工具书，单字按一定规则排列，给每个字注音、释义，并说明用法。而词典的主角是词，不同的词典有不同的收词范围和收词原则，编纂者对收列的词语逐条进行解释，以供使用者检索。字典和词典，无论是编纂方法还是使用功能，都是有很大不同的。

英语只有 26 个字母，并没有汉语中所谓的“字”，英语工具书所收的都是由字母组成的词，因而有词典而没有字典。“英文字典”从何说起！同样，在中文工具书中，也只有《康熙字典》而没有“康熙词典”。《康熙字典》是康熙皇帝令张玉书、陈廷敬等人参照明代的工具书《字汇》、《正字通》编纂而成的，全书分 12 集 214 部，都是以字立条，所以称“康熙字典”。

分清“囹圄”和“囫囵”

演员张默因吸毒被拘，他的父亲张国立贴出了道歉信。信中有一句“张默身陷囹圄”，匆忙中错成了“张默身陷囫囵”，立即引起了舆论的“围观”。这一差错其实具有普遍性，“囹圄”和“囫囵”都有两个方框，大而化之的人很容易混为一谈。

囹圄，读音为 língyǔ，最初写作“囹圉”。“圉”是一个会意字，在甲骨文中，外面是围墙，里面是戴着刑具的人，表示这是拘禁犯人的场所。因为古代的犯人多充作奴仆，故“圉”又引申指奴仆，或指养马的人，指马厩，久而久之，“圉”为引申义所专用，它的本义便由“圄”来表示。“囹”和“圄”都是指监狱。

囫囵，读音为 húlún，联绵词。除“囫囵”为主要词形外，还有多种写法。它有混沌的意思，笼而统之，包而括之，不加分析，浑然一体。民间有“囫囵吞枣”的笑话，说是“梨益齿而损脾，枣益脾而损齿”，一傻瓜琢磨半天，想出一个妙法：“我食梨则嚼而不咽，不能伤我之脾；我食枣则吞而不嚼，不能伤我之齿。”闻者绝倒。

可见，同样是两个方框，“囹圄”象征监狱的围墙，“囫囵”表示物体的完整，完全是两码事。

分清“龃龉”和“龌龊”

类似“囹圄”和“囫囵”一样容易混淆的，还有一组词，即“龃龉”和“龌龊”。“龃龉”有两个“齿”，“龌龊”也有两个“齿”。某电视剧不但在字幕上把“发生龃龉”误为“发生龌龊”，而且演员台词说的也是“发生龌龊”，可见很多人分不清楚。

龃龉，读音为 jǔyǔ，它的本义确实和牙齿有关，指上下牙齿对不上。由此引申比喻人和人之间合不来，所谓“发生龃龉”即双方产生了矛盾，留下了疙瘩。还可进一步引申，用牙齿的不整齐，比喻道路的不平整。不过，这种用法较为少见。

而“龌龊”呢，读音为 wòchuò，它的本义同样和牙齿有关，指牙齿细密，一个一个挨得很紧。这样的排列当然无空间可言，所以“龌龊”可以形容事物局促或气量狭小。但今天常见的“龌龊”，用的是方言词的意义，指物体不卫生、不干净，也指品行上的卑鄙和人格上的恶劣，已看不出和牙齿有多少联系。

“以上”和“以下”别打架

说出来你也许不信，有人专门研究“以上”和“以下”两个词语，并写成了一本专著：《咬文嚼字又一说——以上、以下的使用问题》。全书洋洋洒洒地列有九大章。

这两个词语真的这么复杂吗？别的且不说，在表示数值范围时，有时确实让人尴尬。比如“90 分以上为优秀”，到底包括不包括 90 分呢？

有人认为包括，有人认为不包括，在理解上并不一致。

按照约定俗成的表达习惯，用“以上”或“以下”时，是应该包括本数的。“90 分以上”包括 90 分，“90 分以下”也包括 90 分，正因为此，同一个数字不能“以上”和“以下”并用。不能既说“90 分以上”如何，又说“90 分以下”如何，这样两者便会“打架”，90 分这个本数便没有着落。正确的说法是“90 分以上”和“不到 90 分”。

为慎重起见，在一些不容误解的语境中，不妨表达得“啰唆”一点：“90 分和 90 分以上”，或“90 分以上(含 90 分)”。当然，这种方式要从严掌握，不宜滥用。

别把“噪声”说成“噪音”

谈到环保，常会谈到“噪声”，但媒体常把“噪声”说成“噪音”，尤以广播、电视为甚。其实，这是一种错误的说法，至少是一种过时的说法。《现代汉语词典》在解释“噪声”时，便明确指出：“旧称噪音。”

在有关科学术语的规定中，噪声和噪音是有区别的。所谓噪声，是在一定环境中不应有而有的声音，严重的便称之为“噪声污染”。它会破坏环境的和谐，干扰人们的生活，甚至影响人类的健康。在安静的环境中，约 30 分贝的声音就是噪声；超过 50 分贝，就会影响睡眠；90 分贝以上，则会损伤人的听觉。所以环境保护的一项重要任务，就是要严格控制噪声源。为此，我国环保部门专门制定了《社会生活环境噪声排放标准》。

噪音是和乐音相对的。物体有规则地振动，发出的是乐音；无规则地振动，音高和音强变化混乱，发出的则是噪音。前者如乐器弹奏，后者如物体撞击。语音学中也有乐音和噪音之分，王力先生在《汉语音韵》中说，元音都是乐音，辅音都是噪音，或主要成分是噪音。

女高音唱《天路》，可以让听的人热血沸腾；唢呐吹《百鸟朝凤》，也可以让全场心潮澎湃。但是，如果你是在夜深人静时演唱或者演奏，尽管发出的是乐音，从环保角度来说，同样也是噪声。

“通信”和“通讯”不是一回事

媒体上“通信”和“通讯”缺乏严格的区分，该用“通信”的地方，往往用了“通讯”。这和“通讯”曾是“通信”的旧称有关。

“通信”是指信息由此及彼的传送过程。传统的鸿雁传书当然是通信，但更多的是指通过电波、光波等传送语言、文字、数据或图像。我们平时说的通信技术、通信手段、通信线路、通信网络等都与此有关。它和信息、信号、信道，构成了一个完整的概念系统。正因为此，“中国电信”不称“中国电讯”，部队里的“通信兵”也不再称“通讯兵”。

“通讯”则指一种新闻体裁，它比一般的“本报讯”更为具体，更为生动。用“通讯”构词的，常见的有“通讯员”和“通讯社”。前者是指向新闻机构提供信息和稿件的非专业新闻工作者，后者是指以采集和发布新闻为主要职能的专业新闻机构。通讯、通讯员、通讯社，它们都是以“新闻”为特征的。

该用“通信”的地方，如果仍用“通讯”，这就犯了词语使用滞后的错误。

分清“酒驾”和“醉驾”

自2011年5月1日开始，我国刑法规定，醉酒驾驶属犯罪行为。为此，媒体大张旗鼓地开展了宣传。但让人不解的是，宣传的口径并不一致，有的说“酒驾入刑”，有的说“醉驾入刑”。甚至同一张报纸上，正文是“酒驾入刑”，插图是“醉驾入刑”。媒体仿佛也喝醉了酒似的。

其实，酒驾是酒驾，醉驾是醉驾。酒驾是酒后驾驶，醉驾是醉酒驾驶。它们是根据血液中的酒精含量来测定的。根据我国的现行标准，每100毫升血液中，酒精含量大于或等于20毫克、不到80毫克的，属酒驾；大于或等于80毫克的，属醉驾。

已经施行的《刑法修正案(八)》第二十二条明确规定：“在道路上驾驶机动车追逐驾驶，情节恶劣的，或者在道路上醉酒驾驶机动车的，处拘役，并处罚金。”这里说得非常清楚：醉酒驾驶。可见，正确的说法是“醉驾入刑”，而不是“酒驾入刑”。

拘留、拘役大不同

我国“醉驾入刑”以后，高晓松成了第一个犯案的名人，被判处拘役6个月、罚金4000元。报刊上在谈到这件事时，有的称“拘役6个月”，有的称“拘留6个月”，似乎两者是一回事。这是混淆了不同的法律用语。

“拘役”是我国刑法规定的主刑之一。但它不同于我们熟悉的徒刑，其区别在于：一是期限较短，在一个月以上六个月以下；二是由公安机关就近执行，不进监狱或其他执行场所；三是执行期间每月可回家一到两天；四是期满后再犯罪的，不做累犯论处。

“拘留”是一种限制人身自由的强制性的措施。它可以分为以下几种情况：一是行政拘留，是对违反治安管理者的处罚，期限为15天以下；二是刑事拘留，是公安机关在紧急情况下对现行犯或重大嫌疑人的处置；三是司法拘留，是人民法院为了保证民事诉讼正常进行采用的手段；四是民事拘留，是人民法院对于在民事活动中有侵权行为或拒不履行民事义务者的制裁。

罚金是罚金，罚款是罚款

在报道高晓松“醉驾案”时，还涉及另一组法律词语：罚金和罚款。高晓松被判“罚金4000元”，不是“罚款4000元”。两者虽都有一个“罚”字，又都和金钱有关，但性质是不同的。

“罚金”是刑事处罚。这是我国刑法规定的附加刑之一，也可以独立适用。它是审判机关强制犯罪人在一定期限内向国家缴纳一定数额的金钱。罚金数额的多少，根据犯罪情节决定。

“罚款”则是行政处罚。通常由国家行政机关做出处罚规定。被罚款人可以是公民个人，也可以是法人或其他组织。为了社会生活的稳定有序，我国制定了一系列的管理条例，凡涉及罚款的，都有明文规定。

貂蝉的名字由两种动物组成

历史上有貂蝉这个人吗？史家的看法是不一致的。多数人认为没有，这是一个文学虚构形象；也有人认为是有的，说她是董卓的侍婢。不管有还是没有，貂蝉的知名度是公认的。不过人们在提到她时，常把她的名字误为“貂婵”。这显然和姓名用字的习惯有关。

貂蝉的名字是怎么来的呢？元代无名氏杂剧《连环计》中，倒是提供了一种说法：“您孩儿不是这里人，是忻州木耳村人氏，任昂之女，小字红昌。因汉灵帝刷选宫女，将您孩儿取入宫中，掌貂蝉冠来，因此唤作貂蝉。”原来她是做了宫女，在宫中掌管貂蝉冠，才得了貂蝉的名的。当然，这只是剧作家言，于史无征。

貂是一种兽，蝉是一种昆虫。貂蝉冠上左边插有貂尾，两边缀以玳瑁蝉。原来在古人的心目中，不但貂以华贵著称；蝉餐风饮露，不食人间烟火，也是高洁的象征。可见貂蝉冠的装饰，是有着文化寓意的。

“萧郎”不一定姓“萧”

读古代的爱情诗，常会和“萧郎”不期而遇。如唐施肩吾《赠仙子》：“凤管鹤声来未足，懒眠秋月忆萧郎”；元稹《襄阳为卢窦纪事》：“依稀似觉双环动，潜被萧郎卸玉钗”。“萧郎”到底是何许人也？有文章解释说：指“姓萧的情人”。

其实，“萧郎”不是专指而是泛指。按照文艺理论家何其芳先生的“共名说”，凡是女子钟情的意中人，都可以称之为“萧郎”。据《全唐诗话》记载，最早用“萧郎”一词的，是唐代诗人崔郊。这里有一个故事：崔郊很欣赏姑姑家的一个婢女，后来这个婢女被卖到了别人家里，崔郊日思夜想之余，写下了一首诗：“公子王孙逐后尘，绿珠垂泪滴罗巾。侯门一入深似海，从此萧郎是路人。”这是“萧郎”第一次亮相。

那么，为什么是“萧郎”而不是“王郎”、“李郎”呢？历来有种种说法，其中比较靠谱的，是和萧史有关。在《列仙传》一书中，萧史是一位吹箫高手，他能以箫作鸾凤之音。秦穆公的女儿弄玉也酷爱吹箫，秦穆公就

把女儿嫁给萧史，并筑了一座凤台给他们居住。几年以后，萧史乘龙，弄玉乘凤，夫妻俩双双升天而去。“萧郎”由此成了传说中的理想郎君。

孙悟空压在哪座山下

报上有一个段子，说的是悟空和唐僧一起上《非诚勿扰》相亲节目。

悟空登台，24盏灯全灭。理由是：除了一根破棍，没房没车；保镖是高危职业；动不动打妖精，缺乏温柔感；有案底，曾被压在五指山下五百年。

唐僧亮相，一片惊呼，无灯不亮。理由是：公务员编制；皇上哥们儿，后台硬；典型的帅哥；精通梵文等外语；最关键的一点是——有宝马！

这个段子挺搞笑的，但说悟空压在五指山下，却是一个流行错误，曾在媒体上一再出现。它让人想到了海南岛的五指山。悟空到底压在哪里？《西游记》第七回其实说得很明白：“八卦炉中逃大圣，五行山下定心猿。”如来佛将五指化作金、木、水、火、土五座联山，唤名“五行山”，孙悟空一个筋斗十万八千里，却没能翻出如来佛的手掌心，就被压在这五行山下。没读过《西游记》的人，恐怕也能说出这个故事。

当然，说五指山也不见得绝对就错，五行山毕竟是如来佛的五根手指变化来的；问题是五指山第一和原著不符，第二容易和海南岛的五指山混淆，还是说五行山为好。

孙悟空钻进谁的肚子

运用《西游记》里的典故，还有一个常见差错，就是说孙悟空钻进了牛魔王的肚子里。

毛泽东就曾出现过这一失误。他用这个群众性很强的故事，比喻敌对势力钻到了革命队伍的内部。后来幸亏钱锺书先生在翻译毛泽东文集外文版时，及时发现并纠正了过来。然而，差错未因此绝迹。最近上海有家刊物，又在说孙悟空钻进了牛魔王的肚子。

熟悉《西游记》的朋友都知道，这个典故出于“三借芭蕉扇”。唐僧师

徒一行因被阻于火焰山，需借铁扇公主的扇子一用；但铁扇公主因红孩儿的事，和孙悟空有过节，执意不肯。孙悟空灵机一动，变了个蟭蟟虫儿，趁铁扇公主喝茶的机会，钻到了她的肚子里。有兴趣的朋友，不妨翻一翻《西游记》第五十九回。

可能由于这个情节富有想象力，给读者留下了很深的印象；牛魔王又是铁扇公主的丈夫，比铁扇公主具有更高的知名度，读者便在不知不觉之中，来了一次移花接木。无疑，这是记忆和我们开的玩笑。

称呼"孤岛"要有时间概念

回忆抗日战争时期的上海，常会用到"孤岛"一词。比如某报载文说，音乐家贺绿汀因无法忍受"孤岛"里的醉生梦死的生活，于 1937 年 8 月奔赴山西前线。这里的"孤岛"便是用错了的。1937 年 8 月，"孤岛"压根儿不存在。

所谓"孤岛"，是一个形象的说法。1937 年 11 月 12 日上海沦陷，中国军队奉命撤入租界。当时位于苏州河南岸的公共租界和法租界，仍在美、英、法的控制之下；但租界的四周，已被日军占领。双方对峙形成的格局，使租界犹如汪洋中的一座小岛，于是时人称之为"孤岛"。

1941 年 12 月 8 日，日军偷袭珍珠港成功，太平洋战争爆发。随着日本政府向美、英正式宣战，日军开进租界，对峙局面遂被打破，"孤岛"不复存在。从 1937 年 11 月 12 日到 1941 年 12 月 8 日，"孤岛"历时约 4 年零 1 个月。可见，"孤岛"并不等于上海，这是一个特定时期的特定概念。

告别"三年自然灾害"的提法

在回忆文章中，提到 1959 年到 1961 年这三年，有一种习惯性的提法："三年自然灾害"。这种提法曾经风行一时，但现在已经滞后，不应继续沿用。

有这三年生活经历的人都知道，当时市场供应严重匮乏，吃的、穿的、用的，几乎都要凭票供应，人民生活在极端贫困之中。这种局面是

怎么形成的呢？有关的宣传口径是，我们遇到了“三年自然灾害”。其实，历史的真实并非如此。

1981 年中国共产党召开了十一届六中全会。在 6 月 27 日通过的《中国共产党中央委员会关于建国以来党的若干历史问题的决议》中，我们的党对这三年做了深刻的反思。决议明确指出：“主要由于‘大跃进’和‘反右倾’的错误，加上当时的自然灾害和苏联政府背信弃义地撕毁合同，我国国民经济在一九五九年到一九六一年发生严重困难，国家和人民遭到重大损失。”这就是说，困难局面主要是党中央的决策失误造成的，其次才是自然灾害等方面的原因。

为了尊重历史，贯彻党的决议精神，以后提到 1959 年到 1961 年这三年时，可以提“三年严重困难”，不宜再提“三年自然灾害”。

“十月革命”后没有马上出现“苏联”

中国人对“十月革命”的印象太深了。提到“十月革命”，便自然想到了苏联，把苏联和“十月革命”画上了等号。其实历史事实并非如此。报上有篇文章说：“十月革命后的 1919 年 7 月，苏联政府宣布放弃以侵略手段在中国获得的土地及一切特权。”文中用到的“苏联”这一称呼，便是不准确的。

“十月革命”爆发于 1917 年 11 月 7 日。这天是俄历 10 月 25 日，故史称“十月革命”。“革命”后的俄国，开始并不称“苏联”，而称“俄罗斯苏维埃联邦社会主义共和国”，简称“苏俄”。这个称呼一直延续了五年，直到 1922 年 12 月，“苏联”这一名称才闪亮登场。当时是由苏俄领导人列宁提议，俄罗斯、乌克兰、白俄罗斯和外高加索联邦共同组成苏维埃社会主义共和国联盟，简称“苏联”。在以后的发展中，共有十五个共和国加盟。

如今，苏联已成为历史。从 1922 年 12 月成立到 1991 年 12 月解体，苏联共存世 69 年。当我们谈及这个曾经举世瞩目的国家时，应该尊重历史事实，不要在该称“苏俄”的地方称“苏联”，把两个不同的名称混为一谈。

"有否"不合汉语规范

"否"是一个文言词，它的词汇意义是"不"，表示否定。在成语"不置可否"中，"可"和"否"是对应关系。无论是在古代还是在现代，"否"都是很活跃的。"廉颇老矣，尚能饭否?""知否？知否？应是绿肥红瘦。""曾记否，到中流击水，浪遏飞舟?"这些都是古今作品中用"否"的名句。

"否"还有一个习惯的用法：跟在一个词语后面，构成肯定否定关系，如是否、可否、能否……类似的词语有一批。但并不是所有这一类的用法，都合乎汉语规范。比如经常见诸报端的"有否"，就有斟酌的必要。

是否符合规范，有一个检验的公式：A 否＝A 不 A。"是否"就是"是不是"，"可否"就是"可不可"，"能否"就是"能不能"，这些说法都是成立的，因此是符合规范的。而"有否"就是"有不有"，生活中只有"有没有"的说法，却很少听到"有不有"的说法。可见，"有否"是一个病态结构。

"与否"前面不能正反并提

上面谈到"否"字，不能不接着谈谈"与否"。这也许不是一个词，但在汉语运用中很常见。

先看报纸上的两个用例："改革不论成败与否，我们都将坚持到底"；"只要是到手的书，不论雅俗与否，他都看得津津有味"。这里的两个"与否"，都是用错了的。

常见的"是否"、"可否"、"能否"，是"否"跟在一字词后面，构成肯定否定关系。如果前面是两字词呢，为了保持节奏的平稳，我们会加上一个连词"与"，采用"与否"的用法。但即使是两字词，也只能表达一面的意思，而不能表达两面的意思，否则就是病句。这就是说："成功与否"是对的，"成败与否"就是错的；"高雅与否"是对的，"雅俗与否"就是错的。

为什么？因为"与否"和"否"一样，都是对前面意思的否定。"成功与否"即成功与不成功，"高雅与否"即高雅与不高雅。前面一面讲，后面跟上"与否"，这个句子才能成立。如果正反意思都讲到了，那后面的"与否"岂不成了蛇足？

“不尽人意”是个病态结构

汉语中四个字的词语占有优势，非四个字的结构常常被改造成四个字。但也不能乱改。比如，“不尽如人意”便不能改成“不尽人意”。有人说这是一个新成语，这种说法恐怕失之轻率。

所谓“不尽如人意”，就是不完全符合人们的心意。要改成四个字该怎么改呢？第一个“不”字是不能动的，这是否定式的标志；最后一个“意”字也是不能动的，这是语义的核心。只有中间三个字可删掉一个。

“不如人意”——这当然是说得通的，但分寸感荡然无存。原来的“尽”字是完全的意思，没有这个“尽”字，词语就失掉了委婉的效果。“不尽人意”——似乎保留了原来的意味，可在语法上不能成立。“尽”在这里是一个副词，无法和“人意”搭配。“不尽如意”——省掉一个“人”字，这是最理想的改法。“意”，自然是“人意”，不会引起误解。“素质教育还有很多不尽如人意的地方”，说成“素质教育还有很多不尽如意的地方”，不是保留了原汁原味吗？

我挺“不尽如意”。

“不仅”后面别乱跟

“不仅”后面，最常见的是“而且”。“不仅”指出一层意思，“而且”指出更进一层的意思。后者比前者或者范围更广，或者程度更高。这是一组常用的关联词语。

然而，在实际使用中，往往会发生这样的差错：“不仅”后面跟的不是“而且”，而是“而”，本来应该是递进关系，却变为莫名其妙的转折关系，因为关联词语不配套，结果成了一个病句。比如：“语文课的价值不仅在当下，不仅在高考，而在终身的文学修养。”“在市场经济条件下，出版社不仅不能排斥民营书商，而要使民营书商更多地参与到出版业中。”出现这种差错，除了因为“而且”和“而”都有一个“而”字外，更因为使用者缺乏敏锐的语感。

为了避免这一差错，看到“不仅”(还有“不但”)出场时，要高度关注

后面跟的是什么。当然，不是非跟“而且”不可，“并且”、“甚至”或者“反而”、“相反”等等，只要能表示递进关系，都是可以跟的；“而”表示转折关系，肯定不行。

“失之偏颇”不能写成“有失偏颇”

到网上查一下，“有失偏颇”铺天盖地，连一些大作家也未能幸免。有人还以为这是一种不但正确而且规范的用法。他们压根儿没有注意到“失之××”和“有失××”这两个短语的区别。

“失之偏颇”中的“之”，相当于古汉语中的“诸”。“失之偏颇”就是失之于偏颇。这里的“失”指的是失误、失败；“偏颇”义为不居中，有偏向，它们是“失”的原因，或者说是“失”的表现。凡是用“失之××”这一短语的，其中的“××”都是负面的、消极的，和“失”有着内在的联系。如“失之粗糙”、“失之轻浮”、“失之草率”、“失之浮夸”……

而“有失××”，这里的“失”是指缺失、丢失，它和“××”构成动宾关系。凡是用“有失××”这一短语的，其中的“××”都是积极的、正面的，都是不该失掉的。如“有失公允”、“有失大气”、“有失稳重”、“有失严谨”……。“有失偏颇”显然不合这一要求。

“三位同学”不能说成“三位同学们”

“们”是词的后缀。它可以附着在人称代词或指人的名词后面，表示复数。前者如“我们”、“他们”、“咱们”，后者如“先生们”、“代表们”、“同学们”。

凡是加上后缀“们”的词语，前面就不宜再用数量结构修饰。确指的肯定不行，如不能说“三位同学们”、“五位队员们”；不定量的一般也不行，如不能说“几个团员们”、“数位太太们”。这是因为，数量结构的统计性和复数的模糊性，在概念上是不协调的。

但是，“各位代表们”、“许多小姐们”、“无数难民们”之类的说法是成立的，因为“各位”、“许多”、“无数”具有强调的作用，并不具有严格的统计意义。

“等”可用于煞尾

经常有人会问：在一些表示列举的场合，列举各项已无一遗漏，为什么还要加上一个“等”字？比如，“我国有北京、天津、上海、重庆等四大直辖市”，四个直辖市分明已一一列出，还要这个“等”字干吗？这显然是对“等”字的功能还缺乏了解。

“等”字作为助词，有两个不同的用途。一是表示列举未尽，这是比较常见的。比如“今年暑假我一口气去了杭州、苏州、南京等地”。这就是说，除了杭州、苏州、南京，还有其他地方。

二是用于列举煞尾。比如“京剧舞台上曾出现过梅兰芳、程砚秋、荀慧生、尚小云等四大名旦”。“等”有“共”的作用。这样表述有利于提高清晰度，让人对表述的内容留下更为深刻的印象。但必须注意的是，“等”字在实际使用中，凡用于列举煞尾，后面都紧跟着列举各项的总计数字，否则便会让人误以为是列举未完，表达的效果适得其反。

一个句子中不宜用两个冒号

冒号有两种用法，一种是提起下文，一种是总结上文。前一种用法比较常见。但不管哪一种用法，在同一个句子中，都不宜用两个冒号。

请看下面的句子——

在全社大会上，社长强调指出：今年组稿有两个重点：一是青春文学，二是儿童绘本。

“指出”后面的冒号是为了引出讲话的内容，“两个重点”后面的冒号则是为了分说具体的重点，这两个冒号撞在一起，结果造成了提示范围不清，句子结构混乱。前面的一个冒号，显然应该改为逗号。

不过，需要补充说明的是，这里说的是“不宜”，不是绝对“不可”。在某种特殊情况下，还是允许两个冒号连用的。比如，引文中已有冒号，便很难回避连用。

请看下面的句子——

宝玉道："《古今人物通考》上说：'西方有石名黛，可代画眉之墨。'况这林妹妹眉间若蹙，用取这两个字，岂不两妙！"(《红楼梦》第三回)

这两个冒号就是改不得的。

不同层次的并列不能都用顿号

标点符号分为标号和点号两大类。点号的作用之一，是表示词语之间或句子之间的停顿。根据停顿时间的长短，可以选用不同的标点符号。通常分为四级：停顿最短的用顿号，稍长的用逗号，更长的用分号、冒号，最长的用句号、问号、叹号。

顿号是用来表示句子内部的并列词语之间的停顿的。需要提请注意的是，当并列成分处于不同层次时，不能都用顿号。比如，"市委书记、市长王强、副市长陈龙生出席了座谈会"——这里"书记"和"市长"是并列关系，"王强"和"陈龙生"也是并列关系，但他们处在不同层次上，因此不能清一色都用顿号，否则难免会导致层次混乱，表意不清。

通常处理的原则是：当一个句子有两层并列关系时，可把上一层的并列关系提升为逗号。据此，上面这个句子可以改为："市委书记、市长王强，副市长陈龙生出席了座谈会。"如果是更为复杂的两层以上的并列关系呢，那恐怕首先应该考虑的是调整句子。

信封上别乱加括号

信封上加括号，这十多年来，似乎已成为时尚。连政府机关、文化单位发出的公函，也赫然加上个括号。多数是加在"收"字上，也有个别的加在称谓上：不管加在哪里，都是错的。

为什么不能加？因为括号的功能是表明行文中的注释性文字。信封上写某某人收，这个"收"字和收信人构成一个意义整体，当然不是注释。

至于称谓，则更不是注释。在称谓上加括号，让称谓的意义变得含糊不清，是对收信人的一种不敬。

有人辩解说：加括号有区别的作用，可以免得“收”字和收信人的姓名缠夹在一起。比如收件人叫“王丰”，如果不加括号，就可能被误读成“王丰收”。这个辩解是站不住的。收信人的姓名后面，按照惯例应该写上称谓。这是一种社交礼节。有了“先生”、“小姐”的字样，姓名和“收”字怎么还会缠夹在一起呢？“王丰先生收”不是一目了然吗？即使碰到特殊情况，不必加上称谓，一般人也能准确地把姓名和“收”字区别开来；万一真的不能区分，那完全可以不加“收”字。要知道，信封上这个“收”字，本是可有可无的。

相邻数字连用表示概数注意两点

相邻的两个数连用，可以用来表示概数，比如，“七八个房间”、“十三四位客人”。根据数字用法的有关规定，这种用法要注意两点：

第一，必须用汉字，不能用阿拉伯数字。“长二三米”，不能写成“长2、3米”；“等了十七八天”，不能写成“等了17、8天”。

第二，相邻的两个数字之间，不能用标点隔开。既不能用顿号，也不能用逗号。“看上去七八岁”，不能写成“看上去七、八岁”；“买了四五百本书”，不能写成“买了四、五百本书”。这是因为，在口语表达中，这两个数字之间并没有停顿；而一旦加上标点，不但出现了停顿，两个数字也由连用变成了并列关系，导致意义模糊。

有一种非常特殊的情况，即“九”和“十”连用，不加顿号可能会引起误解。比如“来了九十人”，加了顿号是指九个人或十个人，不加顿号便成了九十个人。遇到这种情况，只能退而求其次，以不产生误解为首选。但最好是换一种说法：“来了约莫十个人”、“来了十个人左右”，不必在一棵树上吊死。

正确使用年份缩略形式

年份可以采用缩略形式，比如，2012 年可以缩略成：'12。这个撇点是舶来品，在英语中称 apostrophe，翻译成中文称“省字号”。

使用缩略形式，要注意以下几点：

一是省字号的位置。必须放在数字的左上方，而不是右上方。比如 1998 年的缩略形式应是“'98”而不是“98'”。

二是省字号的方向。省字号形如单引号的后半部分，向左边撇，而不是单引号的前半部分，向右边撇。“'98”不能写成“‘98”。

三是既不能漏用省字号，也不能滥用省字号。写成“98”而不加省字号是错误的；但如果是完整的“1998”再加上省字号，写成“'1998”，同样不伦不类。

至于“年”字可不可加，这是没有统一规定的。省字号是省掉前边表示世纪的数字，和后边的“年”字无关。所以，既可以省略成“'98”，也可以省略成“'98 年”，两者没有对错之分。

汉字书写年份谨防三误

今年是何年？用阿拉伯数字书写：2012 年。这完全正确。改用汉字呢？那应该是“二〇一二年”。

经常见到有三种错误的写法：

一是“二 0 一二年”。问题出在阿拉伯数字系统和汉字数字系统混用。大量的证书、标牌在落款时，存在这样的差错，看上去不伦不类。其中阿拉伯数字“0”必须改用汉字圆圈的“〇”。

二是“二零一二年”。这种写法也错吗？错！首先这个“零”字在视觉上非常突兀，破坏了数字系统的和谐；更重要的是，它不符合有关文件的规定。按照最新颁布的国家标准《出版物上数字用法》，“零”只能用于计量，而不能用于编号。年份属于编号性质的时间序列，应该用的是“〇”而不是“零”。

三是“贰零壹贰年”。用汉字大写数字来书写年份行吗？同样不行。

不错，汉字数字有大写和小写两个系统，但大写的汉字数字，只能用于法律文书和财务票据中记数，目的是防止涂改。汉字大写数字用于书写年份，看上去郑重其事，其实用得不是地方，因而也是不规范的。

这“六十例”分载于《编辑月刊》2011 年第 1 期至 2012 年第 2 期

标点符号可以叠用吗

标点符号能否叠用，这个问题由来已久，但在最新发布的国家标准中，才第一次有了明确答案。

问号是可以叠用的。在几个问句连用，而且疑问语气不断加重时，可以考虑叠用问号。通常应该先单用，再叠用，最多叠用三个。一口气连用三个以上，便成了滥用问号。比如："商家怎么可以随意改动出厂日期？这不是明目张胆地弄虚作假吗??在你们眼里还有没有顾客的利益???"问号叠用可以把愤怒的情绪推向高潮。

如果只有一个问句，能否叠用问号呢？标准里没有说，更没有示例。笔者认为从表达的实际需要出发，应该是可以叠用的。在疑问语气异常强烈，不叠用问号不足以表达说话人的情感时，可以考虑叠用问号。根据语气的强烈程度，少则用两个，多则用三个，但最多只能用三个。不过，这种用法应该严格控制。

叹号是可以叠用的。这有两种情况：一种是声音巨大，或者声音不断增强，可以考虑叠用叹号。根据声音的强度，选用两个或者三个，但同样最多只能用三个。比如："轰!!!远方传来了山崩地裂的一声巨响。""笃！笃笃!!笃笃笃!!!敲门的声音越来越急，越来越重。"

另一种是表示异常强烈的感叹语气，可以叠用叹号。如果这种语气是层层递进的，通常是先单用，再叠用，最多叠用三个。比如："站在领奖台上，我激动！我骄傲!!我幸福!!!"如果只有一个感叹句，只要语气强烈同样可以叠用叹号。比如："拼死也要把贪官拉下马!!!"

省略号也是可以叠用的。凡引文成段省略或诗歌成行省略时，可以另起一行，连用两个省略号来表示。但最多只能用两个，超过两个便成了连珠号。

问号和叹号同时使用也是可以的。当一个句子既包含疑问语气，又包含感叹语气，而且两种语气都比较强烈时可以在问号后面再加叹号。比如带有强烈感情的反问句："这样的经典著作我能不读吗?!"或者带有惊愕语气的疑问句："连这样的法律常识都不具备，还敢说自己是资深律师?!"

需要强调一下的是，问号和叹号叠用时，只能各用一个；而且，必须是问号在前，叹号在后。

本文原载《咬文嚼字》2013 年第 4 期

不同的括号如何分工

《标点符号用法》中括号的形式有四种，即圆括号“( )”、方括号“[ ]”、六角括号“〔〕”和方头括号“【 】”。这四种不同形式的括号是怎么分工的呢？

圆括号是最常用的。如果说方括号、六角括号和方头括号主要起突出、提示作用，那么圆括号则往往和内容直接有关。它主要用于以下几个方面：

一、对正文做注释或说明。比如：“夏天聚在路灯下面茄三胡(谈山海经)。”“我查了《辞海》(彩图版)，和教科书的解释完全一致。”

二、对正文做订正或补充。比如：“从‘合(和)盘托出’‘天作之和(合)’可以看出，‘和’‘合’不分已是一个常见病。”“今年有两人再次获得了集团‘金牌编辑’(的称号)。”

三、标示序次语。比如：“八股文是由以下八个部分组成的：(一)破题；(二)承题；(三)起讲；(四)入手；(五)起股；(六)中股；(七)后股；(八)束股。”

四、交代引语的出处。比如：“‘校书者非如观世音之具千手千眼不可。’(钱锺书语)”

五、标示汉语拼音注音。比如：“成语自怨自艾(yì)的‘艾’常被误读成 ài”。

和圆括号相比，其他三种括号的用途相对比较单一。

一、标示作者的国籍或所属朝代，既可用方括号，也可用六角括号。

习惯上国籍用方括号多，朝代用六角括号多。比如：“《变形记》——[奥地利]卡夫卡”；“《南柯太守传》——〔唐〕李公佐”。

二、标示电讯或新闻报道的消息来源，现多用黑体字，以和正文相区别；也可用方头括号。比如：“【新华社北京今日电】”。

三、标示公文字号中的发文年份，习惯用六角括号。比如：“国发〔2012〕1 号文件”。

四、标示被注释的词语，为了达到醒目的效果，习惯用六角括号或方头括号。比如：“【捧角】专为某一演员捧场”；“〔舍己为人〕为了他人而牺牲自己的利益”。

本文原载《咬文嚼字》2013 年第 4 期

缩略语中能否加顿号

汉语中的缩略语，大致有两种情况。一种是把比较复杂的名称加以简化，如“人民代表大会”简称为“人大”，“奥林匹克运动会”简称为“奥运会”。另一种是把两个或两个以上的并列词语，缩略成一个词语。如工人、农民、解放军合称“工农兵”，北京、上海、广州合称“北上广”。后一种缩略语，有人称为“集合词语”，也有人称为“合并式的简称”，或者“并列词语的缩略形式”。

由于后一类缩略语有两个或两个以上的并列成分，有人怕引起误解，往往会在并列成分之间加上顿号。如把“工农兵”写成“工、农、兵”，把“北上广”写成“北、上、广”。其实这是画蛇添足，有时甚至会弄巧成拙。为什么没有必要加顿号呢？理由有二：

首先，在口语中，这类缩略语是不存在停顿的。就词语分析来说，虽然有两个或两个以上成分，但实际上已凝固成一个整体。并列短语的内涵，表现出来的是独立的词的形态。如果有谁把“为工农兵服务”，读成“为工、农、兵服务”，如此一字一顿，只会让人觉得装腔作势，觉得支离破碎。

其次，大部分并列词语在缩略时，保留了共同的成分，如父亲、母亲缩略时保留了一个“亲”字，写成“父母亲”；新队员、老队员缩略时保留了“队员”，写成“新老队员”；“司乘人员”“大小雁塔”“离退休”“烈军属”等等，无不如此。顿号是并列的标志，如果把“父母亲”写成“父、母亲”，“新老队员”写成“新、老队员”，不仅听起来别扭，看上去也别扭，

容易误解为“父”和“母亲”并列，“新”和“老队员”并列。

不过，需要补充一点：当缩略语是由相邻数字构成时，为了不致和相邻数字表示的概数相混，有时是需要加上顿号的。《标点符号用法》举了一个例子：“农业是国民经济的基础，也是二、三产业的基础。”笔者想再举一个更容易混淆的例子：“上月他大胆出手，买下了三四栋楼。”不加顿号，“三四栋楼”是一个数量概念，买了三栋或者四栋；加了顿号，“三、四栋楼”则成了一个序号概念，买了第三栋楼和第四栋楼。一个顿号之差，表达的意思迥然有别。

本文原载《咬文嚼字》2013 年第 6 期

并列词语之间可用逗号吗

这个问题的答案，是因时而异的。早在1922年，陈望道先生便正式提出了“顿号”，其作用是隔开句中连用的对等词，也就是我们今天所说的并列词语。可在实际使用中，顿号似乎没有推广开来。比如鲁迅先生《论“他妈的!”》：“中国的阔人，名人，高人，也不至于骇死的。”——句中的“阔人，名人，高人”是并列词语，作者用的是逗号。这种用法在当时是正确的。

1951年，时中央人民政府出版总署公布了《标点符号用法》，共收有14种标点符号，顿号是其中的一种。文件明确规定，顿号“表示话中间并列的语汇之间的停顿”。标点符号用法后来有多次修订，但顿号的用法一以贯之。自这一文件公布以后，“中国的阔人，名人，高人”不用顿号而用逗号，便自然不合规范。

那么，并列词语之间只能用顿号吗？并非如此。下列三种情况是可以用逗号的：第一，并列词语比较长，或者结构比较复杂，用顿号感觉上有点仓促，在这种情况下，可以改用逗号。例如：

①请你尽快用短信告诉我：你认为最有流传潜力的歌曲，最能体现晚会主题的小品，最让人心动的舞蹈。

②蔡锷身为将军，总统的高等军事顾问，政治会议议员，约法会议议员，大总统统帅办事处的办事员，已经在最高层，自有对时局的判断。

例①中的歌曲、小品、舞蹈是并列关系，例②中罗列的蔡锷的职务同样是并列关系，在它们之间是可以用顿号的；但这两组词语都比较长，特别是例②在结构上也并不整齐，用顿号就不及用逗号来得从容和舒展。

第二，并列词语的后面，如果出现了语气词，即使它们是典型的并列关系，也更适宜用逗号。例如：

③我是一个喜欢尝试的人，诗歌啊，散文啊，小说啊，纪实啊，每一种文学样式，都去实践了一下。

④菜市场货源丰富，我一口气买了一篮子，黄瓜呀，番茄呀，鸡蛋呀，排骨呀，够吃两天了。

汉语中的语气词，其实是个信号，只要它出现，停顿时间就应该适当延长；否则，相应的语气便无法淋漓尽致地传达出来。“诗歌，散文，小说，纪实”，没有语气词“啊”，首选自应是顿号；一加上语气词，说话的节奏便发生变化，原来的顿号便无法适应。

第三，和上面两种情况不同，这种用法虽未见之于文件，但也已约定俗成，这就是并列词语在有逐项强调的必要时，如果它们不是处于定语或状语的位置，顿号是可以改为逗号的。请看下面的例句：

⑤随着晨雾渐渐散去，电视塔，图书馆大楼，圆形的博物馆，歌剧院……一一在我眼前展现。

这个句子中的一些并列词语，完全可以用顿号，但它和逗号的表达效果是不一样的。用顿号如惊鸿一瞥，一掠而过，给人的印象不深；用逗号则像帷幕慢慢拉开，镜头缓缓移动，在充满动感的情景中远眺，电视塔等景观历历在目，一种城市多么美好的自豪感会油然而生。

本文原载《咬文嚼字》2013 年第 6 期

选择问句中问号的处理方式

问号用在疑问句的末尾。根据对被问者的不同提示，疑问句可分为三种类型：一是特指问，提问者对答案有特定的指向，如“这本书是谁写的?”；二是是非问，提问者只要被问者回答“是”或者“不是”即可，如“这本书是你的吗?”；三是选择问，提问者提出不同的选项让被问者选择，如“这本书写的是历史故事，还是当代生活?”。

在1995年版的《标点符号用法》中，关于问号的规定是比较简略的，只说“疑问句末尾的停顿，用问号”，举了三个例子：1. 你见过金丝猴吗？2. 他叫什么名字？3. 去好呢，还是不去好？另外指出“反问句的末尾，也用问号”，举了两个例子：1. 难道你还不了解我吗？2. 你怎么能这么说呢？对选择问没有做特别的说明。

2011年版的《标点符号用法》，对问号用法做了较多的补充，特别是选择问句中的问号用法，根据不同情况做了明确的规定。大致可分为四种情况：

一是当选择问句选项较短，选项之间几乎没有停顿时，句中可以不用逗号，只在句末用一个问号。如：

1. 北京你去还是他去?
2. 这事该公开对质还是私下协调?

二是当选择问句有两个选项时，通常在前一个选项的末尾用逗号，

后一个选项的末尾用问号。尤其是在前一个选项的末尾有语气词时，更应该首先考虑这种处理方式，因为语气词在相当程度上取消了前一个选项的独立性，只有最后用一个问号，才能将这个句子的疑问语气贯串到底。如：

1. 视频里的内容是真实的记录，还是由别有用心的人故意合成的？

2. 引用这两句诗，是象征友好呢，还是示意疏远？

三是同样是两个选项，如果考虑让每个选项都具有独立性，以使被问者留有深刻的印象，也可以在两个选项后面都用问号。这是《标点符号用法》的一项新规定。如：

1. 他是大慈大悲的慈善家？还是彻头彻尾的伪君子？

2. 商场如战场，你看重的是“运筹帷幄”的“运”？还是“兵不厌诈”的“诈”？

四是当选择问句有多个选项时，为了让句子节奏明快、结构清晰，形成连续问的气势，应该在每个选项后面都用问号。如：

1. 怎么安排下一步：出国去深造？和朋友合伙创业？继承你爸爸的公司？留在学校里当教授？

2. 这张封面真的美吗？因为构图别具一格？在通俗文化图书上敢于大片留白？还是选用的照片耐人寻味？百思不得其解。

本文原载《咬文嚼字》2013 年第 10 期

破折号和括号同为标示注释或补充说明时有何区别

破折号和括号都是标号的一种。破折号的形式是两字线“——”。括号的形式有四种，即圆括号“( )”、方括号“[ ]”、六角括号“〔 〕”和方头括号“【 】”，其中最常用的是圆括号。破折号和括号在形式上的区别是一目了然的。然而，在用法上却有纠缠。

破折号可以用来标示注释内容或标示补充说明的文字。比如：“2012年诺贝尔文学奖得主，是一位具有鲜明创作个性的中国作家——莫言。”“陈老师是我中学的语文老师，讲起课来神采飞扬，一手板书颇有魏碑风韵——他其实比我们大不了几岁。”

括号同样可以用来标示注释内容或标示补充说明的文字。比如：“我校有高级职称的老师(含已退休的)共156人。”“曹雪芹生活贫困，经常处于‘举家食粥酒常赊’(敦诚诗)的窘境，但他写出了惊天动地的《红楼梦》。”

当两种标点符号的用途相同时，它们之间有何区别呢？对此，《标点符号用法》的附录部分，做了必要的说明。大致可以概括为三点：

第一，内容的重要程度不一样。凡是用破折号的，都是比较重要的解释说明。破折号就像电影拍摄中的逐步推近的镜头，它有突出、强化主体形象的作用。比如上面的例子，2012年的诺贝尔文学奖得主是谁呢？是一位具有鲜明创作个性的中国作家，此处用上一个破折号，会让读者产生期待的心理，然后作者说出“莫言”，便有一种隆重推出的效果。

改用括号，则成了一般的解释说明，引起的关注度是大不一样的。

第二，相关内容和正文的关系不一样。凡是用破折号连接的，都是正文的不可分割的一部分。去掉这部分内容，会影响正文的完整性。比如上面的第二个例子，“他其实比我们大不了几岁”——这是一句补充说明，让读者对陈老师有了更具体的了解。用破折号处理可让正文有足够的信息量，行文因此还有跌宕起伏的节奏感。改用括号，其内容只是注释而非正文。一般来说，在需要对读者做出交代，又不想影响正文流畅的情况下，才适合用括号来标示。

第三，阅读时的处理不一样。凡用破折号的，相关内容都要与前后文连读。这是一个整体。凡用括号的，则可一眼扫过，心中有数，不必连读。

本文原载《咬文嚼字》2013年第1期

竖排文稿必须用浪线式书名号吗

书名号是标号的一种。它有双书名号“《 》”和单书名号“〈 〉”之分。还有一种特殊的形式，即浪线式书名号“﹏﹏”。

如今的汉字文稿，一般横排，但并不完全排斥竖排。在竖排文稿中，当用到书名号时，有人认为必须用浪线式，其理由是《标点符号用法》中有明确规定。殊不知这是一种误解。造成这种误解有两个原因：一是标准本身存在表述缺陷，二是对浪线式书名号的用法没有真正掌握。

先说标准。在《标点符号用法》第 5.2.4 条中，有这样的提法：“竖排文稿中使用浪线式书名号‘﹏﹏’，标在相应文字的左侧。”就文字论文字，这句话是很容易被理解为凡竖排文稿，都要用浪线式书名号的。其实标准不是这个意思。这里只是一种假设，即竖排文稿中如果使用浪线式书名号，那么应该标在相应文字的左侧。标准所需要规定的，是竖排文稿中浪线式书名号的位置。可惜缺了“如果”二字，意思有点含糊，这不得不说是一种表述缺陷。

再说浪线式书名号。这种形式的书名号，其使用范围是很狭窄的。只有文稿中使用了专名号，才会考虑使用浪线式书名号。且看《标点符号用法》中的规定：专名号“标示古籍和某些文史著作中出现的特定类专有名词”。因为书名也属于“特定类专有名词”，为了保持形式上的和谐和统一，标准做出了相应的规定：“为与专名号配合，书名号也可改用浪线式‘﹏﹏’”，“这可以看作是特殊的专名号或特殊的书名号”。注意：标准说的是“也可改用”，并不是非用不可。如果连专名号也没出现，那么和专

名号配套的浪线式书名号自然就更不是非用不可的。

从标点符号使用的实践来看，即使在古籍和文史著作中，专名号的使用也有减少的趋势。比如，上海古籍出版社的《四库存目标注》，上海教育出版社的《古文字诂林》，这些书称得上是典型的古籍或文史著作，它们是竖排，但都没有用专名号。这可能和现代人的标点符号使用习惯有关，也和专名号的排版技术难度有关。既然连专名号都可用可不用，怎么能够不分青红皂白，要求竖排文稿一律要用浪线式书名号呢？

本文原载《咬文嚼字》2013 年第 1 期

八

测试篇

［题记］

1992年3月，上海文艺出版社曾组织过一场别开生面的改正错别字考试。除本人作为出题者不参加外，全社的编校人员包括社长、总编在内，一律不得免考。考试不及格者还得补考。此事曾在业内引起轰动，《新闻出版报》全文刊登试题并配发评论。至今为止，不少新闻出版单位还用当年的试题来招聘或培训员工。本辑刊出的三份试卷，便是当年本人设计的第一批试卷。其中每份试卷都藏有100个别字。

书市散记(试卷)

新春伊始，又逢书市。和书店的萧条相比，这里依然是一派兴旺景象。展厅门前早就排成了一字长蛇阵。红旗掩隐之中，可见一副巨型的海报：一位风华正茂的女青年，双手捧着一迭书，清沏的目光眺望着前方，脸上露出了粲然的笑容。这即是一种满足，也是一种眩耀。人们远远地端祥着海报，心头涌起了无限的响往。

队伍在不断延伸。展厅频临大街，车来人往，穿流不息，但队伍始终井然有序。排队者一个个神采飞扬，目光又是那么热烈，那么虔诚。无论是精神镬铄的和霭长者，还是稚气可掬的顽皮学童，他们的年令虽然悬殊，却都有着一棵爱书的心。

排在我前面的是位性格恢谐的小伙子，他说自己有一阶段为了渲泄心头的烦燥，曾沉缅于“方城之战”，在单位的仓库里，在自家的阁楼上，经常夜以继日地鏖战。这无异于饮鸠止渴，整天人就好象掉了魂似的，因此得了个“困不醒”的浑名。这小伙子一面说着，一面还做出副睡眼惺松的样子，惹得一位排在后面的红衣姑娘笑得不能自恃。“后来怎样了呢?”我问。“那还用问吗？女朋友发出了最后通谍，我终于翻然悔悟。要不，今天会在这儿排队吗?”

九点钟到了。谈笑声嘎然而止。队伍开始缓缓移动，犹如长龙在摇拽着尾巴。越是接近展厅门口，人们越是迫不急待。谁不想先睹为快呢?我随着人流一拥而入，原本宽阔的大厅倾刻喧闹起来。大厅里悬挂着四盏吊灯，璀灿夺目；四周是盆栽花木，五色斑烂；正中是一本“巨书”造

型，好比一道屏嶂，上面镶嵌着十个大字："朋友，欢迎您来遨游书海!""哇——"姑娘们夸张的语调里，洋溢着心头的喜悦。

展厅里共有十个馆：政治馆、历史馆、文学馆、艺术馆、古藉馆、翻译馆、科技馆、辞书馆、生活馆、少儿馆。我先匆匆浏览了一遍，总的印象是：扎实、丰富、健康、新颖，每个馆的布置都独具匠心。政治馆在壮严中显出热烈，馆内有一座列宁塑像，列宁上身前倾，目光如炬，下面陈列着最新出版的六十卷本《列宁全集》。站在列宁像前，我们仿佛又听到了那震憾人心的声音："忘记过去就意味着背叛。"少儿馆门前立着个神采弈弈的孙悟空，一手捧着本最新出版的《漫画西游记》，一手竖起大姆指，做出个"好看极了"的怪相。小朋友们一个个看得笑眯眯的。生活馆更是别出心裁，特意按《生活的决窍》一书的封面，布置了一个家用橱房，按装了多种家用电器，让人一走进去便有一种亲切感。

我在文学馆逗留的时间最长。这两年来，小说缺少"轰动效应"，名人传记却异军突起，有一套复盖面很广的"中外名人传记丛书"，现已出了一百多种。其中外国的有耶苏传、苏格拉底传、爱因斯坦传、裴多菲传，中国古代的有孔子传、欧阳洵传、曹植传、阮籍传、稽康传、吴道之传，现代的有鲁迅传、郑振铎传、夏丐尊传、冯雪锋传、蔡廷楷传，等等。我还留意了一下通俗文学，这里，没有地摊上袒胸露臂的粗俗画面，没有蓄意渲染的宫闱秘史，没有不堪入目的床第私情，但作者充分尊重社会阅读心理，十分注意情节上的一张一驰，力求做到波澜起伏，曲经通幽，引人入胜。有一本《趣味考证》的通俗读物，单看标题，便令那些平铺直叙、味同嚼腊的"专著"相形见拙。比如：狗为什么要咬吕洞滨？荆柯刺秦王用的什么匕首？陈搏一觉到底睡了多少年？华陀的"麻沸散"现在还能配制吗？太上老君的练丹炉温度有多高？张择瑞的《清明上河图》是真迹还是膺品？……

辞书单独列馆，也许还是第一次。这反映了辞书出版事业的繁荣兴旺。辞书馆共分三大类：语文类辞书、专业类辞书和鉴赏类辞书。作为一个出版工作者，到这里来"扫瞄"一下，还是大有裨益的。你会发现哪些门类已经泛烂成灾，亟须另辟溪径；哪些门类仍是寥若辰星，正有待于开掘。在语文类辞书中，成语辞典可谓琳琅满目：学生成语、绘图成语、多用成语、同义成语……争奇斗胜，应有尽有。我随手查检了十条

成语：素味平生、世外桃园、不容置啄、唇枪舌箭、感恩载德、越俎代庖、黄梁美梦、亡羊补牢、眼花缭乱、忧心冲冲，发现除个别辞典外，多数辞典的铨释文字如出一辙，甚至连例句也毫无二致。丰富而不多彩，不能不说是美中不足。

竞争最激烈的，当推生活馆。各地出版社从选题的新颖、内容的实用、装桢的精美等方面展开了全面较量。在旅游读物专柜，我信手打开一本《踏遍青山人未老》，不能不佩服编者思考的周密。第一章为"旅游种类"，编者历数密月旅游、渡假旅游、文化旅游、美食旅游、探险旅游、写作旅游……第二章编者设计了各种旅游路线，既有到北京、广州、成都、西安等大都会的，也有到番禺、衮州、杨州、株州等小城市的；第三章介绍名胜传说，从凤鸣歧山、荣阳大战，一直谈到霸桥折柳、兰田美玉，娓娓道来，绘声绘色；第四章为地域文化和特产，荷泽的牡丹，毫县的古井贡酒，新疆的哈蜜瓜，肖山的罗卜干，福建的蒲仙戏，江西的戈阳腔，直至绍兴的《目莲救母》，陕北的《翻身道情》……让人目不暇接。编者还专设一章谈旅游知识，如怎么搭帐蓬，怎么辨方向，旅途中怎样锻炼身体，怎样遇险自救，等等，甚至还附录了近年来美元、英磅、法朗、马克、日元和人民币的汇价。有这样一册书在手，真可"万事不求人"了。

展厅的出口处，专门辟有一间"留言室"。一批读者正在排队留言："愿出版界再接再励"，"做人不可好高鹜远，出书应该高瞻远瞩"，"图书，既要有品味生活的小夜曲，更要有呕歌时代的交响乐"……我默默地诅嚼着，心中暗暗为这些题词喝采。怎样才能不孚众望呢？我带着这个问号离开了书市大厅。

1992年3月

《书市散记》参考答案

（以别字出现的先后为序，括号中为正字）

1. 掩隐（映）
2. 一副（幅）
3. 一迭（叠）
4. 清沏（澈）
5. 即（既）是
6. 眩（炫）耀
7. 端祥（详）
8. 响（向）往

9. 频(濒)临
10. 穿(川)流不息
11. 镬(矍)铄
12. 和霭(蔼)
13. 年令(龄)
14. 一棵(颗)爱书的心
15. 恢(诙)谐
16. 渲(宣)泄
17. 烦燥(躁)
18. 沉缅(湎)
19. 仑(仓)库
20. 饮鸠(鸩)止渴
21. 好象(像)
22. 浑(诨)名
23. 睡眼惺松(忪)
24. 不能自恃(持)
25. 通谍(牒)
26. 嘎(戛)然而止
27. 摇拽(曳)
28. 迫不急(及)待
29. 倾(顷)刻
30. 璀灿(璨)
31. 斑烂(斓)
32. 屏嶂(障)
33. 古藉(籍)
34. 壮(庄)严
35. 震憾(撼)
36. 弈弈(奕奕)
37. 姆(拇)指
38. 别出心栽(裁)
39. 决(诀)窍
40. 橱(厨)房
41. 按(安)装
42. 复(覆)盖
43. 耶苏(稣)
44. 欧阳洵(询)
45. 稽(嵇)康
46. 吴道之(子)
47. 夏丐(丏)尊
48. 冯雪锋(峰)
49. 蔡廷楷(锴)
50. 床第(笫)
51. 一张一驰(弛)
52. 曲经(径)通幽
53. 味同嚼腊(蜡)
54. 相形见拙(绌)
55. 吕洞滨(宾)
56. 荆柯(轲)
57. 陈搏(抟)
58. 华陀(佗)
59. 练(炼)丹炉
60. 张择瑞(端)
61. 膺(赝)品
62. 扫瞄(描)
63. 泛烂(滥)成灾
64. 另辟溪(蹊)径
65. 寥若辰(晨)星
66. 素味(昧)平生
67. 世外桃园(源)
68. 不容置啄(喙)
69. 唇枪舌箭(剑)
70. 感恩载(戴)德

71. 黄梁(粱)美梦
72. 忧心冲冲(忡忡)
73. 铨(诠)释
74. 装桢(帧)
75. 密(蜜)月
76. 渡(度)假
77. 番禹(禺)
78. 衮(兖)州
79. 杨(扬)州
80. 株州(洲)
81. 凤鸣歧(岐)山
82. 荣(荥)阳
83. 兰(蓝)田
84. 荷(菏)泽
85. 毫(亳)县
86. 哈蜜(密)瓜
87. 肖(萧)山
88. 罗(萝)卜干
89. 蒲(莆)仙戏
90. 戈(弋)阳腔
91. 目莲(连)救母
92. 帐蓬(篷)
93. 英磅(镑)
94. 法朗(郎)
95. 再接再励(厉)
96. 好高骛(骛)远
97. 呕(讴)歌
98. 诅(咀)嚼
99. 喝采(彩)
100. 不孚(负)众望

胸中蛙鼓(试卷)

我出身在一个偏辟的乡村。家门前有条河，两岸杨柳成行，柳条儿醮水摇曳。记得小时候，常喜欢一个人立在河边，好象哨兵一样，了望着蜿蜒远逝的帆影。有时运粮船队从身边缓缓而过，不时传来“款乃”一声，伴着潺潺流水，有如天赖入耳，不觉心广神怡。

在我家屋后有方池塘。池水澄沏，云影徘回，水草丰茂。塘里游鱼穿棱，历历可数。到了夏天，荷叶上伏着一身翠绿的青蛙，两眼虎视耽耽，还真有点脾睨八方的气慨。当荧火虫在窗棂间闪灼时，池塘里便会擂起蛙鼓，有时高吭，有时沉郁，有时一蛙高奏，有时群蛙和鸣，声震四野。那时我还背不出“稻花香里说丰年，听取蛙声一片”的词句，更说不清丰收欠收和青蛙之间的生态联系，但一曲庄户人听得暗熟的“田园交响乐”，已足以把我引入一个浮想联篇的境界。

然而，池塘并不宁静。月光下，我常依偎在妈妈身边听故事，什么吕洞滨在螺丝壳里做道场啊，张天师用杆面杖吹火啊，韦陀锻造银样腊枪头啊……每当听到兴头上时，池塘那边会突然传来“吱——”的一声，急促，凄厉，煞那间又变得暗哑，或者挣扎着延长。仅管我对此早有予感，心头还是按奈不住一阵战粟。妈妈这时总是停下手中的蒲扇，咀巴里咕哝一句：“青蛙又被蛇盘住了。”我的情绪于是再也无法松驰下来，面对着沧茫的夜空，涌起一股莫名的委曲，真想嚎淘大哭。我想象不出那温柔钝厚的小生物在蛇的盘绕下，该是怎样的残不忍睹。

通霄难眠，不能自己。好不容易挨到第二天一早，从柴仓里抄起一

根竹杆，再从瓦铄堆中拣上几块石头，顺手把帽沿往下一压，便开始满池塘地搜寻。塘边草木葱笼，鸦噪雀喧。我只管一路拔弄过去，只要一看到洞口，也不管它是不是蛇洞，顿时迸足力气把竹杆戮进去。别人爱屋及鸟，我是爱屋及蛙。我一心要为青蛙复仇，使自己被刺伤的情感得到一点补尝。

接触到生物学知识，已是在我和故乡睽违多年之后。这时，才对青蛙有了一点感性的了解。科学家告诉我们，蛙属两栖类动物，在我国有一百四十多个品种：泽蛙、湍蛙、石蛙、树蛙、琴蛙……不胜玫举。青蛙素有“农田卫士”的美称，稻螟、稻蜢、蝗虫、菜花虫、金花虫、天牛、蝼蛄等，都是它的“主食”，一只青蛙一年至少要吃掉一万只以上的害虫。据有关部门实验统计，养蛙区农植物要比非养蛙区农植物平均产量增涨12%左右。青蛙对医学也有特出贡献。日本东京耸立着一座青蛙记念碑，便是一所医学院为记念十万只被介剖的青蛙而建立的。青蛙还可以制药。以我国东北的一种山蛙为药材，能提练出治疗精力溃乏的名贵中药“哈士蟆油”。……呵，青蛙，你永远是这样雄纠纠，气昂昂。你不仅是“卫士”，而且是“勇士”，不仅可爱，而且可敬。

青蛙身上还具有浓厚的文化色彩。且不说国外烩炙人口的“青蛙公主”童话，也不说青蛙频频亮相的《伊索寓言》《克雷洛夫寓言》，单在我国的古典诗词中，便有多少吟咏青蛙的名篇佳什！“黄梅时节家家雨，青草池圹处处蛙”，早已成了千古留传的名句。老舍出题、白石老人挥毫的《蛙声十里出山泉》，可谓构思巧妙，在文坛、艺坛传颂一时。相传毛泽东年轻时也写过一首题为《言志》的青蛙诗：“独坐池塘如虎居，绿杨树下养精神。春来我不先开口，哪个虫儿敢作声?”托物抒怀，表达了一种远大的报负。这和那些拾人牙彗的诗歌相比，堪称自出机纾，别开生面。而在这些艺术形象中，不正掺透着人类对青蛙的特殊情感吗？

善良的人们是懂得保护青蛙的。这在我国有着渊源流长的传统。我曾在一位因病肆业的同学家里，读到过一本百纳本的史书，上面便记载着“良吏护蛙”的功迹。在我的家乡，也有“宁嚼槽头草，不食田中蛙”的民谚。今天，我们的政府更是明令禁止捕食青蛙。欧州有些国家为了保护青蛙，简直到了苦心孤脂的地步。在德国经常可以见到一种别出心裁的交通标志牌：绿色的三角形中间画着一只大青蛙。这是提醒驾驶员当

心青蛙穿越公路。荷兰和瑞士的农村，为了给青蛙让路，甚至规定车辆下午五时到零晨五时改道行驶。发韧于英国的“青蛙穿越公路、铁路讨论会”，现已发展成为很多国家都积极参予的国际会议。手头正巧有一张不知剪于何时的报纸，上面有这样一段报道：“青蛙迁徒开始，征集青蛙哨兵。”当报纸、电台传出这一消息后，挪威、瑞典、丹麦、荷兰、瑞士和联帮德国的许多志原者便取出胶靴，带着日用品，集中到青蛙迁徒经过的公路两旁守夜。他们提着塑料桶，把一个个青蛙捉到桶里，然后再提到公路另一边放掉。这是何等壮观的场面，何等深邃的目光，何等搏大的胸怀。

然而，丑恶总是与善良并存。有人保护青蛙，也有人疟杀青蛙。青蛙俗名“田鸡”，从这个名字，便不难想到它的命运。近几年来，青蛙真是交上了后运。大小饭店都增设了“清炒蛙腿”之类的“名菜”，令饕餮之徒对之唾涎欲滴。农贸市场更是随处都可见到宰杀青蛙的另售摊贩。这些人置国家禁令于不顾，见利望义，姿意妄为。而有关管理部门，或者无能为力，一愁莫展，或者干脆眼开眼闭，得钱卖放，只要你缴纳管理费，一切听之任之，结果导致“青蛙市场”恶性“繁荣”。望着在屠刀下痉挛的青蛙，我从内心感到悲衷。我仿佛又听到了故乡池塘里传来的那“吱——”的一声。人类在和自己开着多么残酷的玩笑！

两年前，在我国云南昆明曾召开过一次“灵长类保护国际研讨会”。与会代表身穿印有丛林和动物的文化杉，上面写着一行字：“动物活不了，人类还能生存吗？”真是言简意骇！这既是呼吁，也是鞭苔。我们每一个在地球上生活的现代人，不都应该穿一穿这件文化杉，并对其中的含义深长思之吗？

1992 年 3 月

《胸中蛙鼓》参考答案

（以别字出现的先后为序，括号中为正字）

1. 出身(生)
2. 偏辟(僻)
3. 醮(蘸)水
4. 好象(像)
5. 了(瞭)望
6. 款(欸)乃
7. 天赖(籁)
8. 心广(旷)神怡
9. 澄沏(澈)
10. 徘回(徊)

11. 穿棱(梭)
12. 虎视耽耽(眈眈)
13. 脾(睥)睨
14. 气慨(概)
15. 荧(萤)火虫
16. 闪灼(烁)
17. 高吭(亢)
18. 和呜(鸣)
19. 欠(歉)收
20. 暗(谙)熟
21. 联篇(翩)
22. 吕洞滨(宾)
23. 螺丝(蛳)
24. 杆(擀)面杖
25. 韦陀(驮)
26. 腊(镴)枪头
27. 煞(刹)那
28. 暗(喑)哑
29. 仅(尽)管
30. 予(预)感
31. 按奈(捺)
32. 战粟(栗)
33. 咀(嘴)巴
34. 松驰(弛)
35. 沧(苍)茫
36. 委曲(屈)
37. 嚎淘(啕)
38. 温柔钝(敦)厚
39. 残(惨)不忍睹
40. 通霄(宵)
41. 不能自己(已)
42. 竹杆(竿)(两处)
43. 瓦铄(砾)
44. 帽沿(檐)
45. 葱笼(茏)
46. 鸦噪雀暄(喧)
47. 拔(拨)弄
48. 迸(屏)足
49. 戮(戳)进去
50. 爱屋及鸟(乌)
51. 剌(刺)伤
52. 补尝(偿)
53. 睽(暌)违
54. 感(理)性
55. 不胜玫(枚)举
56. 农植(作)物(两处)
57. 增涨(长)
58. 特(突)出
59. 记(纪)念(两处)
60. 介(解)剖
61. 提练(炼)
62. 溃(匮)乏
63. 雄纠纠(赳赳)
64. 烩(脍)炙人口
65. 名篇隹(佳)什
66. 池圹(塘)
67. 留(流)传
68. 传颂(诵)
69. 虎居(踞)
70. 报(抱)负
71. 拾人牙彗(慧)
72. 机纾(杼)

73. 掺(渗)透
74. 渊源(源远)流长
75. 肆(肄)业
76. 百纳(衲)本
77. 功迹(绩)
78. 欧州(洲)
79. 苦心孤脂(诣)
80. 别出心栽(裁)
81. 零(凌)晨
82. 发韧(轫)
83. 参予(与)
84. 迁徒(徙)(两处)
85. 联帮(邦)
86. 志原(愿)者
87. 搏(博)大
88. 疟(虐)杀
89. 卮(厄)运
90. 唾(垂)涎欲滴
91. 另(零)售
92. 见利望(忘)义
93. 姿(恣)意
94. 一愁(筹)莫展
95. 得钱卖(买)放
96. 痉孪(挛)
97. 悲衷(哀)
98. 文化杉(衫)(两处)
99. 言简意骇(赅)
100. 鞭台(笞)

西山抒情（试卷）

傍晚时侯，到达昆明。天正下着蒙蒙细雨，山环海抱的春城，尤如披上了一袭轻纱，在矜恃中显得格外妩媚。热情的主人驱车送我们到下塌的宾馆，几句寒喧之后，便情不自禁地谈起了西山。那不无自得的神情，激起了我们强烈的响往。

据说，在宾馆便能远眺西山。可惜这时已是万籁俱寂的深夜。待主人告别以后，我推开了临街的窗，只见远处街灯璀璨，树影婆娑，山石重迭，月光如银，四周茏罩着一片温馨。呵，多么令人沉醉的春城之夜！这时，我不禁想起了扬州的廋西湖，灵壁的禹王宫，蒲田的古樵楼，济南的灼突泉……西山呵，你又该呈现出怎样一番风彩呢？

第二天在市区的大观楼上，我终于见到了西山清淅的轮廓。传说中的西山像个“睡美人”，你看，那秀美的长发，正披散在滇池中呢！我却觉得林木掩映下的山峰，更似一群奔马，振鬣长嘶，腾欢跳跃，向着胜利的目标，在撒蹄驰聘呢！苏东坡《题西林壁》诗曰：“不识庐山真面目，只缘身在此山中。”其实，“欲识庐山真面目，还须身在此山中”。只有置身于西山道上，才更能看清西山粗旷险竣的雄姿和飘逸秀美的风光。

会议结束那天，主人宣布明天游揽西山。会场里暴发出一阵掌声。说心里话，我们还真担心会取消这一节目呢。次日零晨，主人自任响导，车子一路颠波，由市区直驶郊区。极目望去，处处幅射着春的气息：清沏的池圹，嘻戏的白鹅，修茸一新的小学校舍，金壁辉煌的影剧院，随着道路的延伸，一一仆入眼帘。不到半个小时，车子已抵山前。这时，

游人正蜂涌而至，熙来嚷往，一片欢腾。

大名顶顶的西山，简直是世外桃园。且不说那“云气千峰出，烟霞一径通”的华亭寺，也不说那缠绵动人的民间传说“孝牛泉”，单看这西山脚下：奇花异卉竞相开放，山泉汩汩而出；烟囱高耸的厂区里，隐隐传出机器的欢鸣；还有那挺拔的大叶榆丛中的招待所、疗养院……这一切都揉进了那湖光山色之中。西山的最高处是龙门，站在那峰顶上，尘世的躁杂嘎然而止，仿佛已在九宵云中，只觉得悬岩凌空，天风浩荡。我的脉膊顿时激烈起来。有时，一抹云霞从峰顶缓缓游过，旭日倾刻间把云霞染得徘红，成了“睡美人”化装台上的一根采带。龙门上有一副对联：“仰笑宛离天尺五，凭临恰在水中央。”既景生情，对仗工整，俯仰之间，别有天地，没有丝毫娇揉造作之态，堪称传神之笔。

西山上的三清阁、达天阁，在人文古迹中，是品位很高的艺术品。无论是宏观还是细部，都可看而又耐看。你看，连从三清阁到达天阁的回旋屈折的石径，都是从悬崖峭壁上直接雕出来的。达天阁正面是“魁星点斗”的塑象，神采奕奕；背景是八仙过海的浮雕，八仙有的脚踏祥云，有的手柱铁拐，有的金钢怒目，有的雍容大度，神态迴然不同。魁星前面还有焚香炉、腊烛台。我们进去时，正燃着一柱清香，室里香烟撩绕。整个作品层次清楚，构思严谨，造型生动，笔触精细。某些粗制烂造的城市雕塑是不能望其项背的。有二个年轻的小伙子，大概是步行上山的，风尘扑扑，汗流夹背。他们对视了一下，特意搬了搬香炉，想惦量一下这炉的重量，谁知炉身岿然不动。原来它是和西山紧紧连在一起的。观尝的人们不由发出了“啧啧”的赞叹。

据说，这些珍贵的艺术遗产，出自清代一位戆厚的老石工之手。为了使自己的作品不落巢臼，他在山上渡过了自己一生的整整七十年时间。可惜的是，当他最后修改魁星手中的毛笔时，一不小心碰断了笔尖。老石工潸然泪下。尽管这并未破坏整个作品的神韵，他却觉得自己糟塌了艺术而不能愿谅自己。一向精神镬烁的老人变得木纳迟纯起来，终于在一个秋风箫瑟的夜晚，报憾从龙门跳进了滇池。我一面诅嚼着这则民间传说，一面注视着魁星奇异而深邃的眼睛，不能不为老石工精堪的艺术造脂和执着的艺术追求所震憾。我觉得，他是一位真正的艺术家。

从西山上下来，在晚霞和暮蔼之中，我们晋竭了聂耳墓。真的是一

杯黄土！有人曾说这里是“衣冠冢”，后来我们访问过聂耳的哥哥聂叙伦，老人说是他亲自把聂耳的骨灰接到西山安葬的。我们缓缓伫住脚步，把一束黄兰相杂的山花献在墓前，气氛庄严肃穆。墓碑上有郭沫若的提词，郭老称聂耳是“中国革命之号角，人民解放之鼙鼓”，对聂耳的革命音乐创作做出了高度的评价。

是的，在那魔鬼蹁跹的黑暗之日，在那靡靡之音弥漫之时，聂耳却在党的领导下，怀着对革命前途的希翼，热情地呕歌革命。他的歌如火把一样，在人们的心头熊熊燃烧。在聂耳的歌曲中，人们听到了那响彻环宇的时代的声音，人民的声音。难怪当年“四人邦”会对“聂耳、冼星海音乐会”百般阻扰。然而，人民是不会忘记自已的音乐家的。今天，聂耳创作的国歌的战斗弦律，不正在鼓午着中国人民前进的步伐吗？

站在聂耳的墓旁，我想，这位人民的音乐家，虽然只活了短短的二十三年，但他的歌曲将永远和滇池的波光相映，和西山的松涛长鸣。

1992 年 5 月

《西山抒情》参考答案

（以别字出现的先后为序，括号中为正字）

1. 时侯（候）
2. 尤（犹）如
3. 矜恃（持）
4. 下塌（榻）
5. 寒喧（暄）
6. 响（向）往
7. 万簌（籁）俱寂
8. 重迭（叠）
9. 笼（笼）罩
10. 温罄（馨）
11. 廋（瘦）西湖
12. 灵壁（璧）
13. 蒲（莆）田
14. 古樵（谯）楼
15. 灼（趵）突泉
16. 风彩（采）
17. 清淅（晰）
18. 轮廊（廓）
19. 驰聘（骋）
20. 粗旷（犷）
21. 险竣（峻）
22. 游揽（览）
23. 暴（爆）发
24. 零（凌）晨
25. 响（向）导
26. 颠波（簸）
27. 幅（辐）射
28. 清沏（澈）
29. 池圹（塘）
30. 嘻（嬉）戏

31. 修茸(葺)
32. 金壁(碧)辉煌
33. 仆(扑)入
34. 蜂涌(拥)
35. 熙来嚷(攘)往
36. 大名顶顶(鼎鼎)
37. 世外桃园(源)
38. 兢(竞)相开放
39. 汩汩(汩汩)
40. 烟囟(囱)
41. 欢呜(鸣)
42. 挺拨(拔)
43. 招侍(待)所
44. 揉(糅)进
45. 躁(嘈)杂
46. 嘎(戛)然而止
47. 九宵(霄)
48. 悬岩(崖)
49. 脉膊(搏)
50. 倾(顷)刻
51. 徘(绯)红
52. 化装(妆)
53. 采(彩)带
54. 既(即)景生情
55. 娇(矫)揉造作
56. 屈(曲)折
57. 塑象(像)
58. 手柱(拄)铁拐
59. 金钢(刚)
60. 迴(迥)然
61. 腊(蜡)烛
62. 一柱(炷)
63. 撩(缭)绕
64. 粗制烂(滥)造
65. 二(两)个
66. 风尘扑扑(仆仆)
67. 汗流夹(浃)背
68. 惦(掂)量
69. 观尝(赏)
70. 戆(憨)厚
71. 不落巢(窠)臼
72. 渡(度)过
73. 潜(潸)然泪下
74. 糟塌(蹋)
75. 愿(原)谅
76. 镬(矍)
77. 烁(铄)
78. 木纳(讷)
79. 迟纯(钝)
80. 箫(萧)瑟
81. 报(抱)憾
82. 诅(咀)嚼
83. 深邃(邃)
84. 精堪(湛)
85. 造脂(诣)
86. 震憾(撼)
87. 暮蔼(霭)
88. 晋竭(谒)
89. 一杯(抔)黄土
90. 仃(停)住
91. 黄兰(蓝)相杂
92. 提(题)词

93. 糜糜(靡靡)之音
94. 希翼(冀)
95. 呕(讴)歌
96. 环(寰)宇
97. 四人邦(帮)
98. 阻扰(挠)
99. 弦(旋)律
100. 鼓午(舞)

说说这个“撞”字（后记）

这本书与其说是编的，不如说是凑的。刚开始动手时，我很担心书名难起。待到初目出来后，脑子里浮现出七个字：撞进编辑这扇门。这很难说是一个好书名，但它正契合我的想法。现在就来说说这个“撞”字。

首先这是误打误撞的“撞”。我这辈子做编辑，是带有很大的偶然性的。我的志愿本是做教师，这和我的人生经历有关。小时候家贫，直到九岁那年，母亲当掉过冬的棉衣，才算勉强交了学费让我进了学校。当时我就暗暗下定决心，学成以后一定要做教师，教天下穷苦孩子读书。为此，我初中毕业提出报考中等师范；高考填写志愿，除了师范还是师范；大学参加“社教”运动，在农村自发办农民学校……然而，毕业分配方案公布时，我被分配在上海电影制片厂文学部。这是一个别人羡慕的去处，我却纠结得夜不能寐，迟迟不去报到。

一个偶然的原因，分配方案中又出现了教师名额：上海市出版局职业学校。这所学校设在中华印刷厂内，专门培养印刷工人。我不禁喜出望外，毫不犹豫地向“毕分办”提出申请，愿意放弃电影厂名额，到这所职校任教。“毕分办”主任经不起我的软磨硬缠，最后帮我办了“改分”手续。我怕夜长梦多，当天便拿了档案直奔出版局。谁知去了以后才知道，其时正值“文革”烈火蔓延，学校已被“砸烂”，教师正在“闹革命”，早已停止接受新的人员。出版局“造反派”看了我的材料，信手一划，把我划到了上海人民出版社历史读物编辑室。这正如恩格斯所说的，本想进这扇门的，却进了另一扇门。我就这样鬼使神差地一脚踏进了出版界。

这个“撞”字，也是跌跌撞撞的“撞”。撞，可以说是贯串了我编辑生

涯的始终。1968 年 5 月我分到出版社，除了参加"大批判"外，只干过一次编辑工作：领导给了我一把剪刀和一叠报纸，让我把报上的"最新最高指示"全部剪下来，说是要编一本新的《毛主席语录》。后来听说地方出版社无权编印，这本书无疾而终。这年 9 月，我被抽调到工宣队团部，担任团部领导的文字秘书；林彪"一号命令"下达以后，又被下放到位于上海奉贤的"五七干校"，成了校部政宣组成员；1972 年年底，又奉命到市"革委会"文教办报到，成了机关工作人员……在那动荡的年代里，我就像一条小船，被风浪一会儿掀到东，一会儿掀到西，无法主宰自己的命运。

1978 年 5 月，我终于回到出版社。这次是上海文艺出版社文艺理论读物编辑室。当时的出版界可谓劫后余生，旧的传统被丢弃，新的秩序还没建立。我到编辑室的第一天，有人给了我一叠校样，让我把它读一遍。为什么要读？怎么样去读？没有任何人给我解释，给我指点。我就在懵懵懂懂中开始了自己的编辑之旅。"文革"以前，出版社有作坊式的师父带徒弟的传统；20 世纪 80 年代后期，逐步形成了重视业务培训的企业文化；但在我刚做编辑的那段时间，前不着村，后不着店，只能靠自己东张西望，摸爬滚打，在撞得鼻青脸肿之后，悟出一点门道。

记得 1979 年下半年，和一位青年同事一起到云南开会，会后开始了我的第一次组稿活动。现在回想起来，那真是热情可嘉而又稚态可掬。我不但向到会的蒋孔阳先生、钱中文先生组稿，还联系上了云南省文联主席李鉴尧、云南大学教授张文勋、边疆诗人晓雪、军旅作家张昆华；云南组稿意犹未尽，又背着行囊冲到四川，通过《四川文学》的谭兴国先生，拜访了老作家沙汀、任白戈，《文心雕龙》研究专家杨明照，巴金先生的侄子李致……我一口气组织了三十几部稿件，其中既有创作，也有理论，既有现代，也有古典，一看便知毫无章法可言。我想，那些作者也肯定看出了我是一只"菜鸟"，他们只是漫应之曰"可以可以"，到最后真正交稿的，只有钱中文先生一人。一个编辑的成长，恐怕都要经过这种跌跌撞撞的过程吧？本书中的不少文字，都留下了我撞的痕迹。

这个"撞"字，还是敢冲敢撞的"撞"。编辑这个行当，是有一点特殊性的。在工厂里面，一条成熟的流水线，它的产品质量，它的市场需求，总有基本的保证。而编辑工作却充满着未知数。编辑每编一本新书，便

踏进了一个新的世界，面临着一场新的挑战。这是对编辑勇气和智慧的考验。一个编辑如果缺乏敢冲敢撞的精神，一味跟在别人后面亦步亦趋，那是很难取得真正的成功的。一部近现代出版史证明：没有这个撞字，就不会有商务印书馆，不会有三联书店；没有这个撞字，就不会有茅盾的《中国一日》、《世界一日》，不会有赵家璧的《中国新文学大系》。

回首自己的编辑生涯，我觉得自己欠缺的，正是这个撞字。由于在决策上的过分慎重，或者对政策的过度解读，往往会在关键时刻错失良机。李泽厚文集的流失便是一个例子。当年编完《美学论集》以后，我曾建议作者编《泽厚文存》，得到了作者的慨然应允。为了保证完成这个选题，我一直和作者保持着联系。可当作者 1989 年下半年交出选目时(作者改名为《美学文存》)，我却在所谓压力下面，表现出犹豫和退缩。这类走麦城的憾事还不是一次两次。我把书名定为《撞进编辑这扇门》，是因为从自己的经历中，深知敢冲敢撞的重要。我希望今天的年轻编辑，能有更多的撞的勇气，撞的智慧。

最后交代一下，本书能列进中国版协策划出版的这套丛书，得力于郑一奇先生的举荐。他是一位视野开阔、思想活跃、笔耕勤奋的编辑家。当年我们在工作中多有交流，最近几年不断读到他的大作。能够得到郑先生的鼓励，本人深感荣幸。本书开始由来晓宇先生联系，我们没见过面，但他工作的节奏感，给我留下了很深的印象。他总会选择一个恰到好处的时间，来推动书稿的进展。本书的责任编辑佟旭小姐，在编辑过程中付出了大量的心血。她不仅从框架到选目，提出积极的建议，而且在文字加工方面一丝不苟。在当前出版环境中，如此敬业的编辑已不可多得。在此，谨向上面各位表示衷心的感谢。

郝铭鉴

2015 年 10 月 8 日